Stephan Harbort
Das Serienmörder-Prinzip

Zu diesem Buch

Serienmörder – dieses Wort schürt Urängste: Hier droht tödliche Gefahr. Grausamkeit und Erbarmungslosigkeit kennzeichnen diese Täter als vermeintliche Unmenschen. Aber was macht aus Menschen »Monster«? Gibt es eine todbringende Gesetzmäßigkeit? Stephan Harbort, bekanntester Serienmord-Experte Deutschlands, hat mit mehr als 50 Serienmördern gesprochen und schildert die spektakulärsten Fälle der vergangenen Jahre. Dabei zeigt sich, dass kein idealtypisches Täterprofil existiert. Und doch gibt es Gemeinsamkeiten. Nach 15-jähriger Forschungsarbeit ist es Stephan Harbort gelungen, den Code des Bösen zu entschlüsseln. Hinter dem Gesicht des »freundlichen Nachbarn« kann sich eine hässliche Fratze verbergen, die urplötzlich losschlägt. Aber hinter jedem »Monster« steht auch ein Mensch. Und es stellt sich die beängstigende Frage: Könnte auch ich zum Serienmörder werden?

Stephan Harbort, geboren 1964 in Düsseldorf, wo er heute noch mit seiner Familie lebt. Der diplomierte Verwaltungswirt und Kriminalhauptkommissar ist anerkannter Serienmord-Experte, entwickelte Fahndungsmethoden zur Überführung von Serientätern und arbeitet mit Universitäten im In- und Ausland zusammen. Er ist ein gefragter Berater für TV-Dokumentationen und Krimiserien.

Stephan Harbort

DAS SERIENMÖRDERPRINZIP

Was zwingt Menschen zum Bösen?

Piper München Zürich

Mehr über unsere Autoren und Bücher:
www.piper.de

Von Stephan Harbort liegen bei Piper vor:
Das Hannibal-Syndrom
Das Serienmörder-Prinzip
Wenn Frauen morden

MIX
Papier aus verantwortungsvollen Quellen
FSC® C083411

Ungekürzte Taschenbuchausgabe
Piper Verlag GmbH, München
1. Auflage Juni 2008
5. Auflage November 2014
© 2006 Droste Verlag GmbH, Düsseldorf
Umschlaggestaltung: semper smile, München,
nach einem Entwurf von Büro Hamburg
Umschlagfoto: Michael Dannenmann
Satz: Droste Verlag
Gesetzt aus der Adobe Garamond
Papier: Munken Print von Arctic Paper Munkedals AB, Schweden
Druck und Bindung: CPI books GmbH, Leck
Printed in Germany   ISBN 978-3-492-25025-2

Für David Elias Harbort.
Du bist der Welt größter Lohn.

Inhalt

Vorwort 9

KAPITEL I: Stilles Erwachen 17

KAPITEL II: Wenn du wüsstest! 73

KAPITEL III : Die Ursache liegt in der Zukunft 101

KAPITEL IV: Zwei und zwei ist fünf 147

KAPITEL V: Das unheimliche Glück des Unglücklichen 223

KAPITEL VI: Gott und Marionetten 269

Anhang: Synopse Serienmörder-Prinzip 299

Bibliographie 313

Danksagung 331

Sachregister 333

Vorwort

»Sobald das Unmenschliche sich manifestiert,
wird es Teil des Menschlichen.«
Jean-Paul Sartre, *Zum Tode von Albert Camus am 4. Januar 1960*

Serienmörder. Dieses Wort schürt Urängste: Hier droht tödliche Gefahr. Grausamkeit und Erbarmungslosigkeit kennzeichnen diese Täter als vermeintliche Unmenschen, die Unheil über ihre Mitmenschen bringen, Leben auslöschen. Und gerade deshalb rücken sie in den Blickpunkt des öffentlichen Interesses. Sie inszenieren ein Drama, an dem nur sie selbst freiwillig teilnehmen. Auch wenn es kaum jemand wahrnimmt, sie kommunizieren mit uns. Aufgeführt wird immer dasselbe Stück: die Verstümmelung der Humanität und ihrer Spielregeln.

Der »Serienkiller« ist ein Phänomen der Moderne, vor allem aber der modernen Massenmedien. Diese »Bestien« begegnen uns – wenn wir nur wollen – jeden Tag: morgens in der Zeitung, mittags im Radio, abends in Büchern, im Fernsehen oder im Kino, nachts in unseren Alpträumen. Hannibal Lecter ist überall. Er gilt als Ikone der medialen Serienmörder-Zunft, aber auch als begnadeter Zeremonienmeister der absurden Gewalttätigkeit. Wenn der kultivierte Kannibale sein diabolisches Grinsen aufsetzt, lacht der Tod mit. Die Kunstfigur des charismatischen Antihelden hat Abgründigkeit, Perversion und serielles Morden in unserer Phantasie attraktiv und salonfähig gemacht, sogar ein spezifisches Täterprofil geprägt – von dem nicht wenige Menschen annehmen, es sei der Wirklichkeit entlehnt.

Die Medienmacher haben eine bunte und bizarre Serienmörder-Parallelwelt geschaffen, in der alles möglich erscheint, der Tabubruch erlaubt ist und gewünscht wird, die aber auch suggeriert, authentisch zu sein. Eben »nach einer wahren Begebenheit«. Das buchstäblich Böse bekommt ein markantes Gesicht, eine idealtypische Vita. Das muss so sein, man kennt sich mittlerweile. Und der Bösewicht ist immer interessant. Weil er uns eine Horror-Welt präsentiert, die uns schockiert, die wir nicht betreten dürfen – und die uns gerade deswegen neugierig macht und magisch anzieht. Gewalt und Macht sind nicht mehr nur denkbar, sondern spürbar, erlebbar.

Fernab dessen existieren Serienmörder tatsächlich. Sie leben und morden mitten unter uns. Doch haben sie nur wenig gemein mit ihren Kollegen, die auf der Leinwand ihr Unwesen treiben oder zwischen zwei Buchdeckeln Opfer im Dutzend niedermetzeln. Es sind die Verlierer unserer Gesellschaft, Randfiguren, Nischenmenschen: unscheinbar, unnahbar, nahezu unsichtbar, vor allem aber unberechenbar.

Wenn wieder einmal ein »Ungeheuer« geschnappt wird, darf abgerechnet werden. Natürlich öffentlich. »Für solche Bestien, für solche Tiere in Menschengestalt, die ihre harmlosen Mitmenschen zerfleischen, müßten noch andere Strafen bestehen als ein schmerzloser Tod. Man könnte sich die Zeit der Folter zurückwünschen, der langsamen Qual, um zu erreichen, daß er ein volles Geständnis ablegt und vielen unglücklichen Eltern die Gewißheit gibt, daß sie ihr Kind nicht wiedersehen werden, weil es seiner Blutgier zum Opfer gefallen ist.« (Kütemeyer)

Was durch die hannoversche Presse im Sommer 1924 für den »Totmacher« Fritz Haarmann angedacht wurde, liest man so heute nicht mehr. Die Buchstaben sind jetzt größer und fetter, die Botschaft subtiler, aber sie ist genauso unmissverständlich und endgültig: »Diese Bestie muss weg, und zwar für immer!« Die Todesstrafe indes wird nur noch am Stammtisch gefordert.

Die Sprache ist heute eine andere, doch die Intention ist dieselbe: Serienmörder sind Verbrecher, die gnadenlos abgeurteilt und mit drakonischen Strafen belegt werden müssen. Für den Einzelnen ist die Verurteilung eines anderen ein Freispruch. In jeder Hinsicht. Denn nur wer schuldig und böse ist, der wird bestraft, und wer nicht bestraft werden kann, der ist unschuldig und gut. In jeder Hinsicht. Somit geraten wir erst gar nicht in die Verlegenheit, nach Ursache und Wirkung zu fragen, nach den Umständen, nach Verantwortlichkeiten. Und wir müssen uns nicht mit dem dunklen Gedanken herumquälen, wer wohl auf die moralische Anklagebank gehört, wer neben dem Täter noch versagt hat. Aber erzieherisches Fehlverhalten und mangelnde Sozialkompetenz werden hierzulande nicht mit Strafe bedroht, wohlweislich, andernfalls würden wir wahrlich selbst zu Serientätern. Also bestrafen wir besser diejenigen, die es verdienen, weil sie nach den Buchstaben des Gesetzes schuldig sind.

Vor Gericht isolieren wir den Täter und reduzieren ihn auf seine individuelle Willensfähigkeit und seine vorwerfbare Schuld. Strafgesetzbuch und Strafprozessordnung wollen es so. Biographische und soziale Rahmenbedingungen werden als »nicht zur Sache gehörig« kurzerhand ausgeklammert. Die Verfahrensbeteiligten wollen gar nicht wissen, warum es überhaupt passiert ist, sondern nur ob, wann, wie und wer das gemacht hat. Ende der Geschichte.

Und genau hier möchte ich mit meinem Buch ansetzen. 15 Jahre lang habe ich das Phänomen Serienmord erforscht, Dutzende Täter befragt, unzählige Vernehmungsprotokolle, Gutachten und Gerichtsurteile ausgewertet. Daraus habe ich Erkenntnisse gewonnen und Lehren gezogen, die weiter sehen lassen, die dazu beitragen können, dass es nicht immer wieder und so häufig zu solchen furchtbaren Taten kommt. Dass Warnsignale sichtbar werden.

Dieses Buch wird nicht von einer waghalsigen Theorie getragen, es fußt auf langjährigen Erfahrungen, auf Tatsachen. Nur deshalb darf ich darauf vertrauen, dass das Sieben-Phasen-

Modell *Serienmörder-Prinzip* nicht meine eigenen Erwartungen und Lebens- oder Berufserfahrungen widerspiegelt, sondern die vielfältigen Zusammenhänge von Ursache und Wirkung dieses Gewaltphänomens, aber auch die Entwicklungsgeschichte der Täter authentisch und zutreffend beschreibt.

Wir rücken diesen Tätern mit immer ausgefeilteren Ermittlungsmethoden zu Leibe, wir entwickeln gewagte »Psychopathen-Checklisten« (Hare) oder »Serienmörder-Schnelltests« (Gray), um sie frühzeitig aus der grauen Masse der Menschen herauszufiltern. Nur *wissen* wir immer noch zu wenig von diesen Tätern, um die Erfolgschancen unserer Bemühungen realistisch beurteilen zu können. Wir geben uns zu wenig Mühe. Leider hat die Wissenschaft diese Herausforderung bisher kaum angenommen. Es fehlt an systematischen wie an allgemein verständlichen Darstellungen. Es genügt eben nicht, Verbrecher nur als solche zu etikettieren und lebendig zu begraben, wenn sie straffällig werden und ihnen dann im Gefängnis ein paar Fragen zu stellen, von denen die meisten Täter gar nicht wissen, wie sie zutreffend beantwortet werden sollen.

Wir werfen den Tätern gerne Unmenschlichkeit vor. Darüber darf man durchaus geteilter Meinung sein. Aber ist das Unmenschliche nicht auch darin zu sehen, den anderen nicht als Menschen gelten zu lassen, insbesondere bevor er zum Täter wird?

Die Tür zu einer vorurteilsfreien Aufklärung muss endlich aufgestoßen werden. Auch hierzu soll dieses Buch einen Beitrag leisten. Eine ernst gemeinte Auseinandersetzung mit den Tätern verlangt schon das Mitgefühl mit den Familien der getöteten Kinder, Frauen und Männer. Wir *alle* schulden ihnen, dass nichts unversucht bleibt, um Einsichten zu gewinnen, mit denen wir die Gefahr solcher verhängnisvollen Entwicklungen verringern, vielleicht sogar verhindern können.

Deshalb bin ich in erster Linie daran interessiert, aufzuklären. Nur wer versteht, kann etwas verändern. Und es besteht eine nicht nur theoretische Möglichkeit, dass uns der anfangs unheimliche und unsympathische Täter irgendwann näher kommt, wir ein Gefühl für seine Lebenssituation entwickeln. Ich möchte keine Klischees bedienen oder Vorurteile pflegen, ich möchte die Täter aber auch nicht in Schutz nehmen. Dazu besteht kein Anlass. Ich will mit diesem Buch vielmehr aufzeigen, wie Serienmörder wirklich sind, was sie antreibt, warum sie das tun, von dem viele Täter glauben, es tun zu müssen. Ich will einen Weg bereiten, auf dem man sich begegnen und kennen lernen kann. Denn hinter jedem »Monster« steht auch ein Mensch. Und höchstwahrscheinlich wird der oder die eine oder andere unter uns am Ende dieses Buches zu der irritierenden Schlussfolgerung gelangen: Der oder die könnte ich selber sein.

Stephan Harbort
Düsseldorf, im April 2006

»Wir sehen den Unglücklichen, der doch in eben der Stunde,
wo er die Tat beging, sowie in der, wo er dafür büßet,
Mensch war wie wir, für ein Geschöpf fremder Gattung an,
dessen Blut anders umläuft als das unsrige,
dessen Wille anderen Regeln gehorcht als der unsrige;
seine Schicksale rühren uns wenig,
denn Rührung gründet sich ja nur auf ein dunkles Bewusstsein
ähnlicher Gefahr, und wir sind weit entfernt,
eine solche Ähnlichkeit auch nur zu träumen.«
Friedrich Schiller, *Der Verbrecher aus verlorener Ehre*

»Es gibt gewisse Themen, die zwar das Interesse ganz gefangen
nehmen, die aber allzu grauenvoll sind, als daß sie echter
Dichtung als Thema dienen dürften. Der bloße Romanschreiber
muß sie vermeiden, wenn er nicht zu verletzen oder abzustoßen
wünscht. Nur dann wird man sie erlaubterweise behandeln
dürfen, wenn der Ernst und die Majestät der Wahrheit sie
heiligen und stärken. So werden wird zum Beispiel von
›wollüstigem Schauder‹ erfaßt bei den Berichten vom Übergang
über die Beresina, vom Erdbeben von Lissabon, von der Pest
in London, von der Bartholomäusnacht oder von der Erstickung
der hundertdreiundzwanzig Gefangenen im Black Hole
zu Kalkutta. Aber in diesen Berichten ist es die Tatsache, ist es
die Wirklichkeit, das Historische, das uns erregt. Als Erdichtungen würden wie sie einfach mit Abscheu betrachten.«
Edgar Allan Poe, *Vorzeitiges Begräbnis*

Die geschilderten Ereignisse sind authentisch, soweit man dies überhaupt sagen kann. Jedenfalls entsprechen sie der festgestellten prozessualen Wahrheit. In Einzelfällen ist es mir gelungen, mehr herauszuarbeiten, als es den Ermittlungsbehörden vergönnt gewesen ist. Ich bin nicht schlauer als meine Kollegen, hier und dort habe ich einfach Verhältnisse vorgefunden, die wesentlich günstiger waren. Als Quellen für die Rekonstruktion und Dokumentation der Ereignisse dienten Gerichtsurteile, Anklageschriften, Gutachten, Vernehmungs- und Obduktionsprotokolle, Tatortbefundberichte und glaubwürdige Pressemitteilungen.

Die für das vorliegende Buch verwendeten Aussagen der Verurteilten sind *kursiv* geschrieben. Sie stammen aus Interviews, die ich in der jüngeren Vergangenheit geführt habe oder aus Briefen, die mir von den Tätern geschrieben worden sind. Die Gespräche habe ich jeweils mit einem Diktaphon aufgezeichnet. Vereinzelt sind die Selbsteinschätzungen der Verurteilten Vernehmungsprotokollen entlehnt worden. Um ein Höchstmaß an Authentizität garantieren zu können, habe ich in den Interviews und Briefen keine redaktionellen Veränderungen vorgenommen. Die Hervorhebungen in Briefen stammen von den Autoren selbst. Auch wurde auf die Rechtschreibung keinerlei Einfluss genommen.

Die Namen einiger Täter sind verändert worden. In seltenen Einzelfällen wurden auch biographische oder geographische Daten modifiziert, um eine Erkennbarkeit der Person zu verhindern. Diese Verfahrensweise ist dem Schutz der Persönlichkeitsrechte geschuldet.

KAPITEL 1

Stilles Erwachen

»Keiner weiß, wozu ihn die Umstände, das Mitleid,
die Entrüstung treiben können,
er kennt den Grad seiner Erhitzbarkeit nicht.«

»Einen Rachegedanken haben und ausführen heißt einen
heftigen Fieberanfall bekommen,
der aber vorübergeht: einen Rachegedanken aber haben,
ohne Kraft und Mut ihn auszuführen,
heißt ein chronisches Leiden, eine Vergiftung an Leib
und Seele mit sich herumtragen.
Die Moral, welche nur auf die Absichten sieht,
taxiert beide Fälle gleich;
für gewöhnlich taxiert man den ersten Fall als den
schlimmeren (wegen der bösen Folgen,
welche die Tat der Rache vielleicht nach sich zieht).
Beide Schätzungen sind kurzsichtig.«
Friedrich Nietzsche, *Zur Geschichte der moralischen Empfindungen*

Matthew Sutherland hatte die Tür einfach hinter sich zugezogen. Leise und wortlos. Obwohl ihm ganz anders zumute gewesen war. Am liebsten hätte er ihr seine Wut ins Gesicht geschrien. Und viel mehr als das. Sie hatte ihn zunächst genervt, dann gegängelt, schließlich gedemütigt. Wie so häufig. Sarah war wesentlich älter als er und robuster, durchsetzungsfähiger. Sie war dominant, er devot. Notgedrungen.

Sie liebte es, alles zu bestimmen, und sie bestimmte alles. Damals war sie Mitte 30 und vollkommen von sich überzeugt, sie war sehr intolerant und sehr unflexibel. Und ich war auf der anderen Seite zu flexibel und zu herablassend. Ich konnte ihr einfach nichts recht machen. Alles, was ich sagte oder tat, war entweder falsch oder nicht gut genug. Ich aß die falschen Sachen, trug die falschen Klamotten. Ich habe nach ihrem Willen gelebt, nicht nach meinem.

Sutherland saß am Steuer seines dunkelblauen BMWs. Er versuchte seine Gedanken zu ordnen, sich zu beruhigen. Er legte die Hände aufs Lenkrad, den Kopf in den Nacken und schloss die Augen. Aber nur für wenige Sekunden. Denn die Gedanken, die ihm unentwegt zuflogen, die sich in seinem Bewusstsein einnisteten und an ihm nagten, verlangten seine volle Aufmerksamkeit. Dieses Mal war es keine der üblichen Sticheleien gewesen, die ihn aufgebracht hatte, es war ihm vorgekommen wie eine Degradierung. Und er sah keine Möglichkeit, dieser Schmähung zu entkommen.

Ich konnte mich nicht mehr in meine Traumwelt zurückziehen oder mich beim Sport abreagieren. Als ich mit Sarah zusammen war, hatte ich keine Gelegenheit mehr, etwas für mich selbst zu tun. Sie erlaubte es einfach nicht. Sie hat mir jede Möglichkeit genommen, meinen Druck loszuwerden, alles blieb in mir.

An diesem Abend ging es mir besonders mies. Ich hatte für Sarah eine besondere Überraschung. Ich hatte ihr nämlich weiße Shorts und eine pinkfarbene Bluse gekauft, aber es war natürlich nicht das Richtige. Sie mochte die Klamotten nicht, und dann behauptete sie auch noch, ich hätte die Sachen in einem Second-Hand-Laden besorgt! Ich war außer mir vor Wut und Enttäuschung!

Sutherland starrte auf die Windschutzscheibe. Seine Gefühle hielten ihn weiter gefangen und quälten ihn. Irgendwann wurde es ihm zu viel. Er startete den Wagen und fuhr los. Der 22-Jährige hatte keine konkrete Vorstellung, wohin er fahren und was dort passieren würde. Dennoch verfolgte er mehr unterschwellig ein Ziel, von dem er allerdings auch nicht recht wusste, wie er es erreichen sollte. Er spürte das Bedürfnis, sich festzuhalten, doch alles schien ihm zu entgleiten.

Es war nicht so, dass ich mich hingesetzt und das alles genau geplant hätte. Wenn du verrückt, wütend oder erregt bist, denkst du nicht mehr rational. Ich wollte einfach nur so weit wie möglich weg von zu Hause. Es klingt verrückt, aber ich wusste überhaupt nicht, wo ich war, wenn es passierte.

Er fuhr kreuz und quer durch den Landkreis Göppingen, ließ sich treiben. Es dämmerte bereits. Allerdings zeigte das Herumstromern an diesem Abend nicht die gewünschte Wirkung.

Ich wollte nur so weit weg wie möglich von Sarah, doch je länger ich wegblieb, desto aufgebrachter wurde ich. Ich fuhr mit dem Wagen einfach drauflos, um ruhiger zu werden, aber das Gegenteil war der Fall. Je mehr ich darüber nachdachte, warum ich da draußen allein unterwegs war, desto aufgeregter und wütender wurde ich. Ich sah zum Beispiel Pärchen, die normal und glücklich auf mich wirkten, und ich konnte einfach nicht verstehen, warum ich so unglücklich sein musste.

Gegen 22.20 Uhr erreichte Sutherland das etwa 15.000 Einwohner zählende idyllische Städtchen Ebersbach an der Fils, bis hierher hatte er etwa 35 Kilometer zurückgelegt. Mittlerweile war ihm klar geworden, worauf es eigentlich hinauslaufen sollte: eine Möglichkeit, eine Gelegenheit. Und die bot sich ihm nun. Unmittelbar vor ihm, keine zehn Meter entfernt, lief ein junges Mädchen. Es war Claudia Luven. Die 17-jährige Schülerin war auf dem Weg in die Disco, sie war dort mit zwei Freundinnen verabredet.

Er musste nicht lange überlegen. Irgendetwas in ihm rumorte und forderte ihn unmissverständlich auf, etwas zu unternehmen. Nur wusste er nicht, wie er es anstellen sollte. Und ihm war auch nicht vollends bewusst, was er von dem Mädchen eigentlich wollte. Verständnis? Einfach nur reden? Zuneigung? Einen Flirt? Vielleicht nur ein bisschen Trost? Oder etwas ganz anderes?

Kurz entschlossen hielt er an, stieg aus und folgte ihr. Als Claudia Luven sich eine Zigarette anzündete und stehen blieb, ging er an ihr vorbei. Ihn hatte der Mut verlassen, und so schnell war ihm nicht eingefallen, wie und aus welchem Grund er die junge Frau hätte ansprechen sollen.

Die Idee, mit meinen Opfern vorher zu reden, war wohl mehr ein unbewusster Reflex. Warum ich das so gemacht habe, weiß ich ehrlich gesagt nicht.

In weniger als 30 Metern Entfernung sah Sutherland auf der gegenüber liegenden Straßenseite eine Telefonzelle. Und dieses Telefonhäuschen inspirierte ihn. Sein Plan war simpel und entsprach vollauf seinen Vorstellungen: Er wollte sich ihr nicht aufdrängen, es sollte ungezwungen wirken. Kurz vor der Telefonzelle stoppte er, fingerte in seinen Hosentaschen herum, drehte sich unvermittelt um und rief Claudia Luven auf Englisch zu, ob sie ihm nicht mit 30 Pfennig zum Telefonieren aushelfen könne. Sie nickte kurz und überquerte die Straße. Sutherland nahm das Geld, verschwand im Telefonhäuschen und wählte eine x-beliebige Nummer. Dann wartete er einen Moment, hängte ein und eilte Claudia Luven nach, die mittlerweile wieder die Straßenseite gewechselt hatte. Als er sie endlich eingeholt hatte, gab er ihr das Geld mit der Bemerkung zurück, er habe niemanden erreicht.

Das Mädchen gefiel ihm: pechschwarzes, schulterlanges Haar, ein freundliches Gesicht, fraulich. Die flüchtige Begegnung hatte ausgereicht, um sein Interesse zu wecken. Nur war er sich immer noch nicht darüber im Klaren, wie weit er gehen wollte. Es war schließlich das erste Mal, dass er sich in eine so konkrete Situation begab. Und erstmals zog er ernsthaft in Erwägung, die Intimsphäre eines anderen Menschen zu verletzen. Notfalls gewaltsam. Vielleicht legte er es auch darauf an.

Es war eher ein unbewusstes Planen und Jagen. Ich erinnere mich an einen Moment, nachdem ich unser Appartement verlassen hatte und später irgendwo mit meinem Wagen stand: Ich dachte, der Erste, der mir in die Quere kommt oder mich provoziert, den schla-

ge ich zusammen. *Und dann sah ich eine Frau mit Kinderwagen, wurde wieder ruhiger und fuhr nach Hause.*

Jetzt lagen die Dinge anders. Sutherland war nun auch bereit, etwas zu investieren, etwas zu riskieren. Unvermittelt umfasste er Claudia Luven an der Hüfte und fragte freundlich, ob sie mit ihm nicht etwas unternehmen wolle. Sie musterte ihn kurz, verzog das Gesicht, sagte ihm noch, dass sie in die Disco wolle, aber allein. Dann ließ sie ihn stehen.

Wenn ich zurückgewiesen werde, ist das normalerweise kein Problem für mich. Ich betone »normalerweise«. Aber damals fühlte ich mich so verlassen und war nicht in der Lage zu erkennen, was schief lief. Abgewiesen zu werden, zum Beispiel in einer Disco, hat mich nicht so tief getroffen, weil ich immer noch eine Frau fand, mit der ich tanzen konnte und mehr. Sagen wir es mal so: Keiner möchte abgewiesen werden, aber eine Zurückweisung zum falschen Zeitpunkt kann ganz unterschiedliche Reaktionen hervorrufen.

Sutherland wollte diese Absage nicht akzeptieren, nicht jetzt, nicht hier. Es hätte ihm gleichgültig sein, er hätte es bei einer anderen Frau probieren können. Wieder musste er eine Entscheidung treffen. Noch ein Versuch? Oder Rückzug? Je länger er über diese Optionen nachdachte, desto wütender wurde er.

Dann eilte er zurück zu seinem Wagen. Jetzt musste alles schnell gehen.

Claudia Luven ahnte von all dem nichts. Plötzlich hörte sie in ihrem Rücken wieder Schritte, die schnell näher kamen. Sie drehte sich halb um und sah Sutherland auf sie zueilen. Er hatte eine Plastiktüte in der Hand, und es sah so aus, als wäre etwas darin. Die junge Frau blieb stehen, drehte sich um, war unschlüssig. Aber instinktiv spürte sie, dass etwas nicht stimmte. Es gab keinen Anhaltspunkt für eine konkrete Bedrohung, aber Claudia Luven wollte sich der anbahnenden Situation entgegenstellen, sie wollte vorbereitet sein. Auch wenn sie gar nicht wusste, worauf.

Ich spürte keine Befriedigung, wenn ich jemanden jagte oder seine Gefühle verletzte, aber zu dieser Zeit war ich emotional vollkommen abgestumpft. Ich tat nur das, von dem ich befürchtete, es würde mir angetan. Wenn ich einen Befehl bekam, habe ich ihn immer befolgt, da gab es keine Diskussionen, Beschwerden oder Einwände. Ich war nicht mehr als ein ferngesteuerter, kontrollierter Idiot. Ich war nicht ich selbst, sondern das, was andere von mir forderten. Ich glaube, mein Wunsch war es, jemanden genau das fühlen zu lassen, was ich hatte fühlen müssen: Hilflosigkeit, Machtlosigkeit – wie ein Nichts.

Der wuchtige Schlag traf Claudia Luven seitlich am Kopf, sofort schoss ihr Blut über die Bluse. Sutherland packte sie von hinten, wollte sein Opfer in ein wenige Meter entferntes Gebüsch zerren. Claudia Luven aber wehrte sich nach Kräften, begann zu schreien. Und ihre Gegenwehr zeigte Wirkung: Sutherland ließ von ihr ab und starrte die junge Frau mit weit aufgerissenen Augen an.

Es ist schwer zu verstehen und kaum zu glauben, aber als ich die Frau so sah, wollte ich ihr helfen, aber sie sagte, ich solle abhauen. Und so ging ich. Ich war verwirrt und stellte mir Fragen: Warum habe ich sie geschlagen, wo sie mir doch gar nichts getan hatte? Warum wollte ich ihr helfen? Warum bin ich weggelaufen? Alles schien mir nicht real, eher unwirklich.

Claudia Luven erlitt eine schwere Kopfverletzung. Sutherland hatte mit einem Hammer zugeschlagen. Sie schleppte sich zur Telefonzelle und wählte den Notruf. Wenig später raste ein Notarztwagen mit ihr in eine Fachklinik ins benachbarte Göppingen. Sie überlebte diesen verhängnisvollen Tag. Es war der 25. August 1990.

Sutherland fuhr zurück nach Wangen, einer 3.000-Seelen-Gemeinde nahe Göppingen. Dort wohnte er mit seiner Freundin in einem Appartement. Er hatte soeben eine Schwelle überschritten, etwas getan, von dem er Minuten zuvor noch überzeugt gewesen war, es nicht fertig zu bringen. Der junge Mann hatte sich selbst überrascht. Das passte gar nicht zu ihm.

Ich bin ein bescheidener Mensch. Wenn ich ein Auto wäre, wäre ich ein Kleintransporter. Nicht besonders spektakulär, aber mit viel Raum, um flexibel sein zu können. Er ist so vielseitig, man kann mit ihm zur Oper fahren, aber auch in die Berge. Ich versuche, kompromissbereit zu sein und komme den Menschen auf halbem Wege entgegen. Ich bin ein eher stiller und zurückhaltender Mensch. Ich versuche, zunächst zu verstehen, und wenn sich jemand die Zeit nimmt, auch mich zu verstehen, kann man mir näher kommen.

Dass sein Gewaltausbruch beinahe ein Menschenleben gekostet hätte, war eine ihn überfordernde Erfahrung. Sutherland verdrängte, was ihn bedrängte.

Zu der Zeit habe ich das gar nicht als Gewalt verstanden. Es war einfach nur Rache an der Gesellschaft und allen, die mir Leid angetan hatten. Ich duldete keinen Widerspruch im Moment der Rache. Ich war so frustriert und hatte die Schnauze voll, war vollkommen vernebelt. Wenn du einen Kater hast am nächsten Tag und darüber nachdenkst, was du angestellt hast und dich nicht richtig erinnern kannst, genauso war das bei mir – einige Dinge erinnerst du, andere nicht. Und dann sind da noch Dinge, von denen du einfach nicht glauben willst, dass du das gemacht hast.

Zudem war er zu sehr mit sich und seinen hausgemachten Problemen beschäftigt, lebte wie unter einer Glasglocke, ließ sich von seinen Beziehungsproblemen förmlich absorbieren. Dabei hatte alles einmal so hoffnungsvoll begonnen.

Wir waren beide in der Army und neu in unserer Einheit in Göppingen, den Cooke Barracks. Witzigerweise kamen wir von demselben Armeeposten in den USA, Fort Lewis, Washington, sind uns da aber nie über den Weg gelaufen.

Ich mochte ihre Bestimmtheit und wie sie ihre Meinung vertrat. Genau das fehlte mir! Sie hatte eine rauhe Schale, aber einen ganz weichen Kern. Sie war sehr empfindlich und hat niemanden an sich herangelassen. Wir hatten denselben Musikgeschmack, und wir konnten über alles reden: das vergangene, das gegenwärtige Leben und die Zukunft. Ich glaube, dass ihre positiven Charaktereigenschaften nicht gut für mich waren. Wenn sie sich einmal etwas in den Kopf gesetzt hatte, tat sie alles, um ihr Ziel zu erreichen. Da konnte sie stur sein, <u>sehr</u> stur, <u>verdammt</u> stur.

Während die Beziehung zu Sarah eine Dauerbaustelle blieb, akzeptierte Sutherland Gewalt mehr und mehr als Mittel, um seiner latent brodelnden Wut freien Lauf zu lassen; oder einfach, um sich zu behaupten. Dieser überaus zornige junge Mann war nicht länger bereit, nur einzustecken, er teilte jetzt aus, schlug zurück. Aber noch suchte er nicht nach günstigen Gelegenheiten, um sich abreagieren zu können, sondern geriet vermehrt in Konfliktsituationen, in denen er ein vollkommen verändertes Verhalten zeigte.

Da sind einige Dinge passiert, die gewalttätig waren. Einmal habe ich einen befreundeten Kameraden aus nichtigem Anlass niedergeschlagen. Und dann bin ich mal durch einen Wald gelaufen, da kam mir ein Mann mit seinem Hund entgegen. Der Hund ist immer so an mir hochgesprungen und hat nach mir geschnappt. Da habe ich dem Mann von hinten eins übergezogen. Der Mann und ich waren so überrascht, dass wir einfach weitergelaufen sind.

Einmal saß ich abends auf einer Parkbank und dachte darüber nach, wie ich mein Leben in den Griff bekommen sollte. Ich hatte kurz vorher mit Sarah wieder mal Streit gehabt. Da kam eine Frau mit ein paar Taschen. Sie störte mich, ich wollte alleine sein. Da habe ich sie einfach umgestoßen und bin abgehauen.

Seit dem Überfall auf Claudia Luven waren 121 Tage vergangen, in denen sich die Lebenssituation Sutherlands jedoch nicht verbessert hatte. Im Gegenteil: Die Spannungen zwischen Sarah und ihm hatten zugenommen – dennoch hatte er ihr die Ehe versprochen; vermutlich versprechen müssen, weil Sarah von ihm ein Kind erwartete. Davon wusste seine Frau Christina natürlich nichts, mit der er in den Vereinigten Staaten seit Dezember 1989 verheiratet war. Und seine Vorgesetzten durften von der neuen Liaison auch nichts erfahren, denn Ehebruch war nach amerikanischem Recht strafbar. Er saß also auf einem Pulverfass. Beim Militär war ihm unterdessen auch noch mitgeteilt worden, dass eine Intervention im Irak unmittelbar bevorstand. Saddam Hussein war am 2. August 1990 in Kuwait einmarschiert. Das bedeutete Krieg, Trennung von Sarah, seinem ungeborenen Kind, vielleicht sogar den eigenen Tod. Und immer wieder holen ihn die Dämonen der Vergangenheit ein: Erinnerungen – unliebsam und unverarbeitet.

Auch in der Schule schien es so, als wäre ich ein Magnet für Terror. Es gibt Typen, die suchen nach Schwächeren und tyrannisieren sie. Und die haben garantiert <u>mich</u> gefunden, auch wenn da noch viele andere waren. Junior Highschool, Highschool, Army, es war immer dasselbe. So ein Tyrann guckte mich aus und machte mein Leben zur Hölle. Ich konnte mich nicht wehren, weil ich körperlich und mental zu schwach war. Ich habe mir immer eingebildet, ich <u>muss</u> etwas falsch gemacht haben, sonst hätte man mich doch nicht so gequält. Ich habe mit niemandem darüber gesprochen. Ich kam mir vor wie eine Champagnerflasche: Regelmäßig wurde ich zum Opfer, die Flasche wurde ordentlich geschüttelt, aber der Korken blieb drauf.

Dieser Tag sollte ein besonderer, ein unvergesslicher werden. Sutherland und seine Verlobte hatten die Vermieterfamilie eingeladen, Sarahs Mutter war eigens aus den USA angereist, um das Weihnachtsfest gemeinsam zu feiern. Und doch kam alles ganz anders.

An diesem Heiligabend 1990 hat Sarah mich für alles verantwortlich gemacht, was in unserer Beziehung schief gelaufen ist. Ihre Mutter war auch da, und sie hat mich in ihrer Gegenwart runtergemacht, ich war am Nullpunkt in meinem Leben angelangt. An diesem Tag war es einfach zu viel für mich.

Sarah hatte aus ihm einen Versager gemacht, einen Taugenichts, eine Null. Und dies ausgerechnet in Gegenwart der zukünftigen Schwiegermutter. Zu ernsthafter Gegenwehr war er nicht fähig gewesen, er hatte sich demütigen lassen, wie immer. Jedes Schimpfwort, jede Beleidigung hatte ihn kleiner werden lassen, die kümmerlichen Reste seines Egos waren einfach zerbröselt. Am liebsten wäre er kurzerhand aus der Wohnung gestürmt, aber selbst das hatte er sich nicht getraut. So musste ein

Vorwand herhalten: Er schützte vor, noch einmal in die Kaserne fahren zu wollen, Videofilme besorgen. So kam er frei.

Sie hatte mich beleidigt, verflucht, gedemütigt. Ich wollte nur noch weg, irgendwohin, einfach nur weg, Hauptsache weg. Da war ich so angespannt und aufgeregt, ich schwitzte so sehr, dass sogar die Fensterscheiben meines Autos beschlugen.

Von Wangen aus fuhr Sutherland in Richtung Schwäbisch Gmünd. Es war kurz nach 18 Uhr. Zur selben Zeit telefonierte Martin Gebauer mit seiner Freundin Gaby Ringsdorf. Sie war mit ihren Eltern zu Besuch bei ihrer Schwester in Schwäbisch Gmünd, wollte aber noch zu ihrem Freund. Es wurde vereinbart, einander zu Fuß entgegenzulaufen, beide trennten lediglich knapp drei Kilometer voneinander.

Eine Viertelstunde später fuhr Sutherland durch den Schwäbisch Gmünder Stadtteil Hardt. Unweit der Hardt-Kaserne sah er Gaby Ringsdorf. Sutherland betrachtete die 17-Jährige eine Weile. Dann hielt er neben ihr an und fragte, ob er sie mitnehmen könne. Die junge Frau lehnte ab. Sutherland reagierte: Gaby Ringsdorf war für ihn jetzt kein menschliches Wesen mehr, sondern nur noch ein Objekt, das es zu stellen, zu überwältigen und zu schänden galt.

Es ist traurig, aber in diesen Momenten habe ich über die Opfer gar nicht nachgedacht. Ich habe in ihnen keine Person gesehen, die eine Familie hat, Karriere machen möchte, Hoffnungen hat oder Träume. Ich habe nur Objekte gesehen, an denen ich mich abreagieren konnte. Beim Militär lernt man, Gefühle anderer zu ignorieren, man wird desensibilisiert. Der Feind ist ein »militärisches Objekt«, keine Person, kein Mensch. Nur ein »Ziel«, das ausgeschaltet werden muss. Ich sah in meinen Opfern Ziele und neutralisierte sie.

Der erste vehement geführte Schlag traf die arglose junge Frau am Hinterkopf, zwei weitere folgten unmittelbar und zertrümmerten ihren Schädel.

Ich hätte nach dem ersten Schlag aufhören können, doch ich war nicht ich selbst, ich war wie vom Teufel besessen, habe die Kontrol-

le verloren. Mein Verstand war zu vernebelt, um noch klar denken zu können. Ich fühlte mich wie ein Flugzeug, das über Autopilot gesteuert wurde.

Gaby Ringsdorf blutete stark, oberhalb des linken Ohrs trat Hirnsubstanz aus, sie ging benommen zu Boden. Sutherland aber war außer sich. Er stürzte sich gierig auf das wehrlose Opfer.

Die Army verlangt von dir, dass du eine Familie gründest, dich um Menschen kümmerst, und im nächsten Moment sollst du zur Tötungsmaschine werden. Es ist so, als wenn jemand das Licht an- und ausknipst. In der Army wirst du darauf gedrillt, eine perfekte Kampfmaschine zu sein, aber niemand erklärt dir, wie du den Schalter wieder herumwerfen kannst: von »Hölle« zu »normales« Leben. Über diese Nachwirkungen spricht niemand, und Statistiken gibt es natürlich auch nicht. Es wird einem verboten, selbstständig zu denken und zu handeln. Das meine ich, wenn ich sage, ich war bei meinen Verbrechen wie »ferngesteuert«.

Während Gaby Ringsdorf mit dem Tode rang, wurde sie vergewaltigt.

Es war das erste Mal, dass sich all meine Wut gegen einen Menschen richtete und ich diesen Gefühlen freien Lauf ließ. Mein Ziel war es, eine Situation zu beherrschen und zu tun, <u>was</u> ich wollte, <u>wann</u> ich es wollte und <u>wie</u> ich es wollte, und zwar ohne Widerspruch. Ich wähnte mich in einem nach unten rasenden Fahrstuhl, und ich konnte nicht zurück. Es war stets eine sehr unwirkliche Situation, da war nur ein ohrenbetäubendes Rauschen, als wenn ein Zug vorbeifahren würde, nur war das in meinem Kopf.

Sutherland ignorierte das Stöhnen seines Opfers, das Flehen, doch aufzuhören, von ihr abzulassen. Nichts und niemand konnte ihn jetzt aufhalten.

Das Bedürfnis, jemanden meinen eigenen Schmerz fühlen zu lassen, war übermächtig. Und es war nie mit einem Schlag erledigt. Ich wollte meinen Schmerz irgendwo »sehen«. Ich erinnere mich, wie sie benommen auf den Rücken gefallen sind. Ich war vollkommen verwirrt, weil ich sah, was passierte, konnte aber nicht glau-

ben, dass ich das gewesen war. Ich wollte helfen, ich wollte weglaufen und abhauen. Aber ich verlangte auch danach, dass jemand meinen Schmerz fühlte. Also machte ich weiter und vergewaltigte die Opfer auch körperlich. Deshalb behaupte ich auch, dass ich zu keinem Zeitpunkt der Angriffe hätte aufhören können.

Zunächst hatte Sutherland jeden Blickkontakt vermieden, doch dann machte er eine Erfahrung, die ihn nachhaltig beeindruckte.

Da war dieser Moment, als ich zum ersten Mal in die Augen des Opfers sah, und sie hatte diesen traurigen Blick … »Warum?« In diesem Augenblick bin ich hoch und geflüchtet. Es ist ein Blick, der mich für den Rest meines Lebens verfolgen wird. Als sich unsere Blicke begegneten, wurde sie wieder menschlich, sie war kein bloßes Objekt mehr. Sie war eine wundervolle junge Frau.

Sutherland hätte noch etwas für sein Opfer tun können, doch er zog es vor, einfach zu fliehen. Gaby Ringsdorf erlitt »drei Knochenimpressionsfrakturen mit scharf ausgestanzten Kanten«. Nur wenige Minuten nachdem ihr Peiniger über sie hergefallen war, wurde sie von ihrem Freund gefunden, mittlerweile bewusstlos. Ein Krankenwagen brachte sie in die Neurochirurgische Abteilung des Bezirkskrankenhauses Günzburg. Dort starb die junge Frau, ohne das Bewusstsein noch einmal wiedererlangt zu haben.

Ganz ehrlich, was ich nach meinen Verbrechen gedacht habe, weiß ich nicht mehr. Erst als ich ein Fahndungsplakat sah, habe ich mich gefragt: Bin <u>ich</u> das etwa gewesen? Es war ein Albtraum. Es könnte doch jemand <u>wie</u> ich gewesen sein … es <u>war</u> ein anderer. Ich hätte die dort beschriebenen Dinge niemals tun können. Ich hatte zuvor niemals den Tod eines Menschen verursacht, aber auf dem Plakat stand »MÖRDER«! Als ich die Beschreibung des Täters zum ersten Mal las, war ich immer noch der Überzeugung, immer das Richtige zu tun, und außerdem waren alle meine Entscheidungen von Sarah beeinflusst worden, sie hätte das bestimmt nicht gewollt. Irgendwann einmal hatte ich das Gefühl, sie würde mich dieser Verbrechen verdächtigen, aber auch sie unternahm nichts.

Doch es gelang Sutherland auch nicht, die Gedanken an seine Verbrechen zurückzuweisen und aus seinem Bewusstsein zu verbannen. Immer wieder schlich sich die Erinnerung zurück. Und dann sah er in die fragenden Augen seines letzten Opfers. Zudem hatte er recht zwiespältige Erfahrungen gemacht, die ganz und gar nicht seiner Absicht und Erwartung entsprachen.

Ich war schwach, ich fühlte mich schwach! Es war ein Gefühl der Machtlosigkeit, ich war nicht in der Lage, meine Gefühle zu kontrollieren. Wut, Hass, so viele aufgestaute Gefühle, negative Gefühle. Es fühlte sich so an, als würde eine U-Bahn durch meinen Kopf fahren. Ich hatte erwartet, dass ich mich stark fühlen würde, aber es war das genaue Gegenteil. Es klingt paradox, aber ich wollte den Opfern nachher sogar helfen, aber ich war so konfus, und ich hoffte nur, dass Sarah mir nicht böse sein würde, wenn ich heimkam. Ich konnte ihr meine Gefühle einfach nicht mitteilen, auch sonst niemandem, nur einem vollkommen unschuldigen Fremden. Deshalb fühlte ich mich »schwach«.

Ich weiß nur noch, dass, als ich meine Wohnungstür öffnete, ich plötzlich in die Realität zurückkehrte. Ich kann dieses Gefühl nicht genau beschreiben, aber es kam mir vor, als hätte ich die Verbrechen nur beobachtet, als sei ich außerhalb meines Körpers gewesen: Ich war das nicht, der das gemacht hat.

Serienverbrechen wie sie Matthew Sutherland bis hierhin verübte, liegen an der äußeren Grenze des gerade noch Begreifbaren, an der Schnittlinie des Menschlichen mit dem Unmenschlichen – unmenschlich als Sammelbegriff für jene dunkle, gespenstisch verworrene Welt, die wir gerne den »Abgrund der Seele« nennen. Es ist die Unbarmherzigkeit der Täter, die uns reizt, provoziert und abstößt. Doch je verborgener und verdorbener uns (un)menschliches Handeln erscheint, desto drängender wird unser Verlangen, wissen zu wollen.

Was ist das Böse in uns? Wo liegen seine Wurzeln? Ist das Böse eine anthropologische Mitgift? Teuflisch? Dämonisch? Personenbezogen? Oder doch einfach nur banal? Ist der Abgrund, in den wir gebannt blicken, vielleicht sogar fester Bestandteil der menschlichen Natur? Schlummern Niedertracht und Gemeinheit in jedem von uns?

Soviel scheint sicher: Das Böse ist immer ein Drama, die düstere Kehrseite der menschlichen Freiheit. Es sticht hervor aus der Menschheitsgeschichte, aus den Nachrichten, oder es steht verstohlen an der Straßenecke und kalkuliert seine Chancen. Das Böse ist der soziale Ernstfall. Und es bleibt längst nicht den Tätern vorbehalten, es ist universell und allgegenwärtig. Es packt auch jene, die im Gedanken an die Opfer Rache suchen und dabei eine doppelbödige Vergeltungsmoral gutheißen: entweder kastrieren oder hinrichten.

Auch Serienmörder gelten als böse Menschen, vielleicht sogar als Inbegriff des Bösen. Kaum jemand zweifelt daran. Doch sind sie nicht vielmehr Grenzgänger zwischen Gut und Böse? Nur zu gerne möchten wir des Bösen habhaft werden, dem vermeintlich unabwendbaren und irgendwo im Verborgenen lauernden Schicksal ein individuelles Gesicht geben, es erkennbar und durchschaubar machen. Die Dressur des Bösen aber misslingt. Denn das Böse hat keine gesicherten Erkennungsmerkmale, es lauert in Form latenter Feindseligkeit. Hinter jedem freundlichen Gesicht könnte sich auch eine hässliche Fratze verbergen, die urplötzlich losschlägt und ihrem Opfer einen grauenvollen Tod beschert. Eine »Bestie« eben.

Der Mord in Serie ist ein beängstigendes und brisantes Phänomen, nach wie vor. Zuallererst die Täter: unscheinbar und unberechenbar – wie Wölfe im Schnee huschen sie an uns vorbei. Jeder Versuch einer sinnstiftenden Typisierung ist bisher gescheitert. Die verschlungenen Persönlichkeitsstrukturen und Beweggründe dieser Schattenmenschen bleiben oftmals nebulös, sie erscheinen genauso undurchdringlich wie ein Schwarm umherschwirrender Insekten. Überwiegend sind es grell schillernde Motivbündel, die von Täter zu Täter, aber auch schon von Fall zu Fall variieren können. Einiges erweist sich als plausibel, manches ist einfach nicht zu verstehen. Selbst erfahrene Gutachter müssen vor Gericht immer wieder die Waffen strecken, wenn sie Verständniszusammenhänge herstellen und den motivischen Hintergrund aufhellen sollen. So bekennt beispielsweise Professor Norbert Leygraf, einer der renommiertesten Gerichtspsychiater Deutschlands, in einem Interview freimütig: »Ich habe als Gutachter nur die Frage der Schuldfähigkeit und gegebenenfalls der Prognose zu klären. Ein Blick zurück in die Geschichte des vergangenen Jahrhunderts zeigt, was alles menschenmöglich ist. Natürlich versucht man in solchen Fällen auch, sich selbst und auch dem Gericht ein Bild davon zu machen, wie jemand dazu gekommen ist, derart Schreckliches zu tun. Manchmal gelingt es, häufig aber auch nicht, zumal in der speziellen Begutachtungssituation. Und ich weigere mich mittlerweile auch, vor Gericht Erklärungen abzugeben, die aus fünf Prozent Befunden und 95 Prozent Spekulationen bestehen. Glücklicherweise ist die forensische Psychiatrie heute insgesamt etwas bescheidener geworden und verzichtet auf simple Erklärungsmodelle.«

Schließlich die Ursachen: Allerlei wird vollmundig behauptet, kaum etwas ist bewiesen. Experten bauen beherzt Modelle, die von anderen Fachleuten lustvoll niedergerissen werden. Die einschlägigen Wissenschaften hinken mit ihren Deutungen, Erklärungen und theoretischen Annäherungsversuchen der Verbrechensentwicklung hoffnungslos hinterher. Es wird viel geredet, wenig gewusst. Der vermeintlich tiefe Blick in Kopf und Seele des Killers erweist sich immer wieder als simple Projektion eigener Erwartungen und Vermutungen. Die Wissenschaft sollte mehr darüber sagen, was ihr noch verschlossen ist, als darüber, was sie feststellen und beweisen kann. Gewiss indes ist, dass der Serienmord nicht auf *eine* Ursache oder *ein* Ursachengeflecht zurückgeführt werden kann. Deshalb ist diese Verbrechensgattung auch so schwer zu verstehen und zu vermitteln, es gibt keine simple Aufklärung oder Auslegung – auch wenn dies von Unwissenden und Besserwissern immer wieder unterstellt wird.

Aus diesen Gründen erscheint es sinnvoll, sich bei der Suche nach einem beschreibenden Grundmuster von formalen Kategorien wie Tätertypen, Motiven, Lebensläufen, Persönlichkeitsstörungen oder sexuellen Perversionen als Leitbild zunächst zu lösen. Diese in anderer Hinsicht durchaus wichtigen Aspekte sind unter dem Blickwinkel einer Serienmord-Matrix nämlich lediglich Versatzstücke, Mosaiksteinchen. Sie stehen für sich, isoliert, lassen kaum oder keine Entwicklungen und Zusammenhänge erkennen. Vor allem aber lassen sie sich nicht auf alle Täter anwenden. Und wollte man sie dessen ungeachtet zusammenfügen, käme ein verlockendes Trugbild heraus. Dennoch müssen diese Erkenntnisse als empirische Basisinformationen bei der Entwicklung eines Konzepts Berücksichtigung finden.

Serienmörder werden nicht als solche geboren und auch nicht zu solchen gemacht. Menschen entwickeln sich zu Tätern, durchlaufen dabei verschiedene Phasen. Insofern erscheint nur ein Erklärungsmodell geeignet, das auch entsprechende Zeiträume schaffen, abbilden sowie schlüssig und ursächlich miteinander verbinden kann. Zudem muss es so (un)präzise sein, dass es jedem Menschen und seiner Metamorphose zum Mehrfachtäter gerecht wird.

Ich nenne es das *Serienmörder-Prinzip*.

Dieses Modell (beachte auch die Synopse im Anhang) ist gekennzeichnet von insgesamt sieben Entwicklungsstadien und -verläufen, die den Exodus aus der Sozialgemeinschaft beschreiben und herleiten – beginnend mit Phase 1, der *Genese*. Der Ursprung allen Übels ist demnach die Konfrontation mit einem spezifischen Schlüsselerlebnis. Ein solches Geschehen im Sinne des *Serienmörder-Prinzips* ist jedes punktuell oder phasenweise sich vollziehende ereignisgebundene Erleben eines Menschen, das gleichzeitig einen gravierenden Einschnitt in der Gesamtentwicklung darstellt. Zudem muss dieses Ereignis ein abnormes Bewusstsein und Erleben (un)mittelbar anstoßen oder die Entwicklung antisozialer Bedürfnisse begünstigen.

Oftmals wird ausdrücklich im Zusammenhang mit multiplen Sexualmorden von derlei einschneidenden Vorkommnissen berichtet. Der Begriff »sexuell« ist allerdings in einer Vielzahl von Fällen unzutreffend, da die meisten Täter nicht nach Sexualität im engeren Sinne verlangen, sondern sexualisierte Gewalt ausüben wollen. Den Tätern geht es also nicht darum, Geschlechtsverkehr mit einem Mädchen, einem Jungen oder einer Frau zu haben oder sie auf andere Weise zu missbrauchen. Sie treibt in erster Linie das Bedürfnis, einen Menschen zu beherrschen, zu kontrollieren, schrankenlos über ihn zu verfügen. Sexuelle Handlungen werden dabei lediglich instrumentalisiert, um dem Opfer die eigene Übermacht zu demonstrieren. Die Intimsphäre wird bewusst durchbrochen und schließlich vollständig aufgehoben. Das Opfer soll erkennen, empfinden und erdulden, gerade *ihm* vollkommen ausgeliefert zu sein – auf Gedeih und Verderb. Diese sich etappenweise vollziehende Entrechtung und Entwürdigung des Opfers wird ausgekostet und mündet (fast) immer in die Vernichtung von Menschenleben; der finale Akt, Vollzug und Bestätigung eigener Machtgelüste. Sexuelle Handlungen werden also zweckentfremdet, um hierdurch ein nichtsexuelles Bedürfnis befriedigen zu können.

Meistens sind es die Täter selbst, die den Beginn ihrer perversen Entwicklung auf bestimmte Schlüsselreize zurückführen. Am häufigsten wird in der wissenschaftlichen Literatur beschrieben, dass die Beobachtung einer Tierschlachtung den Ausgangspunkt der sich hiernach anbahnenden sexuell-sadistischen Abweichung markiert haben soll. So heißt es beispielsweise im Urteil des Landgerichts Duisburg zu Joachim Kroll, der von 1955 bis 1976 im nördlichen Ruhrgebiet und am Niederrhein mindestens acht Mädchen und Frauen tötete: »Im Laufe seiner Tätigkeit in der Landwirtschaft bemerkte der Angeklagte jedoch, dass außer der Selbstbefriedigung und den Geschlechtsakten an Tieren ihn ein anderer Vorgang, an dem sein Körper nicht in geschlechtsbezogener Weise beteiligt war, sexuell aufs höchste stimulierte. Im Alter von 14 oder 15 Jahren war der Angeklagte mehrfach zugegen, wenn auf den Bauernhöfen Tiere geschlachtet wurden. Beim Entdärmen der Kadaver half er gelegentlich. Der Angeklagte verspürte alsbald, wie ihn das Töten und Ausnehmen der Tiere – vor allem von Schweinen – faszinierte. Er bekam Schweißausbrüche und empfand ein ihm bis dahin fremdes eigenartiges Kribbeln im Magen und auf der Brust, das mit einer anfangs schwächeren, später jedoch immer stärkeren sexuellen Erregung mit Gliedversteifung verbunden war. Nach einiger Zeit hatte er die Vorstellung, dass man auf diese Weise auch einen Menschen öffnen und hineinsehen könne. Dieser Gedanke verstärkte seine sexuelle Erregung. Wenn er dann allein war, stellte er sich den gesamten Schlachtvorgang noch einmal vor und onanierte in der Erinnerung daran bis zum Samenerguss. Die geschlechtliche Erregung war am größten und die Erleichterung nach der Ejakulation am stärksten bei dem Gedanken, dass an Stelle des Tieres ein Mensch getötet – kaputtgemacht –, geöffnet und ausgenommen werde.«

Eine vergleichbare Erfahrung machte auch Frank Gust, der von 1994 bis 1998 im Ruhrgebiet drei Prostituierte in seinen Wagen lockte, vergewaltigte, ausgiebig folterte, schließlich durch einen Schuss in den Hinterkopf förmlich hinrichtete und anschließend die toten Körper verstümmelte. Als 9-Jähriger kaufte er einem Schulkameraden ein Meerschweinchen ab, er hatte sich schon immer ein Haustier gewünscht. Weil sein Stiefvater gegen Tierhaare allergisch war, suchte Gust Rat und Hilfe bei seiner Oma. Doch die wollte das Tier auch nicht in Pflege nehmen. Und weil das Meerschweinchen nicht zurückgegeben werden konnte, entschied die Großmutter: »Dann musst du es totmachen.«

Gust fesselte das Tier mit Bast an Stöcken, die er zuvor in den Boden gerammt hatte. Sein Plan: den Kopf mit einer Betonplatte zerschmettern, damit es nicht leidet. Aber er traf nicht richtig, der Bauch des Tiers platzte auf, und die Eingeweide quollen heraus. Jedes andere Kind hätte sich erschüttert abgewandt; Gust aber befingerte die Gedärme, neugierig und fasziniert: »Das Gefühl, mit den Händen da reinzugehen, war ganz eigentümlich und unheimlich intensiv.« Und genau diese Erfahrung wollte und sollte er 20 Jahre später wieder machen – »an Menschen, die noch warm sind«.

Als inspirierend, erotisierend und aufregend wurden aber auch andere Begebenheiten empfunden, zum Beispiel das Sichbespucken-lassen, die Feuerbestattung der eigenen Mutter, das Beobachten eines Brandes, Fesselspiele, bestimmte Sequenzen eines Spielfilms oder Passagen eines Romans, das Beobachten einer Vergewaltigung, der unmittelbare Kontakt mit Intimwäsche der Mutter oder einem Leichnam, aber auch das Beobachten eines tödlich verlaufenen Verkehrsunfalls. Gelegentlich sind es ebenso psycho-sexuelle Erfahrungen bei der Ausübung von körperlicher Gewalt, die den späteren Tätern imponieren und rauschhafte Züge annehmen können. So war es auch bei Paul Ogorzow, der als *S-Bahn-Mörder* im Zweiten Weltkrieg die Bevölkerung Berlins terrorisierte. Das erste Opfer wehrte sich so heftig, dass ein gewaltsamer Sexualakt unmöglich war. Aus Wut und Enttäuschung knüppelte Ogorzow die junge Frau kurzerhand mit einem Kabelstück nieder und stieß sie aus dem fahrenden Zug. Für ihn vollkommen überraschend erregte ihn das Schlagen, vor allem aber das Hinausstoßen des Opfers. Um sich genau diesen emotionalen Kick zu verschaffen, tötete er auf dieselbe Weise schließlich fünf Frauen und attackierte zwei weitere, die überlebten.

Augenfällig ist, dass vor allem Jungen, Jugendliche und junge Männer auf diese Reize vollkommen anders reagieren als ihre Altersgenossen. Warum so abnorm und so heftig, lässt sich pauschal nicht beantworten. Mit Sicherheit aber sind es persönlichkeitsimmanente, sexuelle, psychologische und biologische Anlagen, die im *Einzel*fall eine derart einschneidende emotionale Fehlinterpretation und -entwicklung in Gang setzen können.

Während Qualität und Quantität dieser Schlüsselerlebnisse variieren, ist die unmittelbare Folge stets dieselbe: Das Ereignis kennzeichnet einen dramatischen Wendepunkt in der Gesamtentwicklung, und die späteren Tötungsakte spiegeln das wesentliche Element dieser Initialreize wider.

Ähnliche Zusammenhänge lässt auch der Fall Sutherland erkennen. Erst viele Jahre nach diesem traumatischen Erlebnis gelang es ihm, seine innere Erstarrung zu durchbrechen und darüber zu berichten: *Ich bin von meinem Onkel sexuell missbraucht worden. Ich war so schockiert, als ich als Junge von meinem Onkel vergewaltigt worden war, dass ich mir stets eingeredet habe, es sei gar nicht passiert. Das war zu einer Zeit, als ich alles geleugnet habe. Ich erinnere mich an einen Sommer, den ich bei meiner Großmutter väterlicherseits verbracht habe. Meiner Oma habe ich gesagt, dass ich nicht mit meinem Onkel in einem Zimmer schlafen wollte. Aber sie antwortete, dass Jungen in einem Zimmer und Mädchen in einem anderen Zimmer schlafen müssten.*

Ich erinnere mich noch sehr gut: Mein Onkel drückte mir immer ein Kopfkissen ins Gesicht, damit mich niemand hören konnte, mein Bruder und mein Cousin schliefen nämlich in demselben Zimmer. Es war furchtbar, ich konnte nur sehr schlecht atmen, ich hatte Todesangst. Es klingt ein bisschen verrückt, aber ich bin viele Jahre nicht schwimmen gegangen, weil ich das Gefühl nicht ertragen konnte, wenn das Wasser meinen Körper fest umschloss und ich das Gefühl bekam, <u>nicht atmen zu können!</u>

Auch in diesem Fall darf eine ursächliche Verbindung zwischen den erlittenen Vergewaltigungen und dem hiernach vollkommen veränderten Verhalten des Jungen angenommen werden. Und die Jahre später verübten Verbrechen lassen überdeutliche Parallelen erkennen. Sutherland gierte nach Vergeltung: *Nachdem ich jahrelang darüber nachgedacht habe, bin ich zu dem Schluss gekommen, dass ich jemanden dominieren und beherrschen wollte. Eine Situation vollkommen kontrollieren. Jemandem das antun, was mir angetan worden war!*

In vergleichbarer Weise werden auch künftige Serienmörder mit Schlüsselerlebnissen konfrontiert, die später keine sexuellen Motive verfolgen. Stets sind es Ereignisse, die als besonders belastend, betörend oder bedrohlich empfunden werden. Häufig resultieren aus diesen familiären, psychischen, sozialen, beruflichen oder finanziellen Mangel- oder Belastungssituationen Konflikte, denen die angehenden Täter hilflos gegenüberstehen, keinen Ausweg sehen, darunter leiden, sich schließlich von gewaltbesetzten Verhaltensmustern leiten lassen. Besonders eindrücklich formulierte es einmal Klaus Eiselbrecher, der als so genannter Mittagsmörder bei zahlreichen Banküberfällen Mitte der 60er Jahre im Großraum Nürnberg fünf Menschen kaltblütig erschoss: »Ich bin ein empfindsamer Mensch. Die Menschen haben mich nur gekränkt und verletzt. Deswegen bin ich in eine Gegnerschaft zu allen Menschen geraten. Wie ein Hund, der alle Fremden beißt.«

Allerdings dürfen diese Schlüsselerlebnisse nicht isoliert betrachtet und blindlings zu *einer* Ursache für alle Serientötungen hochstilisiert werden. Denn die meisten Menschen, die unter ähnlich gravierenden Umständen aufwachsen oder vergleichbaren Schwierigkeiten ausgesetzt gewesen sind, begehen später keine Verbrechen. Insofern können diese Prägungserlebnisse nur dann ihre fatale Wirkung und Wucht entfalten, wenn sie mit einer von der Norm abweichenden Be- oder Empfindlichkeit des Betroffenen korrespondieren.

Unabhängig vom Inhalt des Initialreizes ist die unmittelbare Konsequenz immer auch eine Neuorientierung und ein pathologisch eingefärbter Reifungsprozess: Abnorme Bedürfnisse gründen und entwickeln sich, drängen, formen, fordern. Dieser Vorgang ist langwierig und kann sich über Monate oder Jahre erstrecken. Eine typische Reaktion auf solch beginnendes seelisches Ungemach ist das Verdrängen. Auch Sutherland sah keine andere Möglichkeit: *Ich habe jahrelang nicht darüber gesprochen, alles in mich hineingefressen. Ich war eine tickende Bombe. Als*

Kind (man hielt mich für ein ausgeglichenes und glückliches Kind) konnte ich einfach nicht aussprechen, was mir angetan worden war. Die Sache war so traumatisch, dass ich sie ganz tief in meinem Bewusstsein versenkt habe. Ich habe es auch meiner Mutter bis zum Jahr 1992 nicht erzählt.

Allerdings soll die Verdrängung im Sinne des *Serienmörder-Prinzips* nicht grundsätzlich als pathologischer Prozess verstanden werden, sondern auch als allgemein menschliche Verarbeitungsmöglichkeit. Geistiges Nicht-hochkommen-lassen und seelische Abspaltung dienen als probate Mittel, um ein porös gewordenes Selbstbild aufzupolieren und zu reparieren. Denn oftmals werden traumatische Ereignisse von wenig selbstbewussten Menschen wie Sutherland umgedeutet und verfremdet, um den eigentlichen Übeltäter zu entlasten: *Natürlich wusste ich, dass es mein Onkel war, der mich vergewaltigt hatte. Ich habe ihn dafür auch gehasst. Aber irgendwann habe ich auch mir die Schuld gegeben. Das war nur so ein Gefühl, und ich kann es auch nicht erklären. Aber es hat geholfen. Jedenfalls habe ich mir das eingebildet.*

In dieser Phase der Entbehrung oder der Erniedrigung (Sutherland: *Ich kam mir vor wie ein komplettes Nichts. ABFALL! Schwach! Hilflos. Scheiße! Beschissen! Nix!*) werden mitunter auch gewaltbesetzte Phantasien ausgebildet. Menschen gestalten und instrumentalisieren solche Vorstellungen, nutzen sie als Spielwiese beziehungsweise Ersatzmittel für ihre (noch) unerfüllten oder unerfüllbaren Leidenschaften und Laster. Denn in der Imagination ist *alles* möglich: Täter werden zu Opfern, Opfer zu Tätern. Gewalt spielt in dieser phantastischen Parallelwelt eine dominierende Rolle, sie wird benutzt, um die angestauten Aggressionen in opulente Obsessionen überführen zu können. Gewaltphantasien sind per se nicht von Dauer, sie sind dynamisch, formbar. Charakteristisch sind stufenweise fortschreitende Entwicklungs- und Verlaufsformen, Inhaltsreichtum und Intensität nehmen zu. In ihrem Endstadium können sie schließlich auch die Tötung von Menschen umfassen.

Grundsätzlich erscheinen Tötungsphantasien fokussiert auf den Akt der Entmenschlichung, der Bestrafung und der Vernichtung. Dabei werden die imaginären Opfer zu bloßen Objekten degradiert. Sie haben häufig keine Namen, kein Gesicht, keine Identität. Nur die Anonymität ermöglicht narzisstische Vorstellungen eigener Allmacht. Der Berufsfachschüler Hans-Joachim Schott tötete in den Sommermonaten des Jahres 1985 in Bonn und Bochum drei junge Frauen. Seine Vorstellungen von Opfer-Beherrschung und eigener Übermacht beschrieb er so: »Ein allein stehendes Haus und ein im Keller gefangen gehaltenes Objekt. Das Besitzen eines Objektes steigert die sexuelle Lust. Ich stoße dem Objekt das Messer ins Herz und zerschneide es mit Rasierklingen. Dann das endgültige Besitzen, der Tod.«

Soweit musste es bei Sutherland gar nicht kommen, er gab sich mit weniger zufrieden: *Ich habe mich wie eine Ameise in eine andere Welt verkrochen. Ich habe mir eine Welt geschaffen, in der ich alles kontrollieren konnte, in der ich mich wohl fühlte. Ich habe mir ausgemalt, wie ich all die Idioten schlagen würde, die mich terrorisiert haben. Diese Gedanken kamen nicht von allein, sondern immer dann, wenn ich mal wieder provoziert oder gedemütigt worden war.*

Durch die Flucht in die Traumwelt wird die brüchige Persönlichkeit stabilisiert. In der von der Realität abweichenden Vorstellung werden aggressive und destruktive Impulse gebündelt und gebunden, weitgehend entschärft, teilweise befriedigt und entladen. Vorerst. Allerdings werden gewaltbesetzte Vorstellungen in diesem Stadium durchweg (noch) als wesensfremd und bedrohlich empfunden. Denn das innere Erleben wird von der begründeten Angst gedämpft, sich tatsächlich irgendwann nicht mehr beherrschen zu können – mit allen sich hieraus ergebenden Konsequenzen.

Sexuell eingefärbte Serienmorde gehen aber nicht notwendigerweise mit Tötungsphantasien einher oder sind begründend auf solche Beherrschungs- und Vernichtungswünsche zurückzuführen – auch wenn derlei kategorische Zusammenhänge insbesondere im amerikanischen Sprachraum beharrlich und unbewiesen behauptet werden. Besonders relevant erscheinen solche Visionen vornehmlich bei sadistischen Gewaltverbrechern. Bei anderen Tätertypen hingegen sind sie selten zu beobachten oder spielen eine lediglich untergeordnete Rolle. Auch Sutherland sperrte sich gegen die vermeintliche Lehrmeinung: *Ich weiß, dass viele Experten glauben, dass ich nur meine sexuelle Gier befriedigen wollte. Mein Motiv war Macht, Kontrolle, Dominanz. Sex war nie ein Problem für mich. Ich konnte damals zu jeder Zeit mit meiner Verlobten Sex haben, und nebenher hatte ich reichlich Affären. Ich bin auch nicht von sexuellen Phantasien angetrieben worden. Die Frauen, mit denen ich intim war, waren abenteuerlustig genug. Viele Experten unterstellen nach langjähriger Erfahrung, meine Taten müssen etwas mit bizarren Gewaltphantasien zu tun haben, aber das ist in meinem Fall weit weg von der Wahrheit. Ich wollte einfach nur fort von meiner allzu dominanten Verlobten, meinem mich beherrschenden Job und meiner machtlosen Vergangenheit. Ich war in all den Jahren zu lange in negativen Dingen gefangen, und dann bin ich irgendwann explodiert.*

Unabhängig davon, ob die künftigen Täter sich nach Schlüsselerlebnissen in eine Trugwelt flüchten oder solche Ereignisse zunächst scheinbar folgenlos verdrängen, entwickelt sich generell eine akzentuierte Affektivität. Mit anderen Worten: Eine neue Erlebensweise und Erlebnisrichtung wird angestoßen – Ansprechbarkeit, Intensität und Dauer von Emotionen unterliegen einem grundlegenden Wandel. Das subjektive Befinden verändert sich mitunter dramatisch. Ähnliche Erfahrungen machte auch Sutherland: *Vor der Sache mit meinem Onkel war zwar auch nicht immer alles zum Besten, aber ich kam zurecht. Danach habe ich mich total zurückgezogen, ohne dass jemand davon etwas gemerkt hätte. Ich will nicht sagen, dass ich die Lust am Leben verloren habe, aber mein Selbstbewusstsein und das Gefühl für mich selbst waren ganz anders, einfach NEGATIV!*

Ich glaube, dass ich zu viele negative Gefühle zurückgehalten und niemals den Versuch unternommen habe, diese Emotionen herauszulassen. Ich habe die Welt durch eine rosarote Brille gesehen, mir selbst die Schuld gegeben für die Misshandlungen durch andere Menschen.

Jeder Mensch benötigt neben anderen Voraussetzungen insbesondere ein gesundes und gesichertes Selbstwertgefühl, um für die Aufgaben des Alltags, aber auch für besondere Lebensanforderungen gerüstet zu sein. Diese Ich-Stärke wird niemandem in die Wiege gelegt, sie muss von Heranwachsenden mühsam erworben, erstritten oder erkämpft werden. Erfolgserlebnisse in unterschiedlichen Lebensbereichen, positive Erfahrungen mit der sozialen Umwelt, aber auch mit sich selbst sind Basiselemente für ein stabiles Selbstbild und Ich-Gefühl. Menschen mit diesem Hintergrund sind durchweg ausgeglichen(er), widerstandsfähig(er), psychisch robust(er), beziehungsfähig(er), selbstzufrieden(er), genussfähig(er).

Indes fördern ein schwaches Selbstbewusstsein und eine schwankende Selbsteinschätzung die Tendenz zur Selbstentfremdung. Und dieser schleichend beginnende Prozess ist charakteristisch für Menschen wie Sutherland: *Ich fühlte mich innerlich leer als Kind. Ich war immer ein guter Schüler, aber für meine Eltern war ich nicht gut genug. Wenn du von deinen Eltern, aber auch von Fremden ständig zurückgewiesen wirst, fühlst du dich irgendwann leer, machtlos und ohnmächtig. Ich bin aufgewachsen, ohne mir über meine Gefühle bewusst zu werden. Und ich begriff nicht, wo und was ich war, ich war wenig selbstbewusst. Irgendwann kam ich an den Punkt, wo ich nicht mehr wusste, was ich glauben, wie ich mich verhalten sollte.*

Wer kein starkes Selbstwertgefühl hat, dem gelingt es nur schwer und viel zu selten, widersprüchliche Erfahrungen, Enttäuschungen, Zurücksetzungen oder Kränkungen in das Selbstbild zu integrieren. Die Konsequenz ist eine zutiefst widersprüchliche Existenz, eine scheinbar unüberwindbare Kluft zwischen Seinsollen und Sein-wollen, eine ausgeprägte Identitätsunsicherheit. Es mangelt an einem gewachsenen und wehrhaften Selbstkonzept, die Präsentation der eigenen Person und Persönlichkeit misslingt: *Ich versuchte mich zu etablieren, meinen Platz in der Gesellschaft zu finden. Aber meine Selbstachtung war zu dieser Zeit zu gering. Egal, was ich sagte, fühlte oder tat, es war falsch.*

Sutherland gelang es nicht, ein trag- und widerstandsfähiges Selbstkonzept zu entwickeln: *Das schwierigste überhaupt war es, ich selbst zu sein – Matthew. Wenn ich mehr Selbstachtung und Selbstvertrauen gehabt hätte, wäre das alles nicht passiert, ich hätte keinen Frauen nachgestellt, niemand wäre gestorben.* Er blieb aber orientierungslos, haltlos und weitestgehend hilflos. Unmittelbare Folge waren Minderwertigkeitsgefühle und Versagensängste sowie eine Verzögerung der Persönlichkeitsreifung, die typisch ist für Serienmörder.

In vielen Fällen wird diese abnorme Entwicklung zudem durch erzieherisches Fehlverhalten begünstigt. Überwiegend ist das Verhältnis zu beiden Erziehungsberechtigten erheblich belastet, ein weiteres Konfliktfeld tut sich auf. Emotionale Zurückweisung, allgemeine Vernachlässigung des Kindes und Prügelpädagogik sind die häufigsten Fehlerziehungsformen. Die späteren Täter werden so schon früh in eine Außenseiterposition gedrängt, ihre Existenz wird geprägt von Misstrauen und Misserfolgen, das Vertrauen in Menschen und Beziehungen geht weitestgehend verloren. Dafür jedoch müssen sie hautnah erfahren, dass sich *ein* Mittel besonders eignet, um Probleme zu lösen und sich durchzusetzen: Gewalt.

Die mitunter verschrobenen Vorstellungen und handfesten Erfahrungen der eigenen Unzulänglichkeit bedingen ein sozial abweichendes Verhalten. Wer sich als anders oder gar abartig empfindet, scheut die Gemeinschaft. Denn dort drohen (vermeintliche) Entlarvung, Entmachtung, Enttäuschung und Erniedrigung – eine von vielen Tätern gemachte leidvolle Lebenserfahrung. Nicht wenige mehrfache Mörder sind ausgesprochene

Einzelgänger. Ihr Sozialverhalten wird dominiert von Orientierungslosigkeit, Bindungsschwäche, geringem Durchsetzungsvermögen, fehlender Konfliktbereitschaft und einer passiven, manchmal auch feindlichen Grundeinstellung. Heimisch werden sie nur dort, wo sie sich nicht erklären müssen.

Die sozialen Kontakte sind oberflächlich, blass, stumpf, manchmal gar nicht existent. Obwohl sich der überwiegende Teil der Täter nach Geborgenheit und Zuwendung innerhalb einer sozialen Gruppe sehnt, bleibt es dennoch in den meisten Fällen lediglich bei zaghaften Annäherungsversuchen. Ausschlaggebend für diese Vereinsamung sind in erster Linie vorherige Kränkungen, Misserfolge oder Versagenserlebnisse: in der Familie, in der Schule oder im Berufsleben. Oftmals kommt alles zusammen.

Die Angst vor der drohenden oder befürchteten Ächtung führt häufig auch zu einem auffällig angepassten, nicht selten sogar überangepassten Sozialverhalten: ducken, Kopf einziehen, jasagen, mitschwimmen – und bloß nicht auffallen, kein Aufsehen erregen, keinen Argwohn stiften. Auch Sutherland wollte es partout jedem recht machen, auch um den hohen Preis der Selbstverleugnung: *Zu anderen Menschen bin ich immer freundlich gewesen, sodass niemand meinen seelischen Schmerz und meine Verzweiflung erkennen konnte. Wenn ich jemanden anlächle, dann lächelt er zurück, und ein Lächeln ist für mich so angenehm wie ein warmer Sonnenstrahl! Ich dachte: Wenn um mich herum nur Sonne ist, dann verschwindet der dunkle Schmerz in mir, doch das war nur ein SELBSTBETRUG!*

Ich war immer nur ein »Soldat«, mir wurde gesagt, was und wie ich es zu erledigen hatte. Dabei habe ich mich selbst vergessen, meine Identität verloren, ich wurde zu einem »ferngesteuerten« Idioten. Ich habe alle Warnsignale gesehen, aber immer nur durch rosarote Brillen. Egal wie übel der Charakter meiner Mitmenschen auch war, ich habe mich immer bemüht, das Gute in ihnen zu sehen und habe nach Gründen gesucht, um ihr schlechtes Benehmen zu ent-

schuldigen. Häufig habe ich mir selbst die Schuld gegeben. Ich war einfach nicht stark genug, um zu widersprechen, mich zu befreien.

Depressive Verstimmungen, überzogenes Misstrauen, anhaltende Unzufriedenheit und eine von vornherein negative Denkweise beherrschen das seelische Empfinden. Entsprechend charakterisierte sich auch Thomas Brussig, der Anfang der 90er Jahre in Bremen drei Prostituierte ermordete: »Ich muß mich selbst als Einzelgänger bezeichnen. Ich bin sehr kontaktarm und gehe von mir selbst auf keinen Menschen zu. Ich fühle mich sehr schnell von anderen Menschen ungerecht behandelt. Wenn ich mich beispielsweise von jemandem vernachlässigt fühle, wende ich mich ganz schnell von ihm ab und kapsele mich ein. Schon zu Hause als Kind hatte ich das Gefühl, daß ich gegenüber meinen Geschwistern benachteiligt wurde. Richtige Freunde hatte ich eigentlich nicht. Ich war im Grunde immer nur ein Mitläufer.«

Diese Menschen hadern ständig mit ihrem Schicksal, fühlen sich zurückgesetzt, manövrieren sich in eine emotionale Sackgasse. Nur gelegentlich werden sie tatsächlich ausgegrenzt. Subjektive Außenseiterpositionen sind wesentlich häufiger zu beobachten. Sie empfinden sich als andersartig, minderwertig, nicht dazugehörig. Die mitunter realitätsferne Selbstdiagnose der eigenen Unzulänglichkeit produziert das Verlangen, sich nicht von der Masse abzuheben, sondern in ihr zu verschwinden. So wie ein Chamäleon durch das Anpassen der Hautfarbe an die jeweilige Umgebung seine Häscher zu täuschen sucht, so wird die Farbe des jeweiligen sozialen Hintergrundes angenommen, um der sonst drohenden Brandmarkung zu entgehen.

Ziel dieser bisweilen vollständigen sozialen Anpassung sind Komplettierung und Kompensation der pikierten Persönlichkeit, das Bestreben, eigene Stigmata durch das Ähnlichwerden mit dem sozialen Umfeld abzuschwächen, zu kaschieren. Doch bleibt dieser Akt der Assimilation formal, blutleer und inhaltslos. Dem Selbsterleben fehlt die rechte Lebendigkeit, das Selbstkonzept gleicht eher einem flächigen Bild ohne Risse und Reliefs, solche Menschen bleiben lebendig eingemauert in die eigene gehemmte Persönlichkeit.

Der Selbstzweifel blüht, das Selbstwertgefühl verkümmert. Die soziale Interaktion ist übertrieben ängstlich, die durchaus vorhandene soziale Potenz kann nur unzureichend umgesetzt werden. Es fehlt an entsprechender Kompetenz und Durchsetzungsfähigkeit. Obwohl im Regelfall durchschnittlich, manchmal sogar hochintelligent, findet man unter Serienmördern vielfach Schul- und Berufsversager. Misserfolg wird zum ständigen Wegbegleiter, verstärkt das Gefühl der eigenen Unfähigkeit und Schwäche.

Neben Rückzug und Überangepasstheit ist mit etwa gleicher Häufigkeit bei den späteren Mehrfachmördern auch dissoziales Verhalten zu beobachten. Nach der *Internationalen Klassifikation psychischer Störungen* (ICD 10) der Weltgesundheitsorganisation – es handelt sich hierbei um klinisch-diagnostische Leitlinien – liegt in solchen Fällen »eine große Diskrepanz zwischen dem Verhalten und den geltenden sozialen Normen« vor. Charakteristisch sind unter anderem: herzloses Unbeteiligtsein gegenüber den Gefühlen anderer; deutliche und andauernde Verantwortungslosigkeit und Missachtung sozialer Normen, Regeln und Verpflichtungen; Unvermögen zur Beibehaltung längerfristiger Beziehungen, aber keine Schwierigkeiten, Beziehungen einzugehen; sehr geringe Frustrationstoleranz und niedrige Schwelle für aggressives, auch gewalttätiges Verhalten. Solche Menschen können sich mit bestehenden Konventionen nicht abfinden, begehren auf, provozieren, lassen nur eigene Regeln gelten. Es fehlt das soziale Verständnis und Bewusstsein. Überwiegend wird aus einer Einzelgängerposition heraus so agiert, manchmal spielen jedoch auch gruppendynamische Prozesse eine Rolle.

Hansjoachim Schwarz überfiel, beraubte und tötete im Sommer 1985 binnen weniger Wochen in Berlin drei ältere Frauen. Schon als Jugendlicher ließ er sich zu Gewalttätigkeiten animieren. Warum er sich so verhalten hatte, begründete er mir gegenüber so: »In dieser Gemeinschaft ging es für mich hauptsächlich darum, Anerkennung zu finden, Freunde, Menschen, die mich so akzeptierten wie ich war, deshalb und natürlich auch, weil ich keiner wohlhabenden Familie entstammte, nahm ich an Einbrüchen und Raubüberfällen teil. Das Wie und Warum zählte für mich eigentlich nicht so sehr, wie aber sehr wohl, daß ich dazugehörte. Natürlich weiß ich heute, daß es nicht der richtige Weg, nicht die richtige Machart war, um das zu finden was ich eigentlich suchte. Aber es war die einzige Art und Weise, mich zu behaupten.«

Doch unabhängig von der Qualität des sozial abnormen Verhaltens bleibt die Konsequenz dieselbe: Menschen verhalten sich gezwungenermaßen, geraten unter seelischen und sozialen Druck, das Drama nimmt seinen Lauf.

Der ganz überwiegende Teil der späteren Mehrfachmörder fällt bereits in dieser Phase durch wiederholte Normverletzungen auf. Man könnte in diesem Zusammenhang eine so genannte Deliktsperseveranz erwarten, also eine straftatenbezogene Gleichförmigkeit. Einfacher ausgedrückt: Sexualtäter beispielsweise begehen vor ihrem ersten Mord andere Sexualdelikte, oder Raubmörder werden bereits als Kinder und Jugendliche durch Ladendiebstähle oder ähnliche Gaunereien auffällig. Das wäre durchaus logisch und plausibel.

Doch das Gegenteil ist der Fall. Serienmörder lassen sich nicht auf eine bestimmte Verbrechensform reduzieren, sie verüben vor ihren Morden überwiegend Straftaten, die eine gänzlich abweichende Zielrichtung haben. So dominieren beispielsweise bei multiplen Sexualmördern in erster Linie Vermögens- und Körperverletzungsdelikte als Vorstrafen, und eben nicht Sexualverbrechen. Diese deliktische Bandbreite ist dadurch zu erklären, dass Serientäter generell nur sehr eingeschränkt bereit sind, Normen und Werte einer Gesellschaft zu akzeptieren, vor allem aber zu respektieren. So ist zum Beispiel die Vergewaltigung eingebettet in eine allgemein verwahrloste oder kriminelle Einstellung. Sexualität wird mit Gewalt genommen, wie auch andere Bedürfnisse gewaltsam befriedigt werden. Je vielschichtiger das Verlangen, desto vielgestaltiger das Verbrechen.

Wenn das eigene Selbstkonzept nicht taugt, wird nach Leitbildern gesucht. Häufig sind es dann Personen im sozialen Umfeld, die als besonders beeindruckend erlebt werden, weil sie vor allem eins sind: durchsetzungsstark und machtvoll. Die Identifikation erfolgt allerdings lediglich mit ausgesuchten Persönlichkeits- und Verhaltensmerkmalen, die den eigenen Charakter komplettieren können. Und es spielt eine nur untergeordnete Rolle, ob dieses Vorbild sympathisch erscheint oder sogar abgelehnt wird. Entscheidend ist, dass der Leitfigur bestimmte Fähigkeiten zugeschrieben werden können, die man bei sich selbst vermisst.

Bei Sutherland war es der Vater: *Er war ein gut aussehender, muskulöser Mann, und das wusste er. Er verbrachte viel Zeit damit, sein gepflegtes Äußeres im Spiegel zu betrachten und Kleidung für sich zu kaufen. Er wusste mit den Begriffen »Familie« und »Wir« nichts anzufangen. Er hatte seinen eigenen Tagesablauf, obwohl wir in einem Haus wohnten. Soweit ich mich erinnern kann, sprach er immer zuerst mit den Händen zu mir, anstatt Worte zu benutzen. Er schlug mich oft, auch grundlos. Einmal schlug er mich so hart, dass ich bewusstlos wurde und eine Woche im Krankenhaus bleiben musste. Meine ältere Schwester und meinen jüngeren Bruder behelligte er kaum, weil meine Mutter mich nach meiner Geburt stärker liebte als ihn.*

Er benötigt 101 Prozent Aufmerksamkeit. Wenn dem nicht so ist, flucht er in seinem Zorn lautstark oder schlägt mit seiner Faust auf irgendetwas, damit er unsere volle Aufmerksamkeit bekommt. (Wenn ich heute über sein Verhalten nachdenke, muss ich lachen, schäme mich aber für meinen Vater, der sich wie ein ungezogener 5-Jähriger aufführte. Ein neuer Fall für »Super Nanny«.)

Heute ist mein Vater immer noch derselbe, auch wenn er inzwischen eine neue Familie gegründet hat. Ich weiß allerdings nicht, ob er seiner jetzigen Familie gegenüber auch so brutal ist. Aber nach wie vor ist er eine »road rage <u>bomb</u>«! Meine Mutter schrieb mir vor etwa einem Jahr, wie er seinen Wagen auf gefährliche Weise auf den Bürgersteig des Hollywood Boulevards gewuchtet hatte, weil von hinten jemand leicht aufgefahren war. In seinem Auto waren zwei Cousins, deren Vater und die beiden Töchter meines Bruders. Er hätte sie bei diesem Manöver töten können, genauso wie die Passanten auf dem Bürgersteig, die rechtzeitig zur Seite gesprungen waren. Aber wenn er in Rage gerät, wird er unberechenbar und Menschenleben scheinen ihm egal zu sein, auch sein eigenes.

Wenn ihm etwas Unangenehmes passiert, möchte er von allen bemitleidet werden. Ich habe immer versucht, mich ihm anzunähern, aber er zeigte keinerlei Interesse. Auch bevor ich nach Deutschland kam, wollte ich mit ihm und meinem Bruder etwas Zeit verbringen, doch mein Vater ging lieber zur Arbeit. Immer wenn wir irgendwo hingingen, brachte er seine neue Frau und deren Kinder mit. Er hat nie verstanden, was eine Vater-Sohn-Beziehung ausmacht. Außerdem hat er meine Mutter und meine Schwester, aber auch jede andere Frau, die ihm zu nahe kam, sexuell genötigt und missbraucht (das ist mehr als genug über ihn!).

Heute ist sein Vater eine Unperson, aber als Heranwachsender imponierte ihm vornehmlich dessen Behauptungswille. Und der kleine Matthew erfuhr hautnah, dass Gewalt *das* Mittel zur Durchsetzung von Bedürfnissen und zur Lösung von Konflikten ist. Bezeichnenderweise hatte Sutherland bei seinen Gewalttaten einen Hammer dabei, den er dafür benutzte: *Als ich meinen Wagen kaufte, befand sich ein alter rostiger Hammer bereits im Kofferraum. Ich glaube, er gehörte dem Vorbesitzer. Ich erinnere mich, dass mein Vater unter dem Fahrersitz seines Wagens immer ein Eisenrohr hatte. Und wenn er mal von einem anderen Fahrer im Verkehr geschnitten worden oder jemand nicht schnell genug gefahren war, hielt er neben dem Fahrer an der nächsten roten Am-*

pel, stieg aus, bedrohte den Mann und schlug dann mit der Eisenstange auf die Windschutzscheibe. Es war für jeden, der Zeuge wurde, ein Schock, insbesondere weil mein Vater sich dann wieder in seinen Wagen setzte und weiterfuhr und so tat, als habe er dazu ein Recht gehabt. Und als ich in der Vergangenheit über meine Taten nachgedacht habe, fiel mir auf, dass ich mich genauso wie mein Vater verhalten habe: Ich hatte den Hammer unter dem Fahrersitz und benutzte ihn, wenn ich wütend war.

Nicht ganz zufällig schrieb Sutherland seinem verhassten Vater auch Charaktereigenschaften zu, die ihn selbst überhaupt erst in die Lage versetzen sollten, Verbrechen zu verüben: *Er war/ist eine sehr gewalttätige und aggressive Person und besitzt weder ein Herz noch eine Seele. Er kann den Schmerz anderer Menschen nicht fühlen, aber er kann anderen sehr schnell Schmerzen zufügen!*

Die gedankliche Verschmelzung mit der Identifikationsfigur passiert häufig auch unbewusst; und zwar insbesondere dann, wenn die Leitfigur nicht durchweg positiv besetzt ist. Der Transfer fremder Anschauungen, Eigenschaften oder Motive in das eigene Selbstkonzept ist dann ein unbewusster Prozess der Verinnerlichung. Unterschwellig werden Handlungskonzepte akzeptiert und angenommen, die bei objektiver Betrachtung abgelehnt werden. Denn sie sind negativ etikettiert und deshalb formal unattraktiv.

Eigentlich hätte Sutherland sich an seiner Mutter orientieren müssen, die ihm wesentlich näher stand, und mit der ihn weit mehr verband: *Mit meiner Mutter hat das alles nichts zu tun, sie ist immer ganz nah bei mir. Als ich ihr erzählte, was ich verbrochen hatte, sagte sie nur: »Nein, du hast mich nicht enttäuscht, du hast dich selbst enttäuscht.« Meine Mutter und ich hatten immer eine enge und gute Beziehung, auch jetzt noch. Sie hat immer versucht, mich vor meinem Vater zu schützen, genauso meine Schwester und meinen Bruder. Sie ist nicht perfekt, aber sie hat sich immer um die Familie gekümmert so gut sie konnte. Sie wird von allen gemocht und geschätzt. In meinen Augen ist sie eine sehr starke Frau.*

Als Vorbild war seine Mutter jedoch für Situationen ungeeignet, in denen Gefahr drohte oder in denen er sich behaupten musste. Denn die Mutter zeigte in familiären Krisensituationen (nur) Verständnis, vermittelte, gab nach, half. Doch blieb sie dabei dem Gusto seines Vaters stets ausgeliefert, der seine Vorstellungen rigoros durchsetzte, notfalls mit Gewalt – ein idealtypisches Los- und Notlösungskonzept für durchsetzungsschwache Menschen. Eine sehr ähnliche Mentalität wurde ihm auch beim Militär eingebläut: *Die Tatsache, dass man lernt, ein »Objekt« zu »neutralisieren«, und nicht einen Menschen zu töten, hat es vielleicht leichter gemacht, die Opfer zu attackieren. Sie impfen dir ein, dass Gewalt die richtige Antwort ist. Einem amerikanischen Soldaten wird nicht beigebracht zu verhandeln, ihm wird beigebracht, ein perfekter Krieger zu sein ... und den Feind zu zerstören.*

Das emotionale Sichgleichsetzen mit dem Vorbild ist jedoch nicht unbedingt personengebunden. Mitunter gleicht dieser Vorgang auch einer ideellen Konstruktion, die aus verschiedenen Versatzstücken montiert wird. Eine ideale Vorlage bieten Verhaltensmuster, die einseitig und unkritisch dargestellt, und gewöhnlich nur in der Imagination toleriert und ausgelebt werden. Antihelden gebärden sich so. Und dabei spielt es keine Rolle, in welchem Metier sie gerade wüten. Diese schlichten Phantasieprodukte erscheinen deshalb so sympathisch, weil sie aus der vertrauten Underdog-Position heraus Vergeltungsschläge und Strafaktionen ausführen dürfen. Und das mit durchschlagendem Erfolg. *Natural Born Killers* lassen sich eben nicht aufhalten. Überdies müssen derart radikale Aktionen nicht besonders gebilligt, gerechtfertigt oder verantwortet werden. Es ist einfach so, und damit ist es auch gut so. Allein die vormals erlittene Erniedrigung berechtigt zum Äußersten.

Niemand hat sich jemals um meinen seelischen Schmerz gekümmert oder sich die Zeit genommen, um mir zuzuhören. Meine Mutter (wie übrigens die meisten Mütter) ist zu subjektiv, um eine wirklich objektive Antwort geben zu können. Mir wurde immer *beigebracht, ich solle ein Mann sein, und Männer zeigen keine Gefühle. Auch in der Army darfst du keine Schwächen zeigen. Aber ich hatte <u>reichlich</u> davon in mir, und es ist mir nicht gelungen, diese Gefühle irgendwo loszuwerden.*

Die zwiespältigen Erfahrungen von Sutherland machen deutlich, dass das Übernehmen von Elementen eines Leitbildes auch gegen den eigenen Willen erfolgen kann. Dann geht es irgendwann nicht mehr darum, was man tun möchte, sondern nur noch darum, was man tun muss.

Den Endpunkt der *Genese* zum Serienmörder kennzeichnet in etwa neun von zehn Fällen eine gravierende Persönlichkeitsstörung. Charaktereigenschaften werden in der Regel erst dann unter diesem Fachbegriff eingeordnet, wenn die Betroffenen erkennen lassen, dass sie auf diese Eigenschaft(en) fixiert sind und zugleich deutlich darunter leiden, oder wenn die soziale Abweichung ein solches Ausmaß erreicht, dass das Umfeld sich davon beeinträchtigt fühlt. Konkret ist entweder das Beziehungserleben oder das Sozialverhalten oder beides erheblich gestört. Bei Serien-Sexualmördern liegt zudem regelmäßig auch mindestens eine Perversion vor.

Die Psychopathie ist gerade bei diesem Tätertyp ein überaus vielschichtiges und vielgesichtiges Krankheitsbild. Sie wird in all ihren Erscheinungsformen vornehmlich geprägt von Erbanlagen, der frühkindlichen Entwicklung, der Erziehung, aber ebenso durch die Wechselwirkung von ungewöhnlichem Charakter und der Reaktion seiner Umgebung. Bei eigenen Untersuchungen an 52 Probanden (siehe Schaubild Seite 53) kam heraus, dass das Charakterprofil der Täter bunt gemischt ist und keine generalisierende Aussage zulässt. Die hervorstechendsten und häufigsten Charakterzüge sind emotionale Labilität, Gemütsarmut, egoistisch-egozentrische Grundhaltungen, geringe Frustrationstoleranz, eingeschränkte Impulskontrolle und Minderwertigkeitsgefühle. Allerdings lässt sich auch hier kein idealtypisches Charakterbild herausfiltern. Deshalb wäre es vermessen, bestimmten Persönlichkeitsmerkmalen eine verbrechensrelevante Kausalität zuschreiben zu wollen. Wir müssen respektieren, dass eine psychopathische Persönlichkeit allein nicht mit einer menschenfeindlichen oder gar mörderischen Gesinnung gleichgesetzt werden kann. Und doch wird es immer wieder versucht.

Sutherland zählt zu jenen Tätern, die keine pathologische Persönlichkeit aufweisen, aber auch nicht als psychisch unauffällig gelten dürfen. Hier spricht man von so genannten akzentuierten Charakteren; also solchen, die nicht im Normbereich liegen, aber auch keinen Krankheitswert im Sinne klinischer Diagnostik haben. Meistens sind es Menschen, die sich diskret verhalten, hinter einer freundlichen Fassade verschanzen und im Verborgenen mit ihrem Schicksal hadern.

Der brisanteste Wesenszug ist die fehlende Empathie. Es mangelt an der Fähigkeit und der Bereitschaft, sich in die Befindlichkeit anderer Menschen einzufühlen. Es gibt keine emotionale Bremse. Opfer sind Mittel zum Zweck, werden versachlicht – Objekte. Sutherland beschrieb es so: *Empathie: Das ist es, was ich an anderer Stelle bereits versucht habe zu erklären. Ich überlege immer, wie meine Worte und Handlungen auf andere Menschen wirken, aber die Taten, für die ich verurteilt worden bin, zeigen das genaue Gegenteil. Ich stimme Ihrer Vermutung vollkommen zu. Wie kann man etwas für einen Menschen empfinden, dem man gerade Gewalt antut?*

Ich bin kein Psychologe, aber ich bin überzeugt, wenn ein Mensch permanent gedemütigt, auf ihm herumgehackt, er beleidigt und verbal niedergemacht wird, hat er kaum mehr Empfindungen – für sich und andere!! Vergewaltigung ist ein <u>Gewalt</u>verbrechen, der Sexualakt ist lediglich eine berauschende Form der Erniedrigung. Ich wollte dominieren, kontrollieren und erniedrigen. Für die Opfer habe ich nichts empfunden. Einfach NICHTS!

Persönlichkeitsstörungen bei Serienmördern	Prävalenz % (N = 52)
dissoziale Persönlichkeitsstörung (Gemütsarmut; Verantwortungslosigkeit/Missachtung sozialer Normen; Unvermögen zur Beibehaltung längerfristiger Beziehungen; geringe Frustrationstoleranz; niedrige Schwelle für aggressives, gewalttätiges Handeln; Unfähigkeit zum Erleben von Schuldbewusstsein oder Lernen aus Bestrafung; Schuldzuweisungen an Dritte)	28,8
kombinierte Persönlichkeitsstörungen (Merkmale mehrerer verschiedener Störungen, jedoch kein vorherrschendes Symptombild mit spezifischer Diagnose)	17,3
emotional instabile Persönlichkeitsstörung (verminderte Impulskontrolle; emotionale Labilität; morose [d. h. mürrische] Verstimmungszustände; Neigung zu Impulshandlungen; mangelnde Selbstkontrolle; geringe Planungsfähigkeit; episodenhafte/eruptive Gewalt; mangelnde Kritikfähigkeit)	13,5
schizoide Persönlichkeitsstörung (generelle Antriebsschwäche; Distanziertheit oder flache Affektivität; Gleichgültigkeit gegenüber Lob/Kritik; Bindungsschwäche; Einzelgängertum; übermäßige Phantasierlichkeit/Introspektion; fehlende Sensibilität hinsichtlich gesellschaftlicher Regeln/Normen)	9,6
ängstliche (vermeidende) Persönlichkeitsstörung (Insuffizienzgefühle; anhaltende Angst, in sozialen Situationen kritisiert oder abgelehnt zu werden; Abneigung, sich auf persönliche Kontakte einzulassen; Vermeidung sozialer und beruflicher Kontakte, die zwischenmenschliche Kontakte voraussetzen, aus Furcht vor Kritik, Missbilligung oder Ablehnung; Depressionen; Kontaktarmut; anhaltende innere Anspannung/Besorgtheit)	7,7
narzisstische Persönlichkeitsstörung (egoistisches Verhaltensensemble; Selbstverliebtheit; extreme Kränkbarkeit; Neigung zu Selbstüberschätzung)	5,8
paranoide Persönlichkeitsstörung (übertriebene Empfindlichkeit bei Rückschlägen/Zurücksetzung; hohes Misstrauen; Streitsucht; überhöhtes Selbstwertgefühl; ungerechtfertigte Verschwörungstheorien)	3,8
histrionische Persönlichkeitsstörung (Dramatisierung bezüglich der eigenen Person, theatralisches Verhalten, übertriebener Ausdruck von Gefühlen; unangemessen verführerisch in Erscheinung und Verhalten; hohe Suggestiabilität; oberflächliche/labile Affektivität; Egozentrik; Selbstbezogenheit; manipulatives Verhalten)	1,9

Am 25. April 1991 kehrte Sutherland aus dem Golfkrieg zurück. Obwohl er nicht eigenhändig getötet hatte, waren seine Erfahrungen genauso einschneidend gewesen.

Als ich zurück nach Deutschland kam, wusste ich nicht mehr, wer ich war, die Behandlung durch Vorgesetzte, der allgegenwärtige Tod, die Destruktivität, die permanenten Gemetzel hatten mich abstumpfen lassen. Manchmal hatte ich sogar gehofft, bei den Kämpfen zu sterben. Ich war immer sieben Kilometer hinter der Infanterie, zuständig für Kommunikation, insbesondere Satellitenkommunikation. Ich habe keinen Feind getötet, aber ich sah mit eigenen Augen, was die Infanterie mit den Feinden angestellt hatte. Der Krieg ist pure Gewalt und »elektrisiert« die Menschen, er weckt die primitivsten Instinkte: Töten, um zu überleben, das rechtfertigt jede Form von Gewalt. Ich versuchte verzweifelt, Vergangenheit und Gegenwart in den Griff zu kriegen, aber wir waren in der Army nicht darauf vorbereitet worden, wie man die Kriegserlebnisse verarbeiten soll, wie man wieder zur Normalität zurückfinden konnte.

Er suchte händeringend nach Halt und Orientierung – insbesondere bei Sarah, seiner Verlobten. Doch geriet er abermals in eine Tretmühle, tagein, tagaus derselbe Beziehungsmoloch, ein regelrechter Kampf, der für ihn nicht zu gewinnen war.

Meine Verlobte war mies zu mir. Sie wollte mich vollkommen kontrollieren, schrieb mir vor, was ich anziehen oder essen sollte. Sie stellte mir tausend Fragen, aber keine Antwort war richtig. Und sie war total eifersüchtig. Wenn ich ein Essen bei Burger King vorschlug, unterstellte sie mir, ich wollte doch nur mit den Kassiererinnen flirten. Wenn ich ein paar Kilometer mit dem Wagen gefahren bin, hieß es gleich, ich wollte mich mit einer Frau heimlich treffen. Und so weiter und so weiter. Es war die Hölle.

Sie war sich nur selbst wichtig, ich war ihr nie gut genug. Wenn etwas schief ging, war es natürlich immer meine Schuld. Selbst wenn es REGNETE! Meine Verlobte beschwerte sich sogar heftig, wenn ich keinen Regenschirm im Auto dabei hatte (?!). Und wenn ich mir am Samstagmorgen einen Film angeschaut habe, war ich gleich »nicht normal«. Ich sollte doch wie andere Männer besser den Wagen waschen.

Als ich Sarah damals traf, war ich ein junger Mann, chaotisch und konfus, und ich habe ihr erlaubt, mein Leben zu bestimmen. Das hat mich noch stärker verwirrt.

Sutherland verhielt sich ähnlich wie viele andere Menschen, die wenig durchsetzungsfähig sind, sich nicht ausreichend wehren (können): Er lehnte sich bei Sarah an, akzeptierte sie willig als Autorität, schob die Beziehungskompetenz ihr zu. Und sie machte davon rigoros Gebrauch. So konnte er sich aus der Verantwortung stehlen. Nur: Seine Probleme wurde er auf diese Weise nicht los, sie wurden lediglich verlagert – er musste sich abermals eine Zwangsverwaltung dessen gefallen lassen, was eigentlich *sein* Leben hätte sein sollen.

Bingo! Ich war oft Opfer von Attacken. Nicht körperliche Gewalt, eher Psychoterror. Die Army ist voll von Leuten, die Spaß dabei haben, andere niederzumachen. Mein Vater und Sarah übten eine ganz spezielle Gewalt aus, der ich mich nicht entziehen konnte. Ich war einfach nicht stark genug, um zu widersprechen, mich zu befreien, und gerade als ich dabei war, mich von Sarah zu lösen, wurde ich verhaftet.

Die Kriegserlebnisse hatten ihn emotional abgestumpft, zusätzliches Aggressionspotenzial bereitgestellt. Zudem hatte er bei seinen Verbrechen gelernt, dass es auch für ihn eine Möglichkeit gab, seinen seelischen Schmerz weiterzureichen. Insofern war es nur eine Frage der Zeit, wann er wieder seinen Wagen besteigen und Jagd auf junge Frauen machen würde.

Es war nicht so, dass ich mir eine To-do-Liste gemacht habe nach dem Motto:

1. Kaufe Lebensmittel,

2. geh zur Schule,

3. betanke das Auto,

4. vergewaltige und verstümmele.

Definitiv nicht! Aber ich habe wie ein Tier empfunden, das irgendwo auf der Lauer liegt und auf seine Beute wartet.

Ulrike van Ost hatte ihren Dienst im Margaritenhospital in Schwäbisch Gmünd beendet, es war der 8. Mai 1991, gegen 20.30 Uhr. Die 28-jährige Krankenschwester fuhr mit dem Rad Richtung Böbingen. Dort wohnte sie, es waren nicht mehr als drei Kilometer bis nach Hause.

Zwischen Böbingen und Schwäbisch Gmünd kam Sutherland ihr mit seinem BMW entgegen. Wieder hatte es Ärger mit Sarah gegeben. Sutherland hatte ihr aber diesmal einen triftigen Grund geliefert: ein Techtelmechtel mit einer Kollegin. Als Sarah schließlich handgreiflich geworden war, hatte er sich aus der Wohnung geflüchtet. All der Frust und all die Wut, die sich in ihm in den Monaten zuvor angestaut hatte, wollten heraus. Jetzt!

Plötzlich bemerkte er Ulrike van Ost.

Es war mir eigentlich ziemlich egal, wie die Frauen aussahen. Wenn jemand Amok läuft, und das wiederholt, macht er keinen Unterschied. Ich habe nicht auf mich Rücksicht genommen, schon gar nicht auf andere. Aber Kinder hätte ich niemals angreifen können, sie haben eine so positive Ausstrahlung. Als ich herausfand, dass eines meiner Opfer 17 Jahre alt gewesen war, wäre ich am liebsten gestorben.

Sutherland fuhr an Ulrike van Ost vorbei, wendete wenig später, überholte sie und fuhr voraus. Er hatte keinen bestimmten Plan, nur ein Ziel.

Ich habe keine besonderen Vorbereitungen getroffen. Damals habe ich nicht rational gedacht. Es war eher ein zielloses Herumfahren, sich fühlen wie ein Vulkan, kurz bevor er ausbricht. Es gab also keine bewusste Entscheidung, einen Plan zu fassen, um Menschen zu töten. Ich kann es nur so kategorisieren: Es war ein wiederholtes Versagen meiner Selbstkontrolle. Ich habe meine Opfer attackiert, sobald ich in ihre Nähe kam. Es war eher so: Ziel erfassen und neutralisieren.

Hinter dem Verteiler Iggingen stellte er seinen Wagen zwischen alter und neuer Bundesstraße 29 ab, ganz in der Nähe des *Alten Bauhofes*. Hier wartete er ungeduldig auf sein Opfer, den Hammer hatte er bereits in der Hand.

Die Frau kam mir mit dem Fahrrad entgegen. Ohne weiter darüber nachzudenken, schubste ich sie vom Rad. Ich hob das Fahrrad auf und schmiss es in ein Gebüsch am Straßenrand. Als ich dann ganz nah bei ihr stand, fing sie an zu schreien. Ich griff nach meinem Hammer und schlug ihr gegen den Kopf. Von diesem Punkt an passierte alles genauso wie bei der Tötung von der anderen Frau.

Sutherland hatte mehrfach zugeschlagen und Ulrike van Ost schwere Kopfverletzungen zugefügt, sie anschließend in ein Dorngestrüpp gezerrt, ihr dort die Kleider vom Leib gerissen und sie vergewaltigt. Im Amtsdeutsch »führte der Angeklagte den Geschlechtsverkehr bis zum Samenerguß durch«. Danach machte er sich aus dem Staub. Er kümmerte sich nicht weiter um die in Lebensgefahr schwebende Frau.

Ich kann nur sagen: Wenn die Sache vorbei war, bin ich einfach weg. Ich hatte mein Bedürfnis befriedigt, es gab nichts mehr zu erledigen. Die Opfer zu verstecken hätte bedeutet, dass ich rationale Entscheidungen hätte treffen müssen. Ohne Zweifel darf ich aber behaupten, dass ich mich nicht rational verhalten und auch nicht logisch gedacht habe.

Ulrike van Ost überlebte diese Attacke nur deshalb, weil sie drei Stunden später von ihrem Schwager gefunden und im Kreiskrankenhaus Mutlangen versorgt wurde. Von dort flog man sie in eine Neurochirurgische Klinik nach Stuttgart. Erst hier konnte das Leben der Frau durch eine Notoperation gerettet werden. Ulrike van Ost leidet noch heute unter den Folgen dieses Verbrechens – körperlich und seelisch.

Für Sutherland endete es weit weniger dramatisch.

Ich fuhr in die Kaserne, in der ich stationiert war, dort entsorgte ich den Hammer, um ihn nicht ein weiteres Mal benutzen zu können. Genug! Ich wollte niemanden mehr verletzen. Als ich die Kaserne verlassen wollte, wurde ich von der Militärpolizei angehalten. Ich war bereit, mein Schicksal auf mich zu nehmen, falls sie mich erschießen oder verhaften würden. Aber sie wussten von nichts, ließen mich passieren.

Wie bei vielen anderen Serienmördern setzte sich auch bei Sutherland die ernüchternde Erkenntnis durch, dass seine seelische Befindlichkeit sich nicht wesentlich besserte – auch wenn er wieder und wieder vergewaltigen und töten würde.

Der einzige Lerneffekt war, dass mir irgendwann klar wurde, dass ich meinen Frust gar nicht loswerden konnte, jedenfalls nicht komplett. In der Zeit, als nach mir gefahndet wurde, kam ich mir vor wie eine Maus, die von einer Katze permanent belauert wird. Die Polizei war diese dicke Katze. Ich spürte ihre Präsenz, wie sich ihr dunkler Schatten langsam auf mich legte. Es war nur eine Frage der Zeit, bis die Falle zuschnappen würde.

Sutherlands düstere Vorahnung sollte sich erfüllen. Weil bei zwei Taten durch Zeugen zur tatkritischen Zeit ein dunkler BMW mit amerikanischem Kennzeichen in unmittelbarer Nähe der Tatorte gesehen worden war, hatte die Kripo ihre Ermittlungen auf alle GIs fokussiert, die in Göppingen und Schwäbisch Gmünd stationiert waren. Jeder Soldat galt als verdächtig, der ein passendes Fahrzeug fuhr. Und weil Spermaspuren an den Opfern gefunden worden waren, hatte die Kripo insgesamt 285 DNA-Vergleichsproben nehmen lassen, so auch von Sutherland. Am 17. Juni 1991 meldete das Landeskriminalamt Baden-Württemberg einen Volltreffer. Noch am selben Tag wurde Sutherland nach einer Aufsehen erregenden Fahndung verhaftet. Der Staatsanwalt hatte »keine vernünftigen Zweifel« an seiner Täterschaft. Die Bevölkerung in Ostwürttemberg konnte befreit aufatmen.

Sutherland reagierte ähnlich.

Ich war erleichtert! Es war vorbei. Und ich war weg von Sarah, und zwar berechtigterweise!!!

Neben den Verbrechen an Claudia Luven, Gaby Ringsdorf und Ulrike van Ost soll Sutherland eine weitere Bluttat verübt haben. Das Landgericht Ellwangen ging von folgendem Tathergang aus: »Am Sonntag, dem 5.5.1991 kam Ilona Musiol mit ihrem Pkw gegen 22.30 Uhr in Donzdorf-Winzingen, Schloßstr. 8 an. Sie stellte den Pkw vor der elterlichen Wohnung ab. Sobald sie ausgestiegen war, überfiel sie ein Mann und schlug ihr mit einem Hammer mehrfach gegen den Kopf, um sie zu vergewaltigen. Dies gelang jedoch nicht, weil die Mutter Ernestine Musiol hinzueilte und sich auf ihn stürzte, ihn von ihrer Tochter herunterzog, worauf auch sie einen Schlag mit dem Hammer gegen den Kopf erhielt. Nachdem auch der Vater der Ilona Musiol hinzugekommen war, flüchtete der Täter. Ilona Musiol wurde mit schwersten Schädel- und auch Gesichtsverletzungen stationär in die Klinik am Eichert in Göppingen aufgenommen und konnte gerettet werden. Ernestine Musiol erlitt eine Platzwunde.«

Natürlich versuchten die Ermittlungsbehörden, mir eine ganze Reihe von alten Fällen anzuhängen, insbesondere jedes Verbrechen, das mit einem Angriff auf eine Frau verbunden war. Die Zeitungen produzierten nicht mehr als »Echo-Journalismus«, der eine schrieb vom anderen ab und fügte Unwahres hinzu, um die Geschichte noch sensationeller zu machen.

Es gab VIELE Fälle, die man auf »mein Konto« buchen wollte, sogar bis ins Jahr 1988, obwohl ich doch erst im Dezember 1989 nach Deutschland gekommen war. Auch Verbrechen, die während des Golfkriegs passiert waren, wollten sie mir anhängen. Meine Vorgesetzten bei der Army nahmen an, die deutschen Ermittlungsbehörden wollten »ihre Toiletten reinigen« – also solche Fälle aufklären, an denen amerikanische GIs beteiligt gewesen sein könnten, denn die Army hatte zu viele Verdächtige zurück in die Staaten geschickt, bevor sie hätten verurteilt werden können. Und so bekam ich den »Schwarzen Peter«.

Die Staatsanwaltschaft hatte eine Reihe von Indizien zusammengetragen, die auf Sutherland hindeuteten: Wieder wurde »ein Schlagwerkzeug als Tatwaffe eingesetzt«, wieder »ging es dem

Täter um Vergewaltigung«, wieder wurde »ein dunkelfarbiger BMW der Dreier-Serie in der Nähe des Tatortes gesehen«, wieder sollte dieses Fahrzeug »ein amerikanisches Kennzeichen gehabt haben«, wieder war die Tat »wie bei den übrigen Verbrechen in den späten Abendstunden passiert«. Obendrein wollte eine Zeugin Sutherland bei einer Gegenüberstellung erkannt haben, allerdings nur »von der Statur her und von der Körpergröße«.

Dennoch konnte sich das Gericht nicht zu einem Schuldspruch durchringen. Die Begründung: »(...) Bei dieser Gesamtbeweissituation sah sich die Kammer außerstande, dem – auch nach Teilgeständnissen – insoweit energisch bestreitenden Angeklagten mit hinreichender Sicherheit diese Tat nachzuweisen, zumal die Zeugen in Tatzeitnähe – gegen 22 Uhr – in Winzingen einen auffällig hin- und herfahrenden dunkelblauen BMW mit amerikanischem Kennzeichen beobachtet haben, in welchem zwei Personen saßen. Die Möglichkeit eines weiteren Täters, ob mit irgendwelchen Beziehungen zum Angeklagten oder einfach nachahmend (der Fall Gaby Ringsdorf erregte großes Aufsehen), kann nicht völlig von der Hand gewiesen werden.« Die Konsequenz: »Der Angeklagte war trotz erheblichen Tatverdachts aus tatsächlichen Gründen freizusprechen.«

Ich bin mir nicht hundertprozentig sicher, aber ich glaube mich erinnern zu können, dass ich an diesem Tag frühmorgens am Flughafen sein musste, deswegen war ich __die ganze Nacht__ zu Hause. Ich glaube, ich habe eine Reihe von James-Bond-Filmen geguckt, gemeinsam mit Sarahs Mutter. Danach bin ich ins Bett gegangen.

Nein, ich bin es definitiv nicht gewesen.

Doch in den übrigen Fällen konnte die Staatsanwaltschaft stichhaltige Beweise vorlegen, insbesondere die Ergebnisse zweier DNA-Analysen – das bei den Opfern gefundene Sperma stammte demnach zweifelsfrei von Sutherland. Zudem hatte er die Verbrechen an den drei Frauen kurz vor der Urteilsverkündung pauschal zugegeben. Am 22. Mai 1992 verhängte die Schwurgerichtskammer als Gesamtstrafe »lebenslänglich«.

Im Februar 2005 schrieb ich Sutherland einen Brief. Ich hatte ihn als Probanden für mein Forschungsprojekt *Geographische Verhaltensmuster bei seriellen Sexualmorden* ausgewählt. Allerdings hegte ich keine allzu große Hoffnung, ihn zu einer Mitarbeit bewegen zu können. Denn ein ausführliches Geständnis zu den abgeurteilten Verbrechen fehlte auch noch 13 Jahre nach dem Urteilsspruch, und Sutherland hatte immer noch Schwierigkeiten mit der deutschen Sprache, galt zudem als sehr zurückhaltend und kaum zugänglich.

Doch es kam alles ganz anders. Nach einer kurzen Phase des gegenseitigen Kennenlernens schrieben wir uns regelmäßig. Ich stellte Fragen, er beantwortete sie. Seine Ausführungen ließ ich ihn in seiner Muttersprache machen, so konnte er sich unmissverständlich mitteilen.

Vorab begründete er mir, warum er sich erstmals offenbaren und zu seiner kriminellen Vergangenheit äußern wolle: *Zunächst möchte ich darauf hinweisen, dass ich nicht auf jede Frage die richtige Antwort weiß. Wenn es so wäre, würde ich nicht dort sein, wo ich zurzeit sein muss. Ich kann nur versuchen, rückblickend auf meine Kindheit zu schauen, die wie eine Blaupause für meine jetzige Persönlichkeit und mein momentanes Verhalten ist; genauso blicke ich auf die Zeit der Verbrechen. Ich versuche meine Vergangenheit mit meinem Job auszubalancieren, meinen Job mit meinem Leben, mein Leben mit meiner Zukunft, und ... und ... und. Verstehen Sie bitte, dass ich bereit bin, ehrlich und offen zu antworten so gut ich kann; nicht, um Ihre Fragen einfach nur zu beantworten, sondern um die Gelegenheit zu nutzen, mehr über mich zu erfahren. Vielleicht stimmen meine Antworten nicht mit einer bestimmten Lehrmeinung überein, aber ich bin nicht bereit, bequeme Antworten zu geben, Sie bekommen von mir nur Fakten, soweit ich sie erinnern kann.*

Wenn ich Ihnen über die Dinge schreibe, die 1990/91 passiert sind, dann habe ich das Gefühl, als würde sich eine dichte Nebeldecke lichten, die mich viele Jahre umgeben hat. Niemand hat sich bisher die Mühe gemacht, mich zum Zeitpunkt der Verbrechen zu verstehen. Natürlich haben die Verantwortlichen versucht, die Sache aufzuklären, aber denen ging es nur darum, den Fall juristisch abzuschließen. Die Fragen, die mir gestellt wurden, drehten sich nur um einige sexuelle Dysfunktionen. Ich bin kein Fachmann, aber ich weiß, dass es bei einer Vergewaltigung nicht um Sex, sondern Gewalt geht. Ich erinnere mich an einen Fall, wo ein paar Jugendliche einen Schwulen mit einer Wasserflasche anal missbraucht haben, und die wurden wegen Vergewaltigung verurteilt. Ich glaube nicht, dass die sexuelle Motive hatten. Das war »Mobbing«, die wollten Macht über einen anderen Menschen.

Ich weiß Ihre Fragen zu schätzen. Sie suchen für Ihre Forschung nach Antworten, und ich <u>brauche</u> Antworten, um mit mir ins Reine zu kommen. Ich verstehe, dass Sie angesichts der Art und Weise der Verbrechen und der Schwere, mich in eine bestimmte Kategorie Täter einordnen wollen. Was ich über die Medien mitbekommen habe, glaubt doch jeder, dass ein Mann, der vergewaltigt, sexuell frustriert und gehandicapt ist. Ich schüttele heftig den Kopf, wenn ich solche primitiven Schlussfolgerungen höre. Als ich den Artikel der <u>Stuttgarter Nachrichten</u> (dort war unter anderem berichtet worden: »Er begründete die Taten damit, dass er zum damaligen Zeitpunkt sexuelle Schwierigkeiten mit seiner Partnerin gehabt habe.«, S. H.) *las, den Sie mir geschickt hatten, musste ich laut lachen. Jetzt kann ich verstehen, dass es für Sie interessant ist, was damals berichtet worden war. Die Textpassage, die Sie markiert haben »... sexuelle Schwierigkeiten ...« war nichts weiter als eine dumme Verteidigungstaktik meines Anwalts. Damals konnte ich die Fragen, wie und warum ich das alles getan hatte, nicht schlüssig beantworten, also brauchte mein Anwalt »etwas«, um mich besser verteidigen zu können. In einer gewöhnlichen Beziehung mit einer Frau habe ich ganz bestimmt keine sexuellen Schwierigkeiten.*

Ich möchte verstehen, warum ein netter katholischer Ministrant aus einer amerikanischen Mittelschicht-Familie in einem deutschen Gefängnis als Lebenslänglicher enden musste. Ich habe mitt-

lerweile viel über mich und meine Vergangenheit gelernt, und jetzt bin ich mit mir im Reinen. Nicht, weil ich Besonderes geleistet hätte, aber weil ich meine Vergangenheit, meine Persönlichkeit, meine Handlungen und meine Entwicklung über viele Jahre studiert habe. Es war ein LANGER Weg, bis ich mein Antlitz im Spiegel akzeptieren konnte.

All das aufzuschreiben hat etwas Therapeutisches, irgendwie Befreiendes.

Sutherland war jetzt bereit, anderthalb Jahrzehnte nach seinen furchtbaren Verbrechen. Vermutlich hatte er nun eingesehen, dass es für ihn aus diesem Labyrinth von quälenden Gefühlen und beklemmenden Erfahrungen nur einen Ausweg würde geben können, wenn er seine Verweigerungshaltung aufgab. Raus aus dem Schneckenhaus. Endlich Farbe bekennen. Zu sich selbst finden.

Also, wer bin ich? Ich bin eine faszinierende Person. Ich bin ein sehr guter Kumpel und sehr zuverlässig. Ich bin geradeheraus, und ich sage die Dinge wie sie sind. Manchmal wird behauptet, dass ich zu direkt sei und brutal ehrlich. Wenn du über etwas die Wahrheit erfahren willst, gebe ich dir möglichst viele Informationen, um ein Urteil zu fällen. Ich kann aber auch sehr langweilig sein (Faulenzen und nichts tun kann ich besonders gut!). Ich habe auch bemerkt, dass die Menschen um mich herum gerne mit mir zusammen sind oder mich kennen lernen möchten. Wenn sie etwas über mich herausfinden, zum Beispiel, dass ich gut malen und zeichnen kann, heißt es immer: Wow, wir wussten ja gar nicht, dass du das kannst …«

Ich bin ein eher zurückhaltender und ruhiger Mensch, und ich drücke meine Persönlichkeit und meine Gefühle auf dem Papier aus. Das war auch der Schlüssel, um mein Verhalten zu ändern. Bis dahin wusste ich nicht, wie ich meine Wut loswerden konnte. Wut und Frustration hielt ich stets zurück, und ich konnte nicht für mich selbst sprechen. Ich wünschte, Sie hätten mich damals erleben können und jetzt. Ich werde immer der »kleine Junge« meiner Mutter sein, doch ich habe inzwischen gelernt, dass dieser kleine Mann ein Recht hat zu sagen, was er mag und was er nicht mag. Ich bin immer noch ziemlich schüchtern, aber ich kann damit leben.

Ich bin zu allererst ... ein widersprüchlicher Mensch. Obwohl ich immer ziemlich schüchtern gewesen bin, habe ich aber auch immer soviel Zutrauen entwickeln können, um dieses Handicap zu überwinden. Wie ich Ihnen bereits geschrieben habe, arbeite ich im Einkaufsraum der Anstalt Seite an Seite mit Zivilisten von draußen, auch Frauen. Einmal waren zwei Frauen im Pausenraum, und dann kam ich irgendwann herein. Ich sah, dass sie Kuchen aßen, aber ich fragte nicht, ob ich ein Stückchen bekommen könnte, weil ich dachte, dass der Kuchen nur für die Mädchen bestimmt sei. Und dann sagte eines der Mädchen: »Schau mal, er traut sich nicht zu fragen für ein Stückchen.« Ich aber fragte zurück: »Meinen Sie – ein Stückchen <u>Kuchen?</u>« Wir alle lachten und hatten eine vergnügliche Pause. Was ich damit sagen will ist, dass ich meine Schüchternheit niemals werde ablegen können, aber ich habe eben gelernt, mit solchen Situationen umzugehen.

Als Sutherland über Claudia Luven, Gaby Ringsdorf und Ulrike van Ost herfiel, waren seine Attacken auch durchdrungen von Rücksichtslosigkeit und Erbarmungslosigkeit. Die Hammerschläge trafen seine Opfer mit großer Wucht und Präzision genau dort, wo sie ihm am verletzbarsten erschienen. Um die Opfer einzuschüchtern und gefügig zu machen, hätten ihm aber auch andere Mittel zur Verfügung gestanden – er war allen Frauen körperlich weit überlegen gewesen. Vermutlich hätten sich seine Opfer schon einer verbalen Bedrohung gebeugt. Doch er versuchte es erst gar nicht. Wollte Sutherland *auch* den Tod seiner Opfer? Um seine Wut und seinen Hass endlich loszuwerden? Um sie stellvertretend für Sarah zu bestrafen? Um die jungen Frauen als lästige Zeuginnen zu beseitigen? Oder war es von alledem etwas?

Okay, ich habe mir manches Mal gewünscht, dass jemand »nicht existent« sei auf dieser Erde. Aber ich habe es immer gesagt, *und ich sage es auch jetzt: Ich hatte niemals vor, ein Opfer zu töten. Das gilt auch für den Fall, wo ich die Frau getötet habe. Ich weiß, es klingt nicht besonders glaubwürdig. Aber ich kann nicht behaupten, dass ich sie »gekillt« habe, weil es <u>niemals</u> meine Absicht gewesen ist, jemanden zu töten, und ich habe auch zu keiner Zeit den Wunsch verspürt, einen Menschen zu töten, nicht einmal im Krieg. Ich wollte meine Opfer nur ausschalten, wehrlos machen. Nicht mehr als das. Es ist doch offensichtlich, dass ich meine körperliche Stärke nicht vernünftig einschätzen konnte, und die Tötung hat in meinen Überlegungen keine Rolle gespielt. Und genau das habe ich auch dem Gericht gesagt.*

Grundsätzlich verneinte auch die Schwurgerichtskammer den unbedingten Tötungswillen, aber einen *Mord* (im Sinne des Paragraphen 211 des Strafgesetzbuches) begeht auch derjenige, der den Tod des Opfers billigend in Kauf nimmt. Und so urteilte auch das Gericht vollkommen zutreffend im Fall Gaby Ringsdorf: »Danach besteht am bedingten Tötungsvorsatz kein Zweifel. Der Angeklagte war sich angesichts seines Bildungsstandes und der beruflichen Entwicklung klar darüber, dass drei starke Schläge mit einem harten Gegenstand auf den Kopf eines Menschen, die das Herausbrechen eines Teils der Schädeldecke bewirkten, töten können. Er nahm den Tod des Opfers billigend in Kauf, um es vergewaltigen zu können. Ein Indiz hierfür ist schließlich auch das Verhalten des Angeklagten im Fall Ulrike van Ost, als ihm der Tod der Gaby Ringsdorf bekannt war.«

Überdies unterließ Sutherland es, den Tod seiner Opfer sicher zu machen, obwohl ihm dazu ausreichend Zeit und Gelegenheit geblieben wäre. Nach den Hammerschlägen missbrauchte er die Frauen, überließ sie danach aber ihrem Schicksal. Oder hoffte oder vertraute er darauf, dass die Opfer an den erlittenen Verletzungen in hilfloser Lage alsbald sterben würden?

Nein. Ich hatte nie vor, eines der Opfer zu töten. Niemals!

Tatsächlich? Also ein Serienkiller, der nicht morden wollte? Und warum schlug er Ulrike van Ost mit dem Hammer gegen den Kopf, obwohl er wusste, dass er bereits auf diese Weise getötet hatte?

Ein weiterer Aspekt erscheint widersprüchlich. Sutherland sei es angeblich gar nicht um Sex gegangen. Dennoch vergewaltigte er zwei seiner Opfer. Warum denn? Und wie war es ihm bei unterstellter nicht-sexueller Motivation überhaupt möglich gewesen, einen Missbrauch körperlich zu vollziehen?

Version eins:

Das ist schwer zu erklären, aber wenn man seinen Weg gewaltsam geht, funktioniert es. Glauben Sie, was Sie wollen. Ich kann mich nicht an eine <u>BEWUSSTE</u> sexuelle Gewaltphantasie erinnern. Die Frauen, mit denen ich Affären hatte, und meine Verlobte können das bestätigen. Meine Verbrechen waren die Folge blinder Wut zu einer Zeit, in der ich an negativen Gefühlen zu ersticken drohte. Aber auch die Summe aller von mir begangenen Verbrechen hat nicht ausgereicht, um den Hass in mir zu kompensieren. Und deshalb behaupte ich auch, dass ich zu keinem Zeitpunkt der Angriffe hätte aufhören können. Das Bedürfnis, jemanden meinen eigenen Schmerz fühlen zu lassen, war einfach übermächtig.

Version zwei:

Ich wollte sie doch gar nicht vergewaltigen, <u>wirklich</u> nicht. Ich weiß nicht, was andere Männer empfunden haben, als sie Verbrechen begingen, aber ich fühlte mich <u>schwach</u>! Ich kann meine damaligen Gefühle auch heute nicht anders beschreiben als ... <u>schwach</u>. Ich war auch nicht sexuell erregt, da war keine Erektion. Ich war schwer enttäuscht von den »Experten« in meinem Fall: Kripo, Staatsanwaltschaft, Gutachter, Gericht. Ich war/<u>bin</u> deshalb so enttäuscht, weil alle sich von dem Glauben haben leiten lassen, dass da ein Mann mit einer Erektion herumgelaufen ist, auf der Suche nach einer Frau, nur um sie zu vergewaltigen. Vergewaltigung ist ein <u>Gewalt</u>verbrechen, der Sexualakt ist lediglich eine zweitrangige Form der Erniedrigung. Ich wollte dominieren, kontrollieren und erniedrigen. Ja, ich wollte Dominanz ausüben, aber letztlich habe ich nur versucht, zu mir selbst zu finden, <u>ich</u> selbst zu sein. Ich wollte ausbrechen, raus aus *meiner Haut, die Fesseln abstreifen. Ich wollte mich selbst dominieren, mich selbst bestimmen, ich selbst sein.*

Tatsächlich wusste keine seiner Partnerinnen von Perversionen im sexualmedizinischen Sinne zu berichten. Alles sei »völlig normal« gewesen. Und auch der forensische Gutachter konstatierte, dass »der Triebdruck des Angeklagten nicht besonders hoch« sei, »aktuelle Triebnot« scheide aus.

Und dennoch musste Sutherland etwas derart inspiriert und stimuliert haben, um eine Vergewaltigung physisch durchführen zu können. Höchstwahrscheinlich genoss er die panische Angst seiner Opfer, das ekstatische Gefühl rechenschaftsloser Handlungsfreiheit – Übermacht. Der erzwungene Geschlechtsakt als intimste Form der vollkommenen Bemächtigung. Allein die Vorstellung könnte für Täter wie Sutherland schon verführerisch sein, die unmittelbar bevorstehende Verwirklichung wirkt dann hochgradig erotisierend. Und dann sind sie zu *allem* fähig.

Das erklärt aber nicht, warum Sutherland ihm völlig fremde Frauen attackierte. Zielgenau hatte er insbesondere seinen Vater, vor allem aber seine Verlobte als Ursache für seine todbringenden Aggressionen ausgemacht.

Ich habe oft darüber nachgedacht, weil es eigentlich überhaupt keinen Sinn ergibt, jemanden zu jagen, der mir nichts getan hat, den ich nicht mal kannte. Ich kann es nur mit meiner Kindheit erklären, dort hat sich jede Menge Frust angesammelt, und Sarah war dann diejenige, die mir den Rest gab. Die Schmerzen, die mir von meinem Vater und Sarah zugefügt worden waren, habe ich an andere weitergegeben, ich konnte mich einfach nicht anders zur Wehr setzen. Das ist auch der Grund, warum ich nicht meinen wahren Feind angegriffen habe, ich wusste auch nicht, dass sie meine tatsächlichen Gegner waren. Aber ich war auch mein eigener Feind. Ich war einfach nicht in der Lage, aus meiner Verteidigungshaltung herauszukommen. Ehrlich gesagt waren es nicht sie, sondern ich. Ich habe mich selbst zerstört. Was für eine Offenbarung…

Zu seinem brüchigen Selbstbewusstsein und seiner selbstsüchtigen Persönlichkeit passt auch die Unfähigkeit, sich von Sarah zu lösen, dem Beziehungsspuk ein Ende zu setzen. Vielleicht wäre ihm und anderen so vieles erspart geblieben.

Ich habe mich doch von ihr getrennt, allerdings viel zu spät. Etwa zwei Wochen vor meiner Festnahme zog ich aus unserer Wohnung aus und blieb in der Kaserne. Aber sie kam dorthin und brachte mir Essen, fragte mich allerlei dummes Zeug. Sie fragte auch, ob sie bei mir übernachten könne. Sie gab einfach nicht auf, und sie wollte nicht respektieren, dass ich mein eigenes Leben haben wollte.

Als ich schon zu den Verdächtigen zählte, sagte sie auch, dass, wenn sie der Grund für meine Aggressionen sei, sie sich niemals werde vergeben können. Als es dann ernst wurde und ich in den Knast kam, wollte sie davon nichts mehr wissen. Typisch! Ich habe mehr als jeder andere Mann für sie getan, aber sie ließ mich im Stich.

Sutherland wusste die Schuldigen für seine eigene Misere genau zu beschreiben: Onkel, Vater, Verlobte, Vorgesetzte – allesamt Tyrannen. Doch er war jetzt auch bereit, sich zu eigenen Fehlern und Versäumnissen zu bekennen.

Ich versuche <u>niemals</u>, einen anderen Menschen für mein Fehlverhalten verantwortlich zu machen. Aber genau diese Personen haben mein Leben und meine Persönlichkeit wesentlich beeinflusst. Es war ein schwerer Fehler, nicht auch mal »Nein« zu sagen. Es war mein Fehler, nicht schon nach der ersten Tat aufgehört zu haben. Es war mein Fehler, nicht an mich selbst zu glauben und anderen die Kontrolle über mein Leben zu überlassen. Es war mein Fehler, mich nicht früher von Sarah getrennt zu haben. Es war mein Fehler, unschuldige Menschen zu jagen, sie zu vergewaltigen, sogar ihren Tod zu verursachen. Nur weil ich nicht in der Lage war, mein Leben in den Griff zu bekommen. Es war mein Fehler, mehr in der Vergangenheit zu leben, anstatt in der Gegenwart. Und es war auch mein Fehler, erst anderen Menschen zu vertrauen, anstatt mir selbst.

Durch eine Strafvollstreckungskammer des Landgerichts Mannheim ist mittlerweile beschlossen worden: »Die besondere Schwere der Schuld gebietet die Vollstreckung von 22 Jahren der lebenslangen Freiheitsstrafe.« Sutherland könnte im Jahre 2013 frei kommen. Ist es damit genug? Ist das gerecht?

Ich glaube nicht, dass es <u>mir</u> zusteht zu entscheiden, was für mich eine gerechte Strafe ist. Das sollten Sie die Familien der Opfer fragen. Ich habe versucht, mit ihnen Kontakt aufzunehmen, aber man riet mir davon ab, es würden nur wieder verheilte Wunden aufgerissen. Ich muss jetzt mindestens 22 Jahre im Gefängnis bleiben, ich glaube, das ist gerechtfertigt.

Wirklich schlimm ist, dass man hinter Gittern verschwindet und vergessen wird. Keine Hilfe, keine Therapie, <u>nichts</u>. Ich muss durchschnittlich länger im Knast bleiben als jeder andere Deutsche. Kein Ausgang, keine Lockerungen, nix!! Und das 22 Jahre lang und dann ... tschüss!! Gerechtfertigt, aber nicht fair. Wenn man wirklich plant, mich rauszulassen, dann sollte doch wenigstens versucht werden, mich zu resozialisieren. Es ist nicht fair, lebendig begraben zu werden.

Ich habe mich um eine Therapie bemüht, aber der Anstaltspsychologe hat mir gesagt, dass man kein Geld in Ausländer investieren wolle. Ich habe noch mit einem anderen Psychologen gesprochen, aber der hat immer nur gemurmelt: »Mmh, hmmh, und weiter ...« Ich habe diesen Typen viermal getroffen und <u>nicht ein einziges Mal</u> hat er sachdienliche Fragen gestellt. Nach 45 Minuten hieß es immer nur: »Stunde ist vorbei ...«, und er machte einen Termin für die nächste »Stunde«. Ich kehrte in meine Zelle zurück und fühlte mich verletzt: Ich hatte vor ihm die Hosen heruntergelassen, und er hatte mich nur angestarrt. Der Gipfel der Unverschämtheit war, dass er meinem Gutachter berichtete, dass ich mich nicht mit meinen Verbrechen habe auseinandersetzen wollen: »Der Gefangene hat im bisherigen Strafvollzug keine Bemühungen gezeigt, die auf eine Schuldeinsicht schließen lassen. Eine Auseinandersetzung mit den Straftaten hat nach hiesiger Erkenntnis bislang nicht stattgefunden.«

Die Verantwortlichen der Anstalt kümmern sich nicht, lügen, sind unprofessionell! Deshalb sage ich: Das ist unfair. Ich sitze hier mindestens 22 Jahre, und mir wird einfach nicht geholfen, es wird nicht einmal <u>versucht</u>. Wichtig ist denen nur, dass der Gefangene je-

den Tag malocht und ruhig ist. So bin ich auf eine Art Selbstanalyse angewiesen, ich will herausfinden, warum ich so geworden bin.

Sutherland litt und leidet nicht an einer ungelösten Sexualproblematik. Er benutzte sexuelle Handlungen, um ein nichtsexuelles Bedürfnis zu befriedigen. Nur andersherum müsste er als echter Sexualmörder gelten. Vielmehr verlangte er nach Aufmerksamkeit, die ihm nicht vergönnt war. Er verlangte nach Vertrauen, das ihm nicht entgegengebracht wurde. Er verlangte nach Geborgenheit, die ihm verweigert wurde. Er verlangte nach Selbstbestimmung, die ihm abgenommen wurde. Er verlangte nach Freiheit, die ihm beschnitten wurde. Schließlich gierte er in höchster Bedrängnis nach Macht, um sich von all dem zu befreien. Es musste endlich ein Ende haben! Und weil er sich den *Tyrannen* nicht gewachsen glaubte und sich ihrem Einfluss nicht entziehen konnte, schlug er mit einem Hammer auf wehrlose Opfer ein, die er nicht einmal kannte. Nur in der Anonymität war er in der Lage aufzubegehren, sich auszutoben.

Sutherland ist ein Gewalttäter und Schwerverbrecher, gewiss. Jedoch ist er kein gewöhnlicher Krimineller. Er stammt aus weitestgehend geordneten Verhältnissen, ging regelmäßig zur Schule, studierte Kunst, jobbte nebenher als Koch, bewarb sich schließlich bei der Army als Zeitsoldat, um sein Studium finanzieren zu können. Bis zu seinen Verbrechen hatte er sich vollkommen unauffällig verhalten, niemandem etwas zu Leide getan.

Ich war eine wirklich schwache Person, aber ich dachte, ich sei nett. Ich bezahlte Rechnungen für andere oder lieh ihnen Geld oder Klamotten, aber letzten Endes bin ich immer nur ausgenutzt worden. Aber das ist okay, ich habe die Lektion gelernt.

Ich habe mich immer so verhalten, wie mein Vater es wollte, und ich habe Dinge getan, von denen ich annahm, sie würden ihm gefallen. Letztlich habe ich nie verstanden, was es war und was er von mir wollte. Bei Sarah war es nicht anders. Hey, ich kann in meinem Leben nicht vorwärts kommen, indem ich versuche, Menschen zu befriedigen, die nicht befriedigt werden können.

Sie glauben, dass alles so gekommen ist, weil ich niemandem vertrauen <u>wollte</u>. Ich bin anderer Meinung. Ich glaube vielmehr, dass ich anderen Menschen <u>zu</u> <u>sehr</u> vertraut habe.

Sutherlands Selbstbekenntnisse sind außergewöhnlich. Sie bestärken mich in meiner Auffassung und Erfahrung, dass hinter jedem »Monster« auch ein Mensch steht.

Ich habe keinen Spaß daran, Menschen zu verletzen. Ich bin angeekelt, wenn ich daran denke, was ich getan habe, und ich werde es mir nie wieder gestatten, mich selbst zu verlieren wie damals in den frühen 90er Jahren. Wir lernen und entwickeln uns im Laufe des Lebens. Ich glaube, dass niemand ernstlich behaupten kann, er wäre dieselbe Person wie vor 15 Jahren. Unsere Erfahrungen zwingen uns dazu, uns zu befreien, zu wachsen, zu leben.

Ich bin jetzt ein anderer, ein besserer Mensch. Ich habe gelernt, das Vergangene vom Jetzigen zu trennen. Ich werde in der Erinnerung vieler Menschen immer ein »Sex-Killer« bleiben, aber ich bin besser als das, doch habe ich auch keine Wahl, als mich mit dieser hässlichen Seite meiner Vergangenheit zu arrangieren.

Ich habe <u>jetzt</u> ein größeres Selbstvertrauen und eine gestiegene Selbstachtung im Vergleich zu früher, als ich 1989 nach Deutschland kam. Ich habe keine Probleme mehr damit, einen Fehler zu machen und dafür geradezustehen. Vor allem aber habe ich begriffen, dass es auf dieser Welt niemanden gibt, der wichtiger ist als ich. Alles kann gelingen – wenn du stark bist und an dich selbst glaubst.

Auch nach einjährigem intensivem Kontakt möchte ich mir kein abschließendes Urteil darüber anmaßen, wie viel Wahrheit hinter all dem Geschriebenen steckt. Aber das ernsthafte Bemühen um Authentizität ist unverkennbar. Und eine seiner Anmerkungen verdient ohne Zweifel besondere Aufmerksamkeit, sie sollte uns zu denken geben: *Noch etwas: Warum ich niemandem mehr Gewalt antun werde? Weil ich jetzt meine Grenzen kenne. Viele Menschen können das nicht von sich behaupten. Die meisten wissen doch gar nicht, wozu sie fähig sind.*

KAPITEL 2
Wenn du wüsstest!

»Der Wurm sitzt im Herzen des Menschen.
Dort muss er auch gesucht werden.«
Albert Camus, *Der Mythos des Sisyphos*

»Die ganze Woche hatte ich dieses Gefühl der Unwirklichkeit,
als ob ich alle Dinge durch Wasser sehe,
oder ich beobachtete mich selbst dabei, wie ich etwas tat.
Besonders an diesem Abend kam mir alles so vor,
wie wenn ich dieses Gefühl der Unwirklichkeit hätte,
als beobachtete ich aus der Ferne, was ich tat …
alles war wie von Wolken verhüllt.
Ich ging hinein und sagte dem Mann,
er solle mir das Geld geben,
und sagte ihm, er solle sich auf den Boden legen,
und dann erschoß ich ihn …
Ich weiß, es ist alles geschehen, und ich weiß, ich hab's getan,
aber auf irgendeine Weise fühle ich mich dafür nicht
verantwortlich.«
Norman Mailer, *Gnadenlos*

Er nannte sich einen »Outlaw«. Und Freddy Kuhlmann gebärdete sich auch so. Eben wie ein Gesetzloser.

Ich kann nicht nach Regeln leben, die andere aufstellen. Dann muss derjenige sich zurückziehen. Zum Beispiel: Wenn ich besoffen Auto fahre, fahre ich besoffen Auto. Ist mir egal, ob es da ein Gesetz gibt oder nicht. Ich mach' das dann einfach. Über die Folgen denke ich gar nicht nach, ist doch egal. Auch wenn ich mit Strafe rechnen muss: Ich mach' das, wozu ich Lust hab'.

Mit seinen 27 Jahren konnte er bereits auf eine beachtliche kriminelle Karriere zurückblicken: Zehnmal war er verurteilt worden, acht Haftstrafen hatte er absitzen müssen – wegen Diebstahls, Unterschlagung, Einbruchs, räuberischer Erpressung, schweren Raubes, gefährlicher Körperverletzung, aber auch immer wieder Drogen- und Verkehrsdelikten. Mit 15 war er erstmals geschnappt worden, dann immer wieder. Verurteilt und eingesperrt zu werden, schreckte ihn nicht. Seine Altersgenossen lernten in der Schule, er im Knast.

Schule war für mich einfach nur scheiße, richtig scheiße. Ich hab' mich immer gefragt, wofür ich lernen soll?

Im Knast ist das anders. Da weiß man halt mehr. Jeder sitzt wegen was anderem, und dann gibt es einen Austausch. Wie kann man das und das noch besser machen und so. Wenn man im Knast ist, lernt man fürs spätere Leben – wenn man so weiterleben will. Ich hatte nie Probleme im Knast, das war okay so.

Im September 2001 war er wieder einmal aus dem Gefängnis entlassen worden, gutgläubige und gutmütige Richter hatten ihm eine neuerliche Bewährungschance gegeben. Er aber wollte einfach nur frei sein von sozialen Normen, Verpflichtungen und Zwängen. Bedingungslos.

Die haben doch ein langweiliges, unaufregendes Leben; weil die nichts erleben, sitzen den ganzen Tag auf der Arbeit, schaffen, schaffen, gehen nach Hause, dann springen da die Kinder rum und schreien, dann gibt's auch noch Ärger mit der Frau. Abends kommt Fußball im Fernsehen, man trinkt Bier, und dann geht man auch schon wieder ins Bett. Das habe ich auch bei meinen Schwestern gesehen. Da kam der Schwager abends nach Hause, war total fertig und hat immer zu mir gesagt: Ich kann nich' mehr, ich hab' die Schnauze so voll! Da hab' ich nur gedacht: Warum machst du auch so 'ne Scheiße?

Kuhlmann war ein Vertriebener, ein Heimatloser, ein Entwurzelter, der sich einfach treiben ließ.

Ich hab' da mal ein Buch geschenkt bekommen, und zwar von Rüdiger Nehberg. Das fand ich toll, der war immer unterwegs und so. Ich fand das immer gut, wenn ich Leute getroffen habe und die erzählt haben, wo die schon überall gewesen sind und noch hin wollten. Leute, die mal da und mal da wohnen, nur das machen, wozu sie Lust haben, das find' ich gut. Das ist auch besser.

Ich bin so ein Nomade, das hat mir gefallen, war ja die meiste Zeit auch immer auf der Flucht, vor den Cops. Ich musste auch immer aufpassen, mich verstecken, das war anfangs auch schlimm. Aber nach einiger Zeit ging das ganz gut, Routine, aber auch immer wieder aufregend. Ich fand das interessant.

Äußeres Erscheinungsbild und Lebensführung passten zu seiner inneren Einstellung: millimeterkurze Haare, »Hass«-Tätowierungen an Armen und Händen (Begründung: *Das war damals so, eine tiefere Bedeutung hatte das aber nicht*), schwarze Klamotten. Man hätte ihn auch leicht für einen »Skinhead« oder Rechtsradikalen halten können. Doch Politik interessierte ihn gar nicht. Meistens war er blank. Bei schönem Wetter schlief er unter freiem Himmel, häufig in leer stehenden Häusern, gelegentlich bei Bekannten oder, wenn mal Geld vorhanden war, in billigen Absteigen.

Ich habe keinen Beruf gelernt, es auch nicht richtig versucht. Ich hatte irgendwie nie richtig Lust zu arbeiten. Das Einzige, was mir Spaß gemacht hat, war Kochen. Das habe ich auch zwei Jahre lang gelernt, aber nicht zu Ende gemacht. Ich wollte alles immer nur genießen. Das machen, wozu ich gerade Lust hab', so ganz spontan. Und das habe ich dann auch immer gemacht. Damit war ich auch zufrieden. Dass ich oft kein Geld hatte, hat mich nicht gestört. Da hab' ich eben wieder angefangen Geld zu machen, bin nach Holland gefahren, habe dort Drogen gekauft und hier wieder verkauft. Das ging ganz gut. Ich komme auch mit wenig aus.

Am 5. April 2002 stand Kuhlmann wieder einmal vor dem Nichts. Er streifte durch Neuenhaus, eine 9.700 Einwohner zählende Gemeinde in der Grafschaft Bentheim, süd-westliches Niedersachsen, unweit der niederländischen Grenze. Bei seiner Halbschwester hatte er nicht unterkommen können, die hatte ihn mit drei Euro fortgeschickt. Mit seinen Eltern lag er im Dauerclinch, vor allem mit seinem Vater – also wurde er auch dort abgewiesen.

Ich hab' ja sogar meine Schwester schon beklaut gehabt. Ich hab' bei Leuten, die mich mochten, immer so Sachen gemacht, dass ich dann nicht mehr zu denen zurückkonnte. Ich hatte dabei auch ein schlechtes Gefühl. Aber das war eben der Weg, den ich gehen musste.

Es hatte sich eine Menge Frust bei ihm angesammelt. Ein paar alkoholisierte Jugendliche, denen er über den Weg lief, luden ihn ein mitzutrinken. Er trank regelmäßig.

Alkohol hab' ich immer schon getrunken, mit 14, 15 angefangen. Martini, Tequila, die härteren Sachen. Fast jeden Tag, soviel ich brauchte, dass ich besoffen war, dass ich aber immer noch alles geregelt bekommen habe, dass ich halt lustig war. Später habe ich jeden Tag getrunken, aber nicht bis ich total daneben war. Als ich in den Knast kam, hatte ich auch keinen Entzug.

Auch in den folgenden Stunden stromerte er durch die Stadt, von Alkohol beseelt, aber bei klarem Verstand. Seine Lebenssituation war dramatisch, verzweifelt.

Weil ich total am Ende war. Ich fühlte mich selber nur noch abgefuckt: nichts gebacken kriegen, dann noch die Krankheit, Hepatitis C. Keine vernünftigen Klamotten mehr gehabt, ich fühlte mich einfach nicht mehr wohl. Der Stress mit den ganzen Leuten. Das war vorher nicht so extrem.

Ihm waren finanziell die Hände gebunden, die Armut zerrte aber auch an seinem Gemüt. Wenn es irgendwie weitergehen sollte, musste er etwas unternehmen. Zufällig stieß er auf die Bahnhofsgaststätte. Das passte. Und schon begann ein Entschluss zu reifen.

Um es ganz ehrlich zu sagen: Ich brauchte Geld. Mir war jedes Mittel recht. Ich wollte den Wirt überfallen. Ich habe den ausgesucht, weil ich die Kneipe und den Wirt kannte. Privat nicht, aber so vom Sehen.

Ich wollte den überfallen, die Kasse ausräumen, den außer Gefecht setzen und das Geld wegnehmen. Ich hatte schon Erfahrung, fünf oder sechs Raubüberfälle gemacht. Aber sonst war das Zufall, weil ich halt zu dieser Zeit da gerade in der Gegend war.

Kuhlmann blieb zunächst vor dem Lokal stehen. Es erschien ihm noch zu früh. Er wollte die Gaststätte erst später als vermeintlicher Kunde betreten. Zugleich hoffte er, dass dann nur noch wenige Gäste anwesend sein würden, am besten niemand. Er hätte freie Bahn, der Wirt wäre ihm ausgeliefert. Also wartete er.

Gegen 23.30 Uhr marschierte er schließlich los. Entschlossen stieß er die Tür zur Kneipe auf.

Ich war mit dem Wirt allein, habe mit ihm geredet, am Tresen. Über Allgemeines, Rechtsradikale, Linksradikale. Ich hatte zu dem Zeitpunkt Glatze getragen. Irgendwann bin ich dann aufgestanden und habe gedacht: Jetzt ist die Zeit soweit. Das war instinktiv. Ich habe aber auch geguckt, wie die Gestik und Motorik war. Der war besoffen.

Plötzlich war da dieser Gedanke, erst undeutlich, schemenhaft, dann nachdrücklicher werdend, Konturen annehmend – bis er schließlich in sein Bewusstsein platzte wie ein Orkan aus heiterem Himmel: töten!

Dann bin ich hoch, um den Tresen rum und hab' den plattgemacht: mit der Faust ins Gesicht, mit der Außenverse in die Kniekehle rein, dann so auf den Boden geschmissen, hab' da so 'ne Pfanne stehen sehen, die genommen und draufgeschlagen, immer drauf auf den Kopf.

Allerdings begnügte er sich nicht damit, sein Opfer nur zu überwältigen und wehrlos zu machen.

Das ist ausgeartet. Der war schon fertig, hat sich nicht mehr bewegt. Ich aber immer wieder mit der Pfanne auf den Kopf geschlagen. Ich hab' den Typ verflucht.

Dann hab' ich das Geld genommen und das Telefonkabel rausgerissen. Bin raus. Wie ich aus der Tür raus war, war ich wieder ... bum ... also ganz normal, ganz ruhig. An den Typ hab' ich nicht gedacht. Mein Gedanke war nur: Hab' ich jetzt das Licht ausgemacht oder nicht? Ich wollte möglichst viel Vorsprung haben und vermeiden, dass ein Streifenwagen vorbeikommt und das merkt, wenn die ganze Nacht das Licht brennt.

Das qualvolle Sterben des Wirts zog sich noch etwa zwei Stunden hin. Die massiven Schläge auf den Kopf hatten ausgedehnte Verletzungen des Gehirns zur Folge, ebenso gravierende Blutungen innerhalb und außerhalb des Schädels. Kuhlmann hatte mit großer Wucht zugeschlagen. Der Mann starb schließlich, weil er langsam verblutete und zugleich beim Einatmen von Blut erstickte.

Kuhlmann hatte sein Opfer kaltblütig ermordet – und sich nichts vorzuwerfen.

Das war halt so. Ich hatte große Wut. Hass hatte ich, richtigen Hass. Wahrscheinlich hab' ich alles rausgelassen, was in den letzten Wochen passiert war. Stress mit den Familienmitgliedern, den Schwestern, meinem Vater und so. Kein Dach überm Kopf, immer draußen geschlafen. Das war mir egal, ob der stirbt, scheißegal. Töten ist nicht gut, aber in dem Moment kam das so über mich.

Und je länger er darüber nachdachte, desto attraktiver erschien ihm das Grauen. Er hatte eine Grenze überschritten, auch sich selbst überwunden. Die erbeuteten 320 Euro blieben zweitrangig, *das* Gefühl kannte er. Da war aber plötzlich auch etwas anderes, das ihn für sich einnahm: eine Erfahrung, mit der er gar nicht gerechnet hatte, die ihn faszinierte.

Ich fand es gut. Die Machtspielchen, die Entscheidung. Als ich auf den eingeschlagen habe, wollte ich ihn nur ruhig haben. Erst später kam das Gefühl der Macht, ich hatte etwas Besonderes voll-

bracht. Ich fühlte mich besser. Mir ging es irgendwie gut. Mein Gedanke war: Jetzt kommst du in die Zeitung, ins Fernsehen, ins Radio. Ich hab' dann auch im Internet geguckt. Erst hab' ich mich erschreckt, aber dann fand ich's gut. Cool.

Kurz nach der Bluttat ließ er sich mit einem Taxi nach Uelsen bringen, er wollte unbedingt in die Diskothek *ZAK*, seinen Erfolg feiern. Dort traf er Bekannte, schmiss Runden, quatschte, scherzte, lachte. Das Blut des Opfers klebte noch an seinen Turnschuhen.

Nach durchzechter Nacht orderte er frühmorgens wieder ein Taxi. In Lingen stieg er aus und nahm von dort aus den ersten Zug nach Hannover. Er musste weg. Kuhlmann rechnete damit, dass man bald nach ihm suchen würde. In Hannover wollte er bei einem Kumpel unterkommen, den er im Knast kennen gelernt hatte. Aber der war zunächst nicht aufzustöbern.

Schließlich sah er sich bestätigt: Bundesweit wurde nach ihm gefahndet, sogar mit Bild. Zeugen hatten ihn beim Verlassen der Bahnhofsgaststätte gesehen, und auch das frische Blut an seinen Schuhen war von seinen Bekannten in der Diskothek bemerkt worden. Zudem hatte die Kripo seine Fingerspuren am Tatort gefunden, und zwar genau dort, wo nur der Täter hingelangt haben konnte. Um nicht erkannt zu werden, schlief er tagsüber unter freiem Himmel oder auf einem Dachboden, erst im Schutz der Dunkelheit traute er sich unter Menschen.

Das geraubte Geld war schnell aufgebraucht, seine Lage wurde wieder prekär. Er hatte Hunger, war übermüdet, und er suchte nach einem Unterschlupf, um sich endlich ausschlafen zu können. In einem Stadtpark traf er auf Jessica Klawing, haute sie um eine Zigarette an. So kamen die beiden ins Gespräch. Die 19-Jährige hatte eine kleine Wohnung und bot Kuhlmann nach einem längeren Gespräch an, er könne bei ihr übernachten.

Die nächsten beiden Tage verbrachten sie zusammen. Mit geborgtem Geld kauften sie Lebensmittel, Kuhlmann kam endlich zur Ruhe, fand ausreichend Schlaf. Er war immer noch auf der

Suche nach seinem Knastkumpan. Gemeinsam forschten sie im Internet, notierten sich einige Telefonnummern. Doch niemand kannte seinen Freund oder wusste, wo er sich aufhalten könnte.

Jessica Klawing wurde ihm zunehmend lästig. Er hatte sich mit ihr notgedrungen abgeben und einlassen müssen, war mit ihr auch intim geworden. Die junge Frau besaß nicht viel, ihre Wohnung war nur spärlich eingerichtet, aber jemand wie er konnte alles gebrauchen, auch wenn es nur eine Flasche Schnaps war oder eine billige Uhr, die er vielleicht würde versetzen können. Es hätte ihm keine Mühe bereitet, Jessica Klawing zu töten und zu berauben. Aber:

Ich habe nicht darüber nachgedacht, die umzubringen, das war gar nicht die Frage. Wenn die Geld gehabt hätte, hätte ich die wahrscheinlich abgezogen, aber nicht umgebracht.

Als auch sie vollkommen abgebrannt war, machte er sich davon, log, er müsse nach Nordhorn, seinen Hund versorgen. Tatsächlich aber wollte er weiter in Hannover nach seinem Freund suchen. Kuhlmann hatte nämlich unterdessen noch eine Adresse ausfindig gemacht. Auf dem Weg dorthin machte er zufällig die Bekanntschaft eines Mannes.

Den habe ich auf der Straße kennen gelernt, lief voll in Schwarz rum, hatte auch so einen schwarzen Rucksack. Ich dachte erst, das wär 'n Kiffer. Hab' den angesprochen, und der hat auch geantwortet, aber auf Englisch. Da hab' ich gedacht, das wär 'n Engländer, da wollte ich schon gehen, aber er hat gesagt: Hey, bleib stehen, war nur 'n Scherz. Dann hat er so mit mir geredet, als wenn er mich kennen würde. Wir sind dann so ins Gespräch gekommen, und er hat gefragt, ob ich mit ihm ein Bier trinken will. Ja, klar, warum nicht, hab' ich gesagt. Dann sind wir zu ihm in die Wohnung, die war nicht weit weg.

Moritz Dohmann war Alkoholiker, arbeitslos, lebte von der Stütze, stand finanziell aber gut da, weil er von seiner Tante regelmäßig Geld bekam. Ihm gehörte sogar eine Eigentumswohnung. Der 31-Jährige war kumpelhaft, kontaktfreudig, manchmal unangebracht vertraulich. Er quatschte oft wildfremde Menschen an, konnte dann und wann aber auch unangenehm werden, wenn er andere seine geistige Überlegenheit spüren ließ. Und das tat er mit sichtlichem Vergnügen.

Irgendwann gab es dann Streitigkeiten. Der hat mir immer Fremdwörter an den Kopf geworfen, die ich vorher noch nie gehört hatte. Dann hat er mir gesagt, wie man diese Wörter richtig ausspricht. Ich habe dann zu ihm gesagt: Das brauchst du mir nicht zu erklären, das ist mir sowieso egal, wie man Wörter ausspricht. Er hat aber immer nur mit dem Kopf geschüttelt, dabei gelacht, als wenn ich so 'n dummer Penner wär'.

Ich hab' mich angewidert gefühlt. Ich hätte den so wegtreten können. Der weiß wohl gar nicht, wen der hier vor sich sitzen hat – so habe ich gedacht. Jetzt lachst du noch, wart's mal ab, Junge. Dann hat er wieder gesagt: Ach, ist doch alles nur Spaß, hat mir mit der Hand so auf den Oberschenkel geklopft. Ich hab ihm gesagt: Hör auf damit, ich kann das nicht ab. Dann hat er aufgehört, später fing er wieder damit an. Auch so komisch mit mir zu sprechen, ganz komisch, als wenn ich so 'n paar Stufen unter ihm stehen würde, als wenn ich Dreck wär'.

Kuhlmann hatte sich mit der Wohnung schnell vertraut gemacht. Es würde sich lohnen. Nur vier Tage nach seinem ersten Mord fasste er abermals den Entschluss, einen Menschen zu töten. Für ihn war klar: Moritz Dohmann hatte es nicht besser verdient.

Wir saßen uns gegenüber im Schneidersitz. Ich war total gereizt. Und dann hab' ich die ganze Zeit gedacht, wenn ich ihn angeguckt hab: Wenn du wüsstest!

Da bin ich ... zack ... aufgestanden und hab' ihn vor 'n Kopf getreten. Danach hab' ich ihn gewürgt, geschimpft: Arschloch, Wichser und so. Er wurde dann bewusstlos, und ich bin mit dem Fuß drauf. Mit der Verse auf den Kehlkopf und hab' mein ganzes Gewicht darauf verlagert.

Als ich auf ihm stand, hatte ich das Gefühl, ich bin überlegen. Ich bin so überlegen, dass ich ihn töten kann.

Na ja, der lag dann da, und ich hab' so von oben auf den draufgespuckt und gemeckert und weiter geflucht und dabei auch ins Gesicht gespuckt. Dann hab' ich ihn da noch weggezogen, irgendwohin. Dass der tot war, hab' ich gemerkt, weil er nur noch so geröchelt hat und sich in die Hose gemacht hat.

Etwa zehn Minuten nach dem Angriff starb Moritz Dohmann tatsächlich. Die von Kuhlmann beobachteten Körperregungen waren lediglich Begleiterscheinungen des nahenden Todes gewesen. Der Gerichtsgutachter sollte später als Todesursache »eine massive komprimierende Gewalteinwirkung gegen den Hals« feststellen.

Die Wut war dann weg. Da ging's mir wieder besser. Dann hab' ich mir erstmal was zu trinken genommen. Nach der Sache mit dem Wirt war mir sowieso alles egal. Ich hatte nichts mehr zu verlieren, das wusste ich. Ich hatte mir auch vorgenommen, dass man mich nicht lebendig verhaftet. Wenn die mich geschnappt hätten, wäre ich sowieso nicht mehr rausgekommen. Damit war für mich klar: Wenn ich was mache, dass ich das richtig mache, den also wegmache.

Kuhlmann durchwühlte die Wohnung und fand zwei Ringe, eine Halskette, plünderte die Brieftasche seines Opfers bis auf den letzten Cent. Und dann tat er etwas Ungewöhnliches.

Auf einen Zettel habe ich Psycho geschrieben, mit einem Kugelschreiber. Ich hab' den Zettel auf den nackten Bauch von dem Typ gelegt. Ich wollte von der Tat ablenken, dass man nicht auf mich kommt. Die Bullen sollten denken, dass da ein Psychopath am Werk war, ein Verrückter.

Schließlich schnappte er sich noch eine Flasche Wodka und verschwand.

Kuhlmann war nicht mehr willens, sich unterzuordnen oder gar zu unterwerfen. Es ging ihm nur noch um sich selbst. Er hatte begriffen, dass alles möglich war, dass er sich nehmen konnte, wonach er verlangte. Selbst das Leben eines Menschen zählte jetzt nichts mehr. Seine Selbstsucht kannte keine Grenzen. Es bereitete ihm sogar Freude, seine Opfer zu töten. Er hatte *endlich*

Macht über andere Menschen und nicht sie über ihn. Das war entscheidend. Das machte es so angenehm, so attraktiv.

Kuhlmann hatte den Höhepunkt seiner abnormen Persönlichkeitsentwicklung erreicht. Er war nun zu jedem grauenhaften Mord bereit.

Bevor Täter wie Freddy Kuhlmann dieses pathologische Bewusstsein bedingungslos pflegen, müssen sie im Sinne des *Serienmörder-Prinzips* eine weitere Phase absolvieren – die *Identifikation*. Denn das, was die Noch-nicht-Täter wollen, ist entweder verpönt oder verboten. Ihre abnormen Wünsche und Vorstellungen erscheinen ihnen zunächst wesensfremd und bedrohlich, weil sie in der sozialen Realität keine Entsprechung entdecken können und darum undurchführbar bleiben müssen: Es gibt keine willigen Opfer, es gibt keine Rechtfertigung, es ergibt sich keine Gelegenheit. Das Selbsterleben ist andersartig, im Vergleich zu den übrigen Menschen beängstigend grundverschieden. Deshalb werden erst gar keine Bedürfnisse formuliert, sondern zurückgestellt oder verdrängt, innere und äußere Isolierung schreiten fort.

Geradezu klassisch für Serienmörder ist die soziale Entwicklung von Wolfgang Peters, der Anfang der 90er Jahre in Neubrandenburg neun Tötungsdelikte verübte. Im psychiatrischen Gutachten über ihn heißt es: »Vom Querschnitt her ist er als eine emotional labile Persönlichkeit zu schildern, die zu Depressivität neigt und zu Minderwertigkeitsgefühlen. Er hat Schwierigkeiten im sozialen Kontakt, fühlt sich negativ angesehen und abgelehnt, ist misstrauisch gegenüber anderen. Seine soziale Durchsetzungsfähigkeit ist gering, es fällt ihm schwer, sich in sozialen Konflikten zu behaupten. Er ist selbstunsicher und gehemmt. Infolge seiner niedrigen Frustrationstoleranz ist er schnell entmutigt und nicht in der Lage, ferner liegende Interessen und Ziele zu verfolgen.«

Auch Kuhlmann zog eine Demarkationslinie, sobald ihm Menschen zu nahe kamen und der Anpassungsdruck zu groß wurde: *Das fing an, als sich meine Eltern getrennt haben. Da war ich oft den ganzen Tag alleine in der Wohnung, das hat mich aber nicht so gestört. Zu meinen Geschwistern habe ich immer einen guten Kontakt gehabt, auch nach draußen zu anderen, aber irgendwann kam dann immer die Zeit, da musste ich mich zurückziehen und mein eigenes Ding machen. Ich wollte für mich alleine sein, war oft mit dem Fahrrad unterwegs, bin in andere Städte gefahren oder habe mir Landschaften reingezogen. Das war wie frei sein, meine Ruhe haben, einfach weg sein. Ich bin auch häufig in Großstädte gefahren, weil ich andere Menschen beobachten wollte. Ich habe mich irgendwo auf eine Bank gesetzt und die Leute beobachtet.*

Das war auch so, wenn ich eine Freundin hatte. Wenn die gemeint hat, ich sollte was lernen oder was arbeiten, dann habe ich mich distanziert und bin weg.

Bestimmte Bedürfnisse werden zwar individuell negiert oder gesellschaftlich tabuisiert, doch die vollkommene Abspaltung von diesen misslingt. Denn die pathologische Persönlichkeit konserviert konsequent Unerfülltes und Unerfüllbares. Um wenigstens eine innere Legitimation zu erhalten, werden abnorme Vorlieben und abstruses Verlangen dann im Zuge eines schleichenden Prozesses idealisiert. Bevorzugte Bewusstseinsinhalte werden nicht länger abgelehnt, sondern akzeptiert, vor allem aber nach und nach als reale Handlungsmöglichkeiten in Erwägung gezogen. Und somit büßen selbst Mordphantasien ihre ursprüngliche Fremdartigkeit und Bedrohlichkeit ein. Zugleich eröffnet sich die Möglichkeit, zumindest in der eigenen Vorstellungswelt eine bestimmte Theorie oder Methode anzuwenden: Bis dato unbefriedigte Bedürfnisse können endlich zugelassen und ausgelebt werden – man kann, man darf.

Auch der bereits erwähnte vielfache Frauenmörder Wolfgang Peters probte und wütete zunächst in der Phantasie, bevor ihm dies irgendwann nicht mehr genügte. Der Gerichtsgutachter stellte hierzu fest: »In seine Phantasie traten andere, weiterreichende Ziele: Einbeziehung mehrerer anderer Personen in seine speziellen

Praktiken (fetischistische und transvestitische), ein Verlangen, von dem die Tötungsdelikte letztlich getragen waren. Auf dem Feld der Phantasien nahm er – in Übereinstimmung mit seinen transvestitischen Praktiken – die Rolle eines eher passiv beteiligten ›femininen‹ Partners ein: er stellte sich die anale Penetration durch einen Mann vor bzw. wünschte sie herbei. Zum zentralen Thema in seinen Phantasien wurde schließlich, endlich einmal ›alles‹ machen zu können, d. h., eine Frau voll verfügbar zur Realisierung seiner speziellen Wünsche zu haben, in denen Fellatio, Analverkehr und Bekoten prominente Bedeutung hatten. Sadistische Handlungen im engeren Sinn, d. h. als Schmerzzufügung als unabdingbares Auslöseschema für sexuelle Befriedigung spielten dabei offenbar keine Rolle, die erwähnten analen Praktiken, zu denen auch die Manipulationen mit einer Kerze bei sich und den Opfern gehörten, weisen jedoch auf sadistische Erlebnisweisen. Die schließlich gegenüber Frauen erfolgenden Tötungshandlungen stellen die äußerste Steigerung seines phantasierten Wunsches dar, eine Frau so zur Verfügung zu haben, um seine sexuellen Wünsche voll ausleben zu können.«

Die Idealisierung eigener Bedürfnisse erfüllt überdies eine wichtige Schutzfunktion. Die eigene Hilf- und Machtlosigkeit wird kaschiert, eine schmerzhafte Konfrontation bleibt aus. Sehr ähnlich reagieren mitunter Opfer von Vergewaltigungen oder anderen sexuellen Übergriffen. Der Täter wird idealisiert, viele Opfer neigen zugleich zur Selbstbeschuldigung. Ausschlaggebend für diese Verkennung der Realität ist das Bedürfnis der Opfer, sich nicht mit dem Faktum der wirklich erlebten völligen Ohnmacht und Ratlosigkeit auseinandersetzen zu müssen.

Schließlich entwickelt sich eine Bedürfnishierarchie, die ausschließlich von einer ausgeprägten Mangelsituation gespeist wird. Dominiert wird das Bewusstsein von solchen Bedürfnissen, die unmittelbar wirken und genauso wahrgenommen werden. Sie korrespondieren immer mit den hervorstechenden Merkmalen der später begangenen Verbrechen. An den Tatorten sieht man förmlich, worum es dem Täter ging. Kuhlmanns Morde waren augenscheinlich geprägt von Habgier, und die Verbrechen ereigneten sich stets genau dann, wenn die finanzielle Not ausweglos erschien.

Daneben drängen ebenso Sehnsüchte und Leidenschaften, die im Kontext des tatbestandlichen Verbrechens nicht ohne weiteres zu erkennen sind. Stets ist es eine tiefer liegende Absicht, die von den primär zu erreichenden Zielen durchaus abweichen kann. Angestrebt werden insbesondere Gefühle der Sicherheit und Stabilität. Häufig resultiert dieses Verlangen aus vorheriger Ablehnung oder Ausgrenzung, meistens in der eigenen Familie. Auch Kuhlmann machte diese schmerzvolle und ihn prägende Erfahrung: *Was hat mir am meisten gefehlt? Am meisten hat mich gestört, dass meine Eltern nicht mehr zusammen waren, dass die Familie gespalten wurde. Das haben wir irgendwie nicht richtig mitbekommen. Auf einmal war der Vater weg. Ich hing ja auch an meinem Vater, deshalb bin ich auch mit ihm mitgegangen.*

Dann hatte er eine neue Lebensgefährtin. Ich mochte einfach nicht, dass mein Vater eine andere Frau hatte. Ich war richtig wütend auf die Frau, weil die sich so wichtig gemacht hat und weil die zwischen meinem Vater und meiner Mutter stand. Ich hab' sie einfach nicht akzeptiert, habe auf nichts gehört, was sie gesagt hat. Ich habe immer genau das Gegenteil gemacht von dem, was sie gesagt hat. Dann gab es Probleme. Auch mit meinem Vater, der stand auf ihrer Seite. Das hat mir nicht gepasst, da bin ich weggelaufen, abgehauen.

Ich wollte immer zu meiner Mutter, aber die hatte auch einen neuen Freund, und der wollte nicht, dass ich da in die Wohnung komme. Da ist was kaputtgegangen, es war halt nicht mehr so wie ich es gewohnt war.

Eine instabile und sozial entwurzelte Persönlichkeit provoziert und produziert fortwährend Verlassenheitsängste und das existenzbedrohende Gefühl der Verlorenheit. Allmacht erscheint dann als Allheilmittel. Unterschwellig geht es in aller Regel also auch um Selbsterhöhung, um die Bestätigung sozialer Potenz und Durchsetzungsfähigkeit.

Kuhlmann beschrieb diesen Drang so: *Das mit den gestohlenen Klamotten war nur so 'n Nebeneffekt. Es ging mir um was anderes. Es gibt Typen, die fühlen sich erregt, wenn sie Frauen vergewaltigen und Kinder missbrauchen, und ich bin erregt, wenn ich so was mache.*

Das innere Gleichgewicht ist erheblich gestört, das gesamte System von Empfinden und Erleben ist gespannt. Der Aufforderungscharakter der permanenten Mangelsituation kann durch Selbstunterdrückung schließlich nicht mehr aufgefangen werden. Dieser ursprünglich seelische Entlastung bedingende Effekt verbraucht sich mit der Zeit wie das Profil einer Schuhsohle. Die Idealisierung drängt jetzt auf Realisierung. Das Drama sucht eine Bühne.

Den Endpunkt der *Identifikation* markiert die Motivbildung. Meistens gibt es gleich mehrere Anlässe, vorder- und hintergründige, um die Verübung eines Verbrechens ernsthaft in Erwägung zu ziehen. Die bei Serienmördern zu beobachtenden Motive haben in acht von zehn Fällen sexuelle Bezüge oder sind finanzieller Natur. Dem Rest der Täter geht es um die radikale Beseitigung von Beziehungs-, Berufs- oder Alltagskonflikten. Obwohl Tatverläufe, Opfertypen und augenscheinliche Zielsetzungen bei Serientötungen sich grundlegend unterscheiden, gieren *alle* Täter nach Macht, die entweder erlangt werden oder erhalten bleiben soll.

Die Beweggründe indes sind selten gleichrangig. Das Motiv(bündel) allerdings ist lediglich der treibende seelische Hinter- und Bestimmungsgrund, ein konkretes Ziel existiert noch nicht. Motivbildend sind in erster Linie bis dahin unbefriedigte Bedürfnisse, gleichwohl spielen auch Gewöhnungen, fixierte Einstellungen und Werthaltungen eine bedeutsame Rolle.

Kuhlmann hatte sich an Wortgewalt, seelische Grausamkeit und handfeste Züchtigungen zunehmend gewöhnen müssen, zunächst als Kind und Jugendlicher.

Das ging auch immer weiter auseinander, meine Mutter ist auch noch in eine andere Stadt gezogen. Mein Vater ist den ganzen Tag Taxi gefahren, und da hatte ich das Gefühl, dass ich seiner Freundin ganz ausgeliefert bin. Die hatte auch zwei eigene Söhne mitgebracht, gegen die kam ich aber nicht an. Die sind immer bevorzugt behandelt worden. Wenn es zu Hause Ärger gab, war ich immer der erste, der was abbekommen hat. Ich musste zum Beispiel Hausaufgaben machen, die habe ich gemacht, aber das hat meiner Stiefmutter nicht gefallen, da gab's halt ein paar Dinger, also Schläge. Schläge gab's jeden Tag, mal mehr, mal weniger. Ich habe sie dafür gehasst. Ich hatte damals schon den Gedanken, dass es besser wäre, wenn meine Stiefmutter tot wäre.

Kuhlmann litt besonders unter dem schwer gestörten Verhältnis zu seinem Vater, der nach seiner Vorstellung ein Vorbild hätte sein, sich schützend vor ihn hätte stellen sollen.

Meinen Vater hab' ich auch gehasst, weil der mir nie geholfen hat, wenn meine Stiefmutter gegen mich eine Intrige gemacht hat. Dann bin ich immer wieder abgehauen von zu Hause. Sobald mein Vater aus dem Haus war, bin ich weg zu meiner Mutter. Wenn ich da nicht rein kam, bin ich zu meinen Geschwistern, die haben mich unterstützt. Nach kurzer Zeit musste ich aber wieder zurück, entweder wurde ich verraten oder die Bullen haben mich gefangen.

Da war nie ein richtiges Gespräch, alles nur oberflächlich. Der (Vater, S. H.) *hat sich nicht für mich interessiert, hat kein Interesse gezeigt, nicht mal gefragt, was machst du denn jetzt oder so. Ich sollte auch keine Leute mit nach Hause bringen. Der hatte immer Angst, dass nachher was fehlte. Da war ich 18, 19, hatte auch eine Freundin. Wenn ich dann gefragt hab', ob ich jemanden mitbringen kann, war die Antwort immer: Is' nich'! Darum gab's auch immer Ärger. Er hat mich immer wie einen Verbrecher behandelt.*

Nach diesem erzieherischen Offenbarungseid der Eltern, wurde Kuhlmann als 15-Jähriger in ein Heim abgeschoben. Seine Erfahrungen dort waren durchaus zwiespältig.

Das war anfangs ganz gut, irgendwie ungewohnt, wegen der Fürsorge. Wir haben alle am Tisch gesessen, miteinander geredet, da lief alles harmonisch ab, das war ein besseres Zusammenspiel, und nicht jeder gegen jeden. Die Harmonie hat ausgemacht, dass man da einfach freundlich war. Alle waren nett und hilfsbereit. Das hat mir am Anfang sehr gut gefallen.

Aber dann wollte ich wieder zu meiner Mutter, meinen Geschwistern, halt in die gewohnte Umgebung. Dann bin ich von dort immer abgehauen, habe die Geldkasse geklaut und so. Später fing ich an, Fahrräder und Autos zu klauen. Ich wollte damit auch nach Hause fahren, zu meiner Mutter.

Als Kuhlmann gar nicht mehr zu disziplinieren war, steckte man ihn kurzerhand in eine geschlossene Jugendpsychiatrie. Doch auch dort war er fehlbesetzt. Nicht sein Gehirn, sondern seine Psyche hatte Schaden genommen.

Vor diesen Leuten hatte ich Angst, vor den Patienten, weil die anders waren, vom Aussehen und vom Kopf her. Die haben Sachen gemacht, die ich vorher nicht kannte. Zum Beispiel mit dem Kopf gegen die Wand laufen. Das hat mich erschreckt. Oder auf einmal kommt da einer an, blutüberströmt, setzt sich einfach an den Tisch und fängt an zu essen, und das Blut läuft dem so am Kopf runter.

Da war ich 15. Es gab Einzelgespräche, so einmal am Tag, aber den Rest des Tages war man auf dieser Station. Die Pfleger saßen draußen in einem Glaskasten und haben die Leute beobachtet und ihnen Medikamente gegeben. Das war's. Dann bin ich abgehauen, nach Hannover. Am Bahnhof haben mir zwei Typen gezeigt, wie man Autos aufmacht, kurzschließt und so. Und dann fing das mit den Drogen an, mit dem Kiffen.

Spätestens in der Pubertät verfestigte sich sein krimineller Charakter zusehends. Schulische Niederlagen untermauerten seine Überzeugung, für einen Beruf nicht zu taugen. Er entwickelte vielmehr eine eigene antisoziale Wertordnung, in der Eigentum und Recht auf körperliche Integrität anderer Menschen nicht vorkamen.

Ich war mal bei einer Familie untergekommen, mit der Tochter hatte ich mich angefreundet. Die waren nett zu mir. Aber die habe ich auch abgezockt, ich brauchte halt das Geld. Die haben ihr Geld doch sowieso nur versoffen. Ein schlechtes Gewissen? Nee, gar nicht. Die waren mir doch egal. Für mich waren solche Leute immer nur Mittel zum Zweck. Wenn Menschen was haben, was mich interessiert, dann versuche ich jeden Weg, um da ranzukommen. Auf Freund tun, das aber auch über längere Zeit. Hauptsache, ich komme in den Besitz.

Außenseitertum, Kriminalität und seelische Grausamkeit blieben für ihn prägend. Gewalt als Mittel zur Durchsetzung von Interessen, wie er es zunächst in der eigenen Familie, später im Knast, kennen gelernt hatte, erschien ihm schließlich als brauchbare Handlungsmaxime.

Wenn ich glaube, dass etwas richtig ist, dann können mir andere Leute erzählen, dass das falsch ist, dann überlege ich mir das zwar, aber ich ziehe mein Ding durch. Das liegt wohl daran, dass ich die meiste Zeit ein Einzelgänger gewesen bin.

Der Ausbruch brachialer Gewalt kündigte sich mit leichten Erschütterungen an, die von Mal zu Mal stärker wurden. Ganz allmählich entwickelte er aber auch Verhaltensweisen, die darauf abzielten, sich vollkommen unmöglich zu machen. Alle, die ihn bei sich wohnen oder übernachten ließen, wurden irgendwann beklaut. Nichts und niemand war vor ihm sicher. Und wenn es ihm notwendig erschien oder ihm danach war, schlug er einfach zu.

Von einem für Kuhlmann typischen kriminellen Verhalten berichtet ein Urteil des Jugendschöffengerichts Nordhorn: »In der Nacht vom 23. auf den 24.12.1993 waren die Angeklagten Tauber und Kuhlmann, die sich kurz zuvor im Kolpinghaus Nordhorn kennen gelernt hatten, in der Nordhorner Innenstadt unterwegs und nahmen in verschiedenen Gastwirtschaften alkoholische Getränke zu sich. Nachdem das Geld zur Neige gegangen war, kamen die beiden Angeklagten spontan auf die Idee, im Nordhorner Innenstadtbereich eine geeignet erscheinende Person zu überfallen und ihr gewaltsam Geld abzunehmen. Aufgrund gemeinschaftlich gefaßten Tatentschlusses griffen sie gegen 2.40 Uhr am 24.12.1993 den 34-jährigen Rolf Bartels im Bereich der Firnhaber Straße an, indem sie ihn mit Schlägen und Tritten traktierten, festhielten und dadurch schließlich zur Herausgabe seines Portemonnaies mit ca. 200,- DM Bargeld zwangen. Bei diesem Vorfall erlitt der Geschädigte Gesichtsverletzungen, Nasenbluten, Schürfwunden und verlor zwei Zähne.«

Seine zunehmende Aggressivität und Gewaltbereitschaft offenbaren auch Passagen eines Urteils des Amtsgerichts Lingen: »Der Mitangeklagte Kuhlmann schloß sich dem Tun seines Cousins insoweit an, als er den Peter Brandes mit der Faust ins Gesicht schlug. Alsdann fand der Streit zunächst ein Ende, indem die Angeklagten unter Mithilfe anderer Personen vom Balkon befördert wurden. Da der Angeklagte Kuhlmann nach wie vor danach trachtete, den Peter Brandes körperlich zu verletzen, veranlaßte er den Peter Brandes unter einem Vorwand, ihm erneut auf den Balkon zu folgen. Dort schlug Kuhlmann mit einer leeren Bierflasche in Richtung Kopf des Peter Brandes. Diesem Schlag konnte Peter Brandes jedoch ausweichen, kam jedoch darauf zu Fall, derweil die Flasche in Scherben ging. Alsdann trat Kuhlmann auf den am Boden liegenden Peter Brandes ein und trat auch auf dessen Hand, wodurch der Mittelhandknochen brach. Erst danach fand die Auseinandersetzung durch das Eingreifen Dritter ein Ende.«

Wahrscheinlich wollte ich dadurch auch zeigen, dass mir alles egal ist. Ich wollte auch meine Verachtung zeigen für diese ganzen Spießer, das spielte auch eine Rolle. Ich konnte nirgendwo mehr hin. Ich hab' das auch gemacht, weil die, die mich mochten, mich wirklich nicht mehr mögen konnten, meine Familie zum Beispiel. Ich wollte die bestrafen, aber auch mich selbst. Es gab sowieso keinen Rückweg mehr für mich.

Die fortschreitende Verwurzelung im kriminellen Milieu machte ihn immun gegen Anteilnahme, allmählich anwachsende Machtphantasien steigerten sein Selbstwertgefühl. Skrupellosigkeit und Erbarmungslosigkeit waren seine hervorstechenden Charaktermerkmale. Kuhlmann dachte und empfand nur noch aus der Ich-Perspektive, er war ausschließlich auf eigene Bedürfnisse fixiert. Und um diese durchzusetzen, war ihm jedes Mittel recht. Auch Mord.

Am 11. April 2002 fuhr er mit dem Zug von Hannover nach Bremen, zwei Tage später weiter nach Münster. Wieder suchte er nach Übernachtungsmöglichkeiten, musste aber in einem Park oder unter einer Brücke nächtigen. Von Münster aus verschlug es ihn nach Osnabrück. Dort wollte er bei einem jungen Mann unterkommen, den er im Knast in Meppen kennen gelernt hatte. Der ließ ihn aber abblitzen.

Gefrustet fuhr er zurück nach Münster. Dort traf er am Bahnhof auf Frank Lüdtke, einen Ex-Knacki aus Meppen. Diesem erzählte er, dass er auf der Flucht sei. Lüdtke ließ sich überreden ihm zu helfen, und Kuhlmann hatte nicht nur eine Bleibe gefunden, sondern auch jemanden, mit dem er auf Tour gehen konnte.

In den frühen Morgenstunden des 18. April überfielen die beiden eine Tankstelle in Münster. Während Kuhlmann dem Kassierer ein Messer an den Hals drückte, plünderte Lüdtke die Kasse. Mit 300 Euro Beute flüchteten sie, das Opfer blieb körperlich unversehrt.

Der hat doch nichts gemacht. Und das ging alles so schnell.

Während Lüdtke bald gefasst wurde, konnte Kuhlmann entkommen. Noch am selben Vormittag fuhr er mit dem Zug nach Dortmund und von dort aus nach Aachen. Er hielt sich an keinem Ort längere Zeit auf, seine Flucht-Odyssee führte ihn bis ins belgische Lüttich. Dort erkannte er schnell, dass er so nicht weiterkommen würde: Die Leute verstanden ihn nicht, und er verstand die Leute nicht. Am 24. April kehrte er zurück nach Aachen.

Dort machte er bald die Bekanntschaft von Jörg Esser, einem 33-jährigen Alkoholkranken, der im städtischen Obdachlosenheim lebte.

Den hab' ich auch am Bahnhof getroffen, mit ihm gelabert. Dann sind wir los, in ein Edeka-Geschäft. Wir saßen später davor, er hat Geld geschnorrt von den Leuten. Wir haben was getrunken. Irgendwann bin ich da eingeschlafen, später wieder aufgewacht. Er war weg, aber im nächsten Moment kam er schon wieder um die Ecke. Dann sind wir zu ihm in die Wohnung gegangen.

Er hatte vor, einen günstigen Moment abzupassen, in dem sein Gastgeber sich nicht vorsehen konnte. Kuhlmann wollte sein Opfer heimtückisch überfallen. Jörg Esser ahnte von all dem nichts.

In der Wohnung hatte ich den Plan, ihn plattzumachen. Weil wir da ungestört waren. Ich war voll mit Adrenalin, als ich mir das vorgenommen hab'. Voll gut. Ich hatte wieder dieses Machtgefühl.

Während er sich mit Jörg Esser über Belanglosigkeiten austauschte, war er in Gedanken schon den entscheidenden Schritt weiter.

Man versucht sich das eben richtig vorzustellen, wie das abgehen könnte jetzt in dem Moment. Man guckt sich um im Raum wegen der Gegebenheiten. Dann wartet man nur noch auf den richtigen Moment – der kommt dann. Es kommt dann von einer Sekunde auf die andere, das ist Wahnsinn. Von jetzt auf gleich. Und dann bin ich total aggressiv.

Kuhlmann kostete das langsame Hineingleiten in die Rolle des Killers aus. Er hatte jetzt genug Erfahrung, konnte sich voll auf seinen Egotrip einlassen. Er war stark und mächtig. Und er würde von seinen Fähigkeiten rücksichtslos Gebrauch machen.

Da war so eine Energie. Da saß ich dem gegenüber und hab' den so angeguckt, und dann kam das. Der wusste nicht, dass ich ihn gleich killen würde – aber ich. Das war so ein Machtspielchen. Das hab' ich genossen, das war klasse. Das ist auch körperlich, ich spür' das, so ein Kribbeln im Magen.

Er plante seine Verbrechen nicht von langer Hand, er ließ sie einfach passieren. Kurzentschlossen und unbewaffnet attackierte er seine Opfer.

Warum ich keine Waffen dabei hatte? Wie soll ich das sagen? Ich war kreativ.

Eine günstige Gelegenheit bahnte sich an, als die Männer mit den Vorbereitungen für das Mittagessen begannen. Kuhlmann schnappte sich ein Küchenmesser, Klingenlänge 20 Zentimeter. Eigentlich sollte er damit die Fettstreifen der mitgebrachten Schweineschnitzel abtrennen.

Ich hab' ihm das Messer einfach in den Oberkörper gerammt, immer wieder, ziemlich tief rein. So feste ich konnte. Auch in den Magen, in die Weichteile. Dabei bin ich mit dem Messer auf die Wirbelsäule gestoßen und abgerutscht und hab' mich verletzt. Dann hab' ich 'ne Flasche genommen, ihm damit ein paar Mal ins Gesicht geschlagen. Dann war der bewusstlos.

Der größte Widerstand waren die Klamotten. In dem Moment war ich ganz aufgelöst, total gut drauf. Verflucht hab' ich ihn: Penner, das hast du jetzt davon! Dann bin ich ins Badezimmer, habe meine Wunde ausgewaschen.

Kuhlmann aber hatte noch nicht genug. Er war neugierig geworden. Sein Opfer war noch nicht tot. Doch das kümmerte ihn nicht. Er gierte nach etwas anderem.

Danach bin ich zurück ins Zimmer und wollte das sehen, die Wunden. Ich hab' das T-Shirt hochgemacht. Ich konnte die Stiche aber gar nicht richtig sehen. Da hab' ich die Wunden so auseinander gezogen, und dann konnte man die Fettschicht und die Hautschicht sehen. Dann hab' ich ein Kabel genommen, über den Balken geschmissen, und dann hab' ich ihn aufgehängt.

In dieser Position dämmerte Jörg Esser dahin. Ihm waren sechs Messerstiche beigebracht worden, die Leber, Gallenblase, Dünndarm, Dickdarm und die untere Hohlblutader verletzt hatten. Sein Gesicht war bis zur Unkenntlichkeit zerschmettert. Erst nach einer Stunde sollte sein qualvolles und grausames Sterben ein Ende nehmen.

Kuhlmann ließ all dies kalt. Er hatte seinen Spaß gehabt.

Ich hab's einfach getan. Und ich hab' mich gut gefühlt dabei. Vor allem danach, da hab' ich mich richtig leicht gefühlt, besser.

Nachdem Kuhlmann ein paar Habseligkeiten zusammengerafft hatte, kam ihm eine Idee.

Dann hab' ich noch den Buchstaben P auf einen Zettel geschrieben und auf die Leiche gelegt. Das sollte die Abkürzung für Psycho sein. Ich hab' gedacht, das versteht auch jeder. Das hab' ich aus so Horrorfilmen, aber mehr aus der Richtung Psycho-Horror: Jack the Ripper und Freddy Krüger und so. Ich hab' früher auch Leute zu mir eingeladen zum Videogucken, und dann hab' ich denen diese Filme gezeigt und die beobachtet. Ich fand das stark, wenn die sich erschreckt oder geekelt haben. Ich kannte die Filme ja in- und auswendig.

Als ich den aufgehängt hab', wollte ich so 'n Schrecken verbreiten.

Drei Tage nach dem Mord an Jörg Esser war Schluss. Kuhlmann lief am Bahnhof in Münster geradewegs einem Polizeibeamten in die Arme, der den Gesuchten sofort erkannte und verhaftete. Widerstandslos ließ er sich abführen. Noch am selben Tag packte er aus, gestand alle Morde.

Warum ich mich gegen den Bullen nicht gewehrt hab'? Weiß ich auch nicht genau. Ich war aber auch froh, dass es vorbei war. Der Druck war schon groß geworden, immer auf der Flucht und so. Das war so extrem gewesen. Tagsüber musste ich mich immer an einer Stelle verstecken, erst nachts konnte ich rauskommen.

Als Ursache für die grausamen Verbrechen dieses Mannes darf mit Recht eine dissoziale Persönlichkeitsstörung angenommen werden. Kuhlmann ist ein Fall wie aus dem Lehrbuch, er erfüllt sämtliche Kriterien dieses Krankheitsbildes: Er lehnte sich schon als Kind gegen elterliche oder schulische Regeln auf, verließ mit 14 die Sonderschule, fiel durch impulsives und aggressives Verhalten auf, zeigte sich destruktiv und unbelehrbar. Er nahm schon als Jugendlicher regelmäßig Haschisch, Kokain oder Heroin, lief von zu Hause weg, klaute, log, war aber auch durch Bestrafungen nicht auf den rechten Weg zu bringen; neun

Jahre musste er insgesamt in Jugendstrafhaft, Erwachsenenstrafhaft und Untersuchungshaft zubringen.

Das Ergebnis dieser fatalen Entwicklung war ein hochabnormer Charakter, auf den insbesondere zu den Tatzeiten diese Attribute zutrafen: keine Hemmschwelle, kein Mitgefühl, keine Scham, keine Reue.

Ich denke über die Opfer nach, muss ich ehrlich sagen, gerade über den Letzten. Als ich den abgestochen hab', das war nicht gut, und ich fühle mich auch nicht gut dabei, wenn ich darüber nachdenke. Ich bereue, dass ich dem das angetan hab'. Das mit den beiden anderen bereue ich nicht. Das war eine gerechte Sache, denke ich.

Als Motiv unterstellte die Staatsanwaltschaft »Mordlust«. Der Bundesgerichtshof definiert dieses Mordmerkmal (im Sinne des Paragraphen 211 des Strafgesetzbuches) so: »Aus Mordlust tötet, wem es als Täter darauf ankommt, einen Menschen sterben zu sehen, wenn er aus Mutwillen, aus Angeberei, aus Freude an der Vernichtung eines Menschenlebens oder aus Zeitvertreib tötet, die Tötung als nervliche Stimulans oder ›sportliches Vergnügen‹ betrachtet.« Und eine dieser Varianten wollte die Staatsanwaltschaft bei Kuhlmann erkannt haben: »Auslöser für die Taten war allein der Umstand, dass es dem Angeschuldigten ein positives Machtgefühl gab, einen Menschen zu töten.«

Demgegenüber erkannte das Landgericht Osnabrück in allen Fällen auf »Habgier«, überdies sollte Kuhlmann bei den letzten Verbrechen »heimtückisch« gehandelt haben. In der Urteilsbegründung heißt es: »Der Angeklagte hat sich nicht etwa einer pervers erscheinenden Obsession bei der Begehung anlaß- und sinnlos erscheinender Morde hingegeben, sondern er hat das erste Opfer aufgrund einer ausweglos erscheinenden finanziellen Situation getötet und beraubt sowie die beiden anderen Opfer auf seiner Flucht, die einem existentiellen Überlebenskampf gleichkam, in allen drei Fällen aus dem beherrschenden Motiv Habgier. Dabei waren die beiden hervorragenden Charakteranlagen des Angeklagten bestimmend: einerseits eine inzwischen eingetretene Skrupellosigkeit und Schädigung anderer Personen, gerade auch solcher, die ihm Vertrauen entgegenbringen und ihm Gastfreundschaft anbieten, und andererseits eine uneingeschränkte Fokussierung auf die Befriedigung eigener Bedürfnisse.«

Beide Rechtsauffassungen sind zwar vertretbar, werden der Komplexität der Empfindungen Kuhlmanns jedoch nicht vollends gerecht. Dass es ihm darum ging, sich zu bereichern, steht außer Frage. Insbesondere der Mord an dem Gastwirt erscheint als geradezu klassische Raubtat. Allerdings machte Kuhlmann schon hier die Erfahrung, dass es neben dem materiellen Verbrechenserfolg mit einem Mal noch etwas anderes gab, das ihm imponierte: Macht zu haben über andere Menschen, sogar über deren Tod selbstherrlich bestimmen zu können.

Dieses ekstatische Erleben eigener Übermacht veränderte sein Bewusstsein. Das Töten war für ihn sicher auch der Versuch, die eigene innere Leere auszufüllen, sich einen neuen Status zu geben – cooler Killer. Fortan würde es sich lohnen, *auch* für diesen emotionalen Kick zu töten. Es ging ihm bei den folgenden Taten also weder nur darum, die Opfer zu berauben, noch ausschließlich darum, sich am Tötungsakt zu berauschen. Vermutlich hatten beide motivischen Aspekte einen eigenständigen Charakter. Und bei sich bietender Gelegenheit bestärkten sich diese Mordimpulse gegenseitig. Dann gab es kein Zurück mehr, kein Erbarmen.

Am 10. April 2003 verkündete die 24. Große Strafkammer des Landgerichts Osnabrück nach elf Verhandlungstagen »Im Namen des Volkes!« das Urteil: »Der Angeklagte ist des Mordes in drei Fällen schuldig. Er wird zu einer lebenslangen Freiheitsstrafe als Gesamtstrafe verurteilt. Die besondere Schwere der Schuld wird festgestellt.«

Freddy Kuhlmann ist einer der Fälle, die man gerne als hoffnungslos bezeichnet. Ich durfte mich selbst davon überzeugen, als wir uns am 13. Mai 2005 in einer niedersächsischen Justizvollzugsanstalt gegenübersaßen. An seiner antisozialen Einstellung hielt er auch drei Jahre nach seinen Taten unverdrossen fest: *Hier bin ich jetzt seit dem 30. Juli 2004. Ich bin jetzt verlegt worden von der Sicherheitsstation in den Normalvollzug, seit zweieinhalb Monaten. Wo ich verhaftet wurde, war ich im Krankenhaus, da habe ich alte Feinde wieder getroffen, die ich noch von draußen kannte. Mit denen hatte ich immer Stress und noch eine Rechnung zu begleichen. Der Typ hatte noch Geldschulden bei mir, und Geld kann man immer gebrauchen. Der hat dann einfach erzählt, ich hätte eine Geiselnahme vor, nur damit ich nicht mehr mit ihm in Kontakt kommen konnte. Nach drei Jahren hat sich das erst geklärt.*

Ich bin eher zurückgezogen, habe hier zwar Kontakt zu anderen Leuten, aber irgendwann gehe ich dann lieber zurück in meine Zelle. Ich mag wohl mit anderen zusammen sein, aber viel lieber bin ich mit mir alleine. Das war schon damals so, aber seit ich auf der Sicherheitsstation war, ist das mehr geworden. Da ist man sowieso von den anderen Gefangenen isoliert. Ich glaube, das hat noch ein bisschen mehr bewirkt. Habe mich komplett zurückgezogen. Das hat was mit Vertrauen zu tun, denke ich.

Vertrauen heißt, dass man tiefsinnigere Gespräche führen kann, über das Persönliche, wie man sich fühlt und was man so vorhat. Das fehlt mir. Oder sagen wir mal so: Ein Freund fehlt mir, mit dem man sich mal so richtig unterhalten kann. Mit den anderen Gefangenen geht das nicht.

Mit seinem Vater war eine Kontaktaufnahme ebenfalls unmöglich. Der stand stellvertretend für alle verhassten Spießer, war in Kuhlmanns Augen obendrein unfähig, ein Versager: *Dem habe ich einen Brief geschrieben, aber so: Jetzt siehst du, was du davon hast. Ich bin hart, ich bin ein Outlaw!*

Sein Knastalltag war genauso trostlos wie sein vorheriges Leben: *Ich spiele viel an der Spielekonsole, weil ich ziemlich zurückgezogen bin. Am liebsten Strategiespiele, Agentenspiele. Da muss man Geiseln befreien oder einen Atomkrieg verhindern. Man braucht nicht nur Fingerfertigkeit, man muss auch schon ein bisschen über-*

legen können. Ich spiele das jeden Tag, mal eine Stunde, kann aber auch mal den ganzen Tag sein, so zehn bis zwölf Stunden. Das wird nie langweilig.

Drei Stunden lang stand er Rede und Antwort, ließ keine Scheußlichkeit seiner Verbrechen unerwähnt. Der Mann mit der tief ins Gesicht gezogenen Baseballkappe sprach leise, verwaschen, hatte kaum Höhen und Tiefen in der Betonung, sein Wortschatz war sehr begrenzt, Gestik und Mimik blieben verhalten. Er zeigte keine Emotionen, wirkte auf mich linkisch, ungebildet, bisweilen infantil. Doch seine Aussagen waren authentisch und ehrlich.

Der verhaltene Versuch seiner Selbsteinschätzung spiegelte eindrucksvoll das Unvermögen wider, sich auf die eigene Persönlichkeit einzulassen. Erst nach jeweils längerem Nachdenken würgte er förmlich hervor: *Ich stehe zu meinem Wort. Hilfsbereit. Großzügig. Dass ich halt dazu stehe. Dass ich schnell aufbrausend werde.* Sein Charakterprofil konnte er mit gerade einmal 17 Worten beschreiben.

Nur ein einziges Mal stockte mir der Atem. In zwei kurzen Sätzen gelang es ihm, die Hoffnungslosigkeit seines Daseins, aber auch die eigene Gefährlichkeit auszudrücken:

Die letzte Tat war die schlimmste. Aber ich war ganz normal, so wie jetzt.

KAPITEL 3

Die Ursache liegt in der Zukunft

»Das Streben nach Sein ist die Hölle.«
Jean-Paul Sartre, *Entwürfe einer Moralphilosophie*

»Es ist eine maßlose Freiheit, zu töten,
um sich selbst zu gebären.«
Jean-Paul Sartre, *Die schmutzigen Hände*

Viele meiner Erkenntnisse über Serienmörder resultieren aus Gesprächen mit ihnen. Mittlerweile habe ich in all den Jahren 53 Täterinnen und Täter näher kennen gelernt. Ich traf sie beispielsweise im Hochsicherheitstrakt einer Justizvollzugsanstalt, im Garten einer psychiatrischen Klinik oder in ihren Wohnungen. Und wenn Besuche nicht möglich waren, entwickelten sich langjährige Briefkontakte.

Allerdings ist es oftmals ein steiniger Weg bis in die Zelle eines mehrfachen Mörders. Denn dort fristet ein Mensch sein Dasein, vor dem die Gesellschaft geschützt werden muss, der vor allem aber nicht willens oder in der Lage ist, sich mitzuteilen. Es braucht viel Geduld, schnelle Erfolge bleiben die Ausnahme. Manchmal wird aber auch eine Sisyphosarbeit daraus.

Manfred Blocher hatte dreimal gemordet: am 17. Juli 1995 erdrosselte er eine 27-Jährige im sauerländischen Altena, am 3. Februar 1996 erstach er eine 23-Jährige in Bergisch Gladbach, und nur sechs Wochen später erschoss er einen 26-jährigen Mann in Dorsten-Rhade. Die weiblichen Opfer hatte er zuvor vergewaltigt. Die verschlungenen Motive des bekennenden Neo-Nazis konnten auch im Zuge der Gerichtsverhandlung nicht aufgehellt werden. Und gerade deshalb bemühte ich mich um ihn, schrieb ihm beharrlich.

Es vergingen einige Jahre, bevor er überhaupt erstmals erkennbar reagierte. So schrieb er mir am 14. Juli 2004: »Vor etwa 3 Jahren hatte ich einen Brief von Ihnen erhalten, indem Sie mir geschrieben hatten, dass Sie über Mehrfachtötungen forschen und dass Sie deshalb mit mir sprechen wollen. Soweit ich mich erinnern kann, lehnte ich dies damals ab, und ein Gespräch kam NICHT zustande. Doch jetzt änderte ich meine Meinung, und HEUTE würde ich gerne ein Gespräch mit Ihnen führen (Hoffentlich würde ich auf diese Weise ein klein wenig zur Verbrechensaufklärung oder Verbrechensvorbeugung beitragen ...).

Als Bedingung für dieses Gespräch setze ich es voraus, dass Sie sich NICHT von der Anstaltspsychologin der JVA irgendwelche psychologischen Spielchen mit mir befehligen lassen ...

Ich werde einen Besuchstermin beantragen und auch die Zusendung des Besuchsscheins an Sie in einem Brief beantragen. Zu einem möglichen Gespräch werde ich Schreibblock und Kugelschreiber mitbringen, damit Sie sich Notizen machen können, bitte bringen Sie einige Euromünzen mit (hier im Besuchsraum stehen Getränkeautomaten ...).«

Tatsächlich ereichte mich wenig später mit der Post ein Besuchsschein mit der »B.-Nr.: 1736/96/4«, mir wurde damit gestattet, »Blocher, Manfred, am 17.08.2004 mit der Einlasszeit 11.10 Uhr auf die Dauer von 120 Minuten zu besuchen«. Blochers plötzliche Meinungsänderung überraschte mich ein wenig, doch hatte ich in der Vergangenheit auch immer wieder die Erfahrung gemacht, dass es nicht selten Jahre braucht, bis das Eis brüchig wird.

Genau zwei Wochen später bekam ich wieder Post von Blocher. Er teilte mir mit: »Ihren Brief vom 26.07.2004 habe ich erhalten.

Der geschriebene Inhalt Ihres Briefes, das Aufkleben der Briefmarke in einer bestimmten Position, die Verwendung eines Altpapierbriefumschlags sowie eines schwarzen Kugelschreibers außen auf dem Briefumschlag sowie bei Ihrer Unterschrift unter dem Brief zeigen Sie mir ganz offensichtlich und deutlich, dass Ihnen Ihr Brief von der Anstaltspsychologin am Telefon vordiktiert wurde …!

Wie ich Ihnen in meinem Brief vom 14.07.2004 schrieb, setze ich als Bedingung für ein Gespräch voraus, dass Sie sich von der Anstaltspsychologin NICHT irgendwelche psychologischen Spielchen mit mir befehligen lassen – daran hatten Sie sich ja schon nicht in Ihrem Brief gehalten …!!!! <u>Deshalb will und werde ich auch KEIN Gespräch mit Ihnen führen.</u> Kommen Sie am 17. August 2004 NICHT hierher.«

Wahrscheinlich klopft Blocher sich noch heute voller Freude auf die Schenkel, wenn er sich seinen Geniestreich ins Gedächtnis ruft. Selbst den letzten verbliebenen Rest Freiheit hatte er ausgenutzt, um Macht ausüben zu können.

Ganz anders gab sich Markus Heldmaier, ein zweifacher Kindermörder. Ich hatte ihn als Proband für ein Forschungsprojekt ausgewählt und Mitte September 2005 angeschrieben. Er antwortete mir bereits anderthalb Wochen später: »Ich habe gestern Ihre Post bekommen. Das ganze finde ich sehr beeindruckend. So was ähnliches was Sie wollen könnte ich auch tun. So ein Täterbild erstellen aus meiner Erfahrung und der Tat sagen zu können was es für ein Täter sein <u>könnte.</u> Z. B., ob Ortskenntnis, Ersttat, u.s.w. Ich hoffe das es klappt. Ich überlege schon länger das der Polizei anzubieten. Wenn das klappt dann würde ich es auf Lebenszeit tun für Gegenleistungen. Alles würde ich tun um meinen Arsch aus dem Knast zu bekommen. Nach meinen Kenntnissen sind rund 260 Fälle ungeklärt bundesweit. Können Sie sich eine aktive Zusammenarbeit mit mir vorstellen in Zukunft? Ich würde gerne die ganzen offenen Fälle mit helfen zu lösen. Auch darüber hinaus, z. b. sollten diese in 5 Jahren geklärt sein. Würde ich trotzdem mit Rat u. Tat zur Seite stehen mein Leben lang. Ich habe nichts zu verlieren meine Kinder sind weg, Frau lässt sich scheiden, ich habe nichts mehr. Außer 100% Entschlossenheit zu helfen egal wo und wie auch immer, habe ich nicht. Mein Wunsch ist es für lange Zeit mit Ihnen und der Polizei zusammen zu arbeiten. Aber dafür stelle ich mir vor frei zu sein, eine neue Identität zu bekommen. Um sich wieder wie ein Mensch zu fühlen und das Gefühl zu haben noch etwas nütze zu sein und gebraucht zu werden. Zur Zeit fühle ich mich wie ein Tier was man raus lässt. Es mag etwas viel sein was ich mir vorstelle, aber wenn Sie das wie ich hinter sich haben werden Sie auch so denken. Können Sie mir helfen? Ich würde es gerne tun. Das ganze sehe ich als allerletzte Chance mich zu bewähren und neu anzufangen.

Ich hoffe Sie melden sich noch mal!«

Das tat ich auch; allerdings nur, um Heldmaier davon zu unterrichten, dass ich auf seine Mitarbeit verzichten wolle. Die Angelegenheit erschien mir aussichtslos, von diesem Mann wären keine brauchbaren Aussagen zu erwarten gewesen, die beim Entwurf des *Serienmörder-Prinzips* hätten berücksichtigt werden dürfen.

Doch Heldmaier ließ nicht locker. Am 17. Oktober 2005 schrieb er abermals: »Ich wollte Ihnen noch mal meine Mitarbeit anbieten. Meine Hoffnung liegt darin mit Ihnen zusammen zu arbeiten um die Studie von Ihnen zu verbessern und die noch ungeklärten Fälle zu lösen und Ihre Studie zu testen wie gut sie an zu wenden ist. Es wäre schön wenn Sie sich melden würden oder mal zu besuch kämen. Ich bin davon überzeugt das ich Ihnen z. B. der Polizei helfen kann die noch über 200 Fälle zu lösen. Wer kann die Gedanken besser nachvollziehen als ein Ex-Täter? Ja richtig Ex denn in Wahrheit bin ich seid 1999 nicht mehr aktiv und will es auch nicht mehr. Aber die Gedanken wird man nie los. Für mich ist es kein Problem zu sagen wenn ich z. B. den Ort wo das Opfer verschwand, wo es gefunden wurde und wie es genau gefunden wurde zu sagen ob der Täter das Opfer mit hoher Wahrscheinlichkeit kannte, ob der Täter ortskundig war und wie sehr wahrscheinlich es ist ob es sein erstes Opfer war.

Das alles kann ich mit meinem Wissen b.z.w. Erfahrung vergleichen und eine Analyse stellen. Aber das ist viel besser und genauer wenn wir zusammen arbeiten könnten. Ich schrieb im ersten Brief was ich mir für ein Entgegenkommen wünsche. Nun ja, die neue Identität ist erst mal dafür um mich etwas problemloser bei Ämtern zu melden das Zweite ist natürlich die finanzielle Entlastung z. B. Schulden wie Prozesskosten u.s.w. Die Freilassung die dient in erster Linie zur besseren Zusammenarbeit um mich besser bewegen zu können. Es ist ja auch ein ganz anderes Gefühl von innen. Wenn ich mich frei fühle arbeitet man auch freier besser. Ich würde mich die nächsten 1-2 Jahre so wenig wie möglich in der Öffentlichkeit blicken lassen. Mein Ziel ist es mit Ihnen wo auch immer die Fälle zu lösen daran zu arbeiten. Ich würde 12-18 Stunden am Tag damit verbringen. Das ganze die nächsten 20-30 Jahre.

Wie schon im letzten Brief gesagt ich habe nichts zu verlieren. Ich habe meine Kinder seid ein Jahr nicht mehr gesehen und das werde ich auch nie. Ich bin bereit mein ganzes Leben zu opfern für ein neues Leben d. h. wenn eine Zusammenarbeit mit Ihnen, mir und Polizei zu stande kommt also auch eine neue Identität heißt das nie wieder Kontakt mit meinen Kindern oder sonst einen. Ausnahme meine Mutter. Oder haben Sie einen anderen Verwendungszweck für mich? Undercover? Egal was es ist, solange es bedeutet neue Identität, Freilassung und 500-600 Euro Spesen. Es ist alles verhandelbar. Vertrauen Sie mir ich bin nicht gefährlich oder krank.

Was mit den beiden Kindern passiert ist hat nichts mit dem zu tun was ich 91-99 getan habe oder tun wollte. Nichts aber auch gar nichts kann mich dazu bewegen so etwas noch mal zu tun. Weder entführen und zu missbrauchen oder entführen und töten. Wenn Sie mehr wissen wollen besuchen Sie mich mal am besten.

P. S. Der Wunsch mit Ihnen zu arbeiten ist deswegen, weil ich denke das Sie mich am besten verstehen.«

Die Briefe dieses Mannes sind ein schlagender Beweis dafür, dass man den Verurteilten mit der gebotenen Zurückhaltung begegnen muss, und zwar gerade dann, wenn sie sich förmlich aufdrängen. Schon aus grundsätzlichen Erwägungen heraus stellt das Interview mit einem Strafgefangenen eine schwer zu lösende Aufgabe dar. Denn: Er soll sich möglichst detailliert erinnern – auch wenn die Verbrechen viele Jahre zurückliegen –, das tatsächliche Geschehen extrahieren, seine Beweggründe ungefiltert mitteilen und eigene Bewertungen oder Interpretationen unterlassen. Der Idealfall. Heraus kommt in der Regel jedoch bestenfalls eine nicht selten beschönigende oder dramatisierende, in jedem Fall aber verfremdete Selbstdarstellung eigener Unzulänglichkeiten. Eben eine Geschichte aus der Sicht des Befragten. Also eine vermeintlich plausible Deutung tatrelevanter Aspekte, die der oftmals intuitiv oder bewusst wahrgenommenen Hörererwartung entsprechen soll, aber auch zur Lebenssituation, zur eigenen Persönlichkeit passen muss. Derlei Aussagen sind demnach durchdrungen von Halb- und Unwahrheiten. Bei Heldmaier wären schon wegen seiner fragwürdigen Motivation keine verwertbaren Aussagen zu erwarten gewesen, zudem hatte er sich mit seinen Taten offenbar noch gar nicht auseinandergesetzt. Er war noch nicht reif für ein solches Gespräch.

Der gelernte Bäcker Dragoslav Pusic tötete am 27. Dezember 1986 in Neustadt/Rübenberge den Ehemann seiner Geliebten. Bis zu diesem Datum ist der ehemalige Angehörige einer Spezialeinheit der jugoslawischen Armee kriminell eher unauffällig gewesen (einmal war er bei einem Diebstahl erwischt worden). Nach reichlich Alkohol und einem heftigen Streit erdrosselte Pusic kurz entschlossen seinen Widersacher, weil der es gewagt hatte, seine eigene Frau für sich allein zu beanspruchen. Pusic war damals 25.

Während der Gefängnishaft lernte er über eine Annonce seine Frau kennen, im Juli 1991 wurde geheiratet. Im Januar 1992 kam er auf Bewährung frei. Nur sechs Monate später stand er abermals vor einem Scherbenhaufen: Er musste seinen Job als Metallbauer quittieren, und seine Frau verlangte die Scheidung, weil er sie oft geschlagen hatte. Wenige Monate später geriet sein Leben vollends aus den Fugen, Pusic ermordete in Hannover binnen dreieinhalb Monaten zwei Frauen und zwei Männer. Weil er die Taten abstritt, blieb das Motiv mysteriös. Das Gericht diskutierte die Tötungsabsichten »Zur Befriedigung des Geschlechtstriebs« (er hatte mit zwei Frauen und einem Mann vor der Tötung Sexualverkehr) und »Zur Verdeckung einer Straftat« – die Opfer waren nämlich obendrein beraubt worden.

Ungewöhnlich erschienen mir die Opferauswahl, der extrem kurze Tatzeitraum, überdies der Umstand, dass Pusic alle Opfer gekannt hatte. Deshalb schrieb ich ihm. Ich wollte ein wenig Licht ins Dunkel bringen, diesen Menschen und diesen Fall verstehen. Am 20. September 1998 bekam ich Antwort: »(...) Ihren Brief habe ich erhalten. Aus Ihrer Zeilen werde ich einfach nicht schlau, weil diese den Faktor ›Vertrauen‹ nicht belegen. Es steht mir nicht zu über Ihre Person zu urteilen, doch ohne der Telefonnummer erscheint der ganze Brief etwas unglücklich, eben wie nur ›ein einseitiges Begehren‹. Mit meiner Skepsis wollte ich Sie keinesfalls beleidigen. Entschuldigen Sie bitte, dass ich nicht ein sofortiges visuelles Treffen zustimme. Bei weiterem Interesse – einen Antrag habe ich gestellt – besteht die Möglichkeit mich am Telefon zu sprechen. (...)«

Er teilte mir auch seine Telefonnummer mit, und ich rief ihn an. In einem längeren Gespräch erklärte er mir, dass er unschuldig und Opfer eines Justizirrtums sei. Damit war die Angelegenheit für mich erledigt. Worüber hätte ich mit ihm noch sprechen sollen?

Sieben Jahre später probierte ich es erneut, schrieb einen längeren Brief, diesmal mit Telefonnummer. Sein Anruf kam zwei

Tage später. Er teilte mir mit, dass er jetzt bereit sei, über *alles* zu reden. Ich erklärte ihm mehrmals, dass ein Treffen nur dann sinnvoll sei, wenn er sich auch zu seinen Taten äußern wolle – ohne wenn und aber. Pusic stimmte zu.

Am 18. Mai 2005 wartete ich auf ihn im »Anwaltszimmer« der Justizvollzugsanstalt Celle. Ich hatte die Anstaltsleitung gebeten, das Gespräch unbeobachtet stattfinden zu lassen. Auf diese Weise wollte ich gewährleisten, dass Pusic sich ungehemmt würde äußern können. Nach etwa zehn Minuten wurde er mir zugeführt. Pusic setzte sich. Vor mir saß ein etwa 1,65 großer Mann, schlank, dunkelblaues Sweatshirt, dunkelbraune Jeans, schulterlanges, dunkelbraunes, strähniges Haar, nach hinten gekämmt, Spitzbart. Seine Unterarme waren tätowiert, ich konnte verschiedene Buchstaben in blauer Farbe erkennen. Der 44-Jährige wirkte ungepflegt, sein äußeres Erscheinungsbild erinnerte mich an Charles Manson.

Zunächst wollte ich erfahren, warum er all die Jahre zu seinen Taten geschwiegen hatte. Pusic antwortete: *Da habe ich auf stur gestellt, weil von allen Seiten prasselte es auf mich ein. Ich wollte eigentlich, dass man an mir arbeitet. Nach zwei, drei Jahren war ich aber noch nicht bereit gewesen. Da habe ich von allen Seiten so abgeblockt, und dann mochte ich auch nicht reden. Dann hatte ich auch noch Probleme mit meiner Frau wegen der Scheidung und so. Ich wollte, dass meine Frau frei sein konnte, sie wäre sonst eingesperrt gewesen. Ich wollte ihr die Freiheit geben, die man als Mensch braucht. Da darf man nicht egoistisch sein, es musste einfach vollzogen werden. Aber sie wollte sich ja gar nicht trennen, das war ja das Ding.*

Ich horchte auf, denn Pusic erzählte mir *seine* Version der Dinge. Und die stimmte nicht mit den Fakten überein. Mir wurde sofort klar, dass es nicht leicht werden würde mit ihm. Deshalb vermied ich zunächst brisante Themen und fragte nach seiner Zeit beim Militär. Gestenreich und mit tiefer Stimme erzählte er mir: *Ich hab' beim Militär schon ein paar Leute umge-*

bracht. Da war ich in so einer Spezialeinheit gewesen, hatte drei Streifen, war Obergefreiter. Als Tito gestorben ist, da wollte der Russe rüber. Zur Spezialeinheit bin ich gekommen, weil ich sportlich war und bereit für vieles. Da hat man den eigenen Schweiß gesoffen. Insgesamt habe ich drei Auszeichnungen bekommen, damals war ich stolz drauf gewesen, heute nicht mehr so. Heute würde ich anders handeln. Nach Titos Tod gab es Probleme mit den Albanern, die wollten selbstständig werden, und auf der anderen Seite wollte der Russe rüber. Die Kampfhandlungen damals gehen mir heute noch nahe. Da wurde einfach eine Linie gezogen, da durften die nicht drüber. Gingen die drüber, wurde geschossen. Ich hab' da auch reingehalten. Da waren Demonstrationen wegen der Albaner, die über die Grenze wollten. Wenn die kamen, haben wir geschossen. Da ist eimerweise Blut geflossen.

Er sprach engagiert, wirkte dabei etwas fahrig, unruhig, mitunter gestikulierte er heftig. Ich stellte ihm Fragen zu seiner Kindheit, seinen Eltern, Schule, Beruf. Dann bat ich ihn, sich selbst zu charakterisieren. Seine Antwort: *Wenn ich etwas will, zielstrebig, wenn mir etwas nicht schmeckt, kann ich sehr stur sein. Entgegenkommend. Hilfsbereit, bis zu einer gewissen Grenze. Negativ: dass ich die Kontakte nicht so pflege. Diese introvertierte Phase, so in sich gekehrt. Ich wollte mich nicht ständig rechtfertigen.*

Alle Taten wurden im Dunstkreis des Rotlichtmilieus begangen. Die Opfer hatten dort regelmäßig verkehrt, genauso wie ihr Mörder. Und der machte aus seiner Vorliebe für Prostituierte und schnellen Sex keinen Hehl: *Rotlicht, ja. Da hatte ich ein Mädchen kennen gelernt, da war ich 16, Christine hieß sie. Die war im Krankenhaus als Lehrmädchen. Dort haben wir dann verkehrt, das erste Kind kam mit 17 Jahren. Da konnte ich mich auch wieder austoben, so 14 oder 15 Mädchen waren da. Ans Rotlicht kam ich durch den Bruder von Christine, der hat damals Pornofilme gedreht. Rotlicht sind für mich halt Puffs und Bars, Frauen und so. Obwohl ich verheiratet war, wirkte das Rotlicht absolut. Es gibt Schönes, und es gibt Schlechtes da. Die ganze Freiheit, die es dort gibt. Da konnte man sich frei bewegen, da wurde man akzeptiert. Vorher war ich wie eingekerkert. Das ist das Ding. Da hab' ich ein doppeltes Leben geführt. Einmal dieses Milieu da, auf der anderen Seite meine Frau. Aussteigen konnte ich nicht mehr, dafür war ich zu tief drin.*

Nach etwa anderthalb Stunden schien er mir so gelockert, dass ich ihm auch Fragen zu seinen Morden stellen konnte. Er gab mir das passende Stichwort. Pusic sollte mir zunächst erzählen, wie es zu der Tat im Jahre 1986 gekommen war. Das war eine alte Geschichte, er hatte ein Geständnis abgelegt. Und doch empörte er sich: *Das war sie ja, ich habe da doch nur gesessen, war angetrunken. Es passierte vor meinen Augen. Ich war total geschockt, konnte nicht mal sprechen. Das war das Ding.*

Wenig später wurde er konkreter: *Ich kannte den Mann, und der ist ziemlich abgestürzt. Im Rotlicht hat er seine Frau kennen gelernt, die hat auch angeschafft. Für 4.000 Mark habe ich sie damals ausgelöst. Ich war aber kein Zuhälter.*

Die hat sich vor mir ausgezogen und wollte mit mir ins Bett. Wir haben einen getrunken gehabt, haben uns auch in der Stadt getroffen gehabt, und da haben wir richtig einen gesoffen. Später sind wir dann zu denen in die Bude, fürchterlich, ich glaube, die hatten ein paar Wochen nicht abgewaschen. Irgendwann hat der Typ Trouble gemacht, da gab es dann zwei, drei Watschen an den Kopf. Der dachte wohl, ich wollte was von seiner Tante. Dann lag er auf dem Boden. Plötzlich hatte der aber ein Gewehr in der Hand, da musste ich mich natürlich wehren. Dann gab's welche an den Kopf. Plötzlich kam sie mit einer Hundeleine. Ich hab' das gar nicht kapiert, ich war wie gelähmt, es ging nichts. Sie hat sich hingekniet, ihm die Hundeleine um den Hals gelegt und ihn alle gemacht. Ich sah den Menschen sterben, konnte aber nicht helfen, das war das Ding. Ich war vollkommen starr, plötzlich. Es war eine Dimension, die man beim Rotlicht noch nicht erlebt hatte. Da gab's mal eine Schlägerei oder was auf die Nuss, aber so was nicht. Vor Gericht hat sie dann behauptet, ich hätte den erdrosselt. Sie ist aber auch verurteilt worden, wegen Totschlags.

Das Landgericht Hannover hatte den Tatablauf anders beurteilt und Pusic als treibende Kraft bezeichnet. Ich hatte ihn diese Tat deshalb schildern lassen, weil ich mit Blick auf die Mordserie prüfen wollte, mit wie viel Aufrichtigkeit ich rechnen durfte. Jetzt war ich skeptisch. Und ich sollte Recht behalten. Wenig später leugnete er vier Morde, für die er bereits verurteilt worden war: *Ich war ja in den Wohnungen, aber nicht zu dem Zeitpunkt, als es passiert ist. Das war kein Pech, das war Blödsinn, meine Dummheit. So sehe ich das heute. Alles gar nicht richtig durchdacht oder sonst irgendetwas.*

Unvermittelt wurde ich in eine Rolle gedrängt, in die ich eigentlich gar nicht wollte. Ich musste ihn zu einem Geständnis bringen. Denn ohne Wahrheiten würde es keine Einsichten geben. Eher widerwillig nahm ich ihn also ins Kreuzverhör.

Harbort: Sie hatten bei der ersten Tat nachweislich Kontakt zum Opfer. Wie war das denn genau?

Pusic: *Bei dem ersten Mann ist es so gewesen, ich hab' ihn vermittelt gehabt, den hab' ich dann in der Kneipe getroffen, mit ihm Billard gespielt. Ich hab' ihm auch ordentlich eingeschenkt gehabt. Dann war ihm alles egal, ich hab' ihn mitgenommen nach draußen, da gab's was auf die Nuss, ins Taxi rein, nach Hause. Ich ihn abgesetzt, wieder zurück in die Stadt. Da hab' ich mir einen genommen, Weinbrand. Ich bin gar nicht in seiner Wohnung gewesen, gleich mit dem Taxi weiter, das war ja das Ding.*

Harbort: Wie kam denn Ihr Sperma in den Mann?

Pusic: *Durch die Verhältnisse damals. An dem Tag ist irgendwie nichts gewesen. Das ist das Ding, was mich im Nachhinein so misstrauisch gemacht hat. Da gab's ja auch keine anderen Spuren, Fingerabdrücke, Faserspuren oder so. Man hatte doch alles untersucht. Das Sperma muss irgendwie von einer der Frauen, mit denen ich mal was hatte, auf seinen Pullover und so gekommen sein. So kann ich mir das nur vorstellen. Ich war ja noch nicht mal in der Wohnung, das ist ja das Ding.*

Harbort: Auch bei der zweiten Tat konnte in der Vagina des

Opfers Sperma nachgewiesen werden. Und das stammte von Ihnen!

Pusic: *Ja, ich habe mit ihr geschlafen, das stimmt, deshalb auch mein Sperma, ist klar. Aber ich hab' sie doch nicht umgebracht.*

Harbort: Auch unmittelbar vor der dritten Tat sind Sie mit dem Opfer gesehen worden!

Pusic: *Der hatte eine scharfe Waffe mitgebracht und so rumgeprahlt. Die habe ich gekauft, hatte er mir gesagt. Er war ja Wächter. Den konnte ich ja immer gut gebrauchen, wenn mal was ist. Ich hab' ihm das Ding erst mal weggenommen und bin nach draußen. Hab' im Stadttor angerufen wegen der Waffe. Danach bin ich wieder rein, hab' einfach Schiss gehabt, weil auf der Waffe jetzt meine Fingerabdrücke waren. Der hätte damit ja sonst was machen können, und ich wäre dran gewesen, wegen Mordes oder so. Ich hab' den nicht umgebracht.*

Harbort: Die Kripo hat seinerzeit zweifelsfrei ermittelt, dass von Ihnen zahlreiche Wertgegenstände aus den Wohnungen der Opfer nach den Taten versetzt worden sind. Wie erklären Sie denn das?

Pusic: *Die waren doch gar nicht geklaut, ich hatte mir die Sachen geliehen. Die gibt man doch nicht sofort zurück, sind bei mir liegen geblieben.*

Harbort: Haben Sie aus Habgier getötet?

Pusic: *Geld hatte ich genug. Da hätte es auch andere Sachen und Möglichkeiten gegeben, deswegen musste ich nicht jemanden umbringen.*

Harbort: Wollten Sie Sex, Macht, es denen mal so richtig zeigen?

Pusic: *Mit Sicherheit auch nicht.*

Harbort: Hatten Sie Angst, dass Ihre Frau etwas mitbekam, dass herauskommen würde, dass Sie bisexuell sind?

Pusic: *Schwul? Nein, nein, da geht gar nichts, da passiert nichts. Da krieg' ich Horror. Da kann ich nicht, da krieg' ich Gänsehaut, da lauf' ich weg. Meine Frau hätte sich nicht gefreut, sicher nicht. Aber deswegen jemand umbringen, nein.*

Harbort: Warum geben Sie die Sachen denn nicht einfach zu! Sie gelten doch längst als Sexualmörder, sind verurteilt worden!

Pusic: *Das ist wahr. Ich hatte zwar Verkehr mit denen, aber nicht unter Zwang. Ich hätte doch mit jeder Hure ins Bett gehen können, mit jeder. Ich hatte auch mit meiner Frau darüber gesprochen, so nach zwei, drei Monaten: Das geht nicht lange gut, irgendwann schiele ich auch mal andere Röcke an. Bei einer Flasche Sekt habe ich mit ihr gesprochen, gesagt: Hör mal, das mit unserer Ehe füllt mich nicht aus.*

Harbort: Jetzt spinnen wir mal ein bisschen. Wenn sie es nicht gewesen sind, welches Motiv soll denn der Täter gehabt haben?

Pusic: *Kann ja nur jemand gewesen sein aus meinem Umfeld, dass ich da vielleicht zu tief reingerutscht bin, dass es einigen Leuten nicht gepasst hat, dass ich da auf Anhieb wieder so tief reingegriffen hab'* – *als ob ich gar nicht weg gewesen wäre: wieder da, von allen akzeptiert, von allen verstanden.*

Harbort: Und noch etwas ist merkwürdig. Sie reden und verhalten sich gar nicht wie jemand, der unschuldig ist!

Pusic: *Ich bin irgendwo schuldig. Das ist das Ding. Hätte alles gar nicht sein müssen. Meine Schuld ist, dass ich da wieder in das alte Milieu reingegangen bin, dass hätte nicht so laufen müssen, dürfen. Es waren zwei Leben nebeneinander, das war ja das Ding. Es hatte kein Hand und Fuß, das ganze Ding. Irgendwo war ich für die verantwortlich, für diese Menschen. Die haben immerhin indirekt für mich gearbeitet, so gesehen. Die haben sich bei mir wohl gefühlt. Aber ich war nur indirekt daran beteiligt.*

Harbort: Wie kann man denn nur so gelassen bleiben, wenn man nichts getan hat und trotzdem für ewig hinter Gitter muss!

Pusic: *Ich habe soviel Scheiße in meinem Leben gemacht, das hätte das Dreifache gekostet. Insgesamt kann ich damit leben, wenn ich alles zusammenziehe.*

Pusic zeigte Wirkung, er begann stark zu schwitzen. Doch er gab nicht nach, nicht einen einzigen Millimeter. Und ich hatte keine Lust mehr, mich auf derlei Spielchen einzulassen. Es war zwecklos. Es war genug. Nach zweieinhalb Stunden warf ich das Handtuch.

Auch Andreas Seifert verweigerte sich zunächst. Im Mai 1997 teilte er mir in einem Brief kurz und bündig mit: »Ich habe keinerlei Interesse daran, mich mit Ihnen zu unterhalten!« Das passte zu ihm. Während der Ermittlungen hatte er geschwiegen, auch vor Gericht. Erst kurz vor der Urteilsverkündung hatte er die ihm vorgehaltenen Morde und Mordversuche pauschal eingeräumt: »Ich bestreite keine der angeklagten Taten.«

Dieser Fall ließ mich deshalb nicht los, weil Seifert Sexualmorde verübt hatte, aber weder die kriminelle Vorgeschichte, noch sein Sexualverhalten mit dem typischen Profil eines hochabnormen Sexualverbrechers harmonierten: Er hatte bis zu seiner Verhaftung sein halbes Leben in Gefängnissen zugebracht, war immer wieder als Dieb, Einbrecher und Räuber verurteilt worden, nicht aber als Sexualstraftäter; und zu seinen sexuellen Gewohnheiten hatte der Gerichtsgutachter festgestellt: »Weibliche Kontaktpersonen, soweit sie bisher gehört worden sind, haben von überwiegend normalen Sexualpraktiken gesprochen. Das vorliegende Bildmaterial spricht zwar für einen sehr freizügigen Umgang mit sexuell motivierten Praktiken, aber eine akzentuiert ausgestaltete Fehlprägung wird nicht deutlich. Wenn die ›Gewaltanwendung‹ gelegentlich auch mit ›Fesselungen‹ verbunden war und es wiederholt zu tödlichen Verletzungen kam, ist doch nicht erkennbar, daß die sadistisch eingefärbten Begleiterscheinungen als vorherrschend bestimmendes Triebziel wirksam gewesen sind. Von seinen Intimpartnerinnen wird durchaus geltend gemacht, daß er auch oft ›einfühlsam‹ sexuelle Befriedigung suchen und finden konnte.«

Diese offenkundige Diskrepanz zwischen Tat und Tathintergrund ist aus sexualpsychologischer Sicht beachtenswert und selten. In der Regel begegnet man in solchen Fällen Menschen, die sexuell weitestgehend unerfahren sind, intime Beziehungen kategorisch ablehnen oder durch abnorme Verhaltensweisen bereits auffällig geworden sind. Und diese Abweichung in der Abnormität bei Seifert machte mich neugierig. Also ließ ich nicht locker, schrieb Seifert jährlich mindestens einen Brief. Gelegentlich appellierte ich auch behutsam an sein Verantwortungsbewusstsein. Doch auch er gab nicht nach, sämtliche Schreiben blieben unbeantwortet – acht Jahre lang.

Erst Anfang Juni 2005 kam Bewegung in die Sache, als ich einen Anruf erhielt. Es meldete sich ein Therapeut aus einer forensischen Klinik und teilte mir mit, dass neben ihm Andreas Seifert sitze. Ich war überrascht. Schließlich wurde mir in einem längeren Gespräch erklärt, dass Seifert nun gesprächsbereit sei. Meine Hartnäckigkeit hatte sich also schließlich doch ausgezahlt.

Am 24. Juni 2005 war es dann soweit, ich saß Seifert im Besuchsraum der psychiatrischen Klinik gegenüber. Der 45-Jährige trug ein schwarzes T-Shirt, gürtellose Jeans, Turnschuhe, seine pechschwarzen, in der Mitte gescheitelten Haare reichten bis an die Schultern. Der Zwei-Meter-Hüne wirkte durchtrainiert: schmales Gesicht, breite Schultern, kräftige Oberschenkel. Beide Unterarme waren auffällig tätowiert.

Um ihn ein wenig aufzulockern, erzählte ich ihm von meinem Gespräch mit seinem Therapeuten. Während seine dunklen Augen mich neugierig, aber auch mit einem gewissen Argwohn beobachteten, brachte ich schließlich mein Diktaphon in Stellung. Und dann drückte ich den Aufnahmeknopf.

Harbort: Herr Seifert, Sie sollen im Rahmen eines Forschungsprojekts befragt werden. Von Ihnen sind eine Vielzahl von Frauen vergewaltigt und getötet worden. Sie haben mir durch Ihren Therapeuten ausrichten lassen, dass Sie bereit sind, darüber zu sprechen. Stimmt das?

Seifert: *Ja.* (wirkt etwas unsicher, schwitzt stark)

Harbort: Wenn Sie eine Frage nicht beantworten möchten, kein Problem. Und wenn Sie sich an etwas nicht oder nicht mehr genau erinnern können, sagen Sie das bitte. Sie können mir nur behilflich sein, wenn sie mir die Wahrheit sagen. Das ist ganz wichtig!

Seifert: *Ja.*

Harbort: Beginnen wir mit den Tötungen. Wann fassten Sie den Entschluss, die Opfer zu töten?

Seifert: *Den Entschluss habe ich nicht gefasst, das kam im Affekt, das war die erste Tötung. Ich habe die vergewaltigt, und dann hat die sich bekotet. Da war ich so wütend drüber, auch weil die so beschmiert war, da habe ich einfach mit dem Schraubenzieher zugestochen. Und ich denke mir, wo der Punkt einmal überschritten war, hat mir das nichts mehr ausgemacht. Am Anfang hat mir das was ausgemacht, hinterher nicht mehr.*

Harbort: Also fassten Sie den Entschluss zur Tötung nicht, als Sie ein potenzielles Opfer sahen oder ihm begegneten, sondern erst später … (unterbricht mich)

Seifert: *Mein Ziel war ja immer zu vergewaltigen und zu erniedrigen, nie zu töten. Zu töten, das habe ich erst hinterher gemacht. Weil mir das dann nicht mehr gereicht hat. Mit den meisten Opfern habe ich mich unterhalten, also mit den Getöteten. Irgendwann wussten die zuviel von mir, und ich wollte nicht, dass die das wissen. Nicht, dass die das weitererzählen, das war für mich nicht wichtig, ich habe ja auch nie eine Maske getragen, weil mich das nie interessiert hat, da habe ich nicht drauf geachtet, ich hatte auch keine Handschuhe oder so.*

Harbort: Wenn Sie losgezogen sind, haben Sie Werkzeug oder Waffen mitgenommen oder sind die Taten einfach so passiert?

Seifert: *Das habe ich passieren lassen. Also …* (grübelt) *Werkzeug hatte ich meistens mit, einen Schraubenzieher oder ein Messer.*

Harbort: Wofür brauchten Sie das Messer?

Seifert: *Zum Beispiel, wenn Jalousien runter sind, damit ich die auseinander machen kann, damit ich da durchgucken kann.*

Harbort: Haben Sie die Opfer, die Sie angegriffen haben, nach bestimmten Kriterien ausgewählt?

Seifert: *Am Anfang waren es immer ältere. Es mussten ältere sein ... (denkt nach) Ja, zum Beispiel, was mich angesprochen hat sind Waden, wenn der Rock so halb über die Waden war, so dass ich die Kniekehlen sehen konnte. Das hat mich erregt, das hat mich angesprochen. Ich hab' zum Beispiel keine Dicke vergewaltigt, das war gar nicht mein Typ, die mussten schon schlank sein. Das war das einzige Kriterium.*

Harbort: Die Opfer wurden dann aber jünger ...

Seifert: *Ja.*

Harbort: Zufall?

Seifert: *Das waren zunehmend Probleme mit meiner Frau. Ich hab' mich ja nie mit meiner Mutter gestritten, dann bin ich immer weggegangen. So war das auch mit meiner Frau.*

Harbort: Also sehen Sie da eine Beziehung zwischen dem Alter der Opfer und einer bestimmten Bezugsperson zum Zeitpunkt der Tötungen?

Seifert: *Ja, ich hatte früher immer die Phantasie ... (denkt nach) Ich wollte immer mit meiner Mutter schlafen. Also ich wollte, dass das nicht meine Mutter, sondern meine Frau ist. So, und das konnte nicht sein, und das sollte nicht sein. Dann habe ich das eben mit anderen gemacht.*

Harbort: Wann haben Sie die Opfer erstmals verbal oder körperlich bedroht, wie haben Sie die Opfer angesprochen?

Seifert: *Verschieden, das war nie gleich. Meistens habe ich die zuerst nur bedroht und Geld gefordert, damit die erstmal beruhigt waren, weil ich denen ja nichts tun wollte. Das sollten die ja denken. Ja, und dann kam alles Weitere.*

Harbort: Warum haben Sie die Opfer getötet?

Seifert: *Bei mir ist das so: Ich habe keins von meinen Geschwistern jemals geschlagen, obwohl ich der Älteste war, obwohl ich auch mal von meinen Geschwistern Schläge bekommen habe. Ich kann das einfach nicht. Wenn ich jemanden mag, dann kann ich dem nichts tun. Aber die* (Opfer, S. H.) *haben mir was getan. Dafür habe ich dann ein Ventil gesucht. Das waren eben Fremde, die ich nicht kannte, zu denen ich keine Beziehung hatte, die haben es dann gekriegt.*

Harbort: Etwas habe ich nicht verstanden. Es gab Opfer, die Sie getötet haben, es gab aber wesentlich mehr Opfer, die Sie vergewaltigt haben, ohne sie zu töten. Warum haben Sie diese Opfer verschont?

Seifert: *Wo ich mich gut dran erinnern kann, war eine Vergewaltigung, wo ich mitgekriegt hab', dass die eine kleine Tochter hatte, und ich wollte nicht, dass die ohne Mutter ist. Deswegen hab' ich der nichts getan. Ich wollte eigentlich ganz was anderes. Ich wollte von den Frauen Zuneigung, ich wollte, dass die mich mochten. So, aber das haben die ja nicht getan ...* (grübelt) *Da war zum Beispiel eine, die hat mitgemacht. Das war gut, das war für mich in Ordnung. Und dann habe ich die in Ruhe gelassen.*

Harbort: Aber da waren noch mehr Frauen, die Sie nicht getötet haben. Warum?

Seifert: *Ich weiß es nicht ...* (überlegt) *Weil ich hatte* (gerät ins Stottern) *ja nie vor, meine Opfer umzubringen, da war ja kein Vorsatz, da war nur einmal ein Vorsatz ...* (denkt nach) *Da wollte ich einfach sehen, wie jemand stirbt. Aber das andere, das kam einfach so. Ich hab' nicht gedacht: Die tötest du jetzt!, ich hab' gedacht: Die vergewaltigst du jetzt! Und ich erniedrige die, aber töten wollte ich die an für sich nicht. Das kam hinterher ganz automatisch, wo ich die erste Schwelle überwunden hatte, dann hat mich das auch nicht mehr interessiert. Ich hab' ja früher auch keine Gefühle zugelassen, ich war ja wie eine Maschine.*

Harbort: Beim letzten Opfer sind Sie von Ihrer Marschroute, nur fremde Opfer anzugreifen, abgewichen: Sie kannten das Opfer. Wie kam es dazu?

Seifert: *Ich kannte die, und ich hatte mit ihr öfter gesprochen. Ich hatte immer das Gefühl, die mag mich. Sie war verheiratet, ich war verheiratet, das war also nicht das Problem. Und dann erzählte sie mir, dass sie mit ihrem Ex-Freund fremdgegangen ist. Also, sie ist bei ihrem Mann fremdgegangen, aber für mich war die mir fremdgegangen. Und dafür habe ich die bestraft.*

Harbort: Hart bestraft!

Seifert: *Ja!* (blickt grimmig)

Harbort: Bei den Tötungen sind Sie nicht weiter als fünf oder sechs Kilometer von Ihrer Wohnung entfernt gewesen. Zufall? Oder haben Sie die Tatorte nach bestimmten Kriterien ausgesucht?

Seifert: ... (denkt nach) *Das waren Umgebungen, die ich einigermaßen kannte von früher, da kannte ich mich aus* ... (denkt weiter nach) *Ja, wo ich mich auskannte, wo ich schon mal hergelaufen bin.*

Harbort: Sind Sie da herumgelaufen, weil Sie wussten, da könnte es klappen?

Seifert: *Nein, das war es ja. Ich bin da nicht hergelaufen, weil ich da mal eine Frau vergewaltigt hatte* ...

Harbort: Aber sie wollten ...

Seifert: *Ich wollte, ja.*

Harbort: Spielten Tageszeit oder Witterung bei den Taten eine Rolle?

Seifert: *Nein.*

Harbort: Aber Sie waren doch ganz überwiegend bei Dunkelheit unterwegs!

Seifert: *Ja, stimmt, am liebsten war es mir, wenn es Nacht war.*

Harbort: Warum?

Seifert: *Weil viel Schatten da ist, und wenn jetzt jemand kam, dann konnte ich mich in den Schatten stellen, damit mich derjenige nicht sehen konnte.*

Harbort: Sie haben die Opfer einfach liegen lassen ...

Seifert: *Ja.*

Harbort: Sie hätten die Opfer doch auch verstecken können. Warum haben Sie darauf verzichtet?

Seifert: *Weil das einfach nicht geplant war.*

Harbort: Sie haben der Polizei damit eine gute Vorlage gegeben, Spuren waren ausreichend vorhanden ...

Seifert: *Ich wollte, dass die mich kriegen, aber ich konnte nicht sagen: Ich bin derjenige! Ich hab' eine Unterhose liegen lassen, ich hab' einen Schraubenzieher liegen lassen, ich hab' nie Handschuhe angehabt. Ich wollte immer, dass die mich kriegen. Und zuletzt war das mit der Kamera, und ich dachte, dass die mich jetzt kriegen müssten. Aber ich war nicht in der Lage, hinzugehen und zu sagen, dass ich es war. Das konnte ich nicht. Ich wollte eigentlich damit aufhören, aber ich konnte es nicht.*

Harbort: Das Vergewaltigen und Töten hat sie beschäftigt, gequält?

Seifert: *Ja.*

Harbort: Viele Täter haben so eine bestimmte Masche, die im Laufe der Zeit verändert wird. Wie war das bei Ihnen?

Seifert: *Ja, ich hab' gelernt wie in der Schule. Von Mal zu Mal hab' ich mehr gelernt. Das war am Anfang nicht so, wie ich das haben wollte. Und dann hab' ich immer was dabei gelernt, damit ich das später besser hinkriegte, damit das so war, wie ich das wollte.*

Harbort: Können Sie ein Beispiel geben?

Seifert: *Zum Beispiel die Sache, wo die sich bekotet hat und wegrennen wollte. Da hab ich beim nächsten Mal gefesselt; nicht, weil ich Fesselphantasien hatte, sondern weil das einfach zweckmäßig war.*

Harbort: Ortskenntnisse spielten auch eine Rolle?

Seifert: *Ja ... (überlegt) Ich will das mal eben sagen. Ortskenntnisse deshalb: Wenn mal was schief läuft, dass ich auch wegkam, dass ich wusste, wie ich wegkomme.*

Harbort: Haben auch allgemeine Lebenserfahrungen bei der Auswahl der Tatorte eine Rolle gespielt?

Seifert: *Verstehe ich nicht.*

Harbort: Ganz einfach. Es gibt Örtlichkeiten, die Sie kannten, beispielsweise eine bestimmte S-Bahn-Station oder einen Park. Diese Orte und Gegenden haben Sie früher wahrscheinlich einzuschätzen gelernt, ohne dabei an die Begehung von Straftaten zu denken. Sie wussten also, was da los ist, wie es da aussieht, wer sich da herumtreibt, wie man von dort am besten flüchten kann. Haben Sie sich diese Erfahrungen bei Ihren Taten zunutze gemacht?

Seifert: *Das hat mich nie interessiert. Das eine Mal mit der Krankenschwester, die Vergewaltigung, das war in der Nähe von meinem Zuhause, und da hat es an der Tür geschellt, als ich gerade dabei war, da bin ich einfach aus dem Fenster gesprungen, weil ich mich da auskannte, weil ich wusste, wie ich da wegkam. Aber das hat irgendwie keine Rolle gespielt, ob mich einer gesehen hat oder nicht. Ich hab' geschlussfolgert, also mir ist aufgefallen, dass, wenn ich jemanden sehe, ich den später aber nicht unbedingt wieder erkenne. So, und darauf hab' ich gebaut. Ich denke, wenn jemand unter Stress ist, der erkennt einen nicht unbedingt wieder. Das hat mir auch Recht gegeben. Die Fahndungsfotos in der Zeitung hatten mit mir ja überhaupt keine Ähnlichkeit.*

Harbort: Haben Ihnen die Erfahrungen bei Straftaten, die Sie früher verübt hatten und keine Sexualdelikte waren, später geholfen?

Seifert: *Das war ähnlich. Ich hab' die Straftaten nie für Geld gemacht, sondern immer nur für den Kick. Das war aufregend, da kam das Adrenalin durch meinen ganzen Körper. Wenn man mich verfolgt hat oder so, das war unbeschreiblich.*

Harbort: Hatten Sie das Gefühl, Macht ausüben zu können?

Seifert: *Das kam später. Erst waren da die ersten Taten, dann sah ich die komischen Bilder von mir in der Zeitung. Ich dachte: Was spielen die denn hier für ein Spiel? Ja, und dann war das für mich wie Schachspielen. Immer gucken, dass ich einen Zug voraus bin, und immer dahin gehen, wo man mich nicht vermutet.*

Harbort: Wo hätte man Sie denn vermuten sollen?

Seifert: *Ja, wenn ich zum Beispiel am Stadtbad was gemacht hatte, bin ich da nicht mehr hingegangen. Ich bin nie an dieselbe Stelle zweimal hingegangen.*

Harbort: Weil Sie vermuteten, die Polizei würde dort auf Sie warten?

Seifert: *Ja.*

Harbort: Was haben Sie denn aus Ihrer Sicht falsch gemacht?

Seifert: *Wenn es heute wäre ...* (denkt nach) *Ich würde mich* melden. Ich würde also nicht weitermachen. Damals konnte ich das einfach nicht.

Harbort: Aber was haben Sie falsch gemacht?

Seifert: *Was ich falsch gemacht hab', war, dass ich von der Fusseluntersuchung nichts wusste, zum Beispiel. Das mit den Mikrofasern hab' ich nicht gewusst; wenn ich das gewusst hätte, wäre es wahrscheinlich schwerer geworden, mich zu kriegen. Dann hätte ich alle meine Sachen verbrannt und neue gekauft.*

Harbort: Haben Sie während der Zeit mal mit jemandem über die Taten gesprochen oder es versucht?

Seifert: *Ich hab' versucht, mit meinem Bruder darüber zu reden. Und ich hab' den einfach so gefragt: Kannst du dir vorstellen, dass ich jemanden umbringe? Ja, da hat der mich ausgelacht ...* (atmet tief durch, denkt nach) *Bevor meine ganzen Tötungen und so weiter waren, als ich in Haft war, bin ich zum Arzt gegangen und hab' gesagt, dass ich jeden Tag onanieren muss, ob er mir nicht was dagegen geben könnte. Da hat der mich ausgelacht. Sonst hatte ich doch niemanden.*

Harbort: Ihre Mutter?

Seifert: *Um Gottes willen!* (zieht die Augenbrauen zusammen)

Harbort: Freunde oder Bekannte, mit denen Sie über Ihre Probleme hätten reden können?

Seifert: *Ich habe heute Freunde, die zu mir halten. Nur damals gab es keine Freunde.*

Harbort: Wie kam das?

Seifert: *...* (denkt nach) *Ja, weil ich einfach im Milieu groß geworden bin, und da gibt es keine Freunde. Da gibt es nur: Hast du was, dann geb' ich dir was.*

Harbort: Und Ihre Familie?

Seifert: *Meine Familie kenne ich doch gar nicht richtig* (guckt streng). *Ich weiß, dass da meine Geschwister sind, ich war viel im Heim, dann war ich übergangslos im Knast, ich war doch fast immer nur eingesperrt. Gucken Sie mal, wie lange ich entlassen war,* das längste waren mal acht Monate, das längste, wo ich auf der Flucht war, war mal 18 Monate.

Harbort: Hat es zwischen den Tötungen auch Versuche gegeben, an weitere Opfer heranzukommen?

Seifert: *Ja.*

Harbort: Und warum hat das nicht geklappt?

Seifert: *Da hat irgendwas nicht gestimmt, da war irgendwas verkehrt, was mich gestört hat. Ich hatte einfach ein schlechtes Gefühl.*

Harbort: Hatte das Verhalten der Opfer damit etwas zu tun?

Seifert: *Nein, die Verhaltensweisen der Opfer haben mich überhaupt nicht interessiert.*

Harbort: Haben Sie bei der Auswahl der Tatorte um Ihre Wohnung herum eine Art Sicherheitszone gelegt, um das Risiko zu minimieren?

Seifert: *Am Anfang. Später war mir das egal, ich war mir einfach so sicher, dass die mich nicht kriegen, weil mich ja keiner erkannt hat. Ich hab' keine Maske getragen, man hat mich trotzdem nicht erkannt.*

Harbort: Sie haben früher mal gesagt, dass Sie vor den Taten »Langeweile« gehabt hätten. Können Sie dieses Gefühl beschreiben?

Seifert: *Ja ...* (denkt nach) *Als Beispiel: Wenn ich Kraftsport mach', hab' lange nichts gemacht und hab' dann Muskelkater, das finde ich gut, da komme ich gut drauf klar. Wenn ich aber nix mach' und hab' nix, so, da fühle ich mich tot; so, als wenn ich nicht lebe.*

Harbort: Und die Taten machten Sie lebendig?

Seifert: *Ja.*

Harbort: Auffällig ist, dass Sie lange Jahre nur Vermögensstraftaten begangen haben und erst viel später Sexualdelikte. Wie kam das?

Seifert: *Ja ...* (grübelt) *Das war einfach Zufall. Ich wollte in ein Fahrradgeschäft einbrechen, da bin ich über den Hinterhof gegangen. Da hab' ich zufällig gesehen, wie sich eine Frau am auszie-*

hen war. *Die nächste Nacht bin ich wieder da hingegangen, um das zu sehen. So kam die Steigerung, und dann wollte ich immer mehr und immer mehr und immer mehr.*

Harbort: Also hatten Sie bis dahin keine abnormen Gewaltphantasien?

Seifert: *Ja, Phantasien hab' ich immer gehabt, aber die waren normal. Ich glaub', der Knast hat mich kaputt gemacht, weil da hat man nur Pornobilder, die bewegen sich nicht, da hat man nur seine Phantasie. Dann reicht das irgendwann nicht mehr. Ich hab' ja auch keine Schwierigkeiten gehabt, eine Frau anzusprechen. Aber ich hab' dabei nicht das gehabt, was ich bei den Taten gekriegt hab', das mit dem Adrenalin und so. Ich bin in der Lage, mit einer Frau normal zu schlafen. In meiner Zeit als Türsteher vor einer Diskothek hab' ich alle zwei Tage eine andere gehabt, ich konnte die nachher nicht mehr sehen.*

Harbort: Ihre erste Sexualstraftat hat nicht mit einer Tötung geendet, das kam erst später. Gab es da eine Steigerung in Ihrem Verhalten?

Seifert: *Da kann ich mich nicht mehr so richtig dran erinnern.*

Harbort: Was war das für ein Gefühl, als Sie auf der Suche nach Opfern waren?

Seifert: ... (grübelt) *Ja, wie soll ich das beschreiben?*

Harbort: Sagen Sie einfach, was Sie gefühlt haben.

Seifert: *Die Aufregung erstmal* ... (denkt weiter nach) *Gehetzt und getrieben. Weil ich wollte einfach was haben. Ja, und dann hab' ich geguckt, wo ich was krieg'. Und wenn ich dann eine gesehen habe, hab' ich erstmal geguckt, ob irgendwo das Fenster auf ist oder ob irgendjemand was hört. Da bin ich dann drauf zu.*

Harbort: Wie ein Raubtier, das die Witterung aufnimmt?

Seifert: *Ja* ... (überlegt) *Das war aber auch wie eine Sucht, ich konnte damit nicht aufhören.*

Harbort: Wie haben Sie den Tötungsakt erlebt, was haben Sie dabei empfunden?

Seifert: ... (schaut mich an, gibt aber keine Antwort)

Harbort: Keine Erinnerung?

Seifert: ... (schweigt)

Harbort: Es waren wohl keine Verdeckungstaten, Sie fürchteten die Opfer nicht als lästige Zeugen. Es muss also etwas Emotionales gewesen sein.

Seifert: *Ja, einfach, weil die zu viel von mir wussten.*

Harbort: Aber deswegen mussten Sie die Opfer doch nicht töten!

Seifert: *Nein* ... (grübelt) *Nicht, weil die wussten, wie ich aussehe, das hat mich nie interessiert; sondern von in mir drin wussten die was. Das durften die nicht wissen.*

Harbort: Was wussten die denn?

Seifert: *Ja, was ich denen erzählt hab', warum ich das mache* ... (denkt nach) *Das durften die eben nicht wissen.*

Harbort: Also nicht, weil die etwas weitererzählen konnten, sondern weil Sie sich den Opfern in einer intimen Situation anvertraut hatten?

Seifert: *Ja, genau.*

Harbort: Und diese Nähe wollten Sie zurückhaben?

Seifert: *Ja, genau.*

Harbort: Sie haben eben erwähnt, in einem Fall hätten Sie das Opfer getötet, weil Sie sehen wollten, wie ein Mensch stirbt. Warum?

Seifert: *Dieser Gedanke kam, weil ich schon so oft getötet hatte, und ich habe das aber nie bewusst wahrgenommen, und dieses Mal wollte ich das bewusst wahrnehmen; gucken, ob ich das aushalten kann oder nicht.*

Harbort: Und was war das für ein Gefühl?

Seifert: ... (stöhnt) *Das hat der Sachverständige falsch wiedergegeben, wie das gewesen ist.*

Harbort: Dann sagen Sie jetzt, wie es war.

Seifert: *Ich hab' die erst gedrosselt, dann wollte ich den Knoten wieder aufmachen, aber der Knoten ging nicht auf. So, dann hab' ich die erstochen, damit die nicht mehr leidet. Dann hat die noch geröchelt, aber das Röcheln wollte ich nicht mehr hören. Da hab' ich ihr mit der Handkante auf den Hals gehauen. Da hat der Sachverständige gesagt, ich hätte die erst erstochen und dann gedrosselt. Aber es war genau anders. Die hat geröchelt, ich konnte das nicht mehr rückgängig machen, da wollte ich, dass die nicht noch mehr leidet … (zögert) Ich wollte die ja töten, deshalb hab' ich sie auch stranguliert. Ich wollte das einfach kürzer machen.*

Harbort: Wie war das, nachdem Sie die Opfer getötet haben, was ist da in Ihnen vorgegangen?

Seifert: *Ich war danach wie paralysiert. Ich bin dann wie im Tunnel: Ich seh' nicht rechts, ich seh' nicht links. Ich höre auch nix. Ich lauf' dann einfach so rum oder sitze irgendwo, total apathisch. Einmal bin ich erst wieder zur Besinnung gekommen, da wär' ich fast überfallen worden. Ich wusste gar nicht, wie ich da hingekommen bin, ich war damals wie in Trance.*

Harbort: Gab es so etwas wie eine Tötungsgewöhnung?

Seifert: *Ich denke auch heute, wer diese Grenze einmal überschritten hat, der kann sie immer wieder überschreiten.*

Harbort: Gab es Phantasien, die mit den Taten in Verbindung standen?

Seifert: *Ich hatte an für sich immer die Phantasie, dass eine Frau gegen ihren Willen einen Höhepunkt hat, durch mich. Die darf das nicht wollen, aber dadurch, dass ich das will, soll die dann auch kommen. So, das war meine Phantasie.*

Die kürzeste Phase im Sinne des *Serienmörder-Prinzips* ist die *Antizipation*. Diese Morde sind überwiegend keine Augenblickstaten mit affektivem Charakter, vielmehr wird jede Tat gedanklich vorweggenommen. Allerdings haben die meisten Täter lange Zeit nur eine vage Vorstellung von dem, was passieren könnte. Sie wissen zwar genau, was sie wollen, wonach sie trachten und was sie dafür tun müss(t)en. Doch fehlen noch wichtige Details: Wen soll es treffen? Wann? Wo? Und wie soll all das bewerkstelligt werden? Es mangelt also an einer geeigneten Blaupause – und einschlägiger Erfahrung. Es existiert noch kein Plan, da sind zunächst nur Gedankenspiele. Später werden schon Teile eines Plans entworfen. Doch neben Sequenzen, die machbar erscheinen, stehen immer auch Abschnitte, die (noch) für zu riskant oder unausführbar gehalten werden. Die Verdrängung der Hemmung vor dem Verbrechen, vor dem Töten, ist die allmähliche, schleichende Außerkraftsetzung des Gewissens, ohne die eine Tat überhaupt nicht durchführbar erscheint.

Selbst wenn serielle Tötungsdelikte impulsiv ausgeführt erscheinen, eilt jeder Tat eine entsprechende gedankliche Auseinandersetzung mit dem tatrelevanten Thema voraus. Häufig zielen aggressive Neigungen auf eine bestimmte Personengruppe ab, mit der überwiegend oder durchgängig belastende, frustrierende oder erniedrigende Erfahrungen gemacht worden sind. So war es auch bei Albert Neumann, der zwischen 1983 und 1987 in Kiel vier Frauen ermordete. Im psychiatrischen Gutachten heißt es: »Als erneute Kränkung erlebte er den Abbruch seiner Schlosserlehre wegen ungenügender Berufsschulleistungen. Die schwere Arbeit auf dem Schlachthof und dem Tiefbau, der er sich mit Einsatz widmete, konnte sein Selbstwertgefühl wieder etwas stützen, wobei auch der nun athletischer werdende Körperbau des zuvor eher schmächtigen Jungen kompensatorisch wirkte. Um sein Wunschbild eines den Altersgenossen gleichwertigen Mannes zu verwirklichen, bemühte er sich um eine Partnerin nach dem Vorbild der Mutter. Trotz zahlreicher Versuche mißlang ihm dies jedoch immer wieder, so daß er nach wiederholten Kränkungserlebnissen neben Enttäuschung und Frustration Wut- und Haßgefühle zunächst gegen einzelne Frauen entwickelte. Bald zeigte sich auch eine Neigung zur Generalisation dieser Gefühle gegen *die* Frauen im allgemeinen. Die drohende Gefahr der Selbstentwertung, gegen die er sich in seiner Lebensgeschichte bereits mehrfach hatte wehren müssen, umging er durch eine fast ausschließlich nach außen gerichtete Ursachenzuschreibung. Den Tötungshandlungen waren jeweils bereits im weiteren Vorfeld der Taten Kränkungs- und Enttäuschungserlebnisse mit Frauen vorausgegangen. Dieses Gefühlspotential aus Wut und Angst wurde dann in der unmittelbaren Tatsituation durch vergleichbare Affekte aktualisiert, wobei die Furcht vor dem Zusammenbruch der psychischen Abwehr einen energetischen Beitrag zum wutgetragenen Handlungsimpuls leistete.«

Anders liegen die Dinge bei solchen Menschen, die schon mehrfach getötet haben, allerdings nur in ihrer Phantasie. Dort ist alles leicht, und dort ist alles möglich. Doch kommt es entscheidend darauf an, dass bestimmte Teilstücke der imaginären Tötung der eigenen Erwartung entsprechen. Es muss also in einer bestimmten Art und Weise passieren, weil sonst das gewünschte Erregungsniveau gar nicht erreicht werden kann – die Ekstase. Wer auf Messerattacken fixiert ist, wird seine imaginären Opfer nicht würgen oder drosseln. Wer pädophil veranlagt ist, wird in seiner Traumwelt keine erwachsenen Opfer angreifen. Und wer seine fiktiven Opfer misshandeln und quälen und grausam töten will, für den hat der Geschlechtsverkehr keinen Wert.

So phantasierte auch der Zementmischer Manfred Wolters, bevor er schließlich Ende der 60er Jahre drei junge Frauen in seinem Wagen mitnahm, ausgiebig folterte und umbrachte. Das Landgericht Coburg urteilte in diesem Zusammenhang: »Mädchen gegenüber war er scheu und gehemmt und errötete leicht, wenn er angesprochen wurde. Er wußte nicht, was er zu ihnen sagen sollte. In dieser Zeit begann er zu masturbieren, fand dabei im Laufe der Zeit aber immer weniger Befriedigung. Im Alter von 16 Jahren schwärmte er auch für ein Mädchen, fand aber aus den genannten Gründen keinen Kontakt zu diesem. Das verstärkte seine Zurückhaltung anderen gegenüber in sexuellen Fragen. Er lebte sich in Träumereien über das Quälen und schließlich Töten von Mädchen hinein und zog sich immer mehr von der Umwelt zurück. In seinen sexuellen Phantasien spielte der Gedanke an normale Liebesbeziehungen und an Geschlechtsverkehr keine Rolle. Sie beschränkten sich auf Quälen und das Erregen von Angst.«

Gewalt- und Tötungsphantasien durchfieberte auch Andreas Seifert. Zunächst spielte seine Mutter darin eine dominierende Rolle. Er stellte sich vor, mit ihr intim zu sein: *Das war alles freiwillig. Die Beine waren mir wichtig. Die hat früher immer Röcke getragen, deshalb.* Später, da war er 25, sollte sie es nicht mehr wollen, er hielt sie in seinen dunklen Gedanken einfach fest und vergewaltigte sie. In diese Zeit fielen auch erste Vorstellungen, in denen er seine Mutter fesselte: *Ich hab' das gegen ihren Willen gemacht. Da bin ich auch grob geworden, hab' mit ihr geschlafen, und die ist dann zum Orgasmus gekommen. Ich hatte sie doch unheimlich lieb.*

Als man ihn immer wieder auch für längere Zeit einsperrte, wucherten die Onanie-Phantasien wie unbehandelte Krebsgeschwüre: *Das hing mit der ganzen Knastzeit zusammen. Da hab' ich ja immer nur Bilder gehabt, nie Frauen. Da bewegte sich nichts, da machten die Frauen nichts, die waren wie Puppen. In den Phantasien, da wollte ich die haben und hatte die dann immer, und dann hatte sich das erledigt, die Bilder waren einfach weg.*

Nachdem er seine abnorme Neigung für das Spannen entdeckt hatte, begann er damit, Imagination und Realität miteinander zu verknüpfen. Das Spannen war jetzt eine brisante Steigerung seiner unerfüllten Leidenschaften: *Das war ein Bild, das sich bewegt hat, etwas gemacht hat.* In seiner magischen Parallelwelt war er der Regisseur, seine Opfer die Statisten: *Ich hab' die gefesselt, aber die haben nicht geschrien und haben sich nicht gewehrt. Wenn die sich wehren, dann ist das doch nichts.*

Im Laufe der Zeit nahmen Inhalt und Intensität seiner pathologischen Vorstellungen bedenkliche Formen an. Seifert gierte nach dem ultimativen Kick, der totalen Befriedigung: *Ich habe immer zugeguckt, wie jemand stirbt. Das hat mich angemacht, erregt. Ich wollte sehen, ob ich das aushalten kann. Das hat mich geil gemacht, einfach die Macht.*

Die fortwährende Frustrierung durch das Ausbleiben des Außergewöhnlichen bedingt schließlich eine latente Tatbereitschaft. Die psychischen Abwehrkräfte erlahmen zusehends, der Anreiz, es zu tun, erscheint attraktiver denn je. Und dabei spielt es überhaupt keine Rolle, welcher Natur das Bedürfnis ist.

In dieses Stadium der Entschlussfassung fallen auch erste ernsthafte Bemühungen, sich mit einer solchen Tat vertraut zu machen, sich heranzutasten, ein Gefühl für eine derartige Extremsituation zu entwickeln. Geeignete Örtlichkeiten werden ausgespäht, Mitmenschen werden als potenzielle Opfer taxiert und verfolgt, Waffen werden ausprobiert, oder die eigenen manipulativen Fähigkeiten werden spielerisch getestet.

Nicht selten passieren sogar erste Übergriffe, allerdings werden die Attacken zu *diesem* Zeitpunkt durchweg halbherzig durchgeführt. Den Tätern fehlt es noch an Kaltblütigkeit, Entschlusskraft, Durchsetzungsvermögen und Erfahrung. Viele lassen sich auch von der Eigendynamik des Geschehens überraschen: Es läuft nicht so ab, wie man es sich vorgestellt hatte, weil das Opfer sich heftig wehrt, die erwünschte sexuelle oder seelische Erregung sich nicht einstellt oder unvermittelt unliebsame Zeugen auftauchen.

Während der Ablauf solcher Ereignisse grundverschieden sein kann, ist das Ergebnis immer dasselbe: Eine Tötung des Opfers unterbleibt. So erklärte beispielsweise der bereits erwähnte Manfred Wolters gegenüber der Kripo: »In dieser Situation war ich so weit, daß ich sie zuerst totmachen wollte, dann habe ich es nicht zusammengebracht. Ich war so weit, daß ich nicht mehr wußte, was ich tat. Vorher hatte ich nicht die Absicht, das Mädchen notfalls auch umzubringen. Ich hatte nur die Absicht, es zu ›mausen‹. Als es dann so weit war, war ich so durcheinander, und ich hatte Angst, erkannt zu werden, und deswegen ist es dann so weit gekommen. Aber ich habe es einfach nicht geschafft, sie zu töten.« Erst neun Jahre später sollte Wolters auch dazu in der Lage sein.

Seifert experimentierte ebenfalls eine ganze Zeit lang, bevor er sein erstes Opfer mit Vergewaltigungs- und Tötungsabsichten angriff. Er verfolgte Frauen auf der Straße bis zu deren Wohnung, fasste ihnen in Parks zwischen die Beine oder an die Brust. Die Opfer schrien, und er flüchtete. Später begann er damit, Frauen heimlich in deren Wohnungen zu beobachten: *Da fühlte ich mich lebendig. Da war das Knistern und alles. Ich dachte, ich könnte die Frauen mit meinen Gedanken beeinflussen, in ihren Bewegungen dirigieren. Das war mehr als Lust, ein Jagen, aber auch eine sexuelle Erregung. Sonst hätte ich dabei ja nicht onaniert. Das war für mich wie ein Kick. Wenn es dann vorbei war, hat mir das immer Leid getan. Ich wollte das festhalten, aber das ging nicht.* Doch irgendwann reichte ihm auch das nicht mehr.

Wie lange ein Mensch braucht, um sich für den verbrecherischen Ernstfall ausreichend zu wappnen, hängt von vielen Faktoren ab. Berufliche Misserfolge und zwischenmenschliche Versagenserlebnisse können diesen Prozess beschleunigen, sich positiv verändernde Lebensumstände eine Verlangsamung zur Folge haben.

Seifert litt unter seiner Ehe. Besonders wenn er sich mit seiner Frau gestritten hatte, zog er los und suchte nach einer Gelegenheit, nach einem Opfer: *Da war ich innerlich aufgeheizt. Da wollte ich was haben. Aber das mit dem Vergewaltigen und dem Töten kam erst später. Als ich das nicht mehr ausgehalten habe. Als ich das wollte.*

Irgendwann reift letztlich ein Tötungsentschluss, dessen Realisierung nur noch abhängig ist von einer sich bietenden Möglichkeit. Sehr häufig existiert kein konkreter, minutiös ausgetüftelter Tatplan, der vorsieht, wann und wo es passieren oder wen es treffen soll.

Der Berufsunteroffizier Mirko Sattler tötete Mitte der 80er Jahre in der Region Cölpin/Neubrandenburg fünf männliche Opfer. Die Vorplanung seiner Taten beschrieb er mir so: »Ich war unterwegs mit dem Gedanken einer möglichen Tat, wenn sie sich ergeben würde oder auch nicht. Also nicht auf den Tag oder eine bestimmte Person bezogen. Den Entschluss fasste ich erst bei

Auftauchen einer mir geeignet erscheinenden Person, wenn die anderen Voraussetzungen gegeben waren.«

Überwiegend ziehen insbesondere Serien-Sexualmörder ohne konkretes Ziel los, bevorzugen bei der Opfersuche jedoch eine bestimmte Region, und erst wenn die Situation lukrativ erscheint, schlagen sie zu. Es hängt demnach oftmals von schlichten Zufällen ab, *wer* dem *Täter* als *Opfer* begegnet.

Ähnliche Zusammenhänge schilderte mir auch Andreas Seifert.

Harbort: War für Sie das äußere Erscheinungsbild der Opfer wichtig?

Seifert: *Da hab' ich gar nicht nach geschaut. Das war mir egal. Ich kann mich auch nicht an die Gesichter von diesen Frauen erinnern.*

Harbort: Haben Machtgefühle bei den Tötungen eine Rolle gespielt?

Seifert: *Machtgefühle habe ich ja jedes Mal gehabt, indem ich sie erniedrigt habe, aber Machtgefühl ist irgendwie ein falsches Wort ...* (denkt nach) *Ich wollte mehr erniedrigen, dass die machen muss, was ich will. Und nicht, dass ich machen muss, was die will.*

Harbort: Es ging Ihnen also nicht um Sex?

Seifert: *Um Sex ging es mir nicht. Ich hab' doch mit meiner Frau dreimal am Tag geschlafen, also Sex hatte ich genug, darum ging es mir gar nicht. Es ging einfach darum, die zu erniedrigen und sie noch kleiner zu machen, indem ich es schaffe, die zum Orgasmus zu bringen. Dann ist die noch kleiner.*

Harbort: Können Sie Ihre Frau mal charakterisieren?

Seifert: *Ich hab' sie nur geheiratet, weil sie sonst nach Polen abgeschoben worden wäre. Ich hab' geheiratet, damit ich nicht mehr alleine bin, damit ich damit aufhören kann. Die erste Zeit war das wohl auch so, kann mich aber nicht mehr so genau daran erinnern. Dann war die zu weich, einfach zu weich.*

Harbort: Was meinen Sie mit »weich«?

Seifert: *Ja ...* (grübelt) *Die konnte einfach nicht widersprechen. Ich mag Menschen nicht, die mir nicht widersprechen, die mir nur nach dem Mund reden. Solche Menschen mag ich nicht unbedingt. Ich hab' lieber Menschen, die sagen: Du Arschloch, oder: Mach' dich vom Acker oder ich hau dir was auf die Schnauze. Da kann ich mit umgehen, damit komme ich klar. Aber so eine Weichheit, damit komme ich nicht klar.*

Harbort: Da muss doch auch mal etwas Positives an Ihrer Frau gewesen sein!

Seifert: *Ja, dass sie dreimal am Tag Sex machte* (lacht zum ersten Mal). *Das war der Hauptgrund. Und halt, dass ich jemand gesucht hab', damit ich nicht alleine sein musste.*

Harbort: Sie suchten also eher eine Freundin oder einen Freund?

Seifert: *Ja.*

Harbort: Aber das hat auch nicht geklappt.

Seifert: (Kopfnicken)

Harbort: Warum hat das nicht hingehauen?

Seifert: ... (denkt nach) *Wie soll ich das sagen? ...* (längeres Nachdenken) *Also, sie sollte anschaffen gehen für eine polnische Freundin. Ja, und dann hab' ich mich dazwischen gestellt: So, die arbeitet jetzt für mich; nicht, dass sie für mich anschaffen gehen sollte, sondern weil ich die für mich haben wollte. Die sah gut aus ...* (Denkpause) *Ja, am Anfang, ich hab' mit ihr nicht viel geredet. Ich war ja auch nicht viel zu Hause. Ich hab' ja Schrott gefahren, nebenbei noch tapeziert, Versicherungen verkauft. Geldmangel war es also nicht, hab' auch noch 1.500 Mark Arbeitslosengeld gekriegt. Ich hab' gedacht, die ist leicht zufrieden zu stellen, die hat nur eine Reisetasche voll Klamotten gehabt. Die hatte also nicht so hohe Ansprüche, das war mein Denken. Ich hab' gedacht: Ja, versuch' es. Ich wollte die ja gar nicht heiraten, nur wegen der Abschiebung. Das wäre mir nicht recht gewesen, das wollte ich nicht. Aus heutiger Sicht würde ich mich auch nicht mehr scheiden lassen. Ich würde das weiterlaufen lassen, entweder es kommt irgendwann noch mal was oder es kommt nix. Damals kam ich aber mit mir selber nicht klar. Und das Leid der Menschen hat mich erst berührt bei der Ver-*

handlung damals, wo ich das Leid der Menschen mitgekriegt hab'. Und da hab' ich mich noch über meine Rechtsanwältin geärgert, weil die mir nicht gesagt hatte, dass man die Öffentlichkeit hätte ausschließen können, wenn die darüber berichten müssen, weil ich gemerkt hab', wie schwer das für die war. Ja, da wollte ich mich damals umbringen, ich wollte nicht mehr leben. Ich seh' das so für mich: Wer einem das Leben wegnimmt, der hat kein Recht auf sein Leben. Wenn jetzt einer käme und würde mir eine Spritze geben, würde ich die nehmen und nicht mal zucken. Das wär' für mich in Ordnung ... (grübelt) *Warum ich mich überhaupt geändert hab', ist einfach, weil ich einfach denke, meine Opfer haben ein Recht darauf, dass ich mich ändere, auch wenn die nicht mehr leben. Ich will mich nicht ändern, weil ich Lockerungen will oder weil ich raus will, das interessiert mich gar nicht. Ich will mich ändern, weil ich mich ändern will, weil ich nicht mehr so sein will, wie ich war.*

Harbort: Warum haben Sie den Opfern die Kehle durchgeschnitten, Sie hätten doch auch würgen oder drosseln können?

Seifert: ... (Schweigen)

Harbort: Das ist doch eine ziemliche Sauerei, all das Blut, ekelhaft, grausam. Warum auf diese Weise?

Seifert: ... (senkt den Blick, denkt nach) *Das hat damit zu tun, dass die einfach nix sagen sollen. Und sprechen tut man aus dem Mund. Ich konnte ja schlecht den Mund aufschneiden, also hab' ich denen den Hals durchgeschnitten, weil sie dann nicht mehr sprechen konnten. Die konnten dann nichts mehr erzählen.*

Harbort: Also auch eine Art symbolischer Akt?

Seifert: *Ja.*

Harbort: Es gab da eine Sache mit einer Frau, da haben Sie sich beim Gerangel mit dem Opfer das Handgelenk gebrochen ...

Seifert: *Ach ja, genau. Das war die, direkt wo ich gewohnt hab', das war die versuchte Vergewaltigung. Da bin ich ja nicht zu gekommen, die zu vergewaltigen, weil es an der Tür geschellt hat, der Nachbar kam. Ich war damals total sauer auf die, weil ich mir das Handgelenk gebrochen hab'. Das war auch richtig so.*

Harbort: Aber das war doch Ihre Schuld, die Frau hat sich doch nur gewehrt!

Seifert: *Ich hab' damals einfach anders gedacht. Die war daran Schuld, dass das passiert ist. Wäre die nicht gewesen, hätte ich mir die Hand nicht gebrochen. So war mein Denken damals.*

Harbort: Haben Sie sich damals darüber informiert, wie die Polizei bei den Ermittlungen vorankam?

Seifert: *Nein.*

Harbort: Hat Sie das überhaupt nicht interessiert?

Seifert: *Nur einmal hatte ich den Eindruck, dass die Polizei in der Nähe war. Da waren immer Pkws mit zwei Mann besetzt, die da immer fuhren. Aber da fuhren nicht die gleichen, immer verschiedene. Ja, dann bin ich einfach da weggegangen, woanders hingegangen. Ich hab' mich ja auch sicher gefühlt, das stand mir ja nicht auf der Stirn geschrieben. Ich hab' mir immer gedacht: Ja, was wollen die denn? Wenn sie dich ansprechen, zeigst du denen den Personalausweis, die können dir doch gar nix. Was mich auch noch sicher gemacht hat, ist, weil ich ja mit so was vorher nix zu tun hatte, ich war ja nicht wegen so was vorbestraft, da kommen die ja gar nicht auf dich.*

Harbort: Können Sie mal beschreiben, wie eine Tötung emotional abgelaufen ist?

Seifert: *Also angefangen hat es damit, wo ich von zu Hause loszog. So, ich bin losgezogen und dann über die Hinterhöfe. Das erste Fenster, da war die schon ausgezogen, das nächste Fenster, der nächste Hof. Und ich wurde aber immer unzufriedener, weil nix passierte. Je unzufriedener ich wurde, je mehr hat sich das gesteigert. Und wenn ich dann ein Opfer gefunden hatte, dann ging es eben so los, dass ich sie vergewaltigt hab'. Wenn dann mein Orgasmus kam, das war* (fängt an verhalten zu stottern) *der höchste Punkt. Ja, dann war ich oben.*

Harbort: Körperlich. Aber das psychologische Moment war bei Ihnen doch viel stärker!

Seifert: *Verstehe ich jetzt nicht richtig.*

Harbort: Sie wollten Ihre Opfer doch erniedrigen. Das spüren Sie doch im Kopf ...

Seifert: *Ja, richtig.*

Harbort: Wann war denn der Moment, wo Ihr Gefühl am stärksten war?

Seifert: *Wenn ich den Eindruck hatte, dass die was davon haben. Ich hab' das ja gemacht, obwohl die das nicht wollten ...* (grübelt länger) *Oder wenn die feucht wurden, die wurden nass. Die haben zwar nein gesagt, aber die wollten es ja doch, sonst wären sie ja nicht nass geworden. Oder die Brustwarzen wurden hart. Das wird ja nicht umsonst hart. Dann war das für mich zufrieden stellend.*

Harbort: Ihre Mutter spielte auch eine bedeutende Rolle. Wie war denn das Verhältnis zu ihr?

Seifert: ... (denkt nach) *Ja, an für sich gut. Auf der anderen Seite habe ich ihr nie verziehen, dass sie sich nicht von meinem Vater getrennt hat. Denn wegen dem bin ich ins Heim gekommen, das habe ich ihr nie verziehen. Sie war schon mal weg von ihm, dann hat er aber gejammert, und dann ist sie zurück zu ihm ...* (grübelt) *Ich hätte mir einen anderen Vater gewünscht, dann wär' ich wahrscheinlich nie kriminell geworden. Ich hatte genug im Kopf.* (Gedankensprung) *Und meine Familie war auch nicht asozial, auch wenn mein Vater gesoffen hat nicht. Wir waren immer picobello angezogen, wir haben immer genug zu essen gehabt.*

Harbort: Aber da muss doch noch mehr gewesen sein mit Ihrer Mutter!

Seifert: *Ja, die hat meinen Hund weggegeben.*

Harbort: Aber deswegen haben Sie doch kein schlechtes Verhältnis zu Ihrer Mutter, bloß weil sie den Hund weggibt!

Seifert: *Das sagen Sie einfach so!*

Harbort: Das Verhältnis zu Ihrer Mutter soll »belastet« gewesen sein. Haben Sie eine Idee, was damit gemeint gewesen sein könnte?

Seifert: ... (denkt nach) *Ja, weil ich mit meiner Mutter immer schlafen wollte.*

Harbort: Vielleicht fehlte Ihnen die Nähe zur Mutter. War sie vielleicht ein wenig zurückweisend oder kühl?

Seifert: *Nein.*

Harbort: Hat Ihre Mutter Sie mal in den Arm genommen oder so?

Seifert: *Nein. Als ich aus dem Knast entlassen wurde, da hat sie mich mal umarmt. Aber so hat die mich nie umarmt. Ich hab' ja von meiner Mutter Schläge gekriegt. Ich hab' mal gesehen, wie sie von meinem Vater vergewaltigt wurde, und anschließend hat sie auf einmal Späßchen gemacht. So, das sind ja alles Sachen, die ich mitgekriegt hab' und was ich nie verstanden hab'. Aber da spielte ja nicht nur meine Mutter eine Rolle, das waren ja auch die Nonnen, wo ich groß geworden bin, was die für merkwürdige Spielchen mit mir gemacht haben.*

Harbort: Sind Sie sexuell missbraucht worden?

Seifert: *Ja ...* (stockt) *Ich empfand das damals als nicht so schlimm, erst später, wo mir klar wurde, was da überhaupt abgegangen ist. Aber damals, wo ich kleiner war, da war das nicht so schlimm.*

Harbort: Normalerweise werden Kinder von Männern missbraucht. Wie war das denn in Ihrem Fall konkret?

Seifert: *Die waren nicht die saubersten. Die haben ihre Kutten angehabt, unter den Kutten haben die meistens keine Unterhose angehabt. Dann rochen die nach Urin, dann musste ich da die Beine hoch krabbeln und musste den Finger reinstecken und so Männekes. Ja, und dann bin ich immer geschlagen worden. Aber ich hab' nie geweint. Wenn ich geschlagen wurde, ich hab' nie geweint.*

Harbort: Warum nicht?

Seifert: *Weil ich das einfach nicht konnte, weil mein Stolz das nicht zugelassen hat. Ich wollte nicht, dass die sehen, dass ich weinen kann. Und hinterher konnte ich nicht mehr weinen. Heute kann ich wieder Gefühle zulassen, die ich früher nicht hatte. Wenn ich mit einer Frau geschlafen hab' oder mit der zusammen war, Liebe war das an für sich bei mir nie ...* (denkt nach) *Das war meistens zweckmäßig. Zum Beispiel: Ich brauchte nicht kochen, ich hatte jemand, der für mich spült, ich hatte jemand, der die Wohnung sauber macht, und dafür hab' ich dann mit der geschlafen.*

Harbort: Zu Ihrem Vater. Wie war das Verhältnis?

Seifert: *Ich wollte meinen Vater umbringen.*

Harbort: Wann hatten Sie diesen Gedanken erstmals?

Seifert: *Im Knast, als ich mit dem Kraftsport angefangen hab'. Ich war ja früher ziemlich klein, da hab' ich alle Schläge gekriegt. Und in der Haft hab' ich dann einfach zweimal zugeschlagen aus Angst, und die sind einfach umgekippt. Da hab' ich noch gedacht: Komisch, was ist los? Und danach hab' ich angefangen auszuteilen. Dann hab' ich angefangen, Macht auszuüben ...* (grübelt) *Macht war früher für mich negativ belastet, hat gleichzeitig mit Gewalt zu tun gehabt. Wo ich mich dann wehren konnte, hab' ich Gewalt ausgeübt; eben Macht ausgeübt auf andere. Ja, dann hat mir mein Bruder geschrieben, dass er wieder ein dickes Auge hatte und das Nasenbein gebrochen hatte. Da habe ich meinem Bruder geschrieben: Wenn ich rauskomme, dann mach' ich den kaputt! Dann hat er* (der Vater, S. H.) *sich ein Kleinkalibergewehr gekauft, ein Hackebeil, einen abgerichteten Schäferhund; da wollte er mich erschießen, klein hacken, und der Hund sollte mich fressen. Dann ist er ja gestorben, und ich habe Ausführungen gekriegt. Ich war auch bei seinem Grab, hab' den Hund übernommen, der war dann mein Hund. Das ist bei mir zum Beispiel auch komisch: Mit Kindern und mit Tieren hab' ich nie Probleme gehabt. Ich hab' immer nur Probleme mit Erwachsenen gehabt.*

Harbort: Wo kam das denn her, diese Antipathie für Ihren Vater?

Seifert: *Der hat mich doch immer geschlagen. Die anderen hat er nicht geschlagen, nur mich.*

Harbort: Warum?

Seifert: *Ja, weil ich meiner Mutter geholfen hab', weil ich ihn ins Bein gebissen hab'. Ich hab's zuerst mit einem Klöpper* (d. i. Teppichklopfer, S. H.) *gekriegt, dann ist der Klöpper dabei auf mir kaputtgegangen. Danach hab' ich's mit einem Stocheisen gekriegt; also so ein Schürhaken, mit dem man den Ofen heizt, damit hab' ich's gekriegt. Ja, und hinterher bin ich immer abgehauen. Alle Kinder hatten Angst im Wald, ich hab' im Wald geschlafen. Ich hatte einfach keine Angst. Mehr wie Schläge kriegen, konnte ich nicht. Das war mein Denken, wo ich klein war ...* (grübelt) *Schläge kriegen war doch was Normales. Aber wenn ich es vermeiden konnte, hab' ich es vermieden, indem, wenn der schon besoffen nach Hause kam, bin ich durchs Küchenfenster abgehauen.*

Harbort: Ich möchte auf die letzte Tötung zu sprechen kommen. Sie kannten die Frau. Warum haben Sie das Opfer vergewaltigt und getötet? Es sollten doch eigentlich immer fremde Opfer sein!

Seifert: *Ja, weil die mich betrogen hat, indem sie einfach mit ihrem Ex-Freund zusammen war und mir das erzählt hat.*

Harbort: Das war doch aber so, dass die Frau an dem Abend mit ihrem Ex-Freund telefoniert hat, und aus diesem Telefonat haben Sie geschlussfolgert, dass sie was mit dem hatte. Dann hat sie das in einem Gespräch mit Ihnen bestätigt. Und deswegen haben Sie die Frau sofort bestraft, also vergewaltigt und getötet?

Seifert: *Ja.*

Harbort: Glauben Sie, dass die Gutachter Sie damals zutreffend beurteilt haben?

Seifert: ... (denkt nach) *Kann ich so nicht sagen. Ich denke einfach ...* (stockt)

Harbort: Sind Sie hier am richtigen Platz?

Seifert: *Im Knast hätte ich mich nicht geändert, wär' vielleicht noch schlimmer geworden. Ich denke, ich bin hier schon richtig untergebracht, obwohl ich es wahrscheinlich in Haft besser hätte. Da gibt's eine Hierarchie, und ich war ja nie ganz unten. Und hier sind das ja alles Kranke.* (Gedankensprung) *Ich bin auch irgendwie ein Gerechtigkeitsfanatiker. So zum Beispiel: Es gab Sahnetorte. So, da kriegte ich jetzt ein Stück Sahnetorte. Aber weil der eine kränker war als der andere, wollte der dem das Stück Kuchen wegessen. So was kann ich nicht haben. Ich kann das nicht haben. Ich kann es nicht haben, wenn ein Starker einen Schwachen unterdrückt; obwohl ich das bei meinen Taten ja selber gemacht hab', aber ich kann das nicht haben, ich kann das nicht ertragen. Also heute nicht mehr. Oder ich hatte mal so eine Gesprächsgruppe mit dem Arzt, und da haben wir hier einen gehabt, der hat gesagt: Das waren ja bloß Frauen. Oder der eine sagte immer: Das sind ja bloß Kinder. Da werd' ich fast verrückt von. Obwohl ich das ja selber gemacht hab', aber ich werd' da ganz verrückt von.*

Harbort: Wann denken Sie, kommen Sie hier wieder raus?

Seifert: *Ich will gar nicht raus.*

Harbort: Warum nicht?

Seifert: *Ich denke, ich komme draußen gar nicht mehr klar. Ich bin einfach zu lange eingesperrt. Ich kenne ja nur Eingesperrtsein. Gucken sie mal meine Biographie an, ich war doch nur eingesperrt. Ich will einfach nicht mehr raus, weil da kommt nichts Gutes bei rum; nicht, dass ich wieder Taten mache, aber ich will nicht vom Sozialamt leben. Oder irgendwo für einen Euro arbeiten gehen. Wenn ich rauskomme, da wartet ja niemand auf mich, und Arbeit krieg' ich doch auch nicht. Freiheit ist für mich nicht mehr so wichtig.*

Harbort: Kommen Sie in der Therapie voran?

Seifert: *Ich hab' jetzt einen Therapeuten, der, der Sie angerufen hat, für mich ist das eine Lusche. Der kommt zu mir an:* (er klopft sich auf die Schulter) *Seifertchen, Seifertchen, ich bin doch nicht dein Feind! Was soll ich mit so einem anfangen? Der ist wie meine Frau, da kann ich nix mit anfangen. Ja, da kann ich nix mit anfangen.*

Harbort: Haben Sie heute noch oder wieder sexuelle Phantasien?

Seifert: *Ja, aber das sind normale Phantasien, also nicht mit fesseln oder quälen oder so was, nichts dergleichen mehr.*

Harbort: Was glauben Sie, warum die Gewaltphantasien verschwunden sind?

Seifert: *Weil ich Gefühle zulassen kann, weil ich das ertragen muss. Und ich kann das nicht ertragen, wenn das so ist. Ich kann mich dann selber nicht leiden ...* (denkt nach) *So, dann kommt hinzu, dass ich einfach zutiefst bereue, was ich da gemacht hab'. Aber ich kann das nicht wieder gutmachen. Wenn ich früher einem was in die Schnauze gehauen hab', dem den Kiefer gebrochen hab', da konnte ich sagen: Hier, nimm das Geld, wegen dem Verdienstausfall, ich tue noch ein bisschen drauf, ich kann das wiedergutmachen, kann mich entschuldigen. So, ich kann mich aber nicht entschuldigen, ich kann nichts wiedergutmachen, die Leute sind tot ...* (grübelt) *Ich hab' 'ne Zeit lang die Gesichter von den Toten gesehen, und ...* (denkt wieder nach) *Ja, die haben mir nix getan, die haben mich einfach nur vorwurfsvoll angeguckt. Für mich war das so, dass die von mir was erwarten. Und dann ist das so entstanden, dass die ein Recht darauf haben, dass ich mich ändere. Und deswegen habe ich mich geändert.*

Harbort: Wie sieht Ihr Klinikalltag aus?

Seifert: *Ich hab' abends Therapie, nennt sich Arbeitstherapie, für mich ist das einfach Zwangsarbeit, wo ich nichts Vernünftiges machen kann, nur Pappe kleben, Pappkartons zusammenkleben. Kann ich nix mit anfangen. Und dann war ich hier in der Holztherapie, die haben sie aber zugemacht aus feuertechnischen Gründen. Da hab' ich zweieinhalb Jahre gearbeitet. Man kriegt ja keinen Lohn, der Höchstlohn ist 68 Cent die Stunde. Ja, und bei dem Pappe kleben, man erwartet von mir, dass ich Akkord klebe und krieg' aber genauso viel bezahlt wie einer, der fünf Kartons in der Stunde zusammenklebt. Dann kam ich mit dem Arbeitstherapeuten nicht klar, weil der mich um Geld betrogen hat. Und dann hat der immer Spielchen mit mir gespielt. Der hat einem anderen meinen Arbeitsplatz gegeben und hat mir extra schwierige Pappe gegeben, die kein anderer kleben wollte, die hat er mir dann extra gegeben. Und wir haben hier kranke Patienten, die hat er in ein Gespräch verwickelt, dann ist er rausgegangen, und die Gespräche liefen einfach weiter, ob einer da ist oder nicht. Wenn die einmal am Reden sind, hören die nicht mehr auf. Ja, dann bin ich da mit zwölf Mann in einem Raum eingesperrt und muss das alles aushalten, das war mir alles zuviel. Und vor allem, ich will ja nix erreichen. Die*

Pappetherapie ist ja für Leute, die verlegt werden möchten und in ein lockeres Haus wollen, die Lockerungen kriegen wollen. Das spielt für mich keine Rolle. Deshalb sehe ich nicht ein, warum ich da arbeiten soll. Ich mach' jeden Morgen Sporttherapie, mach jetzt Drama ...

Harbort: Drama?

Seifert: *Ja, bei Drama macht man Rollenspiele.*

Harbort: Also Theaterspielen?

Seifert: *Ja, schon, aber auch anders. Das hat dann schon ein bisschen mehr Bezug. Als Beispiel: Wir haben was gespielt, und dann sagte der eine ...* (denkt nach) *Die haben sich so ein bisschen gekabbelt, dann sagt er: Ich hab' mich jetzt dreckig gemacht, meine Mama schimpft. Es ging um nichts, aber das hat mich total angesprungen. Dann hab' ich darüber nachgedacht, und am nächsten Morgen hab' ich darüber geredet.*

Harbort: Wie sehen Sie sich selbst in dieser Gemeinschaft?

Seifert: *Ich bin so eine Art Häuptling. So ein Abteilungspapa. Ich sorge an und für sich für Ruhe; nicht, dass ich jetzt Gewalt anwende, einfach nur mit Sprechen, so, dass die mich einfach verstehen. Hier gibt es aber keine Hierarchie wie im Knast ...* (denkt nach) *Obwohl, wenn es eine gäbe, wäre ich ganz oben. Nur ich leg' da keinen Wert mehr drauf, für mich ist das nicht mehr wichtig. Ich sehne mich nach Ruhe, ich sehne mich nach Harmonie. So, es gibt aber nicht nur Harmonie, es gibt auch Stress. Aber bevor das dann in Gewalt ausartet oder so, dann geh' ich dahin und rede mit denen.*

Harbort: Sie haben sich damals lange Zeit nicht zu den Taten geäußert, erst kurz vor der Urteilsverkündung mit einem Psychiater gesprochen. Warum haben Sie so lange geschwiegen?

Seifert: *Richtig, ich habe mit keinem gesprochen. Auch mit meiner Anwältin nicht; weil ich das einfach nicht konnte. Deshalb hat das auch so lange gedauert, ich hab ja 18 Monate Termin* (gemeint ist die 18-monatige Gerichtsverhandlung, S. H.) *gehabt. Am Ende hab' ich ja nur durch meine Anwältin gesagt: Das war ich. Obwohl die eine Tat* (Mord an einer älteren Frau, S. H.) *hab' ich nicht begangen, aber das war mir egal. Mir war das egal, ich wollte einfach* nur Feierabend haben. Für mich ist das nicht wichtig, ob ich einen mehr oder weniger gemacht hab'. Ich hab' das nicht gemacht, da muss ich nicht drüber nachdenken, ist mir doch egal. Und wenn man sagt, der hat das gemacht, weil man die Akten zumachen möchte, ist das für mich in Ordnung. Mir macht das nix. Ich komm' deswegen nicht früher raus, ich fühl mich deswegen nicht besser.

Harbort: Wissen Sie denn überhaupt, wie viele Frauen Sie getötet haben?

Seifert: *Drei. Oder vier. Nein, weiß ich nicht.*

Harbort: Können Sie beschreiben, wie Sie bei Ihren Taten vorgegangen sind?

Seifert: *Bei mir ist das so, dass ich vieles mit dem Kopf gemacht habe ...* (denkt nach) *Ja, wie zum Beispiel: ohne Spuren zu hinterlassen. So, ich hab' meine Unterhose liegen lassen. Das hab' ich bewusst gemacht. Oder ich hab' einen Schraubenzieher liegen lassen.*

Harbort: Warum?

Seifert: *Ja, weil ich aufhören wollte, weil ich wollte, dass man mich kriegt. Aber man hat mich ja einfach nicht gekriegt. Die Krönung, was ja auch zu meiner Verhaftung geführt hat, die Krönung war einfach der Fotoapparat. Der Oberguru von den Bullen hat ja gesagt, ohne den Fotoapparat hätten die mich heute noch nicht. Das war einfach die Krönung. Ich konnte das einfach nicht mehr aushalten, ich wollte einfach aufhören, und ich konnte aber nicht, ich war nicht in der Lage zu sagen: Ich bin derjenige! ...* (grübelt) *Obwohl, ich hab' ja von den meisten Opfern auch was mitgenommen.*

Harbort: Warum eigentlich?

Seifert: *Weil ich das meiner Frau geschenkt hab'. Ich wollte, dass meine Frau das anhat.*

Harbort: Warum?

Seifert: *Keine Ahnung, kann ich nicht richtig sagen, ich wollte das einfach nur ...* (denkt nach) *Weil ich dann denke, dass ich das nicht alleine gewesen bin, dass meine Frau meine Verbündete ist, obwohl die gar nichts weiß. Aber weil die das anhat, ist sie meine Verbündete. So oder so ähnlich ist das in meinem Kopf abgelaufen.*

Harbort: Und was haben Sie empfunden, als Sie die Sachen an Ihrer Frau gesehen haben?

Seifert: ... (grübelt) *Das ist so die erste Zeit, und dann verliert das seinen Reiz, dann ist das nicht mehr wichtig.*

Harbort: Aber was war denn in dieser ersten Zeit? Sie haben doch beispielsweise einen Pullover mitgenommen ...

Seifert: *Ja, den hab' ich dann meiner Frau angezogen, weil ich konnte damit nichts anfangen, ich wollte, dass die das trägt. Ich kann nicht sagen, warum ich das wollte, ich wollte das einfach nur. Für mich ist das aber auch so wie eine Wand. Ich will mich da auch nicht mehr so dran erinnern, das ist gewesen, und jetzt ist neu.*

Harbort: Gibt es noch etwas, das *Sie* mir unbedingt erzählen möchten?

Seifert: ... (denkt nach) *Wenn ich mich dazu entschlossen hab', die haben zu wollen, wie zum Beispiel, bei dem einen Hinterhof, da war es ziemlich schwierig, das Fenster aufzumachen. Dann war einfach die Überlegung, wie krieg' ich das Fenster auf? Scheibe einschlagen macht Krach. Also hab' ich mit dem Messer die Seite aufgeritzt, und da ist so ein Hebel, den hab' ich dann einfach so hochgeschoben, weil das Fenster dann ja logischerweise aufgehen musste. So, das hab' ich gemacht, weil ich überlegt hab', nicht nur einfach so probiert. Ich hab' einfach überlegt, wie komm' ich da rein? Und da hab' ich alles für getan.*

Harbort: Warum haben Sie mit den Opfern gesprochen?

Seifert: *Das ist einfach so passiert, das war nicht geplant.*

Harbort: Ist doch ungewöhnlich, dass Sie sich mit den Opfern längere Zeit unterhalten, bevor Sie Gewalt anwenden, vergewaltigen und töten!

Seifert: *Ich weiß es nicht ...* (lange Denkpause) *Ja, wenn ich in Wut gerate zum Beispiel, dann mach' ich irgendwas, schreie oder schlag' was kaputt oder schlag' jemanden. So. Eine Stunde später tut mir das zutiefst Leid, weil ich das überhaupt nicht gewollt hab'. Also, das sind Sachen, die ich nicht bewusst kontrollieren kann, die einfach passieren. Und wenn sie passiert sind, tun sie mir Leid. So, und um dann das Gefühl zu haben, hab' ich mit denen gesprochen, und gleichzeitig konnte ich das aber nicht haben, dass die was von mir wissen. Das war ganz paradox. Ich war nicht eins, manchmal zwei oder drei, und dann kriegte ich das nicht alles unter einen Hut ...* (Denkpause) *Wenn ich jetzt zum Beispiel das Gefühl im Bauch hatte, ich muss jetzt unbedingt eine haben, dann war ich ganz geil, ich musste die unbedingt haben, und in dem Moment war mein Gefühl gar nicht mehr so wichtig, dann war erstmal das Wichtige mein Kopf, um da reinzukommen. Und wenn das wieder erledigt war, dann war sofort das andere wieder da. Aber das war nie so, dass das jetzt alles zusammenpasste, das waren immer einzelne Teile.*

Harbort: Sexualität. Vermissen Sie das?

Seifert: *Durch die Medikamente nicht. Ich krieg' Medikamente, was mich ruhig macht. Wenn sie das nehmen würden, würden Sie 24 Stunden schlafen. So, dann ist für mich der Trieb unterdrückt. Vor allem, ich vermisse es nicht, weil es war ja für mich eher triebhaft, aber ich wollte eigentlich immer ganz was anderes. Ich wollte an für sich immer jemanden haben, der hundertprozentig zu mir gehört. Ich suchte eine Frau, mit der ich eins sein kann. Am liebsten würde ich die Köpfe zusammentun, so dass die meine Gedanken lesen kann, damit die sieht, was ich denke, dass die weiß, dass ich es hundertprozentig ehrlich mein'. Nur, so was gibt es nicht, das ist nur in meinem Kopf. Und so was Ähnliches hab' ich auch früher gesucht, nur ich hab' es nie gefunden.*

KAPITEL 4

Zwei und zwei ist fünf

»Könnte es sein, daß wir nicht besonders viel
von uns selber wissen?
Könnte es sein, daß wir von einem auf den anderen Tag
nicht dieselben sind?«
Lars Gustafsson, *Die Sache mit dem Hund*

»Die Macht ist nicht etwas, was man erwirbt, wegnimmt,
teilt, was man bewahrt oder verliert; die Macht ist etwas,
was sich von unzähligen Punkten aus und im Spiel ungleicher
und beweglicher Beziehungen vollzieht.«
Michel Foucault, *Sexualität und Wahrheit*

Frankfurt am Main, Ortsteil Nieder-Eschbach, Gerhart-Hauptmann-Straße 17a, erste Etage, in der Wohnung Gruber/Becker, irgendwann im Dezember 1988, gegen 23.15 Uhr.

Maximilian Gruber lag in seinem Bett und starrte an die Decke. Seine Freundin war noch im Badezimmer. Der 20-Jährige grübelte. Etwas trieb ihn um, von dem er noch immer nicht verstand, warum es überhaupt passiert war. Es war ihm ein Rätsel. *Er* war sich ein Rätsel. Die meiste Zeit hatte er gar nicht darüber nachdenken müssen. Er hatte es kurzerhand verdrängt. Oder einfach vergessen. Doch sein Unbewusstes würgte es wieder hoch, und zwar stets dann, wenn er zur Ruhe kam und keine

Ablenkung fand. Jetzt war wieder so ein Moment. Das Grauen bedrängte ihn. (Das folgende Gespräch wurde anhand von Vernehmungsprotokollen der Beteiligten nachgezeichnet.)

»Was starrst du denn so?« Michaela Becker war der geistesabwesende Blick ihres Freundes aufgefallen, als sie ins Schlafzimmer kam.

Keine Antwort.

»Max?«

Erst jetzt bemerkte Gruber seine Freundin. »Was ist denn?«

»An was denkst du?«

»Ach, nichts.«

Michaela Becker erhob die Stimme: »Max, das geht mir jetzt aber zu weit, du verschweigst mir doch was!« Sie kannte ihn nun über ein Jahr. Sie wusste nicht mehr genau, wann ihr sein verändertes Verhalten aufgefallen war, aber es ging schon eine ganze Weile so. Er wirkte manchmal teilnahmslos und kaum ansprechbar. Das war vorher nicht so gewesen. Die 19-Jährige hatte dem zunächst keine größere Bedeutung beigemessen. Doch nun war sie sich nicht mehr sicher.

Gruber antwortete nicht. Aber er dachte nach. Schließlich sagte er doch etwas: »Ich hab' was Schlimmes gemacht.«

Michaela Becker setzte sich auf die Bettkante, direkt neben ihn. Sie erwartete die Fortsetzung. Gruber ließ sich Zeit.

Dann schaute er seiner Freundin in die Augen und sagte: »Rate doch mal.«

»Du bist nicht zur Arbeit gewesen.«

Kopfschütteln.

»Du hattest einen Unfall und bist abgehauen.«

»Nein.«

»Bist du beim Klauen erwischt worden?«

»Quatsch.«

Michaela Becker wurde es zu bunt: »Was soll das werden?«

Grubers Miene verfinsterte sich. Er verschränkte die Arme vor der Brust. Doch er brachte kein Wort heraus.

»Kannst du mir mal bitte sagen, was dieser Zirkus soll?«

»Ich hab' eine umgebracht.« Gruber sprach jetzt leise, tonlos. »Ja, ich hab' eine umgebracht.«

»Du spinnst doch!«

Gruber fixierte die Bettdecke, als würde er dort einen Text ablesen. »Das kannst du mir schon glauben«, fuhr er fort, »ich muss es doch wissen, ich war schließlich dabei.«

»Wann soll das denn gewesen sein?« Michaela Beckers Stimme hatte jetzt einen spöttischen Unterton. Sie glaubte an einen üblen Scherz.

»Das ist zwei Monate her.« Gruber stockte.

»Ist das alles?«

»Erinnerst du dich noch an die Sache im Stadtwald?«

Michaela Becker wusste sofort Bescheid. Vor etwa zwei Monaten war in einem nur wenige Kilometer von ihrer Wohnung entfernten Waldgebiet die Leiche einer jungen Frau gefunden worden. Sie hatte davon in der Zeitung gelesen.

»Das war *ich*.«

»Hör auf damit!« Michaela Becker bekam es mit der Angst zu tun. Denn nun fiel ihr auch noch ein, dass er zu genau dieser Zeit eine merkwürdige Verletzung im Gesicht gehabt hatte.

»Michi, es stimmt. Das bin ich gewesen.« Gruber fühlte sich mit einem Mal federleicht. Endlich war es heraus.

»Dann waren die Kratzer in deinem Gesicht also von *ihr*?«

»Genau.«

»Das glaube ich nicht! Das kann doch nicht sein!«

Gruber widersprach mit fester Stimme: »Ich habe sie umgebracht.« Doch nachdem er sich zum dritten Mal dieses Verbrechens bezichtigt hatte, fing er an, sich die Konsequenzen auszumalen: Polizei! Presse! Gerichtsverhandlung! Gefängnis!

Plötzlich begann Gruber laut zu lachen. Er konnte gar nicht mehr aufhören. Michaela Becker schaute ihn entgeistert an.

»Michi, bist du denn verrückt?«

Gruber konnte sein Lachen nur mühsam unterdrücken.

»Kannst du dir wirklich vorstellen, *ich* würde jemand umbringen?«

Michaela Becker wusste nicht, was sie von all dem halten sollte. Nach einer Weile fragte sie: »Und woher hattest du die Kratzer?«

Gruber nahm ihre Hand. »Das hab' ich dir doch schon erzählt.«

»Dann erzähl' es eben noch mal.«

»Die Sache mit dem Zwetschgenbaum.« Gruber machte eine Pause. »Erinnerst du dich nicht mehr? Ich bin auf den Baum, beim Pflücken ist mir ein Ast ins Gesicht geschlagen. Deshalb die Kratzer!«

Michaela Becker atmete tief durch. Jetzt erinnerte sie sich. Er hatte ihr damals tatsächlich davon erzählt.

Gruber nahm seine Freundin in den Arm. »Michi, ich hab' doch nur Spaß gemacht!« Dann küsste er sie auf die Stirn.

Michaela Becker hätte gerne weiter nachgefragt, erst traute sie sich nicht, später wollte sie nicht mehr. Jetzt hatte alles wieder seine Ordnung. Und deshalb wurde auch nie wieder darüber gesprochen.

Rückblende. 5. Oktober 1988, gegen 13.30 Uhr.

Gruber verließ seinen Arbeitsplatz. Der Vormittagsdienst bei der Stadtverwaltung in Neu-Isenburg, einer knapp 30.000 Einwohner zählenden Kleinstadt unweit von Frankfurt, war beendet. Wie gewöhnlich wollte er zum Mittagessen zu seinen Eltern. Wenig später sollten Ereignisse ihren Lauf nehmen, die selbst Gruber vollkommen überraschen würden.

Ich hatte dieses Mädchen ausgangs von Neu-Isenburg aufgenommen. Das heißt, sie stand am Straßenrand und machte das Anhalterzeichen. Ich habe gelegentlich mit dem Auto Personen mitgenommen. Es waren nicht nur Mädchen, sondern auch Männer. Bei der Auswahl der Personen, die ich mitgenommen habe, achtete ich nur darauf, dass die nicht total vergammelt aussahen, sie mussten schon ein gepflegtes Äußeres haben.

Tatjana Brungs entsprach seinen Vorstellungen: 1,70 Meter groß, schlank, schulterlanges, gewelltes, blondes Haar, gelbe Stoffjacke, weißes T-Shirt, Bluejeans, weiße Clogs. Eine hübsche und liebenswürdige junge Frau.

Ich kann nicht sagen, dass mir das Mädchen besonders gefallen hätte. Aber sie war mir sympathisch, so von ihrem Wirken her. Sie ist jedenfalls eingestiegen. Einen genauen Ort, wohin sie wollte, hat sie gar nicht genannt. Ich meine mich zu erinnern, dass sie gesagt hätte, sie wolle in Richtung Frankfurt oder in Richtung Offenbach.

Tatjana Brungs wohnte in Neu-Isenburg und absolvierte dort eine Lehre als Verkäuferin. Die 18-Jährige wollte eine Freundin in Frankfurt besuchen. Um Geld für einen Urlaub in Frankreich zu sparen, trampte sie.

Ich kannte die Frau nicht. Der einzige Umstand, dass wir zusammengekommen sind, war, dass sie getrampt ist und ich zufällig zu dieser Zeit da vorbeigekommen bin.

Während der Fahrt habe ich versucht, mich ein bisschen mit ihr zu unterhalten. Das Gespräch ist recht schleppend gewesen, sie war eher schwerfällig. Ich hatte das Gefühl, dass sie gar nicht mit mir reden wollte.

Gruber nahm zunächst den direkten Weg über die Landstraße Richtung Frankfurt. Nach etwa sieben Kilometern Fahrt verlor er das Interesse an einem Gespräch. Denn mit einem Mal drang etwas mit Macht in sein Bewusstsein, das er nicht kannte, das nicht nur seine volle Aufmerksamkeit beanspruchte, sondern ihn ganz und gar in seinen Bann zog.

Ich habe eine gewisse innere Unruhe und Nervosität empfunden. Dies war im ganzen Körper. Hassgefühle gegenüber dem Mädchen waren eigentlich nicht vorhanden. Man kann auch nicht sagen, dass ich sexuell erregt war. Die Unruhe war eher unangenehm.

Verbunden waren diese Unruhegefühle mit der Vorstellung, das Mädchen würgen zu müssen. Man kann sagen, dass diese Vorstellungen wie ein Zwang waren. Ich glaube nicht, jedenfalls nicht bewusst, dass ich gegen das Gefühl angekämpft habe. Die Nervosität und die

Unruhe waren auch in den Händen. Ich habe aber kein besonderes Kribbeln verspürt. Es ist da eher so ein Kribbeln von innen raus.

Kurz hinter der Abzweigung nach Kelsterbach bog Gruber nach links ab in einen geteerten Feldweg, der in das »Unterwald« genannte Waldgebiet führte, das sich westlich des Waldstadions bis nach Zeppelinheim erstreckte. Tatjana Brungs beruhigte er mit der Behauptung, er wolle nur eine Abkürzung nehmen.

Das war rein zufällig, ich kenne mich da oben relativ gut aus. Ich kenne zwar nicht jeden Weg, aber es reicht, um mich gut orientieren zu können.

Ich weiß jetzt nicht mehr, ob die Anhalterin irgendetwas gesagt hat. Sie hat jedoch einen verstörten Eindruck gemacht. Ich glaube, diese Verwunderung und die Ängstlichkeit von ihr an ihrer Gestik erkannt zu haben, möglicherweise auch an ihren Gesichtszügen. Wahrscheinlich hat sie sich schon was gedacht.

Nur Sekunden später sollten sich Tatjana Brungs düstere Vorahnungen erfüllen. Gruber stoppte den Wagen abrupt an einer Stelle, die ausreichend Sichtschutz bot.

Die Wegstrecke nach dem Abbiegen mag etwa 100 bis 200 Meter betragen haben. Ich fühlte mich jetzt unbeobachtet. Die innere Unruhe und Nervosität ist dann eher stärker geworden. Ebenfalls stärker geworden sind die Phantasien und die damit verbundene Zwangsvorstellung, das Mädchen würgen zu müssen.

Unmittelbar nach dem Anhalten habe ich dann tatsächlich begonnen, das Mädchen zu würgen. Das war kein rationaler Entschluss, irgendwie aus dem Unterbewusstsein heraus. Es war so ein Kribbeln im Bauch, das trifft es eigentlich ziemlich genau.

Ich habe mich einfach rübergebeugt und ihr den Hals kräftig zugedrückt, also mit den Daumen im Kehlkopfbereich und mit den anderen acht Fingern im Hals- und Nackenbereich.

Tatjana Brungs wehrte sich nach Kräften, schlug, trat, kratzte, versuchte zu schreien, sich loszureißen, ihren Peiniger wegzustoßen, aus dem Auto zu flüchten – ohne Erfolg.

Also schwach war sie nicht. Ich habe dann so lange gewürgt, bis die Abwehrhandlungen von ihr beendet waren. Das hat so 20 bis 30 Minuten gedauert.

Erst als Gruber in die gebrochenen Augen seines Opfers starrte, realisierte er, was er der jungen Frau angetan hatte.

Im Prinzip war es dann wie ein Wachwerden. Ich hatte plötzlich gesehen, was ich getan hatte. In Bezug auf die Unruhe, die vorher da war, war ich schon entspannt. Dadurch, dass das Mädchen nun tot war, war ich andererseits natürlich sehr aufgeregt und nervös. Weder vor diesem Würgevorgang noch nachher und auch nicht während des Würgens hatte ich eine Erektion. Ich hatte überhaupt keine sexuellen Gefühle. Sexualität empfinde ich als etwas Schönes, der Drang war mir aber unangenehm, weil es eigentlich nicht meinem Typ entspricht, dass ich mich nicht beherrschen kann.

Obwohl das Kribbeln beim Würgen weniger wurde, fühlte ich mich eher belastet. Weil ich ja gleichzeitig wusste, dass es nicht richtig ist, was ich machte. Es war wie eine Ohnmacht gegenüber mir selbst. Der Drang war einfach zu stark. Und als sie tot war, war der Drang weg. Irgendwie war der Drang jetzt gestillt. Genau wie man Lust auf ein Spiel hat und irgendwann mittendrin die Lust an dem Spiel zu Ende ist. Nur, dass ich dabei keine Lust hatte, ich möchte nicht, dass das verwechselt wird.

Gruber fühlte den Puls seines Opfers, horchte, ob das Herz noch schlug, aber er konnte keine Lebenszeichen feststellen.

Mir war klar, dass das Mädchen tot war. Ich habe dann weiter nichts gemacht, aber ich habe für mich selbst bedauert, dass sie tot war. Aber im Moment des Würgens nicht!

Ich habe dann ein bis zwei Minuten nachgedacht. Die Überlegung führte zu dem Ergebnis, dass ich das Opfer an Ort und Stelle nicht ablegen wollte, weil mir klar war, dass die Leiche innerhalb kürzester Zeit gefunden würde. Weiterhin überlegte ich mir, dass ich die Kleidung des Opfers an einer anderen Stelle ablegen musste als das Opfer selbst. Hiermit wollte ich eventuelle Spuren, die auf mich hindeuten würden, verwischen oder hinauszögern. Ich habe die Leiche dann entkleidet.

Wenig später fuhr Gruber mit dem Leichnam einige Kilometer weiter in ein anderes Waldgebiet südlich von Frankfurt, versteckte den toten Körper in einem Jungholzbereich und deckte ihn mit Ästen und Laub ab. Auf der Rückfahrt nach Frankfurt hielt er nach drei Kilometern Fahrt in einer Fichtenschonung und vergrub dort Tatjana Brungs Kleidung.

Als ich nach der Tat an der Arbeitsstelle ankam, ist meiner Einschätzung nach niemandem etwas an meinem Verhalten aufgefallen. Ich würde sagen, dass ich an diesem Tag ruhig und ausgeglichen wirkte. Ich war zwar noch aufgeregt, habe mich jedoch bemüht, dies nicht zu zeigen. Ich wurde auch von niemandem meiner Kollegen oder einem Kunden darauf angesprochen.

Und damit war die Sache für ihn erledigt.

Ich habe danach weitergelebt wie bisher.

Ein geradezu grotesker Vorgang: Ein junger und unbescholtener Mann trifft zufällig auf eine junge Frau und tötet sie nur wenige Minuten später ohne erkennbares Motiv.

Ihm war es nahezu mühelos gelungen, innere Vorbehalte zu überwinden, die Beherrschung zu verlieren. Und er hatte damit gleichzeitig den Weg für weitere Verbrechen bereitet.

Dadurch, dass es schon einmal passiert war, lag die Hemmschwelle niedriger. Der Bewegungsablauf war schon automatisiert, schon ein bisschen eingespielt.

Wer vorsätzlich und eigenhändig einen Menschen tötet, der weiß, dass er eine unverrückbare Grenzlinie überschreitet. Das, was uns normalerweise davor zurückschrecken lässt, nennt man *Tötungshemmung*.

Auch heute noch wird darüber gestritten, ob und in welcher Form diese moralische Instanz tatsächlich existiert. Konrad Lorenz, der *Vater der Graugänse*, glaubte herausgefunden zu haben, dass das Ziel der innerartlichen Aggression niemals die Vernichtung des Artgenossen sei. Tiere leben ihre Aggressionen nur in Andeutungen aus, und alle Artgenossen richten sich nach diesen

Gesetzen. Erst der Homo sapiens habe, laut Lorenz, diese Lebensregel durchbrochen. Und da der Mensch einen erschwerten Zugang zu seinen Instinkten habe, müsse er dem moralischen Verfall durch künstliche Normen entgegenwirken. Lorenz sah diesen Verfall im Verschwinden der Tötungshemmung beim Menschen bestätigt.

Diese Auffassung ist mittlerweile sowohl beim Tier als auch beim Menschen überholt. Denn aus dem Tierreich sind Verhaltensweisen dokumentiert, die nur ein Ziel verfolgen: die Tötung des Artgenossen. (Zum Beispiel wurden regelrechte Bandenkriege unter Schimpansen beobachtet, die mit der fast vollständigen Ausrottung der verfeindeten Sippe endeten.) Ein weiterer Beleg für das Vorhandensein der Tötungshemmung beim Menschen ist sein Verhalten bei kriegerischen Auseinandersetzungen. Historische Dokumente (beispielsweise Feldpostbriefe, Wehrberichte, Prozessakten oder Berichte von Zeitzeugen) belegen, dass Soldaten zwar bereitwillig auf unsichtbare Ziele feuerten, nicht aber auf Menschen, die sie als solche erkennen konnten. Dazu passt das Bekenntnis eines britischen Piloten nach der verheerenden Bombardierung Dresdens im Februar 1945, der vielen Kameraden aus der Seele sprach: »Wenn wir das hätten mit ansehen müssen, wir hätten das nicht machen können.«

Im amerikanischen Bürgerkrieg hat die Mehrzahl der Beteiligten wohl bewusst über die Köpfe ihrer Gegner hinweggefeuert – die meisten Toten fand man nämlich mit geladener Waffe. Sogar im Zweiten Weltkrieg betrug der Anteil der Soldaten, die auf ihre Gegner schossen, lediglich zwischen 15 und 20 Prozent. Erst später – nach speziellen Trainings für die Soldaten – stieg die »kill-rate«: In Korea betrug sie schon 55 Prozent, in Vietnam sogar 90 Prozent.

Dies zeigt, dass das Vernichten von Artgenossen sehr wahrscheinlich eben nicht Element eines normalpsychischen Kalküls ist, sondern eine stark gefühlsbetonte, vermutlich sogar instinkthaft gesicherte Grenze überschreitet. (zitiert nach Kröber 1993)

Gerade die Taten von Serienmördern sind vor allem durchdrungen und werden geprägt von einem unbedingten Vernichtungswillen. Die erstmalige Tötungshandlung (*Performance* als Phase vier des *Serienmörder-Prinzips*) wird dabei von einer Vielzahl von Tätern als zwanghaft erlebt oder wenigstens entsprechend beschrieben. Auch Gruber wollte so empfunden haben: *Das Verlangen, zu würgen, habe ich als absoluten Zwang erlebt. Ich habe vorher gar nicht daran gedacht, aber wenn ich dieses Kribbeln gespürt habe, konnte ich mich nicht dagegen wehren. Ich musste einfach zudrücken.*

Von ähnlichen, als fremdbestimmt erlebten inneren Vorgängen berichten auch andere mehrfache Mörder, zumeist Sexualtäter. Jochen Appelt entführte Anfang der 80er Jahre in Norddeutschland drei junge Frauen, vergewaltigte und tötete sie. In einem längeren Brief versuchte er mir zu erläutern, warum diese Verbrechen für ihn unabwendbar gewesen seien: »(...) Mit dem Zwang töten zu müssen, übernahm in mir etwas ›sehr Böses‹ die Kontrolle. Dieses ›Böse‹ übernahm die Handlungsebene fast in Gänze, ließ die Restpersönlichkeit zur Maskierung der eigentlichen Tötungsabsicht jedoch scheinbar vordergründig wirken. Das Ziel allen Handelns war die Tötung bzw. völlige Zerstörung des Opfers, das in seiner Opferrolle meine eigene Schwäche symbolisiert hat, die auszulöschen vermutliches Ziel des Tötungszwanges war. Neben dem mir innewohnenden ›bösen‹ Persönlichkeitsanteil existierten während des gesamten Tatgeschehens noch weitere Persönlichkeitsanteile sowie eine heile (also nicht gestörte) Restpersönlichkeit. Diese Teile wie auch die heile Restpersönlichkeit wollten das Handeln des ›bösen Persönlichkeitsanteils‹ verhindern. Während bei der Verübung von Tat 1 und 2 diese Persönlichkeitsanteile von dem ›bösen Persönlichkeitsanteil‹ selbst attackiert worden sind (sie wurden zum Selbstschutz schlichtweg ausgeschaltet), gelang es diesen während der dritten Tat, mit dem ›bösen Persönlichkeitsanteil‹ (Auftreten von zwei 5–6 Jahre alten Kindern, die unbedingt töten wollten und darum bettelten) in einen Dialog zu treten, und zwar der Gestalt, dass diese (also die Kinder) eindringlich ermahnt wurden und mitgeteilt bekamen, dass diese Tat, sofern sie von ihr nicht abrücken und sich distanzieren würden, ihre letzte sein würde, weil sie von der Polizei gestellt werden würden.

Ich vermute resp. glaube, da mein heiler Persönlichkeitsanteil selbst nicht in der Lage war, das Töten zu beenden, dieser in irgendeiner Weise dazu beigetragen hat, die ansonsten vollkommen automatisierte Wahl des Ablageortes der Leichen in diesem 3. Fall so zu beeinflussen, dass ich auf jeden Fall im Wege der polizeilichen Ermittlungen aufgrund meiner Vorstrafe von der Kriminalpolizei überprüft werden würde. Dieser ›Plan‹ ging ja dann auch auf und führte letztendlich zu meiner Festnahme und damit zum Stoppen meines mörderischen Tuns. (…)«

Auch wenn solche Äußerungen den Anschein erwecken, als würden die Täter einem inneren Zwang folgen müssen, darf hierbei nicht übersehen werden, dass stets der Versuch unternommen wird, die eigenen Taten zu erklären, aber insbesondere auch vor sich selbst zu rechtfertigen, zu entschuldigen. Dabei wird jedoch ganz bewusst ausgeblendet, dass nahezu jedem Mord eine Vielzahl vergeblicher Anläufe vorausgeht. Gekennzeichnet sind diese Fehlversuche jeweils durch den eigenen Entschluss, das Opfer zu verschonen, es nicht zu tun. Die Gründe für diese innere Zurücknahme sind vielschichtig. Häufig ergibt sich einfach keine günstige Tatgelegenheit, die Täter fühlen sich beobachtet oder durch Verhalten und Erscheinungsbild des potenziellen Opfers verunsichert. Oder sie verlassen sich auf ihr Bauchgefühl: Hier stimmt etwas nicht, hier droht Gefahr. In vielen Fällen gelingt ihnen aber auch gänzlich unbeeinflusst der innere Rückzug, sie können sich beherrschen – trotz sich bietender Möglichkeit. Im Umkehrschluss bedeutet dies, dass die abnorme Neigung also grundsätzlich beherrschbar zu sein scheint.

Mündet das abnorme Verlangen jedoch in eine unmittelbare Täter-Opfer-Interaktion, kann dem Tatanreiz erheblich weniger Widerstand entgegengesetzt werden. Der Sturm des Vernichtungswillens bricht los, das Hemmungsvermögen versagt. Im Fachjargon der Juristen wird dieser Kontrollverlust als *erhebliche Verminderung der Steuerungsfähigkeit* bezeichnet. Während eines solchen Tatstadiums erlebt der Täter seinen Tötungsdrang tatsächlich zwanghaft: Es gibt kein Halten, kein Zurück. Dennoch bleibt die Fähigkeit, zumindest das moralische und juristische Unrecht des eigenen Handelns einzusehen, im Regelfall unangetastet. Die Konsequenz: Der Täter kann auch in solchen Fällen strafrechtlich zur Verantwortung gezogen werden.

Die Trieb- beziehungsweise Tötungsdynamik ist gewiss individuell ausgeformt und ausgeprägt, in jedem Fall aber dient sie als mentales Sprungbrett. Wer sich darauf einlässt oder wer dem wenig bis nichts entgegenzusetzen hat, dem fällt es vergleichsweise leicht, einem Menschen das Leben zu nehmen. Ähnlich empfand auch Maximilian Gruber, als er seinem mysteriösen Drang nachgab und das Opfer zu Tode würgte: *Rational habe ich das gar nicht gewollt. Das ist mir auch nicht egal gewesen. Ich wusste ja, welche Konsequenzen das haben würde. Aber dieser Drang hat es leichter gemacht. Ich weiß auch gar nicht mehr so genau, ob ich mich überhaupt dagegen gewehrt habe.*

Im Wortsinne skrupellos und mit leichter Hand, manchmal sogar mit Vergnügen morden all jene Täter, denen es an Empathie mangelt. Einfühlungsvermögen ist eine grundsätzliche Fähigkeit des Menschen. Sie ist die Barriere zur Inhumanität und der Kern unseres Menschseins. Wer empathisch ist, kann sich in einen anderen Menschen hineinversetzen, seine Gefühle teilen und nachvollziehen. Schopenhauer bezeichnete diese Fähigkeit als Mitleid. Sie sollte neben Egoismus und Bosheit zu einer der drei Grundtriebfedern des Menschen gerechnet werden. Mitleid sei die einzige Quelle für selbstloses Verhalten und somit Grundlage für Gerechtigkeit und Menschenliebe.

Täter, die nicht Anteil nehmen können, sind auch für die körperlichen und seelischen Leiden ihrer Opfer nicht empfänglich. Sie sind in diesem Sinne gefühlstaub, für sie existiert kein Tötungstabu, Opfer sind lediglich verfügbar und verletzbar. Ebenso charakteristisch sind in solchen Fällen fehlende Scham und Reue.

Insbesondere Sadisten stehen den Leiden der Opfer jedoch keineswegs gleichgültig gegenüber, vielmehr registrieren sie jede Regung und reagieren darauf. Nur provozieren die Qualen bei ihnen kein Mitleid, sondern genau das Gegenteil: Hochgefühle von Macht, Überlegenheit und Unbesiegbarkeit.

Schwer oder gar nicht beherrschbare Erregungszustände und fehlendes Mitgefühl lassen zumindest die psychische Dynamik eines Tötungsakts plausibel erscheinen. Anders liegen die Dinge bei solchen Morden, die rahmengebunden sind. Diese Taten bahnen sich im Rahmen eines bestimmten sozialen Kontextes an, und die Tötungshandlungen wiederum sind zwingend gebunden an dieses Setting. Mit anderen Worten: Dem Täter ist es nur unter *diesen* Bedingungen möglich, seine Tötungshemmung zu überwinden.

Serielle Patiententötungen passieren ganz überwiegend rahmengebunden. Die medizinische Profession hat mehr Serienmörder hervorgebracht als jede andere Berufsgruppe. Auch die durchschnittliche Opferzahl der Totmacher in Weiß unterstreicht ihre regelmäßig unterschätzte Gefährlichkeit: Zwölf Menschen bringen sie zu Tode, bevor sie endlich überführt werden.

Die meisten Ärzte und Pfleger wären (höchstwahrscheinlich) nicht zu Tätern geworden, hätten sie diesen Beruf nicht ergriffen. Ein gewichtiges Argument für diese These: Es gibt kein klares Krankheitsbild, fast alle *Todesengel* sind uneingeschränkt schuldfähig. Und vor ihren Taten leben sie überwiegend so unauffällig, als hätte es sie gar nicht gegeben.

Es sind in erster Linie die beachtlichen psychischen und physischen Belastungen am Arbeitsplatz, die den Tätern zu schaffen machen und den Weg bereiten. Nicht ganz zufällig sind es in vielen Fällen Schwestern und Pfleger der Intensivstation, die Patientenmorde in Serie begehen. Die surreale Szenerie solcher Lebenserhaltungseinrichtungen, noch vor dreieinhalb Jahrzehnten in nur wenigen medizinischen Hochburgen zu finden, erzeugt im verzweifelten Kampf gegen das Sterben ein fremdartiges Klima von höchster innerer wie äußerer Anspannung und Alarmbereitschaft. Ärzte und ihre Helfer haben dabei ständig den Tod vor Augen. Sie kämpfen dagegen an, zweifeln nicht selten an den menschenunwürdigen Lebenserhaltungsmaßnahmen. Sie ringen gleichzeitig gegen den Tod der Patienten und mit ihrem Gewissen und missachten dabei allzu oft ihre seelische Erschöpfung. Tatsächlich drängt sich hier und da der Eindruck auf, als würde bei Intensivbehandlungen nicht das Leben, sondern das Sterben verlängert. Der Tod des Patienten wird irgendwann auch als persönliche Niederlage erlebt. Die Erfahrung, helfen zu wollen, aber nicht zu können, gerät zum seelischen Bumerang. Immer wieder.

Neben den generellen Anforderungen des Arzt- oder Pflegeberufs belasten die Täter vor allem aber Kommunikations- und Kooperationsprobleme am Arbeitsplatz, die zu besonderen Belastungssituationen führen. So war es auch bei Matthias Carius, der 1990 in einem Gütersloher Krankenhaus mindestens acht Frauen und zwei Männer durch Luftinjektionen tötete. »Ich wurde halt zu Leuten eher hingeschickt, die im Sterben lagen, weil ich der einzige Mann in der Schicht war, weil das eben auch eine körperlich sehr schwere Pflege war. Dann wurde ich da reingeschickt: Mach' das mal. Du kannst das schon.«

Der damals 34-Jährige war der einzige Mann in einem Team von Schwestern. Er wurde von vielen abgelehnt und abgewiesen. Für die meisten Kollegen war Carius einfach nur laut oder brutal oder anbiedernd. Ein Mann fürs Grobe eben, der in erster Linie die Leichen wegzuschaffen hatte. Dafür schien er gut genug. Zu Partys oder anderen privaten Gelegenheiten wurde Carius grundsätzlich nicht eingeladen. Um dennoch zu gefallen, war er gerne gefällig, übernahm sogar klaglos Spät- und Nachtschichten. Er wollte so aber auch für sich sein und den unbequemen Kollegen aus dem Weg gehen.

Als sich die Todesfälle während seiner Schichten auffällig häuften, schimpften sie ihn den »Vollstrecker«. Eine seiner Kolleginnen berichtete in der Gerichtsverhandlung: »Einmal sind drei Patienten in einer Nacht gestorben. Das ist mein Trauma. Bei der Übergabe hieß es, man hätte sie mit allem versorgt, was man machen kann. Einer hatte einen schweren Herzinfarkt, einer Nierenversagen seit mehreren Stunden, einer lag im Koma. Am liebsten wäre ich weggelaufen. Daß man einen solchen Patienten hat, kommt vor. Aber nicht gleich drei, denen man nicht helfen kann. Wir haben darüber geredet und gescherzt, um die Sache nicht zu sehr an uns herankommen zu lassen. Wir haben Matthias Carius gebeten, zu uns zu kommen, um mal zu gucken. Das geht an den Rand der psychischen und physischen Belastbarkeit, wenn man von 22 Uhr bis 7 Uhr früh drei Sterbende betreuen muß. Wir haben vor dem Bett eines Patienten gestanden, dessen Pulsschläge immer schwächer werden. Wir haben uns unterhalten, und ich habe zu ihm gesagt: Du hilfst mir doch? Morgens wurde gesagt: Befehl ausgeführt. Matthias hat das gesagt. Und wir haben darüber gelacht.«

Carius hatte die Patienten kurzerhand getötet. »Der erste Fall war ein Mann, der nach einem Schlaganfall zu lange weg gewesen war. Er war nicht mehr ansprechbar. Es wurden immer wieder Medikamente gegeben, die diese Existenz verlängern sollten. Und irgendwann hatte ich da mal so eine blöde Spritze in der Hand. Der Mensch tat mir furchtbar leid, klar, aber ich konnte es nicht verhindern. Dann habe ich Luft injiziert. Ich bin rausgegangen, als ich die Luft injiziert hatte, bin aber relativ schnell wieder reingegangen, aber da war der Mensch schon tot.«

Er versuchte sein eigenes Leiden zu beseitigen, indem er den Verursacher des Leidens beseitigte: »Die Menschen taten mir sehr leid. Es waren eigentlich keine Motive, ich hatte keinen

Grund, diese Menschen zu töten. Ich bin nie in ein Zimmer reingegangen mit dem Ziel: dieser Mensch stirbt. Niemals. Ich habe mir jedesmal vorgenommen: das war das letzte Mal, das passiert nicht wieder. Aber es lief dann immer völlig automatisiert ab.«

Es gibt offenbar Menschen, die für andere *nur* dann zu einer tödlichen Gefahr werden, wenn sie einen für sie falschen Beruf ergreifen und Verhältnisse vorfinden, die sie seelisch überfordern. Und wenn dann niemand da ist, der den Helfern hilft oder sie sich nicht helfen lassen wollen, können die Dinge aus dem Gleis geraten.

Ähnlich wie Patiententötungen sind auch serielle Beziehungsmorde rahmengebunden. Fast immer sind es Frauen, die sich in einer Sackgassensituation wähnen, keinen Ausweg mehr sehen und ihre Widersacher heimtückisch töten.

»Ich hatte eine solche Spannung in mir. Und diese Spannung war grausam, weil ich nicht heulen konnte. Weil ich nicht heulen konnte, hat sich alles verkrampft. Dann habe ich die Spannungen nicht mehr ertragen.« (Sämtliche Aussagen von Christa Lehmann zitiert nach Klee) Die Ehe von Christa Lehmann war ein einziges Krisengebiet. Ihr gehbehinderter Mann arbeitete nur gelegentlich, trank dafür aber regelmäßig, verjubelte das wenige Geld, das beide besaßen und trieb sich herum. Überhaupt hatte sie den Plattenleger nicht aus freien Stücken geheiratet: »Er hat auf die Heirat gedrungen. Wenn ich es rausschieben wollte, da hat er immer das vorgeschoben: Ich würde immer nur den Krüppel sehen und würde ihn deshalb nicht heiraten. Und da hat er gewußt, daß ich schwach werde. Da habe ich nachgegeben.«

Die 29-Jährige litt aber auch unter den außerehelichen Eskapaden ihres Mannes. Seine Ehebrüche reizten sie bis zur Gewalttätigkeit: »Er stand morgens auf, wusch sich, rasierte sich, setzte sich neben den Herd. Und jedesmal, wenn ich den angeguckt habe, da hat es in mir gekocht. Da bin ich auf den los, da habe ich richtig auf den losgeschlagen, habe geboxt, und er hat sich nicht gewehrt. Und je mehr er sich nicht gewehrt hat, desto mehr hat er mir bestätigt, daß es wahr ist. Obwohl er dann gesagt hat: Ja, ich war bei ihr, aber es ist nichts gewesen. Aber das habe ich nie geglaubt, und ich konnte es ihm auch nicht abnehmen. Er war halt ein Hurenbock.«

Dennoch wollte der 40-Jährige partout keine Trennung von seiner Frau, vielmehr versuchte er, sie durch Kinder an sich zu binden. »Mein Mann hat immer gesagt, wo ich mich so gesperrt habe, ich müßte in anderen Umständen sein. Er hat immer gelauert, ob ich die Periode habe. Und er war dann immer wütend, wenn sich das eingestellt hat, weil er noch mehr Kinder wollte. Der wollte mir Kind auf Kind hinsetzen, damit ich mehr gebunden bin.« Doch auch Christa Lehmann fühlte sich nicht an das eheliche Treueversprechen gebunden und betrog ihren Mann regelmäßig.

Die Mutter von zwei minderjährigen Kindern, die nebenher für ein paar Mark putzen ging, fühlte sich schließlich allein gelassen, ihre Probleme nahmen überhand: »Ich habe von morgens bis abends gearbeitet. Mein Mann hat sich um nichts gekümmert. Ich konnte für meine Kinder nicht sorgen. Und dann bekam ich immer mehr Vorwürfe.« Irgendwann reifte in ihr der Entschluss, sich von ihrem Joch zu befreien: »Ich weiß nicht mehr, wie ich auf den Gedanken gekommen bin. Es war ein innerlicher Trieb. Das Innerliche war stärker als ich selbst. Ich hatte eines Tages in einer Drogerie in Worms im Schaufenster eine weiße Schachtel mit einem Totenkopf und der Aufschrift ›Gift‹ gesehen. Da bin ich hingegangen und habe das Gift gekauft.« Die Schachtel enthielt sechs Ampullen des Pflanzenschutzmittels E 605.

Am 27. September 1952 gab sie ihrem Drang nach: »Mein Mann ging fort, um sich rasieren zu lassen. Ich machte den Frühstückstisch zurecht und schüttete das Gift in seine Milch. Als mein Mann wiederkam, frühstückten wir zusammen, dann fuhr er mit dem Fahrrad fort, um Platten zu holen. Nach 20 Minuten kam er zurück. Ihm wurde schlecht, er fing an zu stöhnen.

Ich legte ihn auf das Sofa im Schlafzimmer und fragte, ob ich den Arzt holen solle. Er konnte nicht mehr sprechen und schüttelte den Kopf. Ich lief aber doch fort, um den Doktor zu holen. Aber der Arzt, der ihn behandelte, war nicht da. Als ich in die Wohnung zurückkehrte, stöhnte mein Mann nur noch leise.« Später wurde doch noch ein Arzt erreicht, der aber keinen Verdacht schöpfte. Denn die krampfartigen Beschwerden des inzwischen Verstorbenen schienen zu seinem langwierigen Magenleiden zu passen. Bedenkenlos wurde ein Totenschein ausgestellt, Franz Lehmann sollte an einem durchgebrochenen Magengeschwür gestorben sein.

Christa Lehmann spielte überzeugend die trauernde Witwe. Doch schon auf der Beerdigung vertraute sie sich einer Freundin an, erleichtert erklärte sie ihr: »Nun habe ich mit meiner Familie endlich Ruhe!« Auch bei der polizeilichen Vernehmung sollte sie später daraus keinen Hehl machen: »Es hat geholfen.«

Allerdings sollte sich ihre Lebenssituation bald dramatisch verschlechtern. Denn schon stellte sich ihr ein anderer Mann in den Weg. Es war Wilhelm Geppert, ihr Schwiegervater, in dessen Haus die Witwe mit ihren beiden Kindern immer noch wohnte. Der 62-Jährige monierte ihren lockeren Lebenswandel, drohte mit einer Anzeige bei der Sittenpolizei. Als sie ein Kind von einem ihrer Zufallspartner erwartete, verhinderte der alte Mann eine Abtreibung. Im Schwiegervater wollte sie schließlich den Grund allen Übels ausgemacht haben: »Der Gedanke kam mir einige Wochen später. Und zwar, weil ich mir überlegt habe, warum ich das mit dem Franz überhaupt gemacht habe. Und da ist mir das alles zu Bewußtsein gekommen, daß mein Mann in dem Sinne gar nicht die Triebfeder war. Da ist mir wieder gekommen, wie mein Schwiegervater über meinen Mann gehetzt hat. Das hat mich gegen meinen Schwiegervater aufgehetzt. Da ist ein richtiger Haß gegen ihn aufgekommen.«

In den folgenden Wochen und Monaten spitzte sich die Lage zu, sie wusste sich nicht gegen Wilhelm Geppert zu behaupten:

»Es waren immer wieder Spannungen gewesen. Dann hat er über mich hergezogen, weil ich mit meiner Freundin Anni verkehrt bin, mit der abends weg bin. Da hat er gesagt, ich täte draußen rumfliegen, das wäre nicht richtig, wo mein Mann erst gestorben wäre, das wäre keine Art und Weise. Da habe ich noch gedacht, jetzt habe ich immer noch nicht meine Ruhe, jetzt fängt der auch noch an. Da bin ich auf den Gedanken gekommen.«

Am 14. Oktober 1953 bekam auch Wilhelm Geppert seine Henkersmahlzeit: Joghurt, versetzt mit einer ausreichenden Dosis E 605. Wieder hatte Christa Lehmann heimtückisch gemordet, um die häusliche Situation gewaltsam geradezubiegen. Und dieses Verhalten passte zu einer Frau, die zeitlebens hatte einstecken müssen, sich nicht hatte entfalten dürfen. Schon ihre Kindheit und Jugend waren freudlos. Als sie zwei Jahre alt war, musste ihre Mutter in die Psychiatrie eingewiesen werden. Aus dem Pflegefall resultierten permanente familiäre Missklänge und Belastungen: »Da waren immer Schwierigkeiten mit meinem Vater, er hat uns immer verboten, unsere Mutter zu besuchen. Wenn mein Vater erfahren hat, daß wir dort gewesen waren, haben wir immer unsere Schläge gekriegt. Mein Vater wollte die Verbindung einfach nicht haben.«

Im Familienverbund fand sie keine Geborgenheit, eckte an, fühlte sich zurückgestoßen: »Meine Schwester war der Liebling von meinem Vater. Ich muß sagen, ich war das Aschenputtel daheim. Ich mußte immer das machen, was meine Schwester nicht machen wollte. Hat meine Schwester Schläge verdient, dann habe ich sie immer mitgekriegt. Mein Vater hat nicht gefragt, wo er hinschlägt. Er hat mich zusammengeschlagen, daß es eine Schande war. An schöne Zeiten kann ich mich überhaupt nicht erinnern.«

1944 heiratete Christa Lehmann. Ihre offizielle Begründung: »Ich wollte endlich eine Familie haben.« Die als Befreiung konzipierte Verbindung wurde aber früh zu einem neuerlichen Gefängnis. Schon am Hochzeitsabend schlug ihr Ehemann sie heftig, weil sie es gewagt hatte, ihm zu sagen, er möge doch nicht so viel trinken. Später stritten sie täglich, schlugen aufeinander ein, bedrohten sich mit Messern. Ein nicht enden wollender Kampf, in dem es keinen Sieger gab, sondern nur Verlierer. Beziehungen können nicht endlos beschwert werden, irgendwann ist es zuviel.

Ihr Schwiegervater starb auf der Straße, als er mit dem Fahrrad unterwegs war, um einzukaufen und stürzte. Der hinzugerufene Arzt tippte auf Herzschlag als Todesursache. Nur die Mutter ihrer besten Freundin schöpfte Verdacht, nachdem sich die merkwürdigen Todesfälle gehäuft hatten und auch die Schwiegermutter von Christa Lehmann – allerdings vermutlich eines natürlichen Todes – gestorben war. Die ältere Dame hatte sich auch energisch dagegen ausgesprochen, dass ihre Tochter mit ihrer Freundin die Nächte durchbummelte. Somit war auch die 75-Jährige zu einem unkalkulierbaren Risiko geworden und musste aus dem Weg geräumt werden. Doch bei ihrem dritten Verbrechen tötete Christa Lehmann die Falsche. Das eigentliche Opfer hatte die vergiftete Praline in die Schachtel zurückgelegt, ihre Tochter schließlich davon probiert – und war daran gestorben. Erst dieses Missgeschick brachte die Giftmischerin vor Gericht.

Bei einem ähnlich gelagerten Fall wurde am 25. Juli 1983 die 67-jährige Martha Flecken von Beamten der Kripo Mönchengladbach festgenommen. Die Ermittler hegten den Verdacht, sie könnte ihren Ehemann ermordet haben, und zwar mit E 605. Allerdings saß den Beamten eine Frau gegenüber, der man so etwas nicht hätten zutrauen wollen. Äußerlich wirkte die Hausfrau wie die nette Oma von nebenan: hochgesteckte graue Haare, blaues Jackenkleid, weiße Bluse. Was die sechsfache Mutter aus dem betulichen Kempen am Niederrhein den Ermittlern dann aber nach anfänglichem Leugnen beichtete, war nicht nur der Mord an ihrem Mann, sondern eine ganze Mordserie. Dabei flossen jedoch keine Tränen, ungerührt und mit starrem Gesichtsausdruck trug die Frau ihre Geständnisse vor.

Opfer Nummer eins: Gerhard Wunderlich, ihr Vater, ermordet am 24. April 1963.

»Nachdem meine Mutter schon einige Zeit tot war und auch die Lebensgefährtin meines Vaters verstorben war, habe ich meinen Vater zu mir genommen. Mein Vater hat ein Jahr oder etwas mehr bei uns gelebt. Ich hatte zu diesem Zeitpunkt eine große Familie, da waren meine Kinder, die zum größten Teil noch im Haus waren, und da war mein Mann Peter Kuchenbecker und seine Kinder, die zum Teil noch im Haus wohnten.

Mein Vater war immer schon ein brutaler Mensch. Er hat die ganze Familie immer unterdrückt. Das war schon so, als ich ein Kind war. Als ich ihn zu mir geholt hatte, war er zunächst zurückhaltend, dann kehrte er aber wieder seine bestimmte Art heraus und wollte alles zu sagen haben, alles sollte nach seiner Pfeife tanzen. Das paßte mir nicht, das konnte ich meiner Familie gegenüber nicht machen. Ich überlegte, wie ich meinen Vater loswerden könnte. Da kam mir eine Lungenentzündung meines Vaters zugute, er wurde dadurch ans Bett gefesselt. Der Arzt sagte, daß mein Vater lange Zeit bettlägerig bleiben und möglicherweise gar nicht mehr hoch kommen würde. Diese Nachricht, daß ich jetzt möglicherweise mit einem ständigen Pflegefall zu tun hatte, der auch noch schwierig war, verstärkte meinen Beschluß noch, meinen Vater zu beseitigen.

Ich kaufte mir in einer Drogerie das Pflanzengift E 605. Meine Kenntnis, daß man damit Menschen umbringen kann, hatte ich aus Illustrierten. Ich nahm einige Tropfen, mischte es unter ein Gemüse, das ich meinem Vater zu Essen gab. Er hat das vergiftete Zeug aufgegessen, ohne etwas zu merken. Am nächsten Mittag starb er. Ich habe meinen Vater vergiftet, weil er mir lästig geworden war. Jeder nahm an, er sei an den Folgen der Lungenentzündung gestorben.«

Opfer Nummer zwei: Gertrude Unruh, ihre Tante, ermordet am 13. Juni 1970.

»Meine Tante hatte zunächst in Rheydt gewohnt und war

auch dort verheiratet gewesen. Nachdem ihr Mann verstorben war, habe ich sie zu mir genommen. Sie war zu dieser Zeit gehbehindert. Ich habe sie zu uns genommen, weil sie zu mir in meiner Kindheit immer gut und teilweise wie eine Mutter zu mir gewesen war. Sie hatte keine großen Ersparnisse, es war nicht viel an ihr zu verdienen, gleichwohl brachte sie ihre Rente mit in das gemeinsame Haushaltsgeld ein, daß wir dadurch einiges mehr als normal zur Verfügung hatten.

Meine Tante erlitt dann irgendwann einen erneuten Schlaganfall, dadurch wurde sie ständig bettlägerig. Sie wurde damit zu einer erheblichen Last für mich. Ich hatte einen großen Haushalt mit vielen Personen zu versorgen. Ich konnte keine ständige pflegebedürftige alte Tante gebrauchen. Ich entschloß mich also, sie zu vergiften, damit ich sie endlich loswurde. Das Gift, mit dem ich meinen Vater getötet hatte, besaß ich noch.

Als meine Tante jetzt im Bett lag, musste sie ständig Medikamente nehmen, auch in Tropfen- und Saftform. Mir kam der Gedanke, ihr das Gift unter die Medikamente zu mischen, das erschien mir am unauffälligsten. Etwas Vernünftiges essen konnte meine Tante zu diesem Zeitpunkt nicht. Ich habe einige Tropfen E 605 in einen Saft gemischt, den sie nehmen mußte, beides auf einen Teelöffel gegeben und ihr das eingeflößt. Sie konnte sich auch gar nicht dagegen wehren, denn sie war durch ihren Schlaganfall fast vollständig gelähmt.

Nach der Einnahme des Giftes lebte sie noch eine ganze Weile. Ich habe es ihr abends eingeflößt. Endgültig tot war sie am Mittag des nächsten Tages. Der Gedanke, ihr nach der Giftbeibringung einen Arzt zu rufen, kam mir nicht, denn dann hätte ich ja mein Ziel verfehlt, daß darin bestand, ihren Tod herbeizuführen, weil sie mir lästig war. Den Arzt habe ich erst gerufen, als der Tod eindeutig eingetreten war.«

Opfer Nummer drei: Bernhard Achterbach, ihr zweiter Ehemann, ermordet am 21. März 1976.

»Es gab erwartungsgemäß immer wieder Probleme mit soviel

Kindern, aber das war alles zu ertragen. Eigentlich richtig schlimm wurde es, nachdem praktisch alle Kinder aus dem Haus waren. Mein Mann hatte eine Kriegsverletzung. Er hatte Granatsplitter im Kopf. Die fingen Anfang der 70er Jahre an zu wandern und brachten ihm erhebliche Beschwerden. Wenn so etwas auftrat, wurde er unerträglich. Er stritt dann ständig, setzte die Möbel gerade und schlug auch mal etwas kaputt. Mich hat er allerdings nie geschlagen.

Mein Mann hatte eine für mich unerträgliche Marotte. Er hatte einen Putzfimmel. Immer wieder, auch wenn ich gerade vorher Staub gewischt hatte, nahm er, wenn er von der Arbeit kam, den Staublappen zur Hand und wischte noch einmal alles ab. Jede kleinste Fluse, die er fand, hob er auf und brachte sie zur Toilette. In den letzten Jahren regte mein Mann mich ständig auf. Er sang und palaverte den ganzen Tag herum oder ging mir durch andere Dinge auf den Geist. Wenn er seine verheirateten Kinder besuchte, stachelten die ihn gegen mich auf, und es gab Palaver, wenn nach Hause kam. Das war doch kein Leben.

Die Situation wurde für mich immer unerträglicher, und ich faßte den Entschluß, daß es so nicht weiter gehen kann. Ich konnte nicht mehr mit ihm leben. An Scheidung habe ich nicht gedacht, das wäre alles zu umständlich gewesen. Außerdem hätte ich dann als schlecht beziehungsweise unversorgte Frau dagestanden. Ich glaube auch nicht, daß Achterbach in eine Scheidung eingewilligt hätte. Wenn ich versucht hätte, mich scheiden zu lassen, hätte er mir das Leben zur Hölle gemacht. Er mußte also weg.

Ich habe ihm das Gift in den Nachtisch getan, ich wollte endlich meine Ruhe haben. Achterbach hat nichts bemerkt. Er aß den Nachtisch auf, es war ein Blaubeerpudding. Achterbach klagte nach dem Essen über starke Kopfschmerzen und legte sich hin. Ich habe eine Zeit gewartet und dann den Arzt gerufen, bei dem er in Behandlung war. Als der Arzt kam, lag Achterbach auf dem Bett. Er war nicht mehr ansprechbar, war aber noch nicht tot. Da der Arzt wußte, daß Achterbach Kriegsverletzungen hatte und Splitter, die wanderten, hatte er keinen anderen Verdacht, als daß eben ein Splitter sich freigemacht und zu wandern begonnen hatte. Ich war zufrieden, endlich hatte ich wieder meine Ruhe.«

Opfer Nummer vier: Friedrich Überall, ihr Lebensgefährte, ermordet am 10. März 1980.

»Mit dem Überall war ich nur befreundet. Ich lebte mit ihm zusammen in meiner Wohnung. Der kam aus Dormagen, er lebte von seiner Frau getrennt. Mit ihm bin ich einmal nach Dormagen in den Altenklub gefahren. Die Männer haben Karten gespielt, und ich saß mit den Frauen zusammen. Da war auch eine darunter, mit der Überall zirka zwölf Jahre zusammengelebt hatte. Die alte Frau erzählte anderen Frauen, aber so, daß ich es mithören konnte, sie wäre mal gespannt, wie lange ich das mit dem Überall aushalten würde, der könnte die Finger nicht bei sich behalten. Mehr erfuhr ich zunächst nicht.

Einige Wochen später kam ein Mann in Zivil zu mir nach Hause, der sich als Kriminalbeamter vorstellte. Überall war nicht da. Der Beamte erkundigte sich nach dem Überall. Als ich ihn fragte, worum es denn ginge, antwortete er ausweichend, daß man sich ja mal nach Leuten erkundigen müßte, die plötzlich ihren normalen Lebenskreis verließen und woanders hinziehen würden. Mehr hat er nicht gesagt. Das kam mir verdächtig vor. Ich habe Überall daraufhin angesprochen, der wußte aber keine Erklärung für den Vorfall.

Aber diese Nachfrage hatte mich neugierig gemacht. Deshalb habe ich in seiner Abwesenheit die Papiere und Unterlagen von Überall durchgesehen. Ich fand auch ein Schreiben von einem Gericht. Danach war er zu einer Strafe mit Bewährung verurteilt worden, weil er in Dormagen zwei minderjährige Jungen unsittlich belästigt hatte. Ich stellte ihn zur Rede. Er stritt alles ab, angeblich wäre das alles nur Gerede gewesen.

Ich wurde danach noch mißtrauischer und bekam mit, daß er auch versuchte, meine Kinder unsittlich anzufassen. Ich habe das meinen Kindern gesagt und sie vor Überall gewarnt. Trotzdem habe ich gesehen, wie er meine Enkelin Sonja mehrfach an die Brüste faßte. Die schlug dem zwar auf die Finger, der konnte es aber nicht lassen. Ich selber hatte die ganze Zeit, also seitdem wir uns kennengelernt hatten, keinen sexuellen Kontakt zu Überall. Er hat mir wohl anfangs ab und zu mal an die Brüste gefaßt, aber mit dem schlafen wollte ich nicht.

Ich habe Überall mehrfach gebeten, wieder nach Dormagen zu gehen. Er wollte aber nicht. Im Gegenteil, er sagte, daß es ihm gut bei mir ginge und wir uns auch gut verstehen würden. Er versprach auch immer wieder, die Finger bei sich zu halten, tat es aber trotzdem nicht.

Da gab es aber noch ein Problem. Da ich immer wieder meinen eigenen Kindern und meinen Enkelkindern Geld in kleineren und auch größeren Beträgen zukommen ließ, kam ich natürlich mit unserem Haushaltsgeld nicht aus. Ich mußte immer wieder von Überall Geld nachfordern, und das ging dem gegen die Hutschnur. Er verlangte Rechenschaft von mir. Ich sollte ihm darlegen, was ich mit dem ganzen Geld machen würde, aber dazu war ich nicht bereit. Hinzu kam, daß Überall nicht wollte, daß meine Kinder nach Hause kamen, also zu mir, und das war ganz genau das, was ich nicht leiden konnte, denn ich bin zu keiner Zeit irgendwie bereit gewesen, irgendeines meiner Kinder aufzugeben. Ich fühlte mich für meine Kinder immer verantwortlich, und ich habe ihnen auch stets aus der Patsche geholfen.

Es gab also zwei Probleme: Ich mußte meine Kinder und Enkel vor dem Überall beschützen, weil ich gemerkt hatte, daß er von seiner komischen Veranlagung nicht los kam. Und die Sache mit dem Geld. Entweder der Überall oder ich, habe ich mir gedacht. Da fiel mir die Entscheidung nicht schwer, sie fiel gegen Überall.

Etwa acht Tage vorher habe ich E 605 bei einer Firma in Kempen gekauft. Das Gift habe ich dem Überall in den Nachtisch gemixt. Ich habe diesmal mehr genommen, um sicherzugehen, daß der auch schnell stirbt. Überall hat den Nachtisch gegessen, ohne etwas zu merken. Ein paar Stunden später ist er gestorben. Ich war froh, daß ich den endlich los war. Der von mir verständigte Arzt hat nichts bemerkt. Als Todesursache wurde ein Herzinfarkt festgestellt.«

Opfer Nummer fünf: Walter Burghard, ihr dritter Ehemann, ermordet am 29. November 1982.

»Ich habe das Gift in den Nachtisch getan, weil ich verhindern wollte, daß er noch mal zur Bank kommt. Er hätte dann nämlich festgestellt, daß ich seine Unterschrift gefälscht habe, um an einen Kredit zu kommen. Ich war total verschuldet und am Ende und wollte das ganze Geld haben, was ich von ihm erben würde. Ich hatte den Pudding schon vor dem Essen zubereitet. Mein Mann hatte das nicht mitbekommen. Er hat den Nachtisch ganz normal gegessen. Ihm ist nichts daran aufgefallen, er hat auch nicht darüber gesprochen, daß der komisch riecht. Kurze Zeit später klagte er über Kopfschmerzen. Er legte sich dann aufs Sofa in der Küche. Ich habe inzwischen gespült und den Teller gesäubert, von dem er gegessen hatte. Nachdem mein Mann einige Minuten auf dem Sofa gelegen hatte, stöhnte er und schwitzte stark. Er hat nichts mehr gesagt. Mir war klar, daß das Gift jetzt wirkte. Ich habe mich ins Wohnzimmer gesetzt und ihn auf dem Sofa liegen lassen. Irgendwann war er dann tot und ich mein Problem los.«

Eine unbedachte Äußerung im Zorn brachte die Kripo auf die Spur der Giftmörderin. »Wenn du nicht gefügig bist, ergeht es dir wie meinen drei Männern«, hatte sie einer ihrer Schwiegertöchter angedroht. Die wollte ihren Mann, der häufig und zu viel trank, aus der Wohnung haben, notfalls mit Hilfe der Polizei. Aus Angst vor der Schwiegermutter ging sie Ende April 1983 zu einem Anwalt. Sie deutete auch einen schlimmen Verdacht an: »Da waren noch andere Männer, die plötzlich und unerwartet gestorben sind.« Der Anwalt empfahl, die Polizei zu informieren.

Die Kripo war zunächst skeptisch, begann aber dennoch mit vorsichtigen Nachforschungen – und stieß auf ein klassisches Mordmotiv. Martha Flecken, gerade ein gutes Jahr verheiratet, hatte eine beträchtliche Erbschaft gemacht: 45.000 Mark in bar, obendrein wusste sie sich durch eine hohe Witwenrente bestens versorgt. In den frühen Morgenstunden des 13. Juli 1983 wurde der Leichnam von Walter Burghard auf dem Friedhof seiner Heimatstadt Wuppertal exhumiert. Zwölf Tage später kam die Wahrheit ans Licht: Der Ehemann war vergiftet worden, also kein »Herzversagen, bedingt durch Altersschwäche«.

Wie Christa Lehmann flüchtete sich Martha Flecken in ihre Ehen, suchte in diesen Bindungen Schutz und Sicherheit. Für sie zählte nicht das Gefühl, nur das Kalkül. Schon ihre erste Ehe war ein reines Zweckbündnis: »Es war keine Liebesheirat, zumindest nicht von meiner Seite aus. Ich wollte versorgt sein und ein richtiges Familienleben führen.« Sämtliche Eheschließungen und Partnerschaften waren geprägt und wurden dominiert von materiellem Zweckdenken. Eiskalte, jede Gefühlsregung unterdrückende Rationalität hatte sie in familiären Kampfsituationen und Krisen nicht unterliegen lassen wollen. Sie war nicht willens, wahrscheinlich sogar unfähig, Kompromisse einzugehen. Und wenn jemand zu unbequem erschien, wurde nicht diskutiert, sondern eliminiert: »Die sind mir dann lästig geworden, ich wollte doch endlich meine Ruhe haben.«

Von den äußeren Umständen wesentlich mitbestimmt und getragen werden auch Serienverbrechen, die uns nicht nur besonders verwerflich, sondern überdies vollkommen unverständlich erscheinen: die Tötung von Neugeborenen. Die Vorstellung, dass auch Mütter hochgefährlich sein können, widerspricht unserem Lebensinteresse, unserer Lebenserfahrung. Und das macht es doppelt schwer, Erklärungen und Einsichten gelten zu lassen. Denn wer so etwas tut, wer sich an den eigenen Babys vergreift, der gehört nicht in diese Welt, der soll verdammt sein. So denken viele Menschen.

Susanne Malchow hat es getan. Anfang August 2005 ging eine kollektive Erschütterung durch diese Republik, als alles herauskam. Denn solch ein Verbrechen wie das in Frankfurt an der Oder hatte es in der deutschen Kriminalgeschichte noch nicht gegeben – *neun* tote Babys. Neunmal hatte eine Mutter das eigene Kind kurz nach der Geburt getötet, zwei Jungen und sieben Mädchen, erstmals 1988, letztmals im Jahre 1998. Die Leichen lagen in vier Eimern, einem Wäschekorb sowie in einem Aquarium und einer Kinderbadewanne, verstaut in Einkaufstüten, Stoffbeuteln, Müllsäcken, einem Mantel. Zufällig waren Verwandte in einer Garage hinter dem Elternhaus von Sabine Malchow auf die sterblichen Überreste der Opfer gestoßen. Nicht nur die Bewohner des beschaulichen Brieskow-Finkenheerd in Brandenburg waren entsetzt, die Zahl Neun machte aus diesem Fall ein maßstabloses Verbrechen.

Erklärungen konnte man nicht finden, dafür aber flugs einen Namen: »Todesmutter«. Im Fachjargon bezeichnet man die Tötung des eigenen Kindes innerhalb der ersten 24 Stunden nach der Geburt als *Neonatizid*. Diese Verbrechen werden Untersuchungen zufolge meist von Frauen begangen, bei denen eine erhebliche Persönlichkeitsproblematik besteht, etwa fehlende Reife oder mangelnde Bewältigungsmechanismen. Die Schwangerschaft wird geheim gehalten, aber auch vor sich selbst geleugnet. Die Mütter kommen aus allen sozialen Schichten, haben aber eins gemein: Sie fühlen sich mit der Schwangerschaft allein gelassen. Die spätere Tötungshandlung ist eingebettet in eine extreme Stresssituation, denn die meisten Täterinnen werden infolge der vollkommen verdrängten Schwangerschaft von der Geburt regelrecht überrascht. Und weil es keine Schwangerschaft geben darf, können sich keine Muttergefühle entwickeln, der Säugling wird rigoros abgelehnt – mit tödlichen Konsequenzen.

Bei Susanne Malchow mag diese Deutung für die erste Tötung zutreffend sein, vielleicht auch noch bei der zweiten eingeschränkt gelten. Aber danach kann die Überraschung nicht mehr allzu groß gewesen sein. Waren die folgenden Tötungen vielleicht nur noch Routine? Hatte sie die Schwangerschaften nunmehr zugelassen, weil sie einen Weg gefunden hatte, damit schnell und problemlos fertig zu werden?

Ungeachtet dessen sind die Ursachen für derart schauderhafte Verbrechen nicht nur in einer Pathologie der Täterinnen zu suchen. Erst das Zusammentreffen *mehrerer* Faktoren kann ein solches Drama in Gang setzen. Beachtlich erscheinen ebenso die sozialen Bezüge, in denen die werdenden Mütter leben. Schließlich muss der Krisenfall Schwangerschaft gerade vor dem sozialen Umfeld verheimlicht werden. Auch hier wird eine soziale Rahmenbedingung gesetzt, ohne die solche Verbrechen gar nicht passieren können.

Wie viele andere Serienmörder auch ist Susanne Malchow eine scheue Person, eine in den Niederungen von Beziehungen Gescheiterte. Aus ihren Selbstaussagen ergibt sich das Bild eines verpfuschten Lebens, eines Daseins zwischen permanenter Überforderung, Eheproblemen, Hilflosigkeit und einer fortwährenden Flucht in den Alkohol. Dabei wollte sie nur gefallen, anerkannt werden, beliebt sein und geliebt werden. Und vor allem wollte sie ihrem Mann imponieren, den die Zahnarzthelferin mit 17 Jahren kennen lernte, ein Stasi-Unteroffizier. Mit 18 wurde sie zum ersten Mal schwanger, weil sie von Verhütung nicht viel hielt, erzählte sie der Kripo. Mit 21 hatte sie bereits drei Kinder. Das erste war ein Wunschkind, das zweite nahm sie hin, schon das dritte war unerwünscht. Und dann beschloss ihr Mann, keine weiteren Kinder mehr haben zu wollen. Susanne Malchow wurde erst gar nicht gefragt, und sie begehrte auch nicht auf. Eine Trennung kam nicht in Betracht, sie befürchtete, ihrem Mann könne das Sorgerecht für die Kinder zugesprochen werden. Als sie schließlich doch ein viertes Mal schwanger wurde, begann sie zu verdrängen. Das werdende Kind passte nicht in die Ehe, die mittlerweile geprägt war von einem ewigen Kreislauf aus Gewalt, Trennung und Versöhnung. Sie dachte es weg, ein für allemal. Diese Frau muss sich verlassener und verlorener geglaubt haben als ein Mensch auf dem Mond.

Hätte Susanne Malchow einen anderen Mann geheiratet, hätte sie andere Schwiegereltern gehabt, hätte sei einen Arzt aufgesucht, hätte sie sich jemandem anvertrauen dürfen, vermutlich hätte es überhaupt keine toten Babys gegeben.

Auch dieser Fall macht deutlich, dass das erstmalige Überwinden der Tötungshemmung bei Serienverbrechern nicht ausschließlich gekoppelt ist an extreme Erregungszustände oder krankhaftes Kalkül, sondern auch an brisante Belastungssituationen, die die Täter überfordern. In jeder Hinsicht.

Das Opfer gehört aber ebenso wie der Täter und sein soziales Umfeld zum Ursachenkomplex. Vielfach hängt es sogar von speziellen Eigenschaften des Opfers ab, ob es zu einer Tötung kommt. Grundsätzlich fällt es den Tätern leicht(er), einem fremden Menschen das Leben zu nehmen. Bei Serienmorden ist dies in neun von zehn Fällen so. Und das nicht ohne Grund, denn ein Unbekannter verfügt selten über Eigenschaften, denen der Täter Rechnung tragen müsste, die ihn hemmen könnten. Anonymität ist also eine wesentliche Vorbedingung, um sich als *Täter* präsentieren und inszenieren zu können.

Nicht selten hängt es vom Verhalten der ausgewählten oder attackierten Person ab, welchen Verlauf die Begegnung mit dem potenziellen Peiniger nimmt, ob sie überhaupt zum Opfer wird und die Tat in eine Tötungshandlung mündet. Auch beim sadistischen Tötungsakt ist das so. Eine ganze Reihe von Tätern berichtete übereinstimmend, dass die Opfer sich oftmals passiv und widerstandslos in ihr bitteres Schicksal gefügt hätten. So hatte beispielsweise auch das letzte Opfer des dreifachen Mädchenmörders Manfred Wolters kapituliert, seinen Mörder geradezu angefleht: »Mach' schnell, damit ich nicht so viel spüre!« Dass es sich nicht um bloße Wahrnehmungsverzerrungen der Täter gehandelt haben dürfte, belegt die Tatsache, dass in einer

Vielzahl von Fällen keine Kampfspuren oder entsprechende Abwehrverletzungen bei den Opfern festgestellt werden konnten. Auch ließ sich dieses Verhalten nicht durchgängig aus der Persönlichkeit der Opfer herleiten. Was ist es dann?

Eine sexuelle Nötigung oder Vergewaltigung beinhaltet für das Opfer stets die Hoffnung, zumindest mit dem Leben davonzukommen. Der sadistische Tötungsakt hingegen ist ausschließlich auf die Qualen des Opfers gerichtet, der unvermeidlich erscheinende Tod kommt dann einer Erlösung gleich. Es geht dem Täter dabei ausschließlich um Bemächtigung, Entmenschlichung, Vernichtung. Sein todbringendes Ziel bleibt dem Opfer naturgemäß nicht verborgen. Schlimmer noch, dieses Wissen ist Voraussetzung für sein abartiges Zeremoniell, er muss die Todesangst und Hilflosigkeit seines Opfers spüren und sehen können. Eine extrem menschenfeindliche Atmosphäre, die durch den Täter bewusst initiiert wird und das Opfer unvorbereitet in eine Horror-Welt katapultiert. Es erscheint schwer vorstellbar, was Menschen in solchen Situationen empfinden. Aber der Gedanke, das unmittelbare Erleben, einem Fremden bis zum drohenden, qualvollen Tod bedingungslos ausgeliefert zu sein, dürfte tatsächlich dazu führen, dass das Opfer eine entwaffnende Wehrlosigkeit empfindet und sich wie paralysiert in sein Schicksal fügt.

Gelingt es dem Opfer hingegen, einen personalen oder emotionalen Bezug zum Täter herzustellen, könnte das drohende Unheil abgewendet werden. So berichtete zum Beispiel ein junges Mädchen, das von Manfred Wolters mit eindeutigen Absichten im Auto mitgenommen wurde und unbehelligt geblieben war, vor Gericht, sie sei gar nicht auf die Idee gekommen, vor diesem Mann Angst zu haben; er habe so unbeholfen und ängstlich gewirkt. Sie hatte ihn nämlich während der Fahrt in ein längeres Gespräch verwickelt und somit kein Gefühl der Passivität und Anonymität aufkommen lassen, das im Regelfall zwingende Vorbedingung für die Realisierung sadistischer Phantasien ist.

Auch Seriemörder erweisen sich in vielen Tatsituationen als höchst empfindsam, reagieren auf unerwartete, unerwünschte oder unpassende Verhaltensweisen und Äußerungen der Opfer mit Mäßigung. Unmittelbare Folge dieser speziellen Gestimmtheit ist ein auf den ersten Blick paradoxes Täterverhalten: Während einige Opfer einen qualvollen Tod finden, bleibt anderen Angegriffenen ein solches Schicksal erspart – obwohl auch in diesen Fällen ausreichend Zeit und Gelegenheit zur Tötung vorhanden gewesen wäre.

Norbert Schiesser gehört in diese Kategorie Serientäter, die von Fall zu Fall entscheiden. Schiesser vergewaltigte und ermordete als 30-Jähriger Anfang der 90er Jahre im Ruhrgebiet zwei Frauen, wesentlich mehr Opfer ließ er entkommen. Mir schrieb er, warum er sich so verhalten hatte: »Am Anfang ist mir schnell bewusst geworden, was ich tun wollte: vergewaltigen und töten. Aber wenn die Frauen mit mir sprachen, von Kindern erzählten oder mir anboten, sie zu küssen, wurde ich total unsicher und bin weg. Der Ablauf, den ich mir vorgestellt hatte (Gegenwehr, Schreien), trat nicht ein, und ich fühlte mich wie ein kleiner Feigling, der nur noch weg wollte.«

Auch der zweifache Mädchenmörder Ronny Rieken zeigte sich irritiert, als er ein weiteres Opfer missbrauchte, das Mädchen dabei aber plötzlich zu weinen begann: »Dadurch ist das ›Programm‹ (gemeint ist ein bestimmter, vorphantasierter Tatablauf, S. H.) irgendwie ins Stocken geraten. Die Tränen haben sie gerettet. Da habe ich gedacht: Das kannst du doch nicht machen. Die Tränen haben den Beschützerinstinkt in mir wachgerufen, mich an meine eigenen Kinder erinnert. Auf einmal sind mir so viele Gedanken durch den Kopf geschossen, daß ich aus dem Takt gekommen bin. Ich mußte auch an früher denken, wie es mir selbst ergangen war. All das ist in meinem Kopf auf einmal durcheinander gewirbelt, und da stand für mich klipp und klar fest, daß ich sofort aufhören muß.« (zitiert nach Thies)

Ein bestimmtes Opferverhalten *kann* also dazu führen, dass

es den Tätern nicht gelingt, sich auf die Tat einzustimmen, ihre Tötungshemmung zu überwinden. Anders herum können gedankenlose oder missverständliche Äußerungen oder Beleidigungen durch die späteren Opfer von den Tätern als Provokation empfunden werden und dadurch eine Tötungshandlung erst in Gang setzen. Der Kieler Prostituiertenmörder Albert Neumann reklamierte für sich, seinen Opfern zunächst gar nicht mit Tötungsvorsatz begegnet zu sein, sondern: »Die Frauen tun lieb und schön zu einem, wenn sie von einem Geld erwarten können, hinter dem Rücken wird man dann von ihnen betrogen. Deswegen habe ich oft eine Hasskappe geschoben. Und wenn dann wieder so eine Situation kam, habe ich die Beherrschung verloren und bin ihnen an den Hals gegangen.«

In solchen Fällen ist der Tatablauf spontan und ungeordnet, die Opferauswahl erscheint eher beliebig. Die Tat selbst ist kein lustvoller Akt, sondern unmittelbare Folge ungebremster aggressiver Impulse. Charakteristisch ist hierfür eine fehlende Tatplanung. Der Täter glaubt sich vielmehr provoziert und erniedrigt. Der Tötungsakt ist dabei regelmäßig bestimmt von hervorbrechender Feindseligkeit und abgrundtiefem Hass. So auch bei Neumann: Er explodierte förmlich, inszenierte regelrechte Gewaltorgien. Die Obduktionsbefunde zeugen davon: »Multiple Schlagverletzungen (...), massive stumpfe Gewalteinwirkung (...), Bissverletzung an der Brust.«

In vergleichsweise seltenen Fällen gelingt es dem Täter, seine Tötungshemmung erst dann auszublenden, wenn das Opfer einem ganz bestimmten Profil entspricht. Beim chiffrierten Serienmord findet ein psychodynamisch brisanter Verschiebungsprozess statt, unbewältigte feindselige Gefühle des Täters werden bewusst oder unbewusst auf andere Personen projiziert. Die Opfer haben dabei lediglich eine Sündenbock-Funktion, symbolisieren und aktualisieren ein beim Angreifer bereitliegendes Konfliktpotenzial: durch bestimmte Verhaltensweisen, durch ihr Aussehen, durch unbedachte Äußerungen. Häufig resultieren

Gefühle wie Wut und Hass des Täters aus langjährigen Beziehungen, die er als kränkend, beschämend oder erniedrigend empfindet, in jedem Fall aber als trostlos. Diesen Emotionsstau kann er jedoch nicht ausagieren. Zudem verhindern extreme Verlassenheitsängste und eine tiefe emotionale Bindung an den Partner ein Ausbrechen aus dieser klammerartigen, mitunter auch als schicksalhaft gewerteten Beziehung. Konflikte werden nicht ausgelebt, sondern speisen ein stetig wachsendes Aggressionspotenzial, münden schließlich in versteckte Feindseligkeit.

Chiffrierte Tötungen sind im Wesentlichen auf ein episodenhaftes Versagen der Impulskontrolle zurückzuführen und vielfach durch destruktiv-sadistische Handlungen charakterisiert. Voraussetzungen sind tatzeitnahe Versagenserlebnisse, Zurückweisungen oder depressive Verstimmungszustände. Belegbar ist dieses Handlungsmuster auch durch spezifische Opferdispositionen, also durchgängig vorliegende bestimmte Verhaltensweisen oder Eigenschaften der Leidtragenden. Diese trifft es dann völlig unvermittelt, ein äußerer oder innerer Tatanlass ist zunächst nicht erkennbar.

So erstach beispielsweise der Maschinenschlosser Markus Overlöper Ende der 80er Jahre in Bochum und Hattingen zwei junge Frauen, zwei weitere Opfer überlebten seine heimtückischen Messerattacken. Als ich ihn im September 1998 im Westfälischen Zentrum für Forensische Psychiatrie in Lippstadt-Eickelborn besuchte, erklärte er mir, warum er immer wieder losgezogen war, um Frauen blindwütig niederzustechen: »Meine Familie hat mir alles bedeutet. Und dann hat mein Vater diese Schlampe kennen gelernt, hat sich wegen ihr von meiner Mutter getrennt. Ich war wie vor den Kopf gestoßen, konnte es nicht fassen. Gehasst habe ich sie. Aber ich konnte meine Gefühle nicht loswerden. Meinem Vater wollte ich es nicht, ihr durfte ich es nicht sagen. Als es dann überhaupt nicht mehr ging, bin ich losgegangen und habe auf junge Frauen eingestochen, die ihr ähnlich sahen.«

Tatsächlich stimmte das äußere Erscheinungsbild der Opfer in wesentlichen Merkmalen mit dem der Freundin seines Vaters überein. Der damals 24-Jährige erlebte die Taten rauschhaft, mechanisch stach er immer wieder auf seine Opfer ein. »An die Taten selber kann ich mich eigentlich nicht erinnern«, erklärte er mir, »da war nur diese Wut. Mir war es auch egal, ob da Leute in der Gegend waren. Das konnte mich auch nicht davon abhalten. Irgendwann bin ich dann wieder zu mir gekommen, sah das Blut an meinem Messer.« Den unbedingten Tötungswunsch hatte er nicht mehr länger verdrängen wollen, ihm freien Lauf gelassen. Typisch für solche situativ-aggressiven Handlungsmuster sind auch Fassungslosigkeit und emotionale Erschütterung der Täter nach dem Tötungsakt. Dieses affektive Erleben der Tat kann sogar so genannte amnestische Episoden hervorrufen, häufig können die Täter sich deshalb nicht mehr an das unmittelbare Tatgeschehen erinnern.

Zu ihren Taten zusätzlich ermuntert werden Serienmörder stets dann, wenn ihre Opfer keine Lobby haben. Dies gilt insbesondere für betagte Pflegebedürftige. Gemeinhin gilt das Alter als die Abrundung des Lebens, der Lebensabend als eine Art Spätsommer. Doch die traurige Wahrheit ist, dass hilfsbedürftige ältere Menschen viel zu häufig nur verwahrt, schließlich geräuschlos entsorgt werden. Die Gebrechlichkeit wird zum Störfall, die Alten sind nicht mehr als Sandkörner im gesellschaftlichen Getriebe; vornehmlich dann, wenn sie sich nicht mehr selbst helfen können, einem allzu verwirrt erscheinen oder zu schmutzig werden.

Offenbar hat unsere hochmoderne Wegwerf-Gesellschaft die Wertschätzung des vergreisenden Menschen, des Unansehnlichen, des Faltenreichen, des Unbeholfenen, des Körperbehinderten gleich mit in die kollektive Abfalltonne befördert. Es gilt in unserer an Profitdenken und dem unbedingten Streben nach schrankenloser Selbstverwirklichung krankenden Sozialordnung keineswegs als verpönt oder kriminell, Hochbetagte als eine Belastung, wenn nicht gar als vermeidbares Übel zu empfinden. Das unbedachte Gerede von der »Altenbelastung« und dem »Altenberg« klingt geradezu wie eine Aufforderung, diesem bedrohlichen Zustand doch endlich abzuhelfen. Das zynische Credo dieser doppelten Moral lautet: Rechte, die für mich gelten, müssen noch lange nicht für Menschen gelten, die einer anderen sozialen Gruppe angehören. Und das Recht wird gerne dort außer Kraft gesetzt, wo kaum oder kein Widerstand zu erwarten ist.

So werden ideologische Brücken geschlagen, über die die Mörder ungehindert und moralisch gestärkt hinwegmarschieren können. Nicht wenige wähnen sich als willige Vollstrecker eines (un)heimlichen, unausgesprochenen Mehrheitswillens. Die Menschen, die sie meucheln, erscheinen nicht mehr achtens- oder liebenswert, sie sind nur noch im Weg.

In zahlreichen Studien über Serienmörder wird immer wieder behauptet, Tötungsphantasien seien eine Flucht aus der Wirklichkeit, der Vollzug der Tat katapultiere den Täter in eine Hochstimmung, er komme sich *all*mächtig vor – sei kein reales Wesen mehr, nicht länger Sklave einer bloßen Vorstellung. Das eigene Leiden soll durch die Qualen anderer Menschen gemildert werden. Um es mit Schopenhauer zu sagen: »Auf diesem Wege entwickelt er sich allmählich zur eigentlichen Bosheit und Grausamkeit.«

Zustimmen möchte ich der Annahme, Serienmörder berauschen sich zunächst an Allmachtsphantasien. In seiner Gedankenwelt gleicht der charismatische Killer einem gottgleichen Wesen. Denn in der Imagination können tatsächlich alle erdenklichen Szenarien geschaffen und gemeistert werden, Naturgesetze von Werden und Vergehen verlieren ihre Gültigkeit. Der eingebildete, fiktive Täter besitzt magische Kräfte und Fähigkeiten. Nichts und niemand kann ihn aufhalten, er setzt die Regeln, er entscheidet über den Verlauf des Dramas, und alles spielt sich so ab, wie er es will. Er ist allmächtig: Zwei und zwei ist fünf.

Absolute Macht wird durch nichts begrenzt, nicht einmal durch die Existenz von etwas anderem. Aber totale Macht, die keinem Widerstand begegnen muss, die nichts und niemand zu fürchten hat, ist dasselbe wie überhaupt keine Macht, sie kann sich nicht materialisieren, sie kann nicht wirken, sie bleibt folgenlos. Das Universum der Macht darf nicht grenzenlos sein. Denn: Wenn es keine Gegenwehr und keinen Gegenpol mehr gibt, wo bleibt dann der Reiz der Grenzüberschreitung? Wie soll das exstatische Gefühl der Macht überhaupt fühlbar und erlebbar sein? Würde der Täter sich demnach über alle(s) hinwegsetzen können, er drehte sich im Kreis, er käme letztlich wieder nur an den Ausgangspunkt seiner Krisis – Ohnmacht.

Es geht demnach bei realen Verbrechen nicht um Omnipotenz, sondern um die Macht, etwas zu überwinden. Macht kann sich jedoch erst dann entfalten, wenn der Täter sich in ein Verhältnis setzt, sein Verhalten Auswirkungen hat. Und dafür braucht er das Opfer – ein angreifbares Lebewesen, dessen Widerstand es zu brechen gilt, das beherrscht werden kann. Nur die reale Handlung kann identitätsstiftend sein, erst der Mord generiert den Mörder.

Auch Sebastian Hock machte diese berauschende Erfahrung, allerdings eher zufällig, vielleicht sogar ungewollt, mit Sicherheit aber ungeplant. Am 2. Februar 2004 besuchte der alkoholkranke 25-Jährige einen Bekannten in Hainspitz, einem kleinen Ort im thüringischen Saale-Holzland-Kreis. Zum x-ten Mal war er bei einer Therapie gescheitert, hatte deswegen vom Sozialamt kein Geld bekommen. Manfred Beck sollte ihm aus der Patsche helfen. Der 52-jährige ehemalige Arzt, mittlerweile selbst mittellos und alkoholabhängig, empfing seinen Saufkumpan mit offenen Armen, konnte ihn aber lediglich mit einem Beutel Lebensmittel versorgen: Tütensuppen, Würstchen, Brot, Käse. Dann hockten beide bis zum Abend zusammen und tranken reichlich Sangria, Bier und Schnaps.

Zu vorgerückter Stunde kam es unvermittelt zur Katastrophe. Vor Gericht schilderte Hock jene schicksalhaften Minuten so: »In der Nacht hat er mich plötzlich am Arm gestreichelt, und dann ist der so mit der Hand bis zu meinem Oberschenkel runtergewandert. Das war ekelhaft. Ich bin ruckartig aufgesprungen und habe den Tisch umgeworfen. Ich bin in die Küche gegangen, wollte ein Wischtuch holen. Da ist er hinter mir hergekommen und hat mich wieder so komisch an der Hüfte angepackt. Ich war schon auf 180. Da habe ich ihn geschubst und dann ein Steakmesser aus der Schublade genommen. Mit dem Messer habe ich ihm immer wieder in die Brust gestochen. Das war, wie wenn man in ein Stück Butter reinsticht. Das ging alles ratzi-batzi. Als er tot war, habe ich ihm noch ins Gesicht getreten. Ich bin halt kein Netter, wenn ich Alkohol getrunken habe. Dann dreht sich bei mir alles um Gewalt. Ich fühle mich dann sehr stark. Das hat er davon, dass er mich angefasst hat, habe ich nachher gedacht.«

Hock bereute nichts. Vielmehr hatte er eine ihn fortan prägende Erfahrung gemacht: »Das war ein unheimlich gutes Gefühl, als ich den abgestochen habe. Ich war mächtig, unheimlich mächtig.« Empfindungen, die er bis dahin gar nicht kannte. Hock hatte bisher nur die Schattenseiten des Lebens kennen gelernt: von den leiblichen Eltern abgelehnt, von seinen Stiefvätern oft geschlagen und eingesperrt, als kleinwüchsiges Kind in der Schule gehänselt, bereits mit 15 dem Alkohol verfallen. Auch eine Lehre als Koch hatte er abgebrochen, mehrere Entzugstherapien waren gescheitert. Ein hochintelligenter Verlierer, der zeitlebens unbeachtet und ungeliebt geblieben war und sich schließlich mit der Rolle des Schwächlings und Trinkers abgefunden hatte, der nur im Suff über sich hinauswuchs, seinen Aggressionen freien Lauf ließ und zurückschlug. Doch auch als Krimineller blieb er eine kleine Nummer, in den Polizeiakten stand er bis zu seinem ersten Kapitalverbrechen lediglich wegen Sachbeschädigung, Körperverletzung und Verstoßes gegen das Waffengesetz.

Der erste Mord hatte seine schon seit dem zwölften Lebensjahr auftretenden Gewaltphantasien beflügelt. Und er traute sich nun weitere Gewalttaten zu: »Ich wollte mich an den Leuten in Bad Langensalza rächen. Die haben mich geärgert, gewürgt, geschlagen, sich über mich lustig gemacht.« Gemeint waren alte Saufkumpel, die er während eines Aufenthaltes in den Jahren 2001 und 2002 kennen gelernt hatte. Da wollte er noch eine alte Rechung begleichen. Aber erst die neue Identität des Mörders machte ihn mächtig und alles möglich. Ursprünglich hatte er auch seine Stiefväter umbringen wollen, aber er kannte ihre Adressen nicht.

Am 16. Februar 2004 fuhr er von seiner Wohnung in Eisenberg aus nach Bad Langensalza. Er hatte konkrete Pläne und war entsprechend präpariert: »Ich habe zwei Messer aus dem Messerblock in meiner Küche mitgenommen. Das kleine steckte ich in die Hosentasche, das große Messer in den Rucksack.«

Am Zielort angekommen, machte er sich auf die Suche nach seinen nächsten Opfern: »Die standen normalerweise immer vor einem Getränkemarkt. An dem Tag waren sie aber nicht da. Ich bin zu Gerd gegangen, weil ich wusste, wo der wohnt.« Gerhard Seiler ließ ihn in seine Wohnung, nahm ihn später mit zu seiner Freundin. »Gerd musste zum Essen zu seiner Mutter, wir drei haben uns für 15 Uhr wieder verabredet.«

Kurzentschlossen besuchte er einen anderen Bekannten: Manfred Wöller. Auch dieser hieß den kleinen Mann mit den kurz geschorenen Haaren bereitwillig willkommen. Schon wenige Minuten später sollte der 43-Jährige einen gewaltsamen Tod sterben. »Ich habe die Renovierung seiner Wohnung gelobt. Als er nicht aufgepasst hat, habe ich das Messer aus der Hosentasche gezogen, bin auf ihn losgegangen.« Hock machte sein argloses Opfer mit 16 Messerstichen nieder. Danach war er hochzufrieden: »Ich habe mich gut gefühlt. Es war ein gutes Gefühl. Die Angst vor den anderen Leuten war weg. Ich war ein Held, unbesiegbar. Es hat mich auch nicht interessiert, was mit mir passiert. Mein Leben außerhalb des Knasts war nicht so schön.« Und er freute sich auf das nächste Opfer: »Das sollte eine richtig tolle Sache werden.«

Wie vereinbart erschien Hock gegen 15 Uhr in der Wohnung der Freundin von Gerhard Seiler. Ilona Graber musste wenig später mit ansehen, wie der unheimliche Besucher unvermittelt auf ihren Freund einzustechen begann. Das Blut ihres Lebensgefährten spritzte bis an die Wand. Der Gerichtsmediziner sollte hinterher 35 Stichverletzungen feststellen, 14 davon jeweils tödlich. Wieder genoss Hock das Gemetzel: »Der Gerd war ein tolles Opfer, der hat gut mitgemacht. Hör doch auf, hat er gerufen. Aber ich hab's ihm richtig besorgt.«

Für Ilona Graber begann nun ein Martyrium. Denn Hock kündige kalt lächelnd an: »Auch du wirst sterben!« Die 46-Jährige versuchte mehrfach zu flüchten, vergebens. Auch das Bemühen, ihren Peiniger zu überreden, sie gehen zu lassen, blieb erfolglos. Zwei Stunden lang ergötzte Hock sich an der Todesangst der Frau: »Ich war Herr über den Dingen.« Ilona Graber flehte Hock schließlich an: »Lass mich leben! Du musst mich doch nicht umbringen. Wir werden das gemeinsam vertuschen.« Hock sagte nur noch »Jetzt bist du dran« und tötete sein Opfer mit acht Stichen in Brust und Rücken. Danach zog er die Leichen aus, schleifte sie in den Flur und legte sie übereinander. Seine Begründung: »Ich fand das witzig.« Er gefiel sich in der Rolle des kaltblütigen Killers: »Das Töten war viel leichter, als ich es mir vorgestellt habe. Und es sollte weitergehen.«

Drei Tage später besuchte Hock einen früheren Therapeuten in Schkölen, den er dafür verantwortlich machte, dass eine Therapie im Januar abgebrochen worden war: »Der hat mir nicht geholfen.« Hock ließ sich noch von Bernd Betzel zum Essen einladen, ging mit dem 38-Jährigen dann vor die Tür, wo er ihm urplötzlich ein Messer in die Brust rammte. Bernd Betzel wehrte sich mit letzter Kraft, ein Nachbar eilte ihm zu Hilfe und überwältigte den Täter. Hock wurde Minuten danach von Polizeibeamten festgenommen, Bernd Betzel überlebte die Messerattacke.

Weinige Tage später machte Hock auch den Kripobeamten gegenüber keinen Hehl aus seinen mörderischen Machtgelüsten:

»Als ich verhaftet wurde, war das für mich wie im Film. Ich habe mich wie Hannibal Lecter gefühlt.«

Auch wenn das äußere Tatgeschehen und die hiermit verbundene Motivation augenscheinlich in eine andere Richtung weisen, stillen viele Täter zugleich ihre Machtgier. Hansjoachim Schwarz verfolgte im Sommer 1985 in Berlin drei ältere Frauen bis zu deren Wohnungen, stieg ihnen hinterher, verschaffte sich gewaltsam Zutritt und tötete die Opfer. Auf den ersten Blick klassische Raubmorde: Der 21-Jährige war arbeitslos und drogenabhängig und brauchte Geld. In einem Interview berichtete er mir aber auch von ganz anderen Gefühlen, die sein mörderisches Tun schon bei seiner ersten Tat wesentlich mitbestimmt hatten: »Danach war ich vogelfrei. Ich stand über der Gesellschaft, spürte die Macht. Ich habe drei oder vier Tage nicht geschlafen. Die alltäglichen Bedürfnisse waren nur noch nebensächlich. Wenn ich auf die Straße gegangen bin, habe ich nur noch Opfer gesehen. Ich habe begriffen, wie einfach das ist, einen Menschen wegzumachen. Ich war sehr mächtig, keiner konnte mir was.«

Zweifelsohne verlangen alle Serienmörder nach rechenschaftsloser Handlungsherrschaft, und dabei bleibt es unerheblich, aus welchen Gründen sie töten. Allerdings ist die Verfügungsgewalt beschränkt auf den Augenblick der Tat. Denn die soziale Identität und Autorität ist ausschließlich die des Mörders. Entweder wird der Moment der Macht missbraucht, um ferner liegende Bedürfnisse zu befriedigen (zum Beispiel bei Taten aus Habgier) oder aber die Tathandlung selbst stillt das eigene Machtverlangen unmittelbar, nämlich das Opfer körperlich oder seelisch zu demütigen und über Leben und Tod eines anderen Menschen selbstherrlich entscheiden zu können.

Auch Maximilian Gruber verspürte diesen Drang, sich zu wehren, es endlich einmal jemandem heimzahlen zu können, seine Wut los zu werden, mächtig zu sein. Allerdings immer erst dann, wenn es zu spät war. Angeblich.

Wenn ich nachts durch die Straßen gefahren bin, hat das Würgenwollen nicht schon in mir gesteckt. Ich bin nachts so rumgefahren, weil ich mich gelangweilt habe oder weil ich nicht gewusst habe, was ich machen soll. Eine innere Unruhe war eigentlich nicht da. Ich habe auch keinen übermäßigen sexuellen Drang verspürt. Mit dem Gedanken, dass es wieder mal passieren könnte, habe ich mich eigentlich nicht beschäftigt.

Am 8. September 1989 hatte Gruber bis 23 Uhr Dienst, er arbeitete bei der Stadtverwaltung in Frankfurt. Seit seinem Mord an einer jungen Anhalterin waren elf Monate vergangen, niemand hatte ihn verdächtigt. Nach Dienstschluss fuhr er mit seinem VW-Polo in das Viertel um den Westendplatz. Er wollte dort auf dem Straßenstrich mit einer Prostituierten ins Geschäft kommen.

Gruber entschied sich schließlich für Daniela Rosenbaum. Die 22-Jährige gab ihren Körper her, weil sie das Geld für Drogen brauchte. Seit dreieinhalb Jahren war sie heroinabhängig. Gruber schlug vor, zu einem Parkplatz im Frankfurter Westend zu fahren, dort sei es ruhig. Daniela Rosenbaum willigte ein.

Nachdem sich die junge Frau soweit wie eben nötig ausgezogen hatte, wurde sie mit Gruber intim. Er benutzte dabei ein Kondom.

Plötzlich war er wieder da, dieser Drang zu würgen. Ich habe diesen Drang gespürt und gedacht: Die Frau musst du jetzt würgen! Und dann habe ich sie am Hals gepackt und zugedrückt. Der Drang war erst wieder weg, als sie tot war.

Daniela Rosenbaum hatte sich heftig gewehrt, war ihrem Mörder aber körperlich weit unterlegen gewesen. Gruber überlegte kurze Zeit, wo er den Leichnam entsorgen könnte. Dann fuhr er in ein Waldgebiet zwischen Dudenhofen und Seligenstadt. Er zog das Opfer vollständig aus und legte den toten Körper einige Meter von einem Waldweg entfernt ab. Daniela Rosenbaums Kleidung warf er wenig später in einen Wasserabflussgraben. Dann fuhr er davon. Wieder hatte ihn niemand beobachtet.

Ich denke auch, dass dadurch, dass ich bereits einmal getötet hatte, bei den späteren Fällen die Hemmschwelle gegenüber dem Würgen niedriger war. Aber immer leitete sich das Würgen ein mit dem starken Gefühl der inneren Unruhe und der damit verbundenen, fast zwanghaften Vorstellung, zu würgen. Wenn ich an den Fall Rosenbaum denke, kann man schon fast sagen, dass die Hände automatisch zum Hals gingen. Hier war es übrigens auch so, dass es während des Geschlechtsverkehrs passierte. Auch war es so, dass ich keine übermäßige Lust auf Geschlechtsverkehr hatte. Es wäre mir nicht übermäßig schwer gefallen, auf Sex mit ihr überhaupt zu verzichten.

In den nächsten Tagen und Wochen fuhr er immer wieder mal spätabends oder nachts los, angelte sich in der Frankfurter Innenstadt verschiedene Strichmädchen, verkehrte mit ihnen. Doch er tat ihnen keine Gewalt an.

Ich hatte in dieser Zeit mit Prostituierten Geschlechtsverkehr, ohne dass etwas passiert ist. Es ist einfach nicht zu Würgehandlungen gekommen. Ich habe auch gar nicht daran gedacht. Weswegen das so war, weiß ich nicht. Vielleicht war bei den Tötungen irgendein Zusammenhang da mit dem Aussehen der Frauen oder was die gesagt haben. Genau kann ich das aber nicht mehr sagen.

In der Nacht zum 3. Oktober 1990 mordete Gruber abermals. Wieder traf es eine Drogenprostituierte. Er hatte die 25-Jährige auf dem Straßenstrich im Frankfurter Westend aufgegabelt, war mit ihr intim geworden und hatte sie anschließend mit einem Nylonstrumpf erdrosselt. Der hatte schon in seinem Wagen gelegen, griffbereit.

Bei diesen Vorkommnissen lag praktisch das Gleiche an wie beim ersten Mal. Es war so, dass ich mit diesen Frauen Geschlechtsverkehr hatte, dass ich den beendet hatte, als diese innere Unruhe und Nervosität auftraten, verbunden mit dem Gefühl, die Frau unbedingt würgen zu müssen.

Ein knappes halbes Jahr später würgte er wieder eine Prostituierte, abermals in seinem Wagen, diesmal auf einem Hotelparkplatz in der Frankfurter Innenstadt.

Sie hat mir den Platz vorgeschlagen und mir gesagt, wo das ist, und ich bin dahingefahren. Als wir da waren, habe ich ihr das Geld gegeben, und wir haben uns ausgezogen, aber nicht ganz. Als wir mittendrin waren, habe ich wieder diesen Drang gespürt. Das kam eigentlich von innen raus. Ganz automatisch waren meine Hände an ihrem Hals.

Marion Glass schlug und trat nach dem Angreifer, versuchte sogar die Frontscheibe des Wagens zu zerstören. Eine Kollegin der 23-Jährigen wurde auf den unerbittlich und heftig geführten Kampf endlich aufmerksam und kam Marion Glass zu Hilfe. Sie versuchte eine Seitenscheibe einzuschlagen. Erst jetzt verließ Gruber der Mut, er gab das Würgen auf, stieß sein Opfer aus dem Auto und raste davon.

Schon am nächsten Tag konnte Gruber festgenommen werden, Marion Glass hatte sich das Kennzeichen seines Wagens gemerkt und der Kripo mitgeteilt. Der Rest war kriminalistische Routinearbeit.

Gruber gab sich den Kripobeamten gegenüber anfangs wortkarg, formulierte vorsichtig, umständlich, ließ sich mit seinen kurzen Antworten viel Zeit. Die Ermittler waren sichtlich irritiert, als Gruber das Tatgeschehen der vorangegangenen Nacht vollkommen emotionslos schilderte: *Ich bin nach Dienstschluss nach Neu-Isenburg in meine Wohnung gefahren, mit der S-Bahn. Ich habe erst ein wenig ferngesehen, Zeitschriften gelesen, ich wollte mich dann schlafen legen. Ich konnte aber nicht richtig einschlafen, bin wieder wach geworden und habe mich entschieden, im Laufe der Nacht aufzustehen. Gegen Mitternacht bin ich mit meinem Fahrzeug nach Frankfurt gefahren, um mir da die Zeit zu vertreiben. Dabei habe ich dann die betreffende Frau vom Fahrzeug aus angesprochen, ein kurzes Gespräch geführt. Dann ist sie zu mir ins Fahrzeug eingestiegen, wir sind auf einen Parkplatz gefahren. Es kam zum kurzen Geschlechtsverkehr und im Verlauf dessen begann ich die Frau zu würgen.*

Im Laufe der nächsten Tage räumte er ein, drei Frauen vorsätzlich getötet und dies bei seinem letzten Opfer versucht zu haben. Während es den Kriminalisten wenig Mühe bereitete, den Tathergang zu rekonstruieren, blieben die Gründe des jungen Mannes lange Zeit nebulös.

Häufig lässt sich die zunächst wenig plausible Motivation eines Serienmörders aus seinem Lebenslauf herleiten. Gruber wuchs bei seinen Eltern in Offenbach am Main auf, der Vater arbeitete als Versicherungsvertreter, die Mutter kümmerte sich um den Haushalt und die drei Söhne. Zu seinen älteren Brüdern hatte Gruber ein ordentliches Verhältnis. Im Kindergarten und in der Grundschule verhielt er sich weitestgehend unauffällig, vertrug sich mit seinen Mitschülern, war lernwillig, bekam gute Noten, auch später, als er das Gymnasium besuchte. Im Mai 1987 schaffte er das Abitur mit einem passablen Notendurchschnitt von 2,6.

In seiner Freizeit ging er schwimmen, unternahm Radtouren, schloss sich einem Fußballverein an, engagierte sich in der Kirche. Mit 18 machte er den Führerschein, von seinen Eltern bekam er sein erstes Auto geschenkt, einen Ford Fiesta. Mitte des Jahres 1987 lernte Gruber Michaela Becker kennen, die kurz darauf seine Freundin wurde. Drei Monate später war Verlobung, zumindest inoffiziell.

Gruber wollte Lebensmittelchemiker oder technischer Zeichner werden. Er bewarb sich auf etwa 30 Stellen, bekam aber nur Absagen. Lediglich die Stadt Neu-Isenburg bot ihm einen Job im mittleren Dienst an. Obwohl er andere Pläne hatte, trat er Anfang 1987 seinen Dienst als Verwaltungsbeamter in Neu-Isenburg an.

Bis hierhin eine Biographie, wie sie unauffälliger nicht sein könnte. Nur sein Sozialverhalten erschien mitunter ein wenig sonderbar. Gruber wurde als ein eher einzelgängerischer junger Mann beschrieben, nicht sehr gesellig oder kontaktfreudig. Er war kein typischer Anführer, sein Dominanzstreben war gering ausgeprägt, soziale Anerkennung bedeutete ihm nicht viel, es war ihm ziemlich egal, was andere über ihn dachten. Wenn er einmal in Notlagen geriet, suchte er weder Rat noch Schutz bei anderen, er machte die Sache lieber mit sich selbst aus.

Auch seine Kollegen bei der Stadtverwaltung in Neu-Isenburg und Frankfurt wussten Seltsames über ihn zu berichten:

»Er war ruhig, schüchtern, rief oft Gelächter hervor durch merkwürdige Bemerkungen, die irgendwie unpassend waren.«

»Er fiel durch eine ganz leichte Prüfung durch. Er galt als schusselig, unbeholfen.«

»Er machte nicht bewußt den Kasper, war einfach ungeschickt.«

»Manchmal wurde er gehänselt. Er war häufig mit seinen Gedanken hinterher, ging oft vom Hundertsten ins Tausendste.«

»Er hing im Unterricht nach. Er hat Fragen zu Dingen gestellt, die schon erschöpfend behandelt worden waren.«

»Er hat oft so ganz komische Bemerkungen gemacht. Mit ihm wollte niemand so richtig was zu tun haben.«

Bei computertomographischen Untersuchungen von Grubers Gehirn stießen Ärzte schließlich auf die vermeintliche Ursache seines absonderlichen Verhaltens: »hirnregressive Veränderungen, und zwar frontal betont«. Konkret waren Anomalien an der Oberfläche des linken Frontalhirns festgestellt worden. Und diese vermutlich im frühen Kindesalter erworbenen Schädigungen des Gehirns sollten ein »diskretes organisches Psychosyndrom« zur Folge gehabt haben. Dieser Erkrankung werden allgemein Charaktermerkmale und Verhaltensweisen zugeschrieben, die auch bei Gruber zu beobachten waren: psychoemotionelle Labilität, herabgesetzte Impulskontrolle, zwanghaft-anklammernde Verhaltensmuster und dezente Störungen bei der sozialen Orientierung.

Gerade die letzte Symptomebene war auffällig. Gruber ließ mitunter deutliche Defizite im Bereich der sozialen Empathie erkennen, er war nur bedingt in der Lage, soziale Situationen und Dialogabläufe vernünftig und lebensnah einzuschätzen, sich einzufühlen. Deshalb wirkte sein Verhalten oftmals unangemessen, unverhältnismäßig, unbeholfen-schwerfällig, ungelenk oder ungeschickt. Auch die ihn untersuchenden Gutachter wurden immer wieder mit dieser sozialen Behinderung konfrontiert. Einmal bemerkte ein Arzt ihm gegenüber: »Ich habe es noch nicht erlebt, daß ohne jegliches Motiv, gleichsam aus heiterem Himmel ein junges Mädchen plötzlich getötet wird.« Grubers Antwort: *Man lernt eben nie aus.*

Auch als er gefragt wurde, wie er sich seine Zukunft vorstelle, lächelte Gruber sichtlich amüsiert und entgegnete gelassen: *Da kann's einem ganz anders werden. Wenn ich wieder raus komme, gibt es bestimmt ganz anderes Geld. Dann habe ich wohl von vielem keine Ahnung mehr, zum Beispiel vom Straßenverkehr. Ich werde mir wohl eine neue Arbeit suchen müssen, aber ob ich überhaupt Arbeit krieg'?* Wieder hatte er den gefühlsmäßigen Kern der Frage nicht begriffen, und es war ihm nicht gelungen, wesentliche von unwesentlichen Details zu unterscheiden.

Auch während der Hauptverhandlung sollte Gruber durch absonderliches Verhalten auffallen. Im Urteil der 3. Großen Strafkammer des Landgerichts Frankfurt am Main wird hierzu ausgeführt: »Schließlich konnte sich auch das Gericht aus dem Verhalten des Angeklagten ein Bild machen. Beispielhaft sei auch hier erwähnt, daß der Angeklagte an völlig unpassenden Stellen lachte und jegliche Betroffenheit vermissen ließ. Er verhielt sich über weite Strecken des Prozesses so, als gingen ihn die Taten nichts an, als sei er nicht der Angeklagte. So diskutierte der Angeklagte zum Beispiel mit dem Sachverständigen, der zur Erläuterung der genomanalytischen Untersuchungen geladen war, über das von diesem angewandte Verfahren in einer befremdlichen und unangemessenen Weise.«

Andererseits gab er sich im Zuge der psychiatrischen Untersuchungen kooperativ, zugewandt und umgänglich. Nur wenn Gruber über seine Empfindungen bei den Taten sprechen sollte, war er überfordert. Er zeigte weder Leidensdruck noch Betroffenheit, er klagte nicht, er ließ aber auch keine Schuldgefühle erkennen. Und wenn die Ärzte mit ihm die innere Tatseite (Gedanken und Empfindungen des Täters) ernsthaft diskutieren wollten, wirkte er locker, gelöst, lachte sogar. Es gelang ihm einfach nicht, sich in die Situationen der Gesprächsinhalte hineinzudenken und mitzufühlen. Insofern bestand sehr wahrscheinlich ein direkter Bezug zwischen den Verbrechen und dem verkümmerten sozialen Einfühlungsvermögen. Allerdings ergab sich durch diese Erkenntnis kein vollständiges und klares Bild. Denn man hatte bis hierhin nur herausgefunden, dass Grubers Morde von einer Hirnanomalie lediglich begünstigt worden waren. Ursache und Motiv aber lagen weiter im Dunkeln seines scheinbar auch ihm selbst unzugänglichen Gemüts.

Das Problem liegt darin, dass ich die Taten nicht geplant habe. Ich sehe die Ursache für mein Verhalten eher im Unterbewussten, wie zum Beispiel Stimmungsschwankungen. Das ist kein bewusst gesteuertes Verhalten. In allen Fällen war dieser komische Drang zum Würgen da. Ich weiß aber nicht, wie ich diesen Drang näher beschreiben soll. Ganz plötzlich habe ich den Drang verspürt und gedacht: Die Frau musst du jetzt würgen!

Es ist auch nicht vorgekommen, dass – beim Zusammensein mit einer Frau – diese innere Unruhe und das Gefühl, würgen zu müssen in mir aufstiegen und ich dies dann unterdrücken konnte. Dies ist nicht passiert. Immer wenn dieses Gefühl aufkam, ist es auch zum Würgen gekommen.

Auffällig ist, dass der Würgevorgang – ausgenommen der Mord an der Anhalterin – augenscheinlich an Sexualverkehr gekoppelt war. Das dritte Opfer hatte er mit einem Nylonstrumpf erdrosselt. Und der stammte nicht von der getöteten Frau, auch nicht von seiner Freundin. Hatte er also bewusst Prostituierte ausgeguckt und manipuliert, sie in eine Falle gelockt und zum Geschlechtsverkehr animiert, um insbesondere den Tötungsakt nach seinen Vorstellungen zelebrieren zu können? War er auf ein sexuell eingefärbtes Setting fixiert und angewiesen, um das gewünschte Erregungsniveau überhaupt erreichen zu können? Kurzum: Ist dieser Mann ein »echter« Triebtäter?

Der Drang zum Würgen hing nicht mit sexuellen Wünschen oder Empfindungen zusammen. In keinem Fall hat sich durch das

Würgen eine Steigerung meiner sexuellen Erregung ergeben. Das war auch nicht das Ziel des Würgens. Bei Tatjana Brungs (Fall eins) ist das Würgen ohne sexuellen Anreiz zustande gekommen. Und bei der letzten Tat ist die Erektion durch das Würgen zurückgegangen. Bei den anderen Opfern habe ich erst nach dem Samenerguss gewürgt. Da besteht für mich kein Zusammenhang. Auch wenn ich onaniert habe, spielte die Vorstellung vom Würgen keine Rolle. Das gilt auch ganz allgemein für Geschlechtsverkehr bei mir. Ich habe auch niemals versucht, mich durch Phantasien zu stimulieren, wo ich jemanden gequält habe oder so.

Ich bin generell ein gewaltloser Mensch – bis auf diese vier Fälle.

Gruber gehört zweifelsohne nicht zu jener Tätergruppe, deren psycho-sexuelle Befriedigung zwingend gebunden ist an Vorstellungen von eigener Dominanz und Machtausübung und der vollkommenen Beherrschung einer Frau. In solchen Fällen ist sexuelle und seelische Erfüllung ausschließlich in Form von Gewalt und Übermacht vorstellbar und fühlbar. Die Täter leiden unter einem nur schwach ausgeprägten Selbstwertgefühl, typisch sind extreme Außenseiterpositionen. Neben konkret belegbaren Anknüpfungspunkten für eine solche Motivation fehlen auch in seiner Biographie Hinweise auf eine derart pathologische Ausrichtung. Vielmehr wurde er von seiner Freundin als verständnis- und gefühlvoller Partner beschrieben, der keinerlei Aggressionen oder sexuelle Auffälligkeiten erkennen ließ.

Anders urteilten die Richter: »Das Gericht ist im Ergebnis zu der Auffassung gelangt, daß der Angeklagte der Tätergruppe der sadistischen Sexualtäter zuzuordnen ist. Bei ihm liegt eine sexuelle Triebabnormität im Sinne eines echten sexuellen Sadismus vor. Nach den Ausführungen des Gutachters, dem sich das Gericht vollinhaltlich anschließt, ist für diese Tätergruppe charakteristisch, daß ›die sadistische Aggression, das Quälen und Unterwerfen des Opfers selbst erotisiert, das heißt, zum Bestandteil des sexuellen Genusses geworden ist. Sexuelle Erregung ist gekoppelt an Vorstellungen von Schmerzzufügung, von Qual und Todesangst des Opfers. Der sadistische Sexualtäter steigert sich in seine Erregung, je mehr er Schmerz und Ängstigung bei seinem Opfer wahrnimmt. Sein innerer Vorstellungsraum ist beherrscht von oft bizarren, bis ins Groteske gesteigerten Phantasien sexueller Gewalt und Schmerzzufügung. Oft sind die Taten vorbereitet. Nicht selten sind sie zwanghaft ritualisiert. Folterungen, Fesselungen usw. gehören zum Ritus und werden vom Täter lustvoll genossen. Nicht selten kommt es auch im sadistischen Rausch zu Tötungen, ein Ergebnis, daß als Lustmord bezeichnet wird‹.

Soweit die vom Sachverständigen genannten Charakteristika Merkmale des äußeren Tatablaufs betreffen, liegen diese bei den Taten des Angeklagten vor. Auch das – im vierten Fall belegte – lange Herumfahren mit dem PKW ist ein Zeichen für ein – für diese Tätergruppe typisches – süchtiges Suchverhalten. (...) Zusammenfassend ist festzustellen, daß bei dem Angeklagten eine sexuelle Triebdevianz vorliegt, zu der er sich jedoch nicht bekennt und deshalb auch alle in diesem Zusammenhang relevanten Tatsachen bestreitet. Im übrigen war seinem Geständnis jedoch zu folgen.«

Als einzigen Beleg für sadistisches Erleben führte das Gericht die Beobachtungen des letzten Opfers an, die Zeugin hatte »irre Augen« und einen »verzerrten Gesichtsausdruck« gesehen, und »die Augen sind vorgekommen«. Natürlich könnte Grubers Mimik durchaus zu einem Sadisten passen, der sich in einen infernalischen Gefühlsrausch hineinsteigert, zumal sein Verhalten unsere eigene subjektive Erwartung zu bestätigen scheint: So gebärden sich nur Monster, so sehen Bestien dann eben aus. Nur: Darf man von einem Täter, der sein Opfer minutenlang würgt und dabei auch körperlich angestrengt ist, einen allzu entspannten Gesichtsausdruck erwarten?

Tatsächlich ist insbesondere bei sadistischen Serienmördern ein ausgeprägtes, manchmal auch suchtartiges Suchverhalten zu beobachten, wenn sie Jagd auf potenzielle Opfer machen. Als Beweis für ein derartiges Verhaltensmuster ließen die Richter ein

»langes Herumfahren« im letzten Fall gelten: Gruber hatte sich mehrere Stunden »in der Stadt herumgetrieben«, war anschließend »mindestens 20 Minuten herumgefahren«. Erst dann hatte er Marion Glass getroffen. Nur war es bereits gegen 3.30 Uhr, die Frankfurter Innenstadt dürfte so gut wie menschenleer gewesen sein, zumal an einem Montagmorgen. Und an diesem Tag und zu diesem Zeitpunkt warten kaum noch Prostituierte auf Freier – schon gar nicht auf dem Straßenstrich. Wen wundert es da, dass Gruber eine Zeit lang herumkurven musste, bevor er Marion Glass aufgabelte. Allein aus diesem Umstand ein per se »süchtiges Suchverhalten« ableiten zu wollen, erscheint doch sehr gewagt.

Auch Gruber selbst bestritt ein derartiges Verhalten: *Wenn ich mal nachts herumgefahren bin, hat das Würgenwollen noch nicht in mir gesteckt. Ich bin nachts so rumgefahren, wenn ich mich gelangweilt habe, wenn ich nicht wusste, was ich tun sollte. Eine innere Unruhe war nicht da. Ich habe auch keinen übermäßigen sexuellen Drang verspürt. Ich habe mir auch keine Gedanken gemacht, dass es bald wieder passieren könnte.*

Überhaupt will das Etikett des sadistischen Gewalttäters nicht zu Gruber passen. Es konnte nicht ein einziges charakteristisches Persönlichkeits- oder Verhaltensmerkmal gefunden werden, das man bei einem solchen Täter hätte erwarten dürfen: Potenzstörungen oder sexuelles Versagen, Beziehungsunfähigkeit, sich im Laufe der Zeit steigernde Gewaltphantasien, zwanghaftes und ritualisiert anmutendes Masturbieren, ein sexuell eingefärbtes Suchtverhalten, Perversion(en), konkrete Tatplanung, vorphantasierte Tatelemente, Quälen oder Foltern des Opfers, Mitnahme von Trophäen nach Tatvollendung oder gedankliches Nacherleben der Tat. Das Gericht fällte insgesamt betrachtet sicher kein Fehlurteil, aber es wurde dem Angeklagten wohl auch nicht vollends gerecht.

Tatbilder und tatgebundene Gefühle scheinen bei Gruber eher in Richtung sexualisierte Gewalt zu weisen. In solchen Fällen werden Intimverkehr oder einzelne sexuell eingefärbte Handlungen lediglich instrumentalisiert, um Aggressionen ausagieren zu können. Auch hier sind keineswegs sexuelle Impulse motivisch ausschlaggebend. Überwiegend sind die Täter zu Beginn ihrer mit großer Brutalität geführten Attacken sogar impotent, müssen sich erst stimulieren (lassen). Im Vordergrund steht die Aggression, der Sexualakt dient ausschließlich als Ventil.

Zugegeben: Grubers Würgeattacken waren in der Mehrzahl der Fälle sexuell unterlegt, einerseits. Andererseits wurde der Geschlechtsverkehr jedoch in *keinem* Fall erzwungen – ein ganz und gar untypisches Verhalten für einen so genannten unechten Triebtäter, dessen angestaute Aggressionen sich über gewaltbesetzten Sex entladen sollen. Es war vielmehr umgekehrt: Das Würgen, der Gewaltakt, beendete den Sexualverkehr. Zudem hatte er einige Prostituierte verschont, obwohl ausreichend Zeit und Gelegenheit vorhanden gewesen wäre, sie zu attackieren. Insofern erscheint es fraglich, ob das sexuelle Moment überhaupt eine tatrelevante Rolle gespielt hat. Zweifelsfrei belegen lässt sich diese Annahme jedenfalls nicht.

Unstrittig hingegen offenbaren Grubers Taten ein enormes Aggressionspotenzial, das sich im tödlichen Würgeakt gründen und entladen konnte. Zudem legen seine in diesem Zusammenhang durchaus glaubwürdigen Aussagen ein aggressionsgeleitetes, planloses und plötzlich durchbrechendes Handeln nahe: *Hinzubemerken möchte ich, dass ich zu dieser Zeit ziemliche Wut- und Hassgefühle hatte. Man kann sagen, es war ein ziemlicher Frust in mir und eine allgemeine Wut. Dies jedoch nicht speziell bezogen auf die Frauen. Ich meine damit, gegenüber den Prostituierten selber hatte ich keine Hassgefühle.*

Augenscheinlich ein eklatanter Widerspruch: Gruber wollte Frauen aus Wut und Hass getötet haben, die er gar nicht kannte. Da ihn die Opfer unmittelbar vor den Taten nicht beleidigt oder sonst verärgert hatten, musste es im Leben dieses Mannes demnach eine Person geben, die ihm sehr nahe stand, die ihn regelmäßig gereizt oder gedemütigt, die in ihm Aggressionen provoziert hatte, mit denen er nicht fertig geworden war, für die er kein Ventil gefunden hatte – bevor er anfing zu morden.

Und dann sprach er bei einer psychiatrischen Untersuchung irgendwann diesen bedeutungsvollen Satz: *Ich glaube, dass ein Zusammenhang besteht zwischen den Wut- und Hassgefühlen der Michaela gegenüber und dem Erwürgen der Frauen.*

Nun kam endlich Licht ins Dunkel, es deutete sich ein Ursachengeflecht an – seine langjährige Beziehung zu Michaela Becker.

Im Februar 1987 lernte Gruber sie kennen, sie lief ihm in einer Diskothek über den Weg. Die etwa gleichaltrige junge Frau gefiel und imponierte ihm von Beginn an. Sie war schlank, ansehnlich, intelligent. Mit 1,60 Meter war sie eher klein und passte auch deshalb zu ihm, denn Gruber war nur zehn Zentimeter größer. Sie verbrachten den Abend miteinander, redeten, lachten, tanzten. Dann wurden Telefonnummern und Adressen ausgetauscht.

Einige Tage später rief er bei ihr an und fragte schließlich, ob sie sich nicht treffen könnten, möglichst bald. Michaela ging noch zur Schule und wohnte bei ihren Eltern. Sie lud ihn zu sich ein, er besuchte sie einige Male, und so kamen sich die beiden näher, auch körperlich. Für sie und für ihn war es die erste ernsthafte und intime Beziehung. Beide genossen in den nächsten Monaten eine ausgesprochen friedvolle und glückliche Phase ihres Lebens, sie empfanden ihre Partnerschaft als offen und vertrauensvoll. Im Sommer 1987 verlobten sie sich sogar, allerdings ohne es an die große Glocke zu hängen. Sie waren fast täglich zusammen und lebten auch ungehemmt ihre sexuellen Leidenschaften aus. Gruber wurde nur dann ärgerlich und wütend, wenn andere Männer seiner Freundin zu nahe kamen oder er annahm, es könnte so sein.

Es hat mich sehr geärgert, wenn Michaela in den Diskotheken so begrapscht worden ist. Das ist öfters vorgekommen. Sie hatte halt eine gewisse Wirkung auf Männer. Ich war dann sehr eifersüchtig. Geärgert hat mich auch, dass diese Typen es so plump gemacht haben, immer dieselbe Masche, abartig.

Acht Monate nach der Verlobung bekam die Beziehung ihren ersten Knacks. Michaela hatte nämlich herausbekommen, dass ihr Freund sie am Rosenmontag mit einer Club-Prostituierten in Marburg betrogen hatte. Gruber wollte lediglich neugierig gewesen sein, für ihn gewiss kein Grund, die Beziehung zu beenden. Michaela aber verstand ihn nicht, war schockiert, maßlos enttäuscht, fühlte sich gedemütigt. Sie wollte ihn loswerden und zog sich zurück. Aber mit der Zeit fehlte er ihr auch, zumal er sich fortwährend um sie bemühte. Schließlich rauften sie sich wieder zusammen. Michaela schlug sogar vor, denselben Club zu besuchen, in dem Gruber ihr untreu geworden war.

Wir sind einige Male in diesen Club gegangen. Sie hatte Sex mit anderen Männern, ich mit anderen Frauen, auch Prostituierten. Sie hatte das ja vorgeschlagen. Wir haben später unsere Erfahrungen ausgetauscht. Sie hatte keine Lustgefühle wie beim Sex mit mir, sie hatte auch keinen Orgasmus.

Beide verständigten sich letztlich darauf, diesen Club nicht mehr zu besuchen. Das war Mitte 1988, ihre Beziehung stabilisierte sich allmählich wieder. Die nächste folgenschwere Krise bahnte sich im Juli des nächsten Jahres an, als Michaela einen jungen Mann aus Österreich kennen lernte. Sie besuchten sich gegenseitig in Frankfurt und Salzburg, wurden auch intim. Gruber litt sehr unter den Eskapaden seiner Freundin, die ungehemmt experimentierte, ohne einen der Männer aufgeben zu wollen.

Ich wusste, dass Michaela auch gefühlsmäßig eine Beziehung zu dem Österreicher hatte. Das hat mich besonders wütend gemacht. Deshalb habe ich mich dann auch von ihr getrennt, ich konnte das nicht mehr ertragen.

Aus Eifersucht wurde Hass.

Als Michaela sich nach einigen Wochen offiziell von ihrem Freund aus Österreich losgesagt hatte, buhlte sie abermals um Grubers Gunst und hatte Erfolg. Der Gehörnte ließ sich erweichen. Aber es gelang beiden nicht, zur Unbeschwertheit und

Vertrautheit vergangener Tage zurückzufinden. Sie registrierte es, er auch, aber man reagierte nicht, zog keine Konsequenzen. Und dann fand Gruber heraus, dass Michaela sich wieder mit dem verhassten Nebenbuhler abgab. Abermals wollte er sich von seiner Freundin trennen, doch blieb es diesmal bei der bloßen Absicht. Er klammerte sich krampfhaft an die Überbleibsel einer Partnerschaft, die schon lange keine mehr war. Gruber begehrte nicht auf, er ließ sich erniedrigen, würgte seine Aggressionen herunter. Und begann zu morden.

Das Würgen und die Unruhe hatten schon irgendwie mit Hass zu tun. Dies zwar nicht auf Frauen speziell, aber doch allgemein. Das mit dem Würgen war auch so eine Art Spannungsabbau. Ich habe mich damals in ständiger Spannung befunden. Nach dem Würgen war diese Spannung weg. Man kann sagen, dass es irgendwie im Sinne einer Abreaktion von Frust geschah. Ich konnte dann leichter verdrängen, dass ich durch Michaela betrogen wurde.

Beim Würgen habe ich nicht an Michaela gedacht. Das Würgen hatte aber mit richtiger Wut zu tun. Ich habe mich mit den Opfern nicht gestritten, aber es war jedes Mal diese Wut da, nämlich auf Michaela. Das war eine unbewusste Hassreaktion, eine Umleitung von Aggression. Als Rache würde ich das eigentlich nicht sehen. Denn Rache ist geplant. Es war eher ein Wutablassen. Rational habe ich das gar nicht gewollt.

Vollzieht man Grubers Argumentation nach und schenkt seinen Aussagen Glauben, hätte er aber logischer- und konsequenterweise nicht eine Anhalterin und zwei Prostituierte töten müssen, die er nicht einmal kannte, sondern jemand anderen: Michaela Becker. Er hätte eigentlich *sie* umbringen, es *ihr* heimzahlen müssen.

Ja, das hätte ich tun können. Aber ich habe sie auch gleichzeitig sehr geliebt, ich hätte ihr nie etwas tun können! Das hängt mit der gefühlsmäßigen Bindung zusammen, durch das Zusammengehörigkeitsgefühl zu Michaela. Ihr gegenüber habe ich diesen Drang nie verspürt.

Aus seiner Sicht nachvollziehbar, denn hätte er seine Liebe zerstört, hätte er unweigerlich auch seine eigene Existenz gefährdet. Weniger folgerichtig bleibt seine beliebig anmutende Opferauswahl. Nach wie vor war ungeklärt, warum er genau diese Frauen getötet hatte. Diesen merkwürdigen Umstand konnte er zwar auch jetzt nicht sicher herleiten, aber er hatte wenigstens eine Vermutung: *Vielleicht war irgendein Zusammenhang da mit dem Aussehen der Frauen und der Michaela oder auch mit dem, was die Frauen gesagt haben. Vielleicht hat mich das an die Michaela erinnert.*

Auch wenn man in Rechnung stellen muss, dass es sich bei dieser Einschätzung um eine im Nachhinein verstandesmäßige Konstruktion handeln könnte (schließlich hatte Gruber lange Zeit immer wieder versichert: *Da war dieser Drang zum Würgen, aber ich weiß nicht, warum*), erscheint der angebotene motivische Hintergrund durchaus einleuchtend. Denn: Nicht nur seine eigenen Einschätzungen weisen in diese Richtung, auch sein letztes Opfer hatte sein Verhalten genauso verstanden und empfunden: »Der hatte einen richtigen Haß im Gesicht.« »Da war eine Riesenwut.« »Dem ging es nur ums Töten-Wollen.« Vermutlich resultierte sein unbändiger Hass tatsächlich aus der missglückten und konfliktbeladenen Beziehung zu seiner Freundin, und dieser hintergründig wirksame Aggressionsstau speiste sein dranghaftes Verlangen, Frauen zu Tode würgen zu müssen. Begünstigt wurden diese Impulshandlungen zudem durch die permanent vorliegenden bereits erwähnten hirnorganischen Defizite.

Diese Theorie harmoniert auch mit der Persönlichkeitsstruktur des Täters, und sie lässt sich zwanglos in seine Biographie einfügen. Die Morde passierten de facto nur dann, wenn es zwischen ihm und seiner Freundin zu einem Zerwürfnis gekommen war oder er unter den seelischen Folgen litt. Wahrscheinlich war es wirklich so und nicht anders:

Die Hauptsache lag in der Beziehung zu Michaela Becker.

Die *Performance* als Aspekt des *Serienmörder-Prinzips* wird geprägt von der Präsentation der Tat durch den Täter. Er agiert und hinterlässt dabei unterschiedliche Spuren und Spurenbilder, die seine Vorgehensweise abbilden – den *Modus operandi*. Dieser Fachbegriff findet in der Kriminalistik immer dann Anwendung, wenn bestimmte Verhaltensweisen, ein charakteristisches Tatmuster des Verbrechens beschrieben werden sollen. Das *Kriminalistik Lexikon* definiert diesen Begriff als »Art und Weise der Begehung von Straftaten und anderen kriminalistisch relevanten Handlungen, einschließlich ihrer Verschleierung sowie der angewandten Mittel und Methoden in den jeweiligen räumlichen, zeitlichen und sozialen Bezügen«. Die Tathandlungen basieren demnach auf ausnahmslos rationalen Überlegungen und Entscheidungen, die instrumentell, strategisch und pragmatisch ausgerichtet sind. Versatzstücke der Tatbegehungsweise sind demnach: Tatort, Tatzeit, Opfertyp, Tatwaffe, die Art des Zugangs zum Tatort, die Art der Annäherung an das Opfer, die Art des Gewinnens von Kontrolle über das Opfer, Mittäter, spezielle Begleithandlungen sowie das Verhalten unmittelbar nach der Tat. Die Ziele: ungestörte Tatausführung, Verschleierung der eigenen Identität oder der des Opfers, Gewährleistung des Taterfolgs, Garantie von Fluchtmöglichkeiten.

Grundsätzlich kann man zwei Typen von Serienmördern unterscheiden: jene, die konkret planen, sich vorbereiten, organisiert und strategisch agieren, und solche, die sich spontan zu einem Verbrechen animieren oder hinreißen lassen.

Mirko Sattler gehört in die Kategorie jener Täter, die genau wissen, was sie wollen und einem Generalplan folgen, der das Gelingen einer Tat garantieren und zugleich das eigene Risiko minimieren soll. Der Berufsunteroffizier der NVA folterte und tötete Mitte der 80er Jahre in der Region Cölpin und Neubrandenburg fünf Knaben, ein weiterer junger Mann überlebte den heimtückischen Angriff. Sein Ziel: *Die höchsten Qualen, die in den Tod übergehen, will ich mit den Händen spüren, seinen Über-*

gang in den Tod. Die sexuelle Erregung war eher ein Nebeneffekt. Es ging um das Töten an sich. Es war nicht das blanke Auslöschen, was mich befriedigt hat, es war die Art und Weise der Tat. Die Macht, die man dabei hatte. Vielleicht ist nicht bewusst der Sadismus das Ziel gewesen. Es ging mir ja darum, wenn ich sie sowieso töte, kann ich sie ja vorher auch quälen in dem Sinne.

Sattler überließ kaum etwas dem Zufall, er bereitete sich gewissenhaft vor und schlug nur dann zu, wenn die Situation seinen Planungsvorgaben entsprach und ihm das Risiko gering erschien. Im Zuge einer wissenschaftlichen Untersuchung gab er mir bereitwillig darüber Auskunft, wie er bei seinen Morden vorgegangen war.

Harbort: Welche Vorbereitungen haben Sie getroffen, um die Taten begehen zu können?

Sattler: *Ich hatte ein Messer bei mir, Zeltleine zum fesseln, Fotoapparat. Ich zog Landschaft, wie Wald oder Buschwerk vor, die ich teilweise kannte oder auch da war, ohne dass ich die innere Struktur kannte. Bei stadtbezogenen Taten ließ ich es auf den Zufall ankommen. Allerdings hatte ich einen Türschlüssel dabei, dessen Bart in fast alle Türen passte. Und ich hatte Handschuhe und eine Taschenlampe dabei.*

Harbort: Haben Sie sich bei der Auswahl der Opfer von bestimmten Kriterien leiten oder beeinflussen lassen?

Sattler: *Ja. Sie sollten schlank sein und mir in ihrer Gesamterscheinung gefallen. Einzelne äußere Merkmale waren untergeordnet. Ich versuchte aber auch einzuschätzen, ob sie eher schüchtern oder ängstlich sind und gut zu kontrollieren sind und alles tun, was ich verlange oder ob es Probleme und Schwierigkeiten für mich geben konnte.*

Harbort: Spielte das (geschätzte) Alter bei der Auswahl der Opfer eine Rolle?

Sattler: *Mein Wunschalter war ab 16 aufwärts. Er hätte auch 30 sein können, wenn er meinen Vorstellungen entsprach. Allerdings führte der Mangel an Gelegenheiten und mein Kräfteverhältnis zu dieser Personengruppe dazu, dass ich dann auch jüngere Opfer nahm.*

Harbort: Warum haben Sie keine Mädchen oder Frauen angegriffen?

Sattler: *Mit Mädchen oder Frauen konnte ich im Allgemeinen nichts anfangen. Sie haben mich auch weiter nicht interessiert und wurden deshalb auch nie in mögliche Straftaten einbezogen.*

Harbort: Von welchen Überlegungen haben Sie sich bei der Auswahl der Orte leiten lassen, an denen der erste Kontakt mit den Opfern stattfinden sollte?

Sattler: *Die Orte sollten nach Möglichkeit unauffällig zu erreichen sein. Ich musste die Opfer also verfolgen können, ohne dass es auffiel. Schnellstmögliches Herausführen der Opfer aus offenem Sichtbereich zu einem gegen Einblick geschützten Tatort. Auch sollte ausgeschlossen sein, dass jemand zufällig am Tatort entlangkommt. Daneben sollte eine unbeobachtete Kontaktaufnahme möglich sein. Mitunter ließ ich es auch einfach darauf ankommen, dass sich ein guter Tatort aus einer Situation heraus ergibt. Bei der Verfolgung potenzieller Opfer weiß man selten, wo sie endet.*

Harbort: Spielten Tageszeit oder Witterung eine Rolle?

Sattler: *Weniger die Tageszeit, auch wenn ich hauptsächlich am Abend und nachts unterwegs war. Bei Regen ging ich eigentlich kaum aus dem Haus in der Annahme, dass auch kaum jemand draußen rumläuft. Im Winter war ich hauptsächlich im Stadtbereich unterwegs, um Tatorte zu finden, die nicht im Freien liegen (weil zu kalt).*

Harbort: Haben allgemeine Lebenserfahrungen bei der Auswahl der Tatorte eine Rolle gespielt?

Sattler: *Ja. Bei Tatorten in Häusern. Einen Tatort fand ich interessant, der in einem Altbau war mit Außentoiletten, die eine halbe Treppe höher lagen. Ich habe mit meinen Eltern im Alter von sechs bis neun Jahren selbst in einem solchen Haus gewohnt. Aus unserer Gewohnheit, beim Toilettenbesuch die Wohnungstür nur angelehnt zu lassen, hätte ich beim gleichen Opferverhalten unbe-*

merkt in eine solche Wohnung kommen können. Ich hätte nur noch wissen müssen, ob das mögliche Opfer auch allein ist.

Harbort: Die Entfernung zwischen Ihrer Wohnung und den Leichenfundorten war nicht unerheblich (1. Tat: 11,5 km, 2. Tat: 12 km, 3. Tat: 58 km, 4. Tat: 11 km, 5. Tat: 19 km) und in keinem Fall geringer als 10 km. Welche Gründe können sie dafür angeben?

Sattler: *Ich habe nicht bewusst auf Entfernungen geachtet. Die Entfernung Cölpin – Neubrandenburg ist eben nicht weniger. Strasburg hängt damit zusammen, dass ich auf dem Rückweg von Berlin nach Cölpin dort Aufenthalt hatte und erst in den Morgenstunden mit dem Bus weiterkam. Da wir einen Garten in Birkenwerder hatten, war mir Borgsdorf von früheren Radtouren bekannt.*

Harbort: Haben sie bewusst eine Sicherheitszone um Ihren Lebensmittelpunkt gelegt?

Sattler: *Cölpin ist ein kleines Dorf, in dem die Mehrzahl der Leute aus der Dienststelle wohnten. Ebenso wie bei meinem Wohngebiet in Berlin, wollte ich natürlich keine Ermittlungen, die mich möglicherweise mit einbezogen. Ich wollte natürlich jeden Polizeikontakt vermeiden, sei es auch nur eine einfache Befragung, wo man einfach so die Häuser abklappert.*

Harbort: Wann fassten sie den Entschluss, die Taten zu begehen?

Sattler: *Ich war immer unterwegs mit dem Gedanken einer möglichen Tat, wenn sie sich ergeben würde oder auch nicht. Also nicht auf den Tag genau oder eine bestimmte Person bezogen. Den Entschluss fasste ich erst bei Auftauchen einer mir geeignet erscheinenden Person, wenn auch die anderen Voraussetzungen gegeben waren.*

Harbort: Wann erfolgte die erste verbale oder körperliche Drohung beziehungsweise Gewaltanwendung?

Sattler: *Wenn ich mich zu einer Tat entschlossen hatte und das Opfer ansprach, zwang ich sie als erstes durch Gewalt, mich zum endgültigen Tatort zu begleiten. Nur bei der letzten Tat waren auch*

Drohungen nötig, da er sich weigerte, mich in den Keller zu begleiten. Sonst sagte ich nur, sie sollen mitkommen, da ich mich mit ihnen unterhalten wolle.

Harbort: Wann fassten sie den Entschluss, die Opfer zu töten?

Sattler: *Bei den Taten eins und drei sofort. Sonst nach einem mehr oder weniger längeren Gespräch, wenn ich sie gefesselt und fotografiert hatte. Im Grunde war ich dazu entschlossen beim ersten direkten Kontakt, wenn ich mich der Opfer sicher glaubte und dass niemand dazwischen kommen würde.*

Harbort: Warum haben Sie die Leichen nicht sorgfältiger versteckt oder vergraben?

Sattler: *Ich sah keine Notwendigkeit, mich groß damit aufzuhalten. Bei Tat eins wollte ich das Opfer nur vom Gehweg runterhaben, damit man nicht gleich darüber stolpert. Bei Tat zwei ergab sich das Abdecken der Leiche aus dem Umstand, dass dort zufällig großblättrige Pflanzen wuchsen, die ein Abdecken schnell ermöglichten.*

Harbort: Wie würden Sie Ihre Vorgehensweise charakterisieren?

Sattler: *Planmäßig und erfolgsorientiert.*

Ähnlich kontrolliert und überlegt plante der 30-jährige Dachdecker Frank Gust seine grausamen Verbrechen. Nach der Festnahme des *Rhein-Ruhr-Rippers* im November 1999 fanden Kripobeamte auf seinem Computer eine Datei. Dort war minutiös aufgelistet worden, welches Zubehör Gust benötigen würde, um das nächste Opfer wunschgemäß foltern und töten zu können, nämlich:

»8 Stück Kabelbinder mind. 37,5 cm lang,

4 Stück Klebeband 10 cm breit 35 cm lang,

2 Paar Einmalhandschuhe Vinyl klein,

5 Stück Kondome,

10 Stück Müllsäcke dick,

Cutter und Klingen,

Kondom mit Schwarzpulver gefüllt und 3 Stück Zündsatz,
Schwefel oder Salzsäure möglichst hoch konzentriert,
Beil,
Explosivkapseln 3 Stück, Brandkapseln 3 Stück.«
Gust wollte eine Frau sprengen – »am besten bei vollem Bewusstsein«. (zitiert nach Goos)

Derart ausgeklügelte Verhaltensweisen sind eher die Ausnahme. Überraschenderweise planen die meisten Serienmörder ihre Taten nicht akribisch, es wird vielmehr ein grober Rahmen gesteckt, sie bevorzugen lediglich bestimmte Regionen oder Stadtgebiete und suchen dort nach Tatgelegenheiten. Norbert Schiesser, ein zweifacher Frauenmörder, schrieb mir in diesem Zusammenhang: »Es sollten einsame Waldgebiete sein, die ich kannte, wo ich eine ungestörte Tatausführung hatte. Das Jagdmesser hatte ich immer am Mann. Wann und wo es passierte, war mir dann ziemlich egal.«

Auch das Opferprofil ist meistens nicht auf individuelle Eigenschaften zugeschnitten, sondern wird von Vorzügen dominiert, die auf viele Menschen zutreffen. Norbert Schiesser: »Attraktivität und allgemeines Erscheinungsbild spielten schon eine Rolle. Mädchen und Omas habe ich nicht genommen, weil zu jung oder zu alt.« Häufig attackieren Serienmörder Opfer, die ihnen geistig oder körperlich unterlegen sind. Martin Bender, der am Niederrhein in den 90er Jahren zwei Mädchen erstach, sagte mir in einem Interview dazu: »Es mussten Kinder sein, weil die sich nicht wehren können. An Frauen habe ich mich nicht herangetraut, das wäre mir zu riskant gewesen.«

Viele Serienmörder lassen sich bei der Auswahl ihrer Opfer überwiegend von pragmatischen Überlegungen leiten. Denn das sofortige, blitzartige und *planlose* Attackieren birgt unkalkulierbare Risiken und Gefahren: Das Tatgeschehen kann bei heftiger Gegenwehr eskalieren, Schreie des Opfers könnten gehört werden, ein ungestörter Tatverlauf bleibt ungewiss, der Begegnungsort erscheint zur Durchführung der Tat ungeeignet, es gibt kaum Erfolg versprechende Fluchtmöglichkeiten. Die Opfer werden daher in Dreivierteln der Fälle nicht sofort angegriffen und überwältigt. Vielmehr wird das Terrain zunächst sondiert, potenzielle Opfer werden taxiert, belauert, verfolgt und ausgespäht. Erst wenn der angehende Mörder ausreichende Kenntnisse und genügend Wissen erlangt hat, die auch aus vorheriger krimineller Erfahrung ableitbar sind und ein profitables Opferprofil herausgearbeitet worden ist, beginnt die konkrete Tatplanung. Sie umfasst bestimmte Vorgaben, von denen im Regelfall nicht abgewichen wird: Tatzeit, Tatort, Tatmittel, Tatablauf. Und das vielfach beliebig oder zufällig ausgewählte Opfer soll lediglich bestimmten Kriterien entsprechen: beispielsweise Kinder, junge Mädchen, Frauen, Prostituierte, Anhalterinnen oder ältere Menschen, die sich arglos und nicht selten (zu) sorglos oder vertrauensselig in einer unverfänglich und gefahrlos erscheinenden Situation umschmeicheln, überreden, einladen oder auf andere Art beeinflussen und an den späteren Tatort dirigieren lassen.

Struktur und Qualität der Tatbegehung werden im Wesentlichen von den Vorstellungen und Fähigkeiten des Verbrechers bestimmt. Allerdings bleiben die Täter in diesem Prozess nicht immer unbeeinflusst. Manchmal werden durch Opferprofil und Motiv bestimmte Rahmenbedingungen und Leitbilder vorgegeben, von denen sich der Täter nicht lösen kann. Dies gilt vornehmlich dann, wenn die Tat in eine persönliche oder berufliche Beziehung eingebettet ist und das Motiv (un)mittelbar aus ihr folgt. Selbst die Wahl der Tatmittel ist in solchen Fällen eingeschränkt.

Serienmörder kommen aber auch biographisch belastet daher, wenn sie erst in dubiose Lebensumstände, später dann in verhängnisvolle Situationen geraten oder sich hineinmanövrieren, in denen allein aus der Situation heraus getötet wird. Ein Beispiel hierfür ist Fritz Honka:

»In der Nacht haben wir auch getrunken. Ich war geil, ich wollte ficken. Wir kriegten Streit, weil sie nicht ficken wollte und dalag wie ein Brett. Ich wurde immer geiler, habe ihr den mit Gewalt reingestoßen und habe sie gefickt. Ich habe ihr dabei die Hände festgehalten. Dann habe ich ihren Kopf geschnappt und ihn mehrmals gegen den Nachttischschrank geknallt. Sie war dann ruhig. Ich lief in die Küche, holte die große Brotsäge und schnitt ihr den Hals durch.«

Honka tötete seine Opfer aus nichtigem Anlass, im Zustand höchster Verärgerung und Erregung. Der Nachtwächter aus dem Hamburger Stadtteil Ottensen erdrosselte in den 70er Jahren in seiner Wohnung vier Prostituierte mit einem Handtuch oder würgte sie zu Tode. Der »Blaubart von Mottenburg« mordete nicht nach Plan, er ließ sich gehen, explodierte förmlich.

»In dieser Nacht wollte ich sie auch wieder ficken. Sie hat sich aber dagegen gewehrt. Warum sie sich gewehrt hat, weiß ich nicht, denn sie hatte sich ja sonst auch nicht gewehrt. Ich hatte einen stehen. Sie wollte, dass ich lecke. Ich wollte aber nicht, weil sie sich so selten gewaschen hatte und so stank. Dadurch kam auch der Streit, denn ich wollte bumsen. Ich habe ihr die Hände festgehalten, mich mit den Knien auf ihre Arme gesetzt, und dann habe ich ihr das Handtuch um den Hals gelegt. Ich habe das Handtuch dann zugezogen, bis sie sich nicht mehr bewegte. Die Augen waren verdreht. Dann habe ich sie gefickt.«

Multiple Mörder wie Honka lassen kein strukturiertes Tatbild erkennen, der *Modus operandi* bei affektiv eingefärbten Serientötungen ist aus diesem Grund auch nur bedingt interpretierbar, in manchen Fällen sogar gänzlich unplausibel. Der Täter verhält sich gezwungenermaßen, er trifft spontane Entscheidungen, er agiert nicht, er reagiert. Charakteristisches Merkmal ist lediglich eine überbordende Gewaltanwendung, ein extremes Maß an Aggressivität, Motiv und Ursache hingegen bleiben im Dunkeln.

Vollkommen unfrei agieren Täter, die vorphantasierte Verbrechen realisieren. Sie imitieren sich selbst und transformieren Gedachtes in die Wirklichkeit. Und dabei müssen Vor- und Abbild penibel übereinstimmen, weil sonst das angestrebte Erregungsniveau und die hieran gekoppelte seelische und körperliche Befriedigung nicht erreicht werden können. »Ich habe nicht mit einem Messer auf jemanden eingestochen, ich hatte auch nicht das Verlangen, jemand zu würgen, es ging mir in erster Linie darum, mit einer Waffe auf einen Menschen zu schießen«, offenbarte beispielsweise der Münchener Serienmörder Ferdinand Pawelke Kripobeamten. »Ich glaube, es genügte bei mir schon das Schießen auf einen Menschen, ich musste aber so lange schießen, bis die geschlechtliche Erregung in mir vorbei war, und diese Erregung dauerte meist so lange, bis ich mehrere Schüsse abgegeben hatte. Ich ging bis an die nächste Nähe bei Abgabe meiner Schüsse an die Person heran, die ich beschoss, weil ein Schießen aus größerer Entfernung nicht meinem Drang entsprochen hat.«

Derart charakteristische Handlungen bezeichnet man als *Personifizierung*. Hierunter sollten unverwechselbare Handlungssequenzen verstanden werden, die die speziellen Bedürfnisse *eines* Täters abbilden und keinen strategischen oder rationalen Charakter aufweisen. Hierdurch unterscheidet sich die *Personifizierung* vom *Modus operandi*, der lediglich die verstandesmäßig gesteuerten Tathandlungen beschreibt, die innere, psychopathologisch bedingte und hochsignifikante Struktur der Tat, ihre charakteristische Ausprägung hingegen weitestgehend unberücksichtigt lässt.

Ganz überwiegend kennzeichnet ein solches Verhaltensmuster die Taten sadistischer Serienmörder. Die Phantasie dient dabei als Skript, als geistige Vorlage, als Schema. Die bewusst seinsdominanten Wunschträume drängen, wollen endlich ausagiert werden.

Nur das penible Nachahmen der verlockenden Vorstellung und das Ausbrechen aus der schlichten Vorstellungswelt ermöglichen und garantieren sexuelle, vor allem aber seelische Befriedigung und die vermeintliche Bestätigung der eigenen Übermacht. Die Vorstellung von etwas wird gegen das Tun von etwas eingetauscht, verschmilzt mit ihr, ermöglicht erst das rauschhafte Selbsterleben. Das Ritual ist infolgedessen eingebettet in regelgebundene, den Täter verpflichtende Handlungsabläufe. Und diese pathologische Fixierung zwingt ihn dazu, sich in einer bestimmten Weise zu verhalten.

Während es Pawelke vollkommen gleichgültig war, wen er erschoss, musste er sich beim Tötungsakt hingegen penibel und detailversessen an sein inneres Mord-Drehbuch halten. Die Notwendigkeit dieser Beharrlichkeit begründete er einem Psychiater gegenüber so:

Frage: »Wohin ging der erste Schuss bei Gottwald?«

Antwort: »Er ging in den Unterleib.«

Frage: »Warum in den Unterleib? Warum nicht in den Kopf?«

Antwort: »Wie ich die Spiegelszenen hatte, oder wenn ich mit der Waffe vorher onaniert habe, da hat ich's immer in Hüfthöhe gehabt, so habe ich's da auch gehalten, deshalb ist es so gewesen.«

Frage: »War die Geste des Sich-an-den-Bauch-fassens des Getroffenen für Sie von Bedeutung?«

Antwort: »Ja. Das habe ich mir in der Onaniephantasie so vorgestellt, als wenn ich selbst getroffen worden wäre.«

Frage: »Es wäre doch viel ungefährlicher für Sie gewesen, sich möglichst leise und dicht an Ihre Opfer heranzuschleichen und dann hinter einem Baum stehend zu schießen?«

Antwort: »Ich hab's so gemacht, wie ich es mir immer vorgestellt hatte vorher.«

Derart verschlungene Motive und ihre deliktischen Ausprägungen sind deshalb so schwer zu verstehen, weil nur der Täter seine mörderische Passion kennt, und die hiermit verbundenen Gedankenspiele ausschließlich in seiner obskuren Nebenrealität sinnvoll erscheinen. Konventionelle Betrachtungs- und Deutungsversuche müssen scheitern, weil mit allgemeinen Wertevorstellungen und Lebenserfahrungen solch ferne Gedankenwelten nicht erreicht und nicht erfasst werden können.

»Der Einsatzort war ein asphaltierter Feld- und Wirtschaftsweg, der zu diesem Zeitpunkt gerne von Berufstätigen als Abkürzung benutzt wurde. So fuhren wir dann auf diesem Weg mitten aufs Feld hinaus und konnten bei Dunkelheit eigentlich nichts weiter als von uns angestrahlte Nebelwände sehen, bis irgendwann das Heck des BMWs des Mannes auftauchte, der die Leitstelle angerufen hatte. Im Scheinwerferkegel des BMWs lag irgendein Haufen. Zwei Männer kamen auf uns zu und schilderten aufgeregt, dass man erst über das Wegwerfen einer Schaufensterpuppe ärgerlich gewesen sei, bei näherer Betrachtung aber festgestellt habe, dass dieser verrenkt mitten auf dem Weg liegende Körper echt sei.

Als wir uns dem Körper näherten, mussten wir den Männern recht geben. Vor uns lag ein unbekleideter Frauenkörper, rücklings, der linke Arm war unter dem Rücken verdreht und die Beine gespreizt. Der Kopf des Körpers fehlte, der Korpus war vom Brust- bis zum Schambein geöffnet und die Eingeweide entnommen worden. Das Herz lag vor der Vagina, die restlichen Eingeweide lagen noch dampfend zirka fünf Meter neben uns auf dem Feld. Dieser Anblick bei Dunkelheit im Scheinwerferlicht, während immer noch die Nebelschwaden von rechts oben nach links unten durch das Sichtfeld zogen – das Ganze hatte etwas extrem Unwirkliches, war aber real.«

Was die beiden jungen Polizeibeamten in den frühen Morgenstunden des 22. Oktober 1996 auf einem Wirtschaftsweg der niederrheinischen Gemeinde Willich-Neersen vorfanden, überforderte den Verstand. Auch die später ermittelnden Experten der Kripo konnten sich lange Zeit keinen Reim darauf machen, was der Täter gewollt und warum er das Opfer derart grausam getötet und entstellt hatte. Erst drei Jahre später kam Licht ins Dunkel, als Frank Gust festgenommen wurde. Der *Rhein-Ruhr-Ripper* hatte seit 1994 drei Frauen in seinen Wagen gelockt, gefoltert, ermordet und verstümmelt. Sein Motiv: »Seit meinem zehnten Lebensjahr habe ich es gespürt. Ich hatte zuerst das Verlangen, Eingeweide zu berühren. Ich hatte sogar den Wunsch, in den ganzen Körper einzutauchen. Am erfüllendsten war die Vorstellung, in den Innereien einer Frau herumzuwühlen. Schon mit 15 war mir klar, wo das enden würde.«

Der sadistische Tötungsakt illustriert und dokumentiert ein individuelles Bedürfnis. Der Akt der Erniedrigung und Vernichtung ist ein sinnliches Erlebnis und spiegelt die den Täter antreibenden Gedankenvorstellungen wider. Entweder soll ein Tötungsszenario umgesetzt werden oder aber die Realisierung bezieht sich auf unspezifische Impulse: Rache, Gerechtigkeit, Geschlecht oder Macht. Wenn das Ritual seinen Lauf nimmt, der Täter das Opfer einschüchtert, bedroht, quält, es verletzt, schließlich tötet, dann kommuniziert er und benutzt dafür den Körper eines anderen Menschen. Nur so kann er sich mitteilen, seinem Verlangen Ausdruck verleihen.

Einschränkend muss in diesem Zusammenhang darauf hingewiesen werden, dass sich nicht in jedem Fall eine *Personifizierung* ausprägen kann. Ausschlaggebend sind in erster Linie situative Faktoren und Einflüsse. Der Täter wird oder fühlt sich gestört, muss auf die beabsichtigten Scheußlichkeiten notgedrungen verzichten. Oder aber das Opfer leistet unerwartet heftigen Widerstand, so dass eine vollständige Umsetzung der Phantasie unmöglich wird; vornehmlich in solchen Fällen, in denen der Täter auf die stereotype Misshandlung lebender Opfer fixiert ist.

In seltenen Fällen schrecken die Täter jedoch vor der Verwirklichung ihrer betörenden Vorstellungen zurück – zumindest bei der ersten Tat. Sie lassen sich von der mitunter schwer beherrschbaren Dynamik und unvermittelt durchbrechenden Tragik eines solchen Tötungsgeschehens beeindrucken, oder sie sind noch nicht selbstbewusst und routiniert genug, um die sich bietende Gelegenheit der Selbstdarstellung zu nutzen, sie trauen sich einfach nicht. So erging es auch dem Bremer Prostituiertenmörder Thomas Brussig, als er sein erstes Opfer tötete. »Schon da habe ich die Vorstellung gehabt, die Frau zu quälen, ihr die Brustwarzen abzuschneiden«, erklärte er dem Gutachter, »ich habe aber nichts getan, sondern mich nach der Tat nur darüber geärgert und damals schon den Gedanken gehabt, dies beim zweiten Mal nachzuholen.« Genau das tat er dann auch.

In einer fortwährend moderner und globaler werdenden Welt droht sich der Einzelne in der Allgemeinheit zu verlieren. Er geht auf in der Masse und verschwindet in ihr. Es fehlt die Orientierung – Leitbilder verblassen, Werte verkümmern, Grenzen verschwimmen. Darum ist derzeit kaum etwas so begehrt wie die Identität.

Einem Serienmörder ergeht es ähnlich. Sein Problem: Er hat keine Persönlichkeit, kein Charisma, keine Identität. Andere Menschen stehen für sich, diese Täter stehen neben sich: fragend, zögernd, zweifelnd. Ihr soziales Handeln bleibt konturen- und spurenlos, sie verkriechen sich im Ernstfall wie Küchenschaben, wenn man das Licht einschaltet. Eine Gefangenschaft ohne Gefängnis, ein Leben als ewige Durststrecke.

Die Tat indes gleicht einem Befreiungsschlag, der Täter ist nicht länger Sklave seiner gesellschaftlichen Frigidität, seiner emotionalen Verklemmung. Er hat etwas vollbracht. Endlich. Von dem Augenblick an, wo er über Leben und Tod entscheidet, schlüpft er in eine neue Rolle: Mörder. Auch wenn der Verbrecher nur Bestialität und Tod zu bieten hat, katapultiert er sich schlagartig in den Fokus des allgemeinen Interesses. Nun hat auch er eine Identität. Man *muss* von ihm Notiz nehmen.

»Mein Leben lang konnte ich nicht richtig einschlafen doch ich fand etwas was mich nachts schlafen lässt ich ficke und töte meine Opfer und nehme alles mit meinem Camcorder auf damit habe ich mein Gebiet gefunden auf dem ich für alle Zeiten der Beste sein werde an Hitler oder andere komme ich zwar nicht ran aber die haben ihre Opfer nicht gefickt und da halte ich halt den Rekord.«

Michael Förster war der Urheber, das Geschriebene, so wie es dasteht, ohne Punkt und Komma, für seine Homepage bestimmt. Der 22-Jährige wohnte im bayerischen Erding und plante eine Karriere als Serienkiller. Online wollte er sich präsentieren, am liebsten die ganze Welt mit seinen Gemetzeln beeindrucken, schockieren.

Der werdende Vater meinte es tatsächlich ernst. Seine ein Jahr jüngere Freundin ahnte von all dem nichts, bis sie zufällig eine Videokassette fand. Was sie zu sehen bekam, verschlug ihr den Atem: Eine Frau lag auf dem Boden, offenbar in einem Badezimmer, blutbesudelt, in ihrem Hals steckte ein Kartoffelmesser. Dann kam ihr Freund (Förster) ins Bild, roch an der Leiche und entkleidete die tote Frau. Danach schändete er das Opfer.

Förster hatte am 10. August 2002 die 38-jährige Elektroingenieurin Marlis Platten in Poing ermordet. In den Abendstunden war er in ihre Wohnung eingedrungen, hatte sie dort sofort mit einem Elektroschocker attackiert, massiv gewürgt, ihr mehrfach ins Gesicht getreten. Anschließend hatte er dem nun wehrlosen Opfer das Messer fünfmal in den Hals gerammt. Ein Stich hatte die Halswirbelsäule erreicht, das Rückenmark durchtrennt und zum Tode geführt. Schließlich war er über den leblosen Körper hergefallen, Rechtsmediziner sollten später sein Sperma in Vagina und After des Opfers nachweisen. Die Misshandlungen hatte er mit einem Camcorder aufgezeichnet.

Schon von Kindheit an zog Förster sich in eine Welt zurück, die nur er betreten konnte. In seiner Phantasie war er sicher vor seinen Schulkameraden, die den kleinwüchsigen und schüchternen Jungen mit der gebogenen Nase hänselten, drangsalierten oder verprügelten. In der Hauptschule kam er nicht mit, schwänzte häufig, schließlich wurde er in ein Internat gesteckt. Weil er auch dort keinen Anschluss fand, hockte er regelmäßig vor dem Fernseher, manchmal bis zu zehn Stunden am Tag. Die erste Freundin hatte er mit 18, aber nur für wenige Wochen. Auch beruflich fand er nicht ins Leben. Seine Mutter vermittelte ihm eine Lehre als Verkäufer in einem Elektromarkt. Aber nachdem man ihn dort bei einem Diebstahl erwischt hatte, bekam er die Kündigung.

Bis zu dem Tag, an dem er Marlis Platten tötete, litt Förster unter seiner Bedeutungslosigkeit. Der 1,64 Meter kleine Mann war ein Niemand, ein Versager, unreif und unselbstständig, ein Mensch, von dem kaum jemand Notiz nehmen wollte. Förster suchte und verlangte verzweifelt nach einer Identität, er wollte endlich etwas darstellen, jemand sein. In seiner Parallelwelt, die er in Gewalt- und Pornovideos bestätigt sah, hatte sich mehr und mehr die fixe Idee verfestigt, sich neu zu erschaffen: als unbarmherziger Killer. Nachdem er von der Freundin angezeigt worden war, fand die Kripo in seiner Wohnung neben Teilen der Opferbekleidung auch eine Diskette, auf der das komplette Frameset einer für das Internet konzipierten Homepage gespeichert war. Unter der Überschrift »GEFICKT UND GETÖTET IN POING AM 10.08.02« waren darin zehn Einzelbilder eingefügt, die als Präsentation aneinandergereiht den Vorgang der Schändung des Opfers zeigten. Er hatte die unbequeme und hemmende Versagermentalität ein für allemal abgestreift und eine Identität gefunden: »NATURAL BORN KILLER«.

Diese neue Rolle wollte er auch künftig ausfüllen und ausleben. Nach dem Mord an Marlis Platten war er weiterhin aktiv. In Telefonbüchern benachbarter Gemeinden suchte er gezielt nach Einträgen, die als Anschlussinhaber allein stehende Frauen vermuten ließen. Er rief auch an, schwieg oder stöhnte aber nur und versuchte über die Reaktionen der Frauen herauszubekommen, in welcher Lebenssituation sie sich gerade befanden, ob sie sich als Opfer eignen würden. Förster hatte sich fest vorgenommen, in die Geschichte einzugehen – als Serienkiller.

Viele Täter identifizieren sich mit der Rolle des Verbrechers, Gewalt und Grausamkeit verschmelzen zu einem neuen Persönlichkeitsprofil. Der Versager ist tot, es lebe der Mörder! Endlich gelingt es, eine Position einzunehmen, die *andere* verstört und Angst einflößt. Die unbarmherzige Tat schmückt den Verbrecher.

Nicht wenige Täter scheitern an der Aufgabe, aus einer Vielzahl ihnen zugedachter oder zugemuteter Rollen ein zwar differenziertes, aber doch konsistentes Ich zu entwickeln. Es gelingt ihnen nicht, sich einer Gruppe oder einem Kollektiv zugehörig zu fühlen und sich dabei gleichzeitig als einmaliges Individuum zu verstehen und zu präsentieren. Es existiert kein klar definiertes Ich innerhalb der sozialen Realität, die Identität kann sich nicht in der sozialen Sphäre gründen.

Ernst Eschbach ist so jemand. Er wuchs in einer kinderreichen Familie auf, gemeinsam mit neun Schwestern. Der Vater trat innerhalb der Familie kaum in Erscheinung, Mutter hatte das Sagen, eine alles und jeden beherrschende Frau, die den Sohn nie recht aus ihren Fittichen entließ, die aber auch extrem abweisend sein konnte. Sie verspottete ihn sogar öffentlich, auch, als er zum ersten und letzten Mal mit einem Mädchen befreundet war. »Ich wünsche nicht, daß er sich hier aufhält«, erklärte sie den erstaunten Eltern des Mädchens, »der macht sowieso nur Blödsinn. Ihre Tochter ist für den doch viel zu schade, sie ist doch ein nettes und anständiges Mädchen.« (alle Aussagen der Mutter von Ernst Eschbach zitiert nach Schorsch/Becker) Damit war die Sache aus der Welt.

Ihre Erziehungsarbeit blieb durchweg widersprüchlich. Einerseits stellte sie sich mit animalischer Mütterlichkeit schützend vor den Filius, andererseits blieb sie distanziert, emotional kühl, ohne Herzlichkeit und Wärme. Allergrößten Wert legte sie auf Sauberkeit: »Da habe ich stark drauf geachtet. Die Kinder wurden auf den Topf gesetzt, da gab es keinen Widerstand, die bleiben drauf, bis sie was gemacht hatten.« Auch die Beziehung zu Körperlichkeit und Sexualität wurde durch die Mutter rigoros unterdrückt, unnachgiebig kontrolliert, kindliche sexuelle Neugier und ein unbefangenes Verhältnis zum eigenen Körper konnten gar nicht erst aufkommen: »Ich habe darauf geachtet, daß die Kinder innerlich und äußerlich sauber blieben. Entgleisungen habe ich nicht geduldet.« Die Kinder durften nicht nackt herumlaufen oder sich nackt betrachten. Sexualität blieb eine Unbekannte, etwas, das es einfach nicht geben durfte, eine verminte Tabuzone.

In Eschbachs Lebensgeschichte ist keine Kontinuität und auch keine Entwicklung erkennbar. Sein Leben war eine Abfolge von emotionalen Ausbrüchen, ruhelosem Vagabundieren, sporadischer Berufstätigkeit, sozialer Vereinsamung – und immer wieder Gewaltverbrechen. 1950 erstach er mit einer Heugabel einen Jungen auf einem Bauernhof in Gresgen im Schwarzwald. Da war er gerade einmal 17 Jahre alt. 1963 tötete Eschbach im Staatswald bei Schwetzingen ein im Auto sitzendes Liebespaar durch mehrere Schüsse. Fünf Jahre später erschlug er bei Hamburg einen 17-Jährigen. Von 1956 bis 1968 verletzte er überdies drei Kinder schwer, die nur mit Glück überlebten. Darüber hinaus verging er sich an mehr als hundert Jungen und Mädchen, ohne ihnen weitere körperliche Gewalt anzutun. Eschbach war sich selbst ein Rätsel: »Wenn ich es überlege, ist ja in allen meinen Taten keine Logik.«

Also, warum?

Beziehungen erlebte Eschbach stets als Bedrohung, sie erzeugten Ängste vor Selbstverlust und Zerstörung. Nur hin und wieder bahnten sich vertrauliche Kontakte an, doch die blieben ausnahmslos oberflächlich. Wer sich selbst nicht akzeptiert, kann auch nicht an die Zuneigung anderer Menschen glauben. Sein Lebensgefühl war förmlich eingeklemmt, zudem lernte er keine Form von Sexualität kennen, die sozial akzeptiert war, die funktionierte und ihn befriedigte. Geschlechtlichkeit war etwas Unstrukturiertes, unsauber und unordentlich. Und gleichaltrige Sexualpartner überforderten ihn. »Ich habe versucht, mit Frauen zu verkehren. Ich bin auch in die Herbert-Straße gegangen. Das ging aber nicht. Der kam nicht hoch. Ich war nicht in der Lage, einen normalen Geschlechtsverkehr auszuführen. Ich habe, das will ich jetzt endlich mal sagen, noch niemals richtigen Geschlechtsverkehr mit einer Frau gehabt«, erklärte er Kripobeamten nach seiner Festnahme.

Schon frühzeitig zeigten sich pädophile Tendenzen. Als Junge spielte er am liebsten mit jüngeren Kindern und wurde deshalb von anderen aufgezogen. Er fühlte sich in der Gesellschaft von Kindern freier, gelöster, im Gegensatz zum Umgang mit Erwachsenen nicht bedrängt oder infrage gestellt. Später wurden vor allem Beziehungen zu Jungen zu einer Obsession, die ihn vollkommen vereinnahmte: »Kinder beschäftigen mich derart, daß ich mich vor mir selbst fürchte. Wenn ich nur ein Kind höre, dann kann ich nicht arbeiten, bin nervös, dann habe ich so ein Verlangen, ich möchte den ganzen Tag onanieren. In meinen Augen ist es gemein, in dieser Weise mit sexuellem Verlangen an Kinder zu denken, wie ich es manchmal muß. Deshalb befriedige ich mich, weil ich nicht einfach so an Kinder denken will. Nach der Onanie kann ich gut und anständig an Kinder denken. Ich glaube, daß mich keine Macht der Welt dazu bringen könnte, von den Kindern abzulassen.«

Die schon in der Kindheit einsetzenden Entwicklungsstörungen behinderten ihn in seiner männlichen Identität, eine sekundäre Identifizierung mit seinem Vater war unmöglich, das mütterliche Leitbild war abschreckend und übermächtig. Es gelang ihm eben nur sporadisch, seinem vordergründigen Selbstbild zu entsprechen: ordentlich, solide, fleißig, hilfsbereit, kinderlieb. Verging er sich dann wieder an einem Kind, kam seine dunkle Seite zum Vorschein: gemütsarm, unberechenbar, vor allem aber haltlos. In Missbrauchssituationen wurde er sich aber auch seiner Unfertigkeit und Unfähigkeit bewusst, seine aggressiven und destruktiven Regungen mündeten schließlich in nackte Gewalt, die ihn davor bewahren sollte, sich vollkommen zu verlieren. Er kämpfte um und mordete für eine Identität, die nicht zu bekommen war, die eine Illusion bleiben musste: »In mir ist mehr als einmal der Wunsch nach einer Ehe aufgekommen, weil ich mich danach sehnte, einen Platz zu haben, bei dem ich wußte, da gehöre ich hin. Auf der anderen Seite hatte ich aber zu große Angst, eine Ehe einzugehen, weil ich mich vor mir selbst fürchtete.«

Die erste Tat eines Serienmörders schafft nicht nur eine personale oder soziale Identität, sondern stabilisiert auch die brüchige Persönlichkeit. Und dabei spielt es keine Rolle, ob der Nutzen sexueller, emotionaler, sozialer oder finanzieller Natur ist. Allerdings ist dieser Profit im Wesentlichen begrenzt auf den Moment der Tat, in manchen Fällen wirkt er noch nach, vielleicht einige Tage, manchmal auch Wochen oder Monate. Doch der positive Effekt kann die nach wie vor nachhaltig krankende Lebenssituation des Täters nur lindern, nicht aber kurieren. Und gerade hierin offenbart sich die Widersprüchlichkeit des Verbrechens: Die gewonnene Identität bleibt nutzlos, weil es in der sozialen Realität keinen positiven Widerhall geben kann, und die mühsam gewonnene Stabilität erweist sich als Muster ohne Wert, sie zerbröselt im neu aufflammenden Abwehrkampf mit überwunden geglaubten Problemen und Entbehrungen.

Ähnlich widersprüchlich sind die Erfahrungen all jener Täter, die den ultimativen Nervenkitzel suchen, vor allem aber ihre dunklen Phantasien ausleben wollen. Denn viele von ihnen stellen nach Vollendung der Tat ernüchtert fest, dass Realität und Idealität nicht übereinstimmen – weil das Opfer sich nicht so passiv verhalten hat wie gewünscht, weil die Tat nicht so geschmeidig abgelaufen ist wie gedacht oder weil das Maß an Erregung und Befriedigung nicht so stark war wie erwartet.

So erging es auch Frank Gust. Am 8. September 1994 war er wieder mit seinem Auto unterwegs, ohne konkretes Ziel, einfach drauflos. Irgendwann hielt er an, um einen Tramper mitzunehmen. Als der Anhalter näher kam, erkannte Gust, dass es eine Frau war. Er schaute sich um. Niemand konnte gesehen haben, dass die junge Frau zugestiegen war. Schlagartig wurde ihm bewusst: »Das war die Gelegenheit, an einen noch warmen Menschen zu kommen.« Seine Wunschvorstellung: »Beim Sex einem sterbenden Opfer ans pochende Herz fassen.«

Auf einem einsamen Parkplatz tat er so, als habe er seinen Autoschlüssel verloren. Die junge Frau half ihm beim Suchen.

Als die Situation günstig war, schoss Gust ihr von hinten eine Kugel in den Kopf. Er riss der Toten die Kleider vom Leib und schändete das Opfer mehrfach. Als er sich wieder im Griff hatte, schnitt er der Leiche Kopf und Hände ab, um der Polizei die Arbeit zu erschweren. Aber er war ernüchtert und enttäuscht. Es war nicht so abgelaufen, wie er es sich zuvor immer wieder ausgemalt hatte. Gust hatte zu viele Grausamkeiten ausgelassen, die in seinen Mord-Visionen zwingend vorgesehen waren.

Und so ist es auch bei vielen anderen sexuell motivierten Tätern. Zwischen Anspruch und Wirklichkeit klafft gerade bei der ersten Tat ein tiefer Abgrund, der für die Täter letztlich unüberwindbar bleibt. Genau deshalb muss ein neuer Anlauf genommen werden.

KAPITEL 5

Das unheimliche Glück des Unglücklichen

»Wenn ein Mensch verdorben wird, geschieht es in
der Regel stufenweise.«
Edgar Allan Poe, *William Wilson*

»Irgendwie fand ich das auch aufregend. Denn noch nie,
nicht ein einziges Mal, soweit ich weiß, haben irgendwo Cops
das Verschwinden einer meiner Versuchspersonen zur Kenntnis
genommen, geschweige denn eine Suche eingeleitet.
Deshalb war das hier mal was anderes & ich fühlte mich der
Herausforderung gewachsen. Dieses wilde Verlangen,
dieser Hunger – für SQUIRREL, der in mein Leben getreten
war wie ein strahlender Engel, würde es sich
sogar lohnen zu sterben.«
Joyce Carol Oates, *Zombie*

Es war kein genau bestimmbarer Zeitpunkt, das war eine ganze Zeitepoche. Ich kam irgendwann mal auf die Idee, aber das war noch nicht konkret. Das ist dann haften geblieben und hat sich verfestigt. Durch die regelmäßige Routine, die ich erworben habe, ist mir das immer wieder in Erinnerung gerufen worden, diese Vorstellungen. Also unabhängig von dem, was ich tagtäglich so erlebt habe, sind die Sachen immer wieder hochgekommen und haben sich dann mehr und mehr zusammengefügt zu einem Entschluss. Auf einer bestimmten Ebene stand für mich dann irgendwann fest, wenn sich die Gelegenheit ergibt, dass ich es versuche.

Moritz Niewald zog sich seine Tarnkleidung an: schwarzer Rollkragenpullover, schwarze Hose, Turnschuhe. Eine schwarze Sturmhaube mit weit ausgeschnittenen Sehschlitzen steckte er sich in die Hosentasche. Er würde sie erst später brauchen. Um kurz nach 22 Uhr verließ der 29-Jährige seine Wohnung in Heidelberg, startete seinen Wagen und fuhr los. Niewald hatte ein bestimmtes Ziel: Königsberger Straße 17 in Leimen, nur acht Kilometer entfernt. Dort wohnten im Parterre die Floristin Angelika Kisch und ihr Freund Peter Gärtig, der als Pfleger in einem Krankenhaus arbeitete.

Was ich da betrieben hab', war der reine Wahnsinn. Das ist so unnormal, dass man es als Normalbürger nur als wahnsinnig bezeichnen kann, wenn jemand so durch die Gegend geht und sich so verhält. Da denkt doch jeder, der ist doch verrückt. Ein normaler Mensch macht so etwas doch nicht. Und ich konnte es eigentlich auch nur unter dem Aspekt des Wahnsinns abtun, also rein sachlich gesehen.

Niewald kannte sich in der Zweizimmerwohnung von Angelika Kisch bestens aus, obwohl er weder mit ihr noch mit ihrem Lebensgefährten jemals zuvor ein Wort gesprochen hatte.

Ich war schon in der Wohnung von der Frau, wo sie da noch gar nicht gewohnt hat. Da war ein anderes Pärchen drin. Einmal haben die abends die Wohnzimmertür offen gelassen, da habe ich einen Videorekorder mitgehen lassen, auch Modeschmuck aus dem Schlafzimmer. Das hat mir später geholfen, weil ich genau wusste, wie die Wohnung so ist.

Niewald war ein Spanner. Seit mehr als zehn Jahren schlich er nachts durch bestimmte Bezirke Heidelbergs oder angrenzender Orte, lugte am liebsten durch Rollläden in Wohnungen und wartete geduldig auf seine Chance. Manchmal mehrere Stunden, bei fast jedem Wetter. Und wenn er dann den nackten Körper einer Frau heimlich beobachten konnte, befriedigte er sich selbst, entweder sofort oder später. Damit hatte er sich in all den Jahren auch zufrieden gegeben. Bis zu diesem Tag.

Beim Spannen war es ja lange Zeit so, dass ich gar nicht in die Wohnungen eindringen wollte. Da bestand ja immer die Gefahr, dass ich erwischt werde, und die Konsequenz wäre auch gewesen, wenn man mich schnappt, dass ich daran für eine gewisse Zeit gehindert worden wäre. Das wollte ich halt nicht. Ich wollte aber auch niemanden durch meine Spannerei konkret belästigen. Ich hatte halt grundsätzlich vor, unauffällig zu bleiben.

Er wollte auch weiterhin unbeobachtet und unentdeckt seiner Leidenschaft nachgehen, aber seit einigen Monaten hatte sich etwas grundlegend verändert: Vorher hatte *er* seine Phantasien beherrscht, jetzt dominierten *sie* ihn.

Ich hab' da an sexuelle Handlungen gedacht: die Frau anzufassen, vorwiegend im Geschlechtsbereich. Oder die sollten sich ausziehen oder ich die. Es hat sich konkret immer um die Personen gehandelt, die ich da bespannt hab'.

Ich kann mich noch gut erinnern, dass, bevor ich bei dem ersten Opfer in die Wohnung rein bin, ich ein junges Pärchen beobachtet habe. Die haben Sexualverkehr gehabt, und ich hab' die halt beobachtet. Das Dumme war, dass der Mann gemerkt hat, dass da jemand am Fenster ist, er hinter mir her, mich über mehrere Straßen verfolgt. Da habe ich auch einen starken Drang entwickelt, in die Wohnung reinzukommen. Da hatte ich auch den Wunsch, speziell mit dieser Frau Kontakt aufzunehmen, wobei die sexuellen Phantasien damals nicht so ausgeprägt waren. Das, was ich vorher gesehen habe, hat den Anreiz gegeben. Die Kontaktaufnahme hat mich mehr gereizt. Später hat mir das dann nicht mehr gereicht, wenn ich nur etwas zu sehen bekommen hab'. Dann haben sich bei mir im Vorfeld schon Phantasien eröffnet.

Niewald hatte Angelika Kisch bereits x-fach beobachtet und ausgeforscht. Er kannte ihren Tagesablauf, wusste, worüber sie sich mit ihrem Freund stritt, welche Zahnpasta und welches Verhütungsmittel sie benutzte, wann sie gewöhnlich ins Bett ging. Und sie gefiel ihm.

Bei der war es halt so, dass ich die Möglichkeit gesehen habe, in die

Wohnung reinzukommen. Ich fand sie nicht hässlich, nicht unattraktiv, schon sexuell ansprechend. Im Prinzip hat mir alles gefallen, bis auf die Frisur. Die Haarfarbe war mir aber egal. Die Haare waren relativ kurz, und das ist nicht unbedingt der Typ Frau, auf den ich so stehe. Wobei ich da aber auch Ausnahmen machen kann. Vom Gesicht her war sie normaler Durchschnitt, nicht so großartig, ich war aber auch nicht abgeneigt. Rein körperlich gab's aber nichts, was mich sexuell nicht genügend angesprochen hätte. Das Alter war auch wichtig, sie sollte schon ein bisschen älter sein als ich. Und das war ja auch so.

Niewald war zudem regelrecht ausgehungert, in den Wochen und Monaten zuvor hatte es kaum einmal geklappt. Nächtelang war er durch Vorgärten geschlichen, hatte sich hinter oder auf Bäumen postiert, war auf Balkone gestiegen, hatte Fensterläden auseinandergedrückt; aber nur ein einziges Mal hatte er eine junge Frau beobachten können, die sich bettfertig gemacht hatte. Doch nicht nur aus diesem Grund drohte gerade Angelika Kisch Gefahr.

Das hatte auch mit dem Pärchen zu tun, das da vorher gewohnt hat. Da konnte ich halt nicht so gut spannen, da hat sich halt ganz schön was aufgestaut. Plötzlich hat sich dann in unmittelbarer Nähe die Gelegenheit ergeben. Vorher hatte ich sie auch schon einige Male beobachtet, aber nicht so oft, weil es zu riskant war. Damals hatte ich aber auch noch nicht so viele Anlaufstellen, wo ich was sehen konnte.

Angelika Kisch hatte er sich für den 13. Juli 1995 vorgemerkt.

Das war schon ein paar Tage vorher. Ich hatte irgendwie mitbekommen, dass der Freund von ihr Schicht arbeitet, da konnte ich mir ausrechnen, dass der in dieser Woche abends nicht zu Hause ist. Dann hab' ich mich damit auch innerlich befasst, meine Phantasien endlich mal umzusetzen. Einfach mal die Sachen von zu Hause mitzunehmen, für den Fall, dass sich die Möglichkeit ergibt.

Niewald parkte seinen Ford Fiesta in einiger Entfernung vom Zielort. Er wollte dadurch vermeiden, dass dort im Fall der Fälle jemand auf sein Auto aufmerksam werden könnte. Er ging zur

Rückseite des Anwesens Königsberger Straße 17 und schaute durch die Rollladenschlitze ins Wohnzimmer. Er sah Angelika Kisch auf dem Sofa sitzend, die 26-Jährige schaute fern. Wie erwartet, war sie allein. Und noch etwas beflügelte seine Phantasie: Niewald bemerkte, dass vom mehrflügeligen Schlafzimmerfenster ein Flügel gekippt war. Jetzt wusste er, wie er unbemerkt zu ihr würde vordringen können. Überhaupt musste es eine Wohnung sein, in der es passieren sollte.

Bei einer anderen Örtlichkeit wäre mir ein Übergriff nicht in den Sinn gekommen. Es musste schon dieser Wohnbereich sein, weil ich auch so viel Übung hatte, mich unauffällig zu verhalten. Ich war mir ziemlich sicher, dass ich auch entkommen konnte. Ich bin ja vorher auch immer in den Wohnungen der Opfer gewesen, wenn die nicht da waren. Da ist nie was passiert. Ich konnte mir halt immer auch einen Rückweg freihalten. In einer anderen Situation wäre für mich ein sexueller Übergriff auch einfach nicht denkbar gewesen, schon gar nicht mit Waffengewalt. Diese Phantasien haben sich bei mir nur entwickelt, weil ich das mit der Spannerei so lange betrieben hab', sodass ich von Anfang an schon eine richtige Vorlage hatte. Das hat sich ja alles in Wohnungen abgespielt, und deshalb war meine Phantasie eben auch bezogen auf Wohnungen.

Niewald sah seine Chance gekommen. Heute! Gleich! Jetzt!

Ich wollte erreichen, dass sie sich auszieht oder ich sie ausziehe und dass ich sie dann auch am Geschlechtsteil anfassen kann, rummanipulieren. Ich wollte eigentlich nur die Scheide anfassen, die Brüste haben mich nicht so interessiert, die habe ich ja vorher schon öfters gesehen, wenn ich die beobachtet hab'.

Aber er fuhr zunächst zurück nach Heidelberg. Er musste sich bewaffnen. Zu Hause angekommen, zog er sich Handschuhe über und packte sein Handwerkszeug zusammen: eine Reizgasspraydose, einen mittelgroßen Hammer, ein Bowie-Messer, Klingenlänge 15 Zentimeter.

Das war ja eine erwachsene Frau. Da war halt die Überlegung, dass sie mir vielleicht körperlich überlegen sein könnte, dass ich sie nicht so einschüchtern kann. Und da hab' ich mir überlegt, welche Hilfsmittel ich anwenden kann. Da ist mir in erster Linie mal das Reizgas eingefallen. Dann habe ich einen Hammer mitgenommen und letztlich auch dieses Bowie-Messer. Ich hab' nicht wissen können, ob das alles zum Einsatz kommt oder nicht.

Während ihm Reizgas und Hammer besonders geeignet erschienen, um sein Opfer besser kontrollieren zu können, spielte das Bowie-Messer in seinen Gedanken schon seit längerer Zeit eine besondere Rolle.

Ich hatte Angst, dass mal ein Mann dazukommen könnte, der sich nicht so beeindrucken lässt und mich dann auf Teufel komm raus festhalten will, bis die Polizei da ist. Mit dem Messer bin ich dann halt in der Lage, den entsprechend einzuschüchtern, dass mir die Flucht gelingt. Ich hab' eigentlich nie die Vorstellung gehabt, dass ich dem Opfer das Messer an die Kehle halte, um es zu zwingen. Aber ich muss auch ganz ehrlich sagen, dass im Vorfeld, was die Tatbegehung betrifft, ich auch schon die Vorstellung hatte, dass man das Messer nimmt und das Opfer kampfunfähig macht. Vielleicht habe ich auch schon vorher die Bereitschaft gehabt, zuzustechen.

Gegen 22.45 Uhr kehrte Niewald nach Leimen zurück. Er parkte wieder etwas abseits. Während er sich über den üblichen Weg von hinten an das Haus heranschlich, war ihm bewusst, dass es nun jederzeit soweit sein könnte.

Da war schon der Wunsch da, mit einer Frau, also ihr, alles machen zu können, was ich will. Ohne dass die sagt: Das mag ich aber nicht. In erster Linie die Scheide angucken, auch mal anfassen. Endlich mal alles ausleben, rauslassen.

Obwohl er sich schon seit Wochen mit dem Gedanken vertraut gemacht hatte, Angelika Kisch zu überfallen, hatte er nur eine vage Vorstellung von dem, was und vor allem wie es passieren würde.

Da gab es eigentlich nur zwei Sachen: dass ich das Reizgas, den Hammer und das Messer mitnehme, wenn sie sich halt wehrt oder ich sie besser einschüchtern kann, und dass ich meine Phantasie umsetzen kann. Mehr Plan war da gar nicht.

Wenige Minuten später überschritt Niewald zum ersten Mal eine Grenze, er zerstörte die Intimsphäre eines Menschen und vernichtete dessen Existenz. Auftakt zu einer Serie schauerlicher Gewaltverbrechen, über die der ihn verurteilende Richter Jahre später sagen sollte: »Nie zuvor haben Straftaten die Menschen in unserer Region so schockiert und in Angst versetzt wie diese Morde!«

Ich bin rein in das Schlafzimmer durch das Fenster, hab' es wieder zugemacht. Dann hab' ich im Schlafzimmer erstmal gewartet. Ich hab' versucht einzuschätzen, wie lange es wohl noch dauert, bis sie ins Schlafzimmer kommt. Ich hatte schon den Eindruck, dass sie bald ins Bett geht, ich wusste aber auch so, dass sie nie besonders lange aufbleibt. Ich wollte auch mehr Reaktionszeit, um die Situation zu bewältigen.

Und dann kam sie irgendwann über den Gang, hat gemerkt, dass ich da bin, hat irgendetwas gerufen. Dann hab' ich mit dem Hammer zugeschlagen. Die ist wütend geworden, und ich hab' weiter mit dem Hammer zugeschlagen, einfach auf sie eingedroschen. Es war dunkel. Dann wollte ich verhindern, dass sie flüchtet, hab' das Reizgas genommen. Sie hat sich wohl dagegen geschützt. Irgendwann ist sie wieder aggressiv geworden, weil ich mit dem Reizgas auf sie eingesprüht hab'. Und dann ist sie in meine Richtung gekommen, hat mich zu packen versucht. Dann hab' ich das Messer gezogen und zugestochen. Sie ist auf den Boden gefallen, und ich bin abgehauen.

Zwei wuchtig geführte Stiche hatten Angelika Kischs Brustkorb durchstoßen und zwei große Arterien verletzt. Sie kollabierte binnen kurzer Zeit, wurde handlungsunfähig, verlor schließlich das Bewusstsein und starb in den folgenden zehn Minuten durch inneres und äußeres Verbluten. Der Kampf mit seinem Opfer hatte Niewald so irritiert, dass er sein eigentliches Ziel vollkommen aus den Augen verlor. Er wollte nur noch weg.

Aus dem Fenster raus, zum Auto gerannt, eher schnell gegangen, weil ich nicht auffallen wollte. Ich hatte Angst, dass jemand das

Schreien gehört hat. Ich wollte so schnell wie möglich da wegkommen, bin ins Auto rein, hab' die Sachen irgendwo weggeworfen. Ich musste das die ganze Nacht verarbeiten, was ich da für eine Situation ausgelöst hab'. Am nächsten Tag hab' ich's dann in der Zeitung gelesen, da hatte ich Angst, dass die mich erwischen würden. Auf der Arbeit hab' ich mich auch ganz schön zusammenreißen müssen, dass ich das alles so über die Bühne krieg'.

Niewald hatte Angelika Kisch ermordet, scheinbar in Panik, aber eigentlich, um sie als lästige Zeugin zu beseitigen und durch eine schnelle Tötung das eigene Entkommen zu sichern. Ohne zu zögern war das Opfer von ihm attackiert und getötet worden.

Ich hab' damals für die Frau nichts empfunden, ich hatte einfach nur Angst, dass man mich erwischt.

Am nächsten Morgen kam ihr Lebensgefährte gegen 6.30 Uhr von der Nachtschicht nach Hause. Peter Gärtig setzte sich zunächst ins Wohnzimmer, las Zeitung und trank dabei ein Glas Sprudel. Angelika Kisch hätte erst gegen 7 Uhr aufstehen müssen, solange wollte er sie schlafen lassen. Als er sich schließlich selbst hinlegen wollte, fand er seine Freundin hinter einer Verbindungstür: in kauernder Stellung, blutüberströmt, leblos. Peter Gärtig traf der Tod seiner Freundin wie ein Keulenschlag.

Das Tatgeschehen hatte aber auch Niewald nachhaltig beeindruckt.

In der Zeit danach hatte ich nicht mehr das Bedürfnis, an ein Opfer ranzukommen, vor allem, weil ich große Angst hatte, erwischt zu werden. Ich war ja polizeilich gesehen kein ganz Unbekannter.

Bis zu diesem Zeitpunkt existierten zehn Einträge in Niewalds Kriminalakte. Erstmals auffällig wurde er mit 19 Jahren:

6. Juli 1984: Körperverletzung gegen die Mutter, die er auf ein Bett geworfen und mit beiden Fäusten auf sie eingeschlagen hatte. Er war in Wut geraten, weil seine Mutter versehentlich eine seiner Shampooflaschen beschädigt hatte.

14. Januar 1985: Körperverletzung gegen die Mutter, die er mehrfach ins Gesicht geschlagen hatte.

27. Februar 1985: Sachbeschädigung. Nach einem Streit mit seiner Mutter hatte er ein Trinkglas gegen die Balkontür geworfen.

21. Mai 1985: Körperverletzung gegen die Mutter, auf die er derart heftig eingeschlagen hatte, dass sie gegen einen Türrahmen geprallt war.

10. September 1991: Beleidigung auf sexueller Grundlage. Er hatte sich an den Rollläden eines Hauses in Heidelberg-Rohrbach zu schaffen gemacht.

3. Juni 1992: Wohnungseinbruchsdiebstahl in Heidelberg-Rohrbach. Er war in die Wohnung eingedrungen und hatte unter anderem Kinderhörspielkassetten, verchromte Kerzenständer, Deoroller und Rasierwasser gestohlen.

22. Juni 1992: Kreditkartenbetrug. Mit der am 3. Juni entwendeten Kreditkarte hatte er mehrere Einkäufe in Walldorf und Wiesloch gemacht.

13. Oktober 1992: Diebstahl einer Zeitschrift aus einem Briefkasten.

14. Oktober 1992: Beleidigung auf sexueller Grundlage: Unter diesem Datum waren 183 Vorfälle aufgelistet, bei denen man ihn als Spanner beobachtet hatte.

17. Oktober 1994: Ladendiebstahl einer Flasche Remy Martin.

Man kannte mich also bei der Polizei, auch als Spanner. Und weil ich vorher so viel unterwegs gewesen bin, hätte es ja durchaus sein können, dass ich mal jemandem aufgefallen bin, mit meinem Auto oder so. Ich hab' auch zu Hause alles weggeschmissen, was darauf hindeuten konnte, dass ich als Spanner unterwegs bin. Ich hab' wirklich alles weggeworfen, das ging so über Wochen.

Und er hatte noch eine ernüchternde Erfahrung gemacht.

Bei dieser Tat erlebte ich, dass die Realität so gut wie nichts mit meinen Vorstellungen gemeinsam hatte. Ich scheiterte am massiven Widerstand des Opfers. Ein Maß an Widerstand, das ich nicht er-

wartet hatte. Das Ergebnis kann ich nicht wirklich beschreiben. Auf jeden Fall unbefriedigend. Diese Tat ist mir im allerhöchsten Maß entglitten.

Im Zuge der *Reflexion* (Phase fünf des *Serienmörder-Prinzips*) treten die Täter nicht in Aktion, sie setzen sich mit ihrer Tat und den sich hieraus ergebenden Folgen und Konsequenzen auseinander. In den seltensten Fällen entspricht das Ergebnis tatsächlich den hochgesteckten Erwartungen. Dafür gibt es eine Vielzahl von Gründen: Das Opfer ließ sich nicht kontrollieren oder manipulieren, die Beute fiel zu gering aus, die phantastischen Vorstellungen erwiesen sich als nicht realisierbar, der ausgewählte Tatort bot nicht die erforderliche Sicherheit, die Tat musste notgedrungen unvollendet bleiben, innere und äußere Dynamik eines solchen Tatgeschehens wurden unterschätzt, es mangelte (noch) an Kaltblütigkeit und Durchsetzungsvermögen, die mitgeführten Tatmittel oder Waffen erwiesen sich als unbrauchbar, die ursprünglich favorisierte Tötungsmethode führte nicht zum Erfolg, die Tötung des Opfers misslang oder erforderte erhebliche physische und psychische Anstrengungen, das Opfer konnte nicht wie geplant beseitigt oder versteckt werden, Beweismittel wurden am Tatort vergessen oder verloren oder ein unbeobachteter Rückzug war nicht möglich. Die erste Tat ist deshalb häufig noch gebremst, die Vorgehensweise nicht ausgereift, schwach strukturiert, nicht konsequent durchdacht oder weniger grausam. Diese zwiespältigen Erfahrungen machen den Tätern zu schaffen. Sie stellen sich abermals infrage.

Allerdings sind dies nur störende Nebeneffekte. Bewusstseinsdominant und verhaltensbestimmend sind zwei andere Aspekte. Zunächst die Widersprüchlichkeit des Erlebten: Einerseits verleiht die Tat dem Täter Autonomie und Autorität, andererseits bewertet er das eigene Verhalten auch als abgründig und abstoßend. »Jetzt gab es kein Halten mehr«, erklärte der *Rhein-Ruhr-Ripper* Frank Gust nach seiner Festnahme im November 1999 den

Ermittlern. »Ich wusste, ich hatte eine Schwelle überschritten und würde es wieder tun. Es war eine zwiespältige Stimmung zwischen einem Hochgefühl und abgrundtiefem Selbsthass.« Gefühle der Erleichterung oder Begeisterung über das Vollbrachte ringen mit Betroffenheit, Schockierung und Verängstigung. Diese sich belauernden und überlagernden Empfindungen werden getragen von der zugleich imponierenden und grüblerischen Reflexion der eigenen Abnormität und Gefährlichkeit und zwingen den Täter vorerst zur Untätigkeit.

Schließlich irritiert und verunsichert den Täter das aus dem Tabubruch erwachsende Gefühl der allgegenwärtigen Bedrohung: die existenzielle Angst, dass alles herauskommt, dass alles ein Ende hat. So erging es auch dem NVA-Soldaten Mirko Sattler zu Beginn seiner Mörder-Karriere: »Ich hatte doch sehr starke Ängste, daß sie mich einsperren würden. Aber gerade nach den ersten beiden Straftaten hat es mich auch ein bißchen enttäuscht, daß niemand gekommen ist, der mich verhaften wollte, daß sie nicht reagiert haben, daß einfach nichts passiert ist. Da habe ich mir auch Gedanken gemacht, welche Möglichkeiten die haben, auf mich zu kommen. Und eigentlich hatten sie ja keine, es gab keine Verbindungen zu den Opfern. Und wenn sie haufenweise Spuren haben, konnten sie mir nichts wollen, weil ich ja nirgendwo registriert war.«

Die oben beschriebenen psychologischen Mechanismen greifen indes nicht bei solchen Tätern, die dranghaft und impulsiv getötet haben und ihre eigene Verantwortung konsequent ablehnen. Die Tat wird nicht der eigenen Persönlichkeit und Verantwortung zugerechnet, sondern als fremdartig zurückgewiesen und abgespalten. Nietzsche beschrieb den Prozess der Verdrängung einmal so: »›Das habe ich gethan‹, sagt mein Gedächtniss. Das kann ich nicht gethan haben – sagt mein Stolz und bleibt unerbittlich. Endlich – giebt das Gedächtniss nach.« (Jenseits von Gut und Böse)

Solche Zusammenhänge schilderte mir auch der dreifache Frauenmörder Jochen Appelt, als ich ihn im August 2001 in einer psychiatrischen Klinik besuchte. Seinen ersten Mord und seine Reaktion darauf beschrieb er so: »Da war so ein Drang, den ich nicht erklären kann. Ich bin dann einfach losgefahren. Zuerst bin ich an ihr vorbeigefahren. Dann habe ich gedacht: Die mußt du dir noch mal angucken. Ich muß sie ansprechen. Ich muß sie töten. Aber ich habe mich auch dagegen gewehrt, bekam so eine Art Erstickungsanfall. Dummerweise ist sie wenig später genau in die Straße eingebogen, wo ich stand. Dann bin ich ausgeschaltet worden. Ich habe sie angesprochen und war sehr höflich, habe gesagt: Würdest du bitte in mein Auto einsteigen? Ich war schweinenett. Allerdings hatte ich schon das Messer in der Hand. Als sie im Auto saß, wußte ich, daß sie sterben würde. Ich habe gegen das Böse gekämpft, aber versagt. Das ist wie Sterben. Als ich sie getötet habe, hatte ich das Gefühl, ich klebe an der Decke und schaue nur zu; wie ein Nahtoderlebnis. Ich war unfähig, einzugreifen. Dann habe ich eine Beziehung zu der Leiche aufgebaut. Sie hat mir Leid getan. Mir war plötzlich klar: Das muß ich gewesen sein. Ich habe ihre Hände gefaltet, ihr das Sakko zurechtgezogen. Wie ein ferngesteuerter Roboter. Ich hatte starke Ängste, daß sie wieder vor meiner Tür steht. Am nächsten Tag war die Sache aber weg. Ich habe mit meiner Großmutter über diese Tat diskutiert, sie gefragt: Was war das nur für ein Arschloch?«

Unabhängig davon, wie die Bewertung oder Einordnung der Tat erfolgt, wird danach in der Regel in eine Phase der inneren wie äußeren Zurücknahme eingetreten. Die Täter zehren vom Ertrag ihrer Tat. Dieser Prozess vollzieht sich auf ganz unterschiedliche Weise. Sadistische Mörder rufen sich ihre Tat ins Gedächtnis und durchleben sie ein weiteres Mal. Mirko Sattler sagte mir dazu: »Es war eine Art Auswertung im Prinzip. Die Bilder danach waren eine Auswertung nach dem, was es im Prinzip gebracht hat, wie schön es war.« Dieses Rekapitulieren genügt zunächst, weil der Reiz des gedanklichen Nacherlebens dem realen Nervenkitzel sehr nahe kommt. Der Täter ahmt sich nach, er reproduziert sich. Und er braucht dabei keine Angst zu haben, dass etwas schief gehen oder er erwischt werden könnte – eine nahezu perfekte Imitation, die vorerst vollends befriedigen kann.

Häufig sind es auch sich positiv verändernde Lebensumstände, die eine Serientäterschaft zunächst verhindern. Von solchen Ereignissen wusste auch Moritz Niewald zu berichten: *Da hat sich mein Leben wieder so ein Stück weit normalisiert. Einige Monate nach dem Mord hab' ich eine Frau kennen gelernt, bin mit der auch so ein paar Monate zusammen gewesen. Dann hab' ich das so einschlafen lassen, die passte nicht so gut zu mir. Dann hab' ich neun Monate eine neue Ausbildung gemacht, da waren auch einige Frauen, mit denen ich was gemacht hab' oder die mir doch sympathisch waren. Mit einer bin ich auch mal ins Kino gegangen, hab' auch immer überlegt, ob ich es ihr mal sagen soll, dass ich sie mag. Aber bin halt doch zum Schluss gekommen, dass ihr das nicht so recht wär'. Aber insgesamt hat sich mein Leben doch über eine längere Zeit beruhigt. Hinzu kam auch, dass ich körperlich hart arbeiten musste, manchmal auch zwei Schichten, da konnte ich nur am Wochenende spannen gehen, und wenn in der Woche, dann eben nicht so oft und nicht so lange.*

Unabhängig davon, wie die Täter auf die erste Tat reagieren oder sie verarbeiten, identifizieren sie sich im Laufe der Zeit mit dem Geschehen. Genauer gesagt: Nicht die Tat selber fasziniert, sondern die Möglichkeiten, die sich aus ihr ergeben. Diese Gedankenspiele drängen sich immer dann auf, wenn die Erinnerung an die Tat verblasst und damit für den Täter wertlos wird. Genau zu diesem Zeitpunkt wird den Tätern allmählich bewusst, dass der Genuss nicht von Dauer ist: Das gedankliche Nacherleben der Tat verliert seinen Reiz, wie ein Thriller, den man schon einmal gesehen hat; das geraubte Geld ist aufgebraucht, neue finanzielle Engpässe tun sich auf; einmal abreagierte Aggressionen formieren sich erneut; an die Stelle des ersten Opfers tritt ein anderer Mensch, der Probleme bereitet; der

Drang, sich abermals eines Opfers zu bemächtigen, macht sich wieder bemerkbar. Allerdings verliert diese ernüchternde, manchmal auch frustrierende Erfahrung schnell ihre Bedrohlichkeit, da die Täter etwas Fundamentales gelernt haben: *Alles* ist möglich – wenn sie nur *wollen*.

Eine erneute Tatbereitschaft kann sich also nur deshalb ihren Weg bahnen, weil die zu den Gewaltakten führende psychische, sexuelle, emotionale, finanzielle, soziale oder berufliche Grundproblematik nur vorübergehend gemildert wird und letztlich ungelöst bleibt, aber endlich Mittel und Methoden gefunden worden sind, diesem Manko abzuhelfen. Die Matrix erneut aufflammender mörderischer Absichten wird bestimmt von drei Komponenten, die situativen, psychopathologischen oder rationalen Ursprungs sind:

<u>Wiederholungsreiz:</u> In einigen Fällen resultiert ein neuer Tatentschluss nicht aus einer besonderen emotionalen Gestimmtheit oder einem sich immer mehr aufdrängenden Bedürfnis, sondern einer Situation, einer Begebenheit, die den Täter spontan inspiriert oder animiert.

»Lange bevor wir uns kennen lernten, gab es schon etwas, das ich nur unzureichend als ›dunkle Seite‹ bezeichnen kann«, versuchte der mittlerweile als vierfacher Frauenmörder überführte Frank Gust seiner Frau in einem Brief zu erklären. »Beispiel: Du und ich laufen durch ein Geschäft, und eine hübsche Frau kommt in mein Blickfeld. Ich sehe sie, denke: ›hübsch‹, und das war's. Nun dieselbe Situation ohne deine Gegenwart. Ich sehe die Frau, und sobald ich sie nicht als hässlich einstufe, flammt sofort die Bezeichnung ›Schlachtvieh‹ durch meinen Kopf. Alles um mich herum wird in Sekundenbruchteilen unwichtig, und es baut sich ebenso schnell eine genaue Vorstellung darüber auf, wie ich sie quäle und töte.« (zitiert nach Goos)

Täter wie Gust manövrieren sich und ihre Opfer nicht von langer Hand geplant in eine bestimmte Lage, um eine neue Tat zu begehen, sie geraten vielmehr in Situationen, die sie stimulieren und latente Bedürfnisse wachrufen, von denen sie unterdessen wissen, dass sie auch befriedigt werden können. Erst dann werden diese Mörder wieder aktiv. Ähnlich liegen die Dinge bei aggressionsgeleiteten Tätern, die abermals mit konfliktbesetzten Situationen konfrontiert werden. Erst im Zuge dieser krisenhaften geistigen Auseinandersetzung wird ein unterschwellig bereitliegendes Aggressionspozential aktualisiert, das durch die Tat entladen werden soll. Auch hier wird auf einen bestimmten, von außen herangetragenen Reiz unmittelbar reagiert, der den Täter mobilisiert und zum Motor seines verbrecherischen Handelns wird.

Wiederholungsdrang: Insbesondere eine Vielzahl von Serien-Sexualmördern reklamiert für sich, generell von einem Tat- bzw. Tötungsdrang beseelt gewesen zu sein. »Als ob einer hinter mir gestanden ist. Es kam immer plötzlich«, erklärte Ernst Eschbach nach seiner Festnahme im Februar 1968 der Kripo. »Ich werde von diesem Drang geschoben, ohne mich dagegen wehren zu können, als ob einer in mir drinsitzt, nicht, daß einer mit mir spricht, aber so, als ob er mich zwingt, als ob er meine Arme und Beine bewegt. Irgendetwas ist in mir, wogegen ich nicht ankann. Es ist, als ob mich eine unsichtbare Hand führt. Ich weiß nur, wenn es soweit ist, daß ich nicht bremsen kann, daß ich da nicht rauskomme aus meiner Haut, daß ich da nicht selbständig handeln kann. Ich meine immer, daß ich das nicht gewesen bin, wenn ich die Tat gemacht habe. Und dieser Drang, irgendetwas zu tun, was man gar nicht will, der wurde dann immer schlimmer im Laufe der Jahre.«

Ähnlich drastisch schilderte der Duisburger Waschraumwärter Joachim Kroll derlei Erregungszustände. Wenn der vielfache Kinder- und Frauenmörder unvermittelt von »diesem komischen Gefühl« überfallen wurde, zog es ihn unwiderstehlich hinaus in die Natur, und er begann fieberhaft nach Opfern zu suchen, die er »kaputtmachen« konnte: »Da war immer so ein Kribbeln auf der Brust. Als wenn da Ameisen rüberlaufen würden. Das Herz schlug auch ganz schnell, und ich fing an zu schwitzen. Wenn ich zu Hause war, dann meinte ich, daß ich keine Luft mehr kriegen würde. Dann mußte ich mein Hemd oben ganz weit losmachen. Ich hab' gedacht, daß ich sonst ersticken würde. Dann wurde mir auch immer ganz warm. Ich mußte dann raus an die frische Luft. Ich mußte eine Frau haben und sie kaputtmachen. Den Gedanken hatte ich schon zu Hause, als ich wegfuhr.«

Die Täter reagieren auf ein bestimmtes psycho-sexuelles Stimulans, das sich zunächst überwiegend körperlich bemerkbar macht. Während die Ursache in den meisten Fällen gefunden oder näher eingegrenzt werden kann, bleiben die auslösenden Faktoren unverständlich und undurchschaubar. Vermutlich greifen hier tiefenpsychologische Mechanismen, die von den Tätern nicht gesteuert werden können und zunächst über eine physische Reaktion ins Bewusstsein transformiert werden.

<u>Wiederholungszwang:</u> Im November 2001 saß Rolf Backes auf der Anklagebank des Bremer Landgerichts. Der 130-Kilo-Mann hatte Anfang Juni fünf pflegebedürftige ältere Frauen qualvoll erstickt und beraubt – binnen zehn Tagen. Ein trauriger Rekord in der Geschichte des deutschen Serienmordes. Das Tatmotiv: pure Habgier. Der ehemalige stellvertretende Pflegedienstleiter des Arbeiter-Samariter-Bundes in Bremerhaven – ihm war wegen Unterschlagung mehrerer tausend Mark gekündigt worden – hatte hohe Schulden. Mit 70.000 Mark stand der 32-Jährige in der Kreide. Er wusste nicht mehr, woher er das Geld bekommen sollte. Die Liaison mit der Prostituierten »Sasha« verschlimmerte seine prekäre Situation. »Sie hat immer mehr Geld von mir verlangt und mich weiter unter Druck gesetzt«, beklagte er sich. Backes, von seinem Verteidiger als »naiv und sanftmütig« charakterisiert, bekam es mit der Angst zu tun, zudem fürchtete er Repressalien des Zuhälters. Als nichts mehr ging, als der finanzielle Kollaps unabwendbar erschien, als er befürchtete, auch seine »Freundin« zu verlieren, als sein Leben vollends aus den Fugen zu geraten drohte, begann er heimtückische Pläne zu schmieden. Backes wollte sich aus seiner Zwangslage förmlich

herausmorden. Dieser Tätertyp wähnt sich gefangen in einem Netz aus eigenen Wünschen, fremden Erwartungen und Fragmenten dessen, was man Gewissen nennt. Es geht um Zwänge und um Freiheit und um die Frage, ob der Mensch einen freien Willen haben kann oder ob er in seinem Verhalten durch bestimmte Lebenssachverhalte zwanghaft gebunden ist.

Im Gegensatz zu anderen Tätern drohen hier tatsächlich Verluste oder Sanktionen, die über die Gefühlsebene hinausgehen und eine faktische Bedrohung darstellen. Erinnern wir uns an Christa Lehmann und Martha Flecken (Kapitel vier), die davon überzeugt waren, handfeste Gründe zu haben, um lästig oder gefährlich gewordene Menschen zu beseitigen. Oder denken wir an Freddy Kuhlmann (Kapitel zwei), der sich als »Outlaw« in eine aus seiner Sicht ausweglose Lage gebracht hatte und am Rande der Gesellschaft stehend Opfer tötete, weil er sich nicht mehr zu helfen wusste, weil er keinen Ausweg mehr sah.

Die Genannten stehen stellvertretend für das Gros der Serienmörder. Ihre Lebenssituation spitzt sich nach der ersten Tat erneut zu. Das Universum der Täter erscheint in zwei Gegensätzen: Ich und Welt. In erster Linie geht es den Tätern darum, diesen Gegensatz zu überwinden und Dinge zu vermeiden, die sie bedrohen oder lähmen. Ansätze von Chaos, Willkür und Fremdbestimmtheit sollen in einer radikalen Ordnung gebunden und gebändigt werden. Die hierauf abzielenden mörderischen Absichten können sich jedoch nur deshalb durchsetzen, weil der erste Tabubruch die Täter von der Verantwortung für andere und vor den anderen befreit hat. Gleichwohl bleiben sie in ihren Entscheidungen und in ihrem Handeln unfrei. Denn ihr Vermeidungsverhalten wird geprägt und beherrscht von bestimmten Lebenssachverhalten, auf die sie erst Einfluss nehmen wollen.

Schon nach der ersten Tat wird die eigene Destruktivität überwiegend nicht mehr als Hemmschuh erlebt, sie wird vielmehr als verheißungsvolle Handlungsmaxime akzeptiert und weckt ungeahnte, vor allem psychologisch wirksame Kräfte. Die Gleichung ist simpel:

Mord = Macht = Erfolg = Glück.

Die unheilvolle Allianz von Destruktivität und Gesetzlosigkeit mündet schließlich in das Verlangen und die Akzeptanz von rechenschaftsloser Handlungsfreiheit, mit der sich bisher unerreichte Ziele verwirklichen lassen, vor allem verbotene. Die generelle Tötungsbereitschaft wird zu einem zentralen Bestandteil des eigenen Lebensentwurfs, sie ist jetzt nicht mehr das äußerste, sondern das erste Mittel, um eigene Bedürfnisse selbstsüchtig und skrupellos zu befriedigen.

Die Rücksichtslosigkeit und Erbarmungslosigkeit vieler Serienmörder ist allerdings nicht nur auf diese Erfahrungen zurückzuführen, sondern resultiert auch aus der fortwährenden Zurückweisung und vielfachen Versagenserlebnissen, vor allem im Kindes- und Jugendalter. Typisch für eine große Zahl von Tätern ist die Entwicklung des siebenfachen Mörders Thomas Rung aus Berlin. Als 7-Jähriger wurde er nach »entwicklungsbedingter Zurückstellung« eingeschult, musste während der Grundschulzeit eine Klasse wiederholen und wurde anschließend in die Sonderschule geschickt. Schon in dieser Zeit entwickelte er erhebliche kriminelle Energie: »Als ich damals von der Grundschule in die Sonderschule kam, fing gleichzeitig mein Hang zur Kriminalität an. Ich fand einfach keinen Spaß an schulischer Leistung, war mehr auf Abenteuer aus. Auch hatte ich mit dem Lernen Schwierigkeiten. Ich hörte zu und hörte zu, konnte es aber nicht im Kopf abspeichern. Das hat mich unheimlich geärgert. Ich denke mir, daß ich deshalb meine Stärke in der Kriminalität aufgebaut habe.«

Mit einer konventionellen Lebensführung wollte er sich partout nicht anfreunden: »Nur Arbeiten, Verpflichtungen, Essen, Trinken und Schlafen, dazu sich vielleicht auch noch einen Buckel von der Arbeit holen. Das konnte das Leben einfach nicht sein. Ich wollte ein abenteuerliches Leben führen, mich nicht verpflichten. Einfach das tun, wozu ich gerade Lust hatte.«

Rung lernte das Leben von Jugend an von seiner dunklen Seite kennen, dort, wo Gewalt die Zuneigung, Stärke die Hilfe ersetzt. »Ich bin eigentlich immer gegen den Strom geschwommen.« Er pendelte zwischen zwei Welten. Geborgenheit, Zufriedenheit und Wohlstand, die Ingredienzien der bürgerlichen Welt, versuchte er durch die drastischen Mittel der Gegenwelt zu erhaschen: Egoismus, Gewalt, Mord.

Bei seiner ersten Tat, der Tötung seiner Vermieterin, musste er sich noch »überwinden«, doch schon der zweite Mord fiel ihm, wie er selbst zugab, »wesentlich leichter« und bereitete ihm keinerlei Schuldgefühle: »Ein Mädel zu bekommen, ist ja nicht einfach, Geld für eine Nutte hat man nicht. Geil ist man, von Brutalität ist man auch schon geprägt. Also nahm ich mir das, was ich wollte. Ich bezeichne mich als Mann, der sich seine Sehnsüchte und Lustgefühle auf brutalste Art einfach holte, weil ich anders meine Gefühle gar nicht hätte befriedigen können.«

Er war immun geworden gegen die Leiden anderer Menschen, selbst das nackte Leben seiner Opfer zählte für ihn nichts mehr: »Aus heutiger Sicht kann ich mir manches vorstellen, aber aus damaliger Sicht habe ich mich überhaupt mit keinem Gedanken getragen. Ich hatte nur an mich selbst gedacht. Ich hatte zu viele eigene Probleme, um auch noch über die Leiden anderer nachzudenken. Ich empfand nichts für meine Opfer. Töten war dann eine Notwendigkeit.« Ein Erfordernis, an das er sich schnell gewöhnte: »Wenn ich so zurückdenke, dann sehe ich das so, daß ich an diesem Tag, an dem ich meine Vermieterin umgebracht habe, ins Wackeln gekommen bin. So folgte dann ein Schritt nach dem anderen. Die späteren Taten habe ich dann aus Kaltblütigkeit begangen. Ich ging viel sicherer an die Sache ran. Ich hatte überhaupt oder richtiger gesagt, fast gar keine Hemmungen mehr. Das hat mich hinterher auch gar nicht mehr so groß bewegt.«

Viele Täter entwickeln in diesem Stadium eine regelrechte Tötungsmoral, welche die begangenen Gräuel rechtfertigen und den Täter rehabilitieren soll: Das Opfer ist schuld, weil es den Täter (angeblich) provoziert, beleidigt oder gereizt hat, oder es hat den Tod verdient, weil es sich ihm verweigerte. Die Täter gefallen sich in der machtvollen Rolle des gerechten Vollstreckers eigener radikaler Ansprüche. Im Endstadium dieser Entwicklung werden Mitmenschen in eine Schablone gepresst, sie werden entrechtet und typisiert – in Opfer und Nichtopfer.

Nachdem Moritz Niewald Angelika Kisch am 13. Juli 1995 in ihrer Wohnung angegriffen und getötet hatte, peinigte ihn die Angst, bald als Täter überführt zu werden. Ihm war bewusst, dass er der Polizei als Spanner bekannt war, und deshalb befürchtete er, schon bald ins Visier der Ermittler zu geraten. Es vergingen Tage, Wochen, Monate. Doch Niewald blieb unbehelligt.

Stattdessen geriet ein 26-jähriger Versicherungsvertreter in Verdacht, der zwei Tage vor dem Mord an Angelika Kisch versucht hatte, eine junge Frau zu vergewaltigen und mit einem Messer verletzt hatte, ebenfalls in Leimen. Das Verhalten des festgenommenen Vergewaltigers passte zu dem des gesuchten Mörders: Der Mann war durch ein offen stehendes Fenster eingestiegen und hatte die Frau mit einem Messer bedroht. Doch das Opfer hatte sich gewehrt, dabei aber ins Messer des Täters gegriffen. Der war schließlich Hals über Kopf geflüchtet. Durch die Schreie alarmierte Nachbarn hatten sich geistesgegenwärtig das Kennzeichen des Fluchtfahrzeugs notiert und der Kripo mitgeteilt. Schon zwölf Stunden später war der Täter festgenommen worden. (Details der kriminalpolizeilichen Ermittlungen sind von Gräter übernommen.)

In drei Tage andauernden Vernehmungen legte der Verdächtige ein Geständnis ab: Ja, er habe versucht, die Frau zu missbrauchen; ja, er sei auch fast jede Nacht als Spanner unterwegs gewesen; ja, er habe bisher neun Frauen vergewaltigt; ja, er habe auch eine Reihe von Einbrüchen begangen. Nur mit dem Mord an Angelika Kisch wollte er nichts zu tun haben. Er behauptete, zur Tatzeit eine andere Frau bespannt zu haben. Die konnte schließlich ausfindig gemacht werden und bestätigte die Aussage des Verdächtigen. Der Mann konnte es also nicht gewesen sein.

Niewald kam allmählich zur Ruhe, als ihm klar wurde, dass die Kripo ihn nicht auf dem Zettel hatte. In den nächsten Jahren nahm die Intensität seiner Spannerei ab, auch trug er sich nicht mehr mit dem Gedanken, eine Frau zu überfallen, um sie zu vergewaltigen.

Ich hab' in dieser Zeit nichts mehr gemacht, weil ich beruflich viel Stress hatte, neue Arbeitsstelle, neue Ausbildung und so. Aber auch mein soziales Gefüge hat sich gebessert, da waren ganz klare Normalisierungstendenzen. Ich hab' halt Leute kennen gelernt, mit denen ich was unternehmen konnte, da waren auch Frauen dabei.

Allerdings gelang es ihm nicht, eine Frau für sich zu gewinnen. Obwohl er sich immer wieder bemühte.

Bezüglich des Frauengefühls, so denke ich, lag es wohl daran, dass ich nicht das richtige Gespür für den passenden Frauentyp hatte. Auch Mangel an Gelegenheit; größtenteils ja auch selbst verschuldet. Dass nun alle Frauen irgendwie problematisch wären, dachte ich nicht. Eher vielleicht, dass die zufriedenen und harmoniebedürftigen Frauen größtenteils schon vergeben sind. Es ist eben nicht unbedingt leicht, die passende Partnerin zu finden, zu bekommen und zu behalten. Vor erneuter Ablehnung hatte ich bestimmt auch sehr große Angst. Ja!

Dass es mit einer Beziehung nicht klappte, lag nicht an seinem Äußeren. Niewald war nicht hässlich, er hatte nichts Abstoßendes an sich, eine durchaus sympathische Erscheinung. Er war vielmehr gefangen in seiner gehemmten Persönlichkeit.

Ich bin eigentlich eher schüchtern, großteils ängstlich, ziemlich oft ziemlich verzweifelt, immer auf der Suche nach Lebensglück, nach Geborgenheit, nach Sicherheit. Wenn ich mich mal für eine Partnerin entschieden hab' und das funktioniert, dann setze ich halt alles dran, dass die Beziehung auch Bestand hat. Ich würde es nicht riskieren, eine Beziehung aufs Spiel zu setzen, weil ich weiß, was das in mir auslösen kann, eben ein großes Maß an Leere und Hilflosigkeit, auch Machtlosigkeit. In manchen Sachen bin ich ziemlich stur, trotzig oder jähzornig, frustriert, fühle mich nicht richtig verstanden oder einfach nicht genügend zur Kenntnis genommen. Dann fehlt halt auch immer der Lebenspartner, mit dem man durchs Leben zieht. Das ist auch ein sehr unbefriedigendes Gefühl.

Mitte des Jahres 1998 war die Situation unverändert, er sehnte sich nach einer Partnerschaft, lernte jedoch niemanden kennen. Unterm Strich blieben wenige Anbahnungsversuche, die allesamt gescheitert waren. In seiner Not hatte Niewald sogar ganz und gar unkonventionelle Methoden ausprobiert.

Ich hab' mal versucht, mit einer Frau Kontakt aufzunehmen, die ich beobachtet habe. Das ist aber ziemlich daneben gegangen. Die hab' ich in der Wohnung beobachtet, und mein Eindruck war, dass es sich um eine junge Studentin handelt. Die war so mein Typ. Von ihrer Mentalität hab' ich gedacht, dass sie durchaus zu mir passen könnte. Aber ich hatte keine Idee, wie ich das machen sollte. Irgendwann habe ich mich dann doch entschlossen und habe an sie einen Brief geschrieben, wo ich ihr erklärt hab', ich hätte sie halt gesehen und ganz nett gefunden und würde sie gerne kennen lernen. Den Brief wollte ich in den Briefkasten einwerfen. Jetzt wusste ich aber nicht ganz genau, welcher Briefkasten das war. Da habe ich den Brief einfach unter dem Türschlitz durchgeschoben. Damit das beim Öffnen sich nicht drunter schiebt, hab' ich den Brief so mit Schwung durchgeschoben. Noch am selben Abend kam ein sehr erboster Anruf von der Frau, was ich in ihrer Wohnung verloren hätte. Obwohl ich damals schon einige Verbrechen begangen hatte, war ich doch entsetzt, dass die Frau geglaubt hatte, ich wäre in ihrer Wohnung gewesen.

Der jetzt 29-Jährige wusste mit sich selbst nichts anzufangen. Das Gefühl der inneren Leere quälte ihn, er suchte nach Inhalten, die sein ereignisarmes Dasein mit Leben füllen könnten. Doch ihn blockierte auch eine seltsame Antriebsschwäche.

Mein Freizeitverhalten war schon sehr einseitig: viel fernsehen, viel allein, viel herumhängen, keine Hobbys, wenig Lebensinhalt und Werte.

Zwangsläufig rückte die Lust am heimlichen Beobachten von Frauen abermals in den Mittelpunkt seines Lebens. Er zog wieder regelmäßig los, verbrachte mitunter ganze Nächte damit. Und er machte dabei allerlei Erfahrungen, die ihn in seinem sonderbaren Tun bestärken sollten.

Da hab' ich den Heinz kennen gelernt, der stand da auch, wo ich immer geguckt habe. Da sind wir so ins Gespräch gekommen, haben uns ausgetauscht über Orte, wo es was zu sehen gibt. Hauptsächlich aber auch über Gefahren, wo jemand rauskommen könnte und so, wo man nicht hingehen sollte, wo schon mal einer aufgefallen ist, wo man halt eher erwischt wird. Anfangs war das schon komisch. Aber der hat mich halt angesprochen, ich sollte vorsichtiger sein, so wie ich da rumrennen würde, würden sie mich bald kriegen. Der war auch älter, hatte ein Auto, das habe ich oft schon von weitem erkannt, da wusste ich, dass er wieder unterwegs ist.

Das war am Anfang schon sehr sonderbar. Später war das dann anders. Ich wollte zwar am liebsten ungestört sein, aber ich hab' mich trotzdem gefreut, ihn zu sehen, weil wir halt dieselben Interessen hatten. Man konnte sich ja auch gegenseitig nützlich sein, gerade wenn man mal erwischt wurde. Eine Freundschaft war das nicht, aber da hat sich doch etwas aufgebaut. Das war für mich auch eine Bestärkung, zumal ich später noch einen Dritten kennen gelernt hab', der auch von anderen Stadtteilen berichtet hat. Ich hab' halt festgestellt, dass das Spannen verbreiteter ist als ich es vorher gedacht hab'.

Durch ihn kam ich auch auf die Idee, mit einer Videokamera loszuziehen. Ich nahm Frauen auf, die sich auszogen oder Sex mit ihrem Partner hatten. Einmal filmte ich auch zwei junge Mädchen beim Spielen in ihrem Zimmer, die eine davon auch beim Duschen. Ein anderes Mal, allerdings ohne Kamera, sah ich ebenfalls zwei Mädchen. Die alleine zu Hause waren in ihrem Zimmer und eine Sexszene nachspielten, offenbar aus einem gesehenen Film. Die bei-

den waren etwa acht bis elf Jahre alt. Ich war damals durchaus schockiert. Hätte das nicht für möglich gehalten.

Mit der Zeit steigerte sich sein Verlangen wieder, die Opfer nicht nur zu beobachten, sondern auch zu berühren.

Es waren schon Orte und Personen da, wo diese Phantasien wieder zum Durchbruch gekommen sind, also auch mal in die Wohnungen einzudringen. Aber da erschien es mir von vornherein ziemlich aussichtslos. Es gab aber keine Situationen, wo ich kurz davor stand, einen Übergriff zu wagen. Wenn ich das Gefühl gehabt hätte, dass keine Gefahr droht, hätte es sicher passieren können, aber ich war mir nicht sicher genug.

Nur einmal gelang es ihm, Abstand zu gewinnen, sich von seinen Leidenschaften zu lösen: Als er eine junge Frau kennen lernte.

Das war eine Affäre mit einer 25-jährigen Frau. Wir schleppten uns gegenseitig in einer Disco ab. Im Anschluss kam es zu Petting im Auto. Sie gab mir ihre Telefonnummer. Nach ein paar Tagen überlegte ich es mir, und wir vereinbarten, dass ich sie besuche. Ich war dann innerhalb von ein paar Wochen etwa dreimal bei ihr, auch über Nacht. Es kam zum Sex. Alles in allem konnte ich mir aber eine Beziehung nicht vorstellen. Sie zog mich nicht genügend an. Bei einem späteren zufälligen Treffen in derselben Disco erklärte ich ihr, dass es nicht ihre Schuld sei, sondern ich nicht beziehungsfähig sei. Sie entgegnete, sie hätte auch nicht mehr erwartet. Einige Zeit später stellte ich meine Discobesuche völlig ein.

Dafür intensivierte er das Spannen. Nach der neuerlichen Enttäuschung verfestigte sich das Bedürfnis, endlich eine der von ihm beobachteten Frauen intim zu berühren. Er stellte sich vor, genau das zu tun, was *er* wollte, ohne Widerspruch, ohne Einschränkung. Niewald berauschte sich an der Vorstellung, wie ein Jäger aus der Dunkelheit über ein Opfer herzufallen, es zu besitzen.

Ich hatte einzelne Vorstellungsbilder. Ich hab' mich wohl mit dem Elektroschocker oder dem Reizgas in der Hand oder mit dem

Messer in der Hand gesehen, aber ich hab' keine Vision gehabt, was ich damit konkret mache. Es war kein völlig festgelegter Ablauf, sondern es waren einzelne Fragmente, die mir in meiner Phantasie notwendig erschienen als Handlung, um mein Ziel zu erreichen. Aber erst, wenn konkret die Möglichkeit gegeben war, auch in die Wohnung reinzukommen.

Ich hatte zwar Vorstellungen, aber keinen konkreten Tatablauf im Kopf. Ich hatte zwar auch andere Phantasien, zum Beispiel, dass ich mit denen Verkehr hab', aber das hätte ich mich nicht getraut. Ich hatte Angst, dass man mich anhand der Spuren identifizieren kann. Ich bin auch davon überzeugt, dass ich gar nicht in der Lage wäre, ein Mädchen oder eine Frau zu vergewaltigen, wenn die sich wehren würde. Ich könnte das gar nicht. Deshalb hatte ich auch nicht solche Vorstellungen, das entsprach einfach nicht meinem Typ. Ich wollte einfach nur alles machen können, was ich wollte, also unten anfassen, sie nackt sehen oder ausziehen, ohne dass die sagen kann: Nee, da hab' ich aber jetzt keine Lust zu. Das hat mich unheimlich gereizt, sie zu etwas zwingen zu können.

Allerdings favorisierte er jetzt nicht mehr erwachsene Frauen als Opfer.

Das war kein Zufall. Da waren zwei Punkte ausschlaggebend: In Bezug auf erwachsene Frauen hatte ich schon eine Menge gesehen und erlebt, das war dann irgendwann nicht mehr so reizvoll, da war ich schon ziemlich abgestumpft durch immer die gleichen Reize. Da war aber auch die Überlegung, dass eine erwachsene Frau sich tüchtig wehren kann, da habe ich ja auch bei der ersten Tat in dieser Hinsicht versagt, dass ich sie nicht ruhig bekommen hab'. Die hat sich ja heftig gewehrt, sodass ich nicht in der Lage war, das durchzusetzen. Die Realität war halt eine ganze andere, es lief anders ab, als ich mir das vorher vorgestellt hatte. Da ist mir halt bewusst geworden, dass sich eine erwachsene Frau generell heftiger wehren wird als ein Mädchen. Ich habe schon gewisse pädophile Vorstellungen gehabt, aber es ist keine reine Pädophilie. Ich will normalerweise eine Beziehung mit einer erwachsenen Frau, ganz klar.

Niewald war auf eine bestimmte Vorgehensweise fixiert, die ihm nicht nur den maximalen Erfolg garantieren sollte, sondern zugleich seinen abnormen Neigungen entsprach. Er konnte einfach nicht anders.

Eigentlich hätte ich ja auch in Alltagssituationen hinter einer Frau oder einem Mädchen herlaufen und sie verfolgen können, um dann was zu machen. Aber da fehlte mir der Bezug zu diesen Personen. Ich musste immer erst so eine Beziehung zu dem Mädchen aufbauen. Da ist ein sexueller Reiz entstanden, der so im Alltagsleben normalerweise gar nicht möglich war. Dass diese Person halt mehr von sich Preis gegeben hat, als sie es im Normalfall tun würde. Und das hat bei mir so angeschlagen, das habe ich so verinnerlicht, dass ich das gar nicht mehr weggekriegt habe. Allein aufgrund der Situation hab' ich so Feuer gefangen, dass ich da nicht mehr von weg konnte. In einer normalen Situation bin ich nicht wesentlich unnormaler als andere auch.

Seine obskure Begierde entzündete sich an einem 10-jährigen Mädchen. Nathalie Weskamp wohnte in Heidelberg, Ortsteil Handschuhsheim. Fast jeden Tag stand er am Fenster ihres Kinderzimmers und starrte das Kind an. Das Mädchen mit den langen Zöpfen erregte ihn. Wenn er sich unbeobachtet glaubte, onanierte er. Am liebsten wäre er in die Wohnung eingedrungen, um ihr nahe zu sein, sie zu missbrauchen. Doch es gab Probleme.

Da bin ich vorher schon aufgefallen, die Mutter hatte mich gesehen und die Polizei gerufen. Ich hab' da keine Chance gesehen, in die Wohnung reinzukommen. Ich war so festgefahren in meinem Denken und Drang, aber ich hatte zu viel Angst, da hochzugehen. Aber ich wollte auch an das Mädchen rankommen. Das war dann eher ein Zufall, als ich sie da mal abends in der Nähe von der Schule hab' rumrennen sehen, das war im Winter. Da hab' ich mir noch gedacht, warum die da alleine durch die Gegend rennt. Das hat dann noch irgendwie den Eindruck verstärkt, das war auch sicher Impuls gebend, dass ich sie auch außerhalb der Wohnung sehen und angreifen kann. Und dann bin ich auf die Idee gekommen zu gucken, wo die morgens zur Schule geht. Wenn die abends alleine da rumrennt in dem Alter und niemand sie beaufsichtigt, hab' ich mir überlegt, dann könnte das ja morgens auch der Fall sein. Dann hab' ich das beobachtet und mir Notizen gemacht und dann festgestellt, dass sie da oder da höchstwahrscheinlich ohne Begleitung ist, hab' mir dann einen Ort ausgesucht, wo es mir am sichersten erschien.

Diese Stelle fand er etwa 50 Meter von Nathalies Wohnung entfernt. Niewald plante, sich dort im nicht einsehbaren Eingang des zweiten Hauses auf der linken Seite zu verstecken, das Kind mit Reizgas zu betäuben und anschließend ins Gebüsch eines Gartens zu zerren. Tagelang legte er sich morgens auf die Lauer, aber entweder war Nathalie in Begleitung anderer Schulkinder oder gleichzeitig vorbeikommende Passanten machten eine Tatausführung unmöglich.

Frühmorgens am 21. Januar 1999 hockte er wieder in seinem Versteck. Er trug seine schwarze Tarnkleidung und war vorbereitet, das Reizgasspray hielt er in der Hand, ein Bowiemesser steckte griffbereit an seinem Hosengürtel.

Nathalie kam um 7.30 Uhr, diesmal allein. Niewald zögerte keine Sekunde, stürmte aus seinem Versteck hervor und sprühte dem Kind Reizgas ins Gesicht. Nathalie wurde aber nicht betäubt, sondern wehrte sich nach Kräften, konnte sich sogar dem Griff ihres Peinigers entwinden und auf die andere Straßenseite flüchten. Aber Niewald gab nicht auf. Er rannte hinterher, stellte sie und attackierte abermals mit dem Spray. Nathalie schlug und trat nach dem Mann und schrie, so laut sie konnte. Die hartnäckige Gegenwehr des Mädchens machte Niewald mürbe, zudem befürchtete er, durch die Hilferufe könnten Anwohner oder Passanten aufmerksam geworden sein. Die Sache wurde ihm zu heiß. Er ließ von seinem Opfer ab und flüchtete.

Während die Tat für Niewald keinerlei Auswirkungen hatte, litt sein Opfer danach an gravierenden Angstzuständen. Nathalie musste sich in therapeutische Behandlung begeben, um ihr Trauma zu überwinden. Erst nach anderthalb Jahren sollte die

Erinnerung an jenen unheimlichen schwarz gekleideten Mann verblassen, der ihr auch in unzähligen Albträumen nachgestellt und Angst eingejagt hatte.

Niewald reagierte wie nach dem Mord an Angelika Kisch, er verkroch sich zu Hause, hatte Angst, dass man ihn holen und verhaften würde.

Nach den Taten hatte ich Angst wegen einer eventuellen Wohnungsdurchsuchung, durch Tatwerkzeuge oder Aufzeichnungen überführt zu werden. Deshalb entsorgte ich die Sachen immer schnellstmöglich und sicher genug. Danach durchsuchte ich meinen Wohnbereich nach allem, was verdächtig sein könnte. An ein Alibi habe ich nicht gedacht, ich hätte ohnehin keins mehr zustande gebracht. Wichtig war mir nur, mich so zu verhalten wie sonst auch.

Allerdings setzte er mit dem Spannen nur anderthalb Wochen aus. Denn aus Erfahrung wusste er mittlerweile, dass, wenn die Polizei nicht bald zu ihm kam, sie wahrscheinlich gar nicht kommen würde.

Mittlerweile hatte Niewald eine bestimmte Masche entwickelt wie er an seine Opfer herankommen wollte. Diese Methode war an bestimmte Bedingungen geknüpft.

Ortskenntnisse spielten bei der Auswahl der Tatorte eine ganz entscheidende Rolle, eigentlich sogar die ausschlaggebende. Das Wichtigste für mich war, nicht erwischt zu werden. Und ich kannte mich halt in diesen Bereichen der Stadt aus. Ich kannte die Zugangswege, entsprechend auch die Fluchtwege, wusste in etwa, wer wann wo auftauchen könnte. Die Sicherheit halt, dass man nicht erwischt wird.

Dunkelheit war für mich auch wichtig, weil man da halt nicht gesehen wird, und wenn es dann mal brenzlig wird und man auffällt, dass man da in der Dunkelheit besser verschwinden kann. Außerdem ist auf der Straße wesentlich weniger los, wenn es dunkel ist. Die Dunkelheit hatte sozusagen eine Schutzfunktion.

Niewald war auch bereit, aus Fehlern und Erfahrungen bei vorherigen Verbrechen zu lernen, seine Vorgehensweise anzupassen und zu verbessern.

Bei dem Übergriff auf offener Straße mit dem Reizgas hab' ich gemerkt, dass es nicht die Funktion hatte, die ich mir vorgestellt hatte. Die war halt nicht sofort betäubt, das war alles gar nicht so einfach. Und deshalb hab' ich kein Reizgas mehr mitgenommen.

Auch die Auswahl seiner Opfer machte er von gewissen Kriterien abhängig.

Nach der Sache mit der Angelika Kisch wollte ich keine Frauen mehr überfallen. Dadurch wollte ich vermeiden, dass das wieder in die Hose geht. Es hat sich für mich ein Bezug aufgebaut, der schwer zu lösen war. Es war nicht so, wie man das öfter von Sexualstraftätern hört, der irgendwo unterwegs ist und sich die erstbeste schnappt, um seinen Sexualtrieb zu befriedigen. Der eigentliche Ursprung war bei mir eben die Spannerei, die unerlaubte Handlung. Entscheidend war, dass ich die Möglichkeit hatte, auch in die Wohnung reinzukommen.

Letztlich ereignete sich ein Übergriff nur dann, wenn ich aufgrund der vorher gesammelten Informationen den subjektiven Eindruck gewann, mit der Person ausreichend lange und ungestört alleine sein zu können. Diese Eindrücke verdichteten sich zu einem ebenfalls subjektiven Sicherheitsgefühl kurz vor dem Übergriff.

Diese Gewissheit hatte Niewald auch an jenem 11. September 1999, als er zum wiederholten Mal in den Garten des Anwesens Tuchergartenstraße 25 in Heidelberg schlich. Im Parterre wohnte Maja Konzen, gemeinsam mit der Mutter, deren Lebensgefährten und ihrem Stiefbruder Markus. Niewald hatte es auf das 10-jährige Mädchen abgesehen. Er kannte sich in der Wohnung bestens aus.

Ich war bei jedem Opfer auch in der Wohnung, bevor ich sie angegriffen hab'. Bevor das mit dem Geld angefangen hat, ging es mir um die Fotos. Ich hab' immer das ganze Familienalbum mitgehen lassen. Dann hab' ich zuerst die aussortiert, die mir nicht so gefallen haben. Die Bilder von den Mädchen oder den Frauen hab' ich zum Onanieren benutzt. Dabei hatte ich eigentlich keine Phantasien, sondern da hat sich eine engere Bindung zu dem Foto aufge-

baut, eine gewisse Wertigkeit. Das war für mich sexuell anregend. Ich hab' hauptsächlich die Körperstellen betrachtet, die nackt waren. Das war eben begrenzt auf das Foto, weil die sich ja nicht bewegt haben. Wenn ich draußen unterwegs war, ist das anders gewesen, da haben sich dann Phantasien entwickelt, wo ich denen näher gekommen bin.

Es war gegen 22.30 Uhr, als er vorsichtig durch das Wohnzimmerfenster lugte und Majas Mutter und ihren Freund an einem Tisch sitzen sah. Die beiden spielten Karten. Von Maja keine Spur, auch durch das Fenster des Kinderzimmers würde nichts von ihr zu erspähen sein, die Rollläden waren heruntergezogen, das Kind schlief bereits. Dennoch machte er eine folgenreiche Entdeckung: Die Terrassentür war unverschlossen. Aber es war noch zu früh. Also kehrte er zu seinem Wagen zurück und fuhr nach Hause.

Um kurz vor 3.30 Uhr kehrte er zurück, diesmal bewaffnet. Die Terrassentür war nach wie vor nur angelehnt. Jetzt gab es kein Halten mehr.

Ich hatte mich da längere Zeit aufgehalten, und irgendwann ist es mir dann doch gelungen, unbemerkt in die Wohnung reinzukommen. Und als ich dann in ihrem Zimmer war, war mir durchaus bewusst, dass da die Eltern im Nebenzimmer schlafen. Da war ich schon so weit gekommen, aber ich wusste nicht, was ich jetzt konkret eigentlich tun sollte. Also ich hatte damals kein Reizgas dabei, ich hatte keinen Hammer dabei, ich hatte nur das Messer dabei. Erstmal konnte ich keinen klaren Gedanken fassen, was ich da machen soll. Ob ich jetzt einfach wieder davonlaufen soll, weil ich nichts sehen konnte, ohne aufzufallen. Aber ich war jetzt soweit gekommen, dass ich mein Ziel auch erreichen wollte. Irgendwann hab' ich dann das Messer rausgeholt und auf das Mädchen eingestochen. Als dann die Reaktion kam und sie gerufen hat: »Aua, Mama!«, da habe ich Angst bekommen und bin davongerannt.

Weil es dunkel war und Maja instinktiv die Arme schützend hochgerissen hatte, hatten die Messerstiche das Kind nicht wie beabsichtigt am Hals, sondern an beiden Wangen, am rechten Oberarm, an den Unterarmen und Händen verletzt. Der Oberarm und der linke Handrücken waren durchstochen worden. Maja rappelte sich auf und lief ins Badezimmer. Erst als sie bei Licht in den Spiegel schaute, konnte sie das viele Blut in ihrem Gesicht sehen. Schockiert schrie sie ihre Angst heraus. Sie hatte überhaupt keine Vorstellung von dem, was und warum es passiert war. Ihre Mutter und deren Freund, durch die Schreie aus dem Schlaf gerissen, fanden das Mädchen blutüberströmt im Flur und versorgten die heftig blutenden Wunden, so gut es ging. Ein Notarztwagen raste mit Maja Minuten später in die nächste Klinik. Nur durch eine Notoperation konnte ihr Leben, aber auch die Funktionsfähigkeit der rechten Hand erhalten werden, bei der die Sehnen durchtrennt worden waren. Zwei Jahre sollte es dauern, bis Maja zumindest körperlich vollkommen genesen würde.

Die Todesermittler der Kripo Heidelberg standen zunächst mit leeren Händen da: keine Tatwaffe, kein Motiv, kein Verdächtiger. Und Maja, die einzige Zeugin, stand unter Schock, konnte sich deshalb nicht an die schlimmsten Sekunden ihres Lebens erinnern. Dann aber stellten die Ermittler fest, dass der Täter höchstwahrscheinlich nicht von außen in die Wohnung eingedrungen war – es fehlten entsprechende Spuren. Niewald hatte nämlich Handschuhe getragen und die Terrassentür auf der Flucht zugezogen. Nun konnten die Beamten die Verdächtigen an den Fingern einer Hand abzählen. Übrig blieb Markus, der 14-jährige Stiefbruder des Opfers. Und als der geistig zurückgebliebene Junge bei einer Vernehmung erklärte, er könne sich erinnern, mit einem spitzen Gegenstand in der Hand auf das Bett seiner Schwester zugegangen zu sein, schien der Fall geklärt. Der vermeintliche Täter wurde zwei Monate lang in der Kinder- und Jugendpsychiatrie untergebracht. Das Amtsgericht Heidelberg aber lehnte die Eröffnung des Hauptverfahrens ab. Die Anklage stand auf tönernen Füßen, es existierte nicht ein einziger handfester Beweis. Markus kam frei, doch der schlimme Verdacht lastete weiter auf ihm und seiner Familie.

Niewald verschwendete keinen Gedanken an die Folgen seiner Taten, Opfer waren für ihn so etwas wie Jagdwild. Die ausgespähten Mädchen und Frauen betrachtete er als Gegner, die sich verweigern, wenn sie sich nicht ausziehen, wenn nichts passiert. Er reduzierte sie zum Sexualobjekt und Spielzeug, das er benutzte, wenn ihm danach war.

Es ist nicht so gewesen, dass ich nicht gewusst hab', dass das falsch ist, was ich da tue. Ich konnte die Gefühle der Opfer absolut nicht einstufen, weil ich halt meinen eigenen seelischen Schmerz empfunden hab'. Deshalb hatte ich ein gesteigertes Bedürfnis, das auszugleichen. Dadurch, dass ich mich dauernd in diesem unsozialen Feld aufgehalten hab', hab' ich vollkommen ausgeblendet, was andere Menschen in solchen Situationen empfinden.

Etwa ein halbes Jahr nach dem Mordversuch an Maja Konzen entdeckte Niewald im Heidelberger Stadtteil Rohrbach ein neues attraktives Objekt. Lisa Bach wohnte dort in einem Einfamilienhaus, gemeinsam mit ihrer Mutter Heidi und deren Lebensgefährten. In regelmäßigen Abständen zog es ihn in den Garten des Anwesens, um die 12-Jährige durch das Wohnzimmer- oder Kinderzimmerfenster beobachten zu können. Von Mal zu Mal steigerte sich sein Verlangen, zu ihr vorzudringen, sich des Mädchens zu bemächtigen.

Um einen Tatplan entwickeln zu können, kundschaftete er zunächst die Lebensgewohnheiten der Familie aus. Niewald wollte herausbekommen, an welchen Abenden und wie lange das Kind allein in der Wohnung war. Akribisch machte er sich Notizen und wertete sie aus. Schließlich fand er ein geeignetes Zeitfenster: Donnerstagabend, zwischen 19.45 Uhr und 23 Uhr. Zu dieser Zeit waren weder ihre Mutter noch deren Freund zu Hause.

Schließlich kam ihm noch eine Nachlässigkeit der Hausbewohner zu Hilfe. Als er wieder mal im Garten umherschlich, bemerkte er, dass die Terrassentür offen stand und die Wohnung leer war. Niewald drang kurzentschlossen ein und nahm neben einigen Fotos von Lisa auch einen Wohnungsschlüssel mit, den er noch vor Ort ausprobierte. Wenn es soweit sein würde, wollte er sich mit dem Schlüssel Zugang zum Haus verschaffen. Der Verlust des Schlüssels wurde zwar später bemerkt, aber Heidi Bach vermutete, ihn lediglich irgendwo verlegt oder verloren zu haben.

Donnerstag, 30. November 2000, 21.45 Uhr. Niewald öffnete die Haustür. Niemand sah die schwarz gekleidete Gestalt, als sie im Haus Lorenzstraße 119 verschwand. Er wusste, wo er Lisa finden würde. Und genau dort stand er Sekunden später – im Kinderzimmer, Lisa schlief. Bis hierhin war sein Plan aufgegangen, das Mädchen war ihm nun schutzlos ausgeliefert. Niewald überlegte noch eine ganze Zeit, begaffte das Kind. Er vergegenwärtigte sich noch einmal seine Strategie, die er sich zurecht gelegt hatte. Aber dann gab es kein Halten mehr.

Es war ja so, dass ich erst den Elektroschocker eingesetzt habe, aber das hat ja zu keiner Reaktion geführt; außer, dass das Mädchen so laut geschrien hat. Ich hab' da auch etwas drauf gesagt, dass sie still sein soll. Aber sie hat weiter laut geschrien. Irgendwann hab' ich die Nerven verloren, das Messer gezogen und zugestochen. Zuerst noch ziemlich wahllos, dann immer mehr auf den Körper. Ich bin halt so wütend geworden, weil sie so laut geschrien hat, weil ich wollte, dass sie endlich ruhig ist.

Niewald floh durch die Terrassentür. Wieder hatten sich seine Hoffnungen nicht erfüllt, wieder hatte er untaugliche Mittel benutzt, wieder hatte er das Opfer nicht kontrollieren können, wieder hatte er Gewalt anwenden müssen und wieder war das Tatgeschehen eskaliert.

Gewalt war lediglich ein Mittel, um diese Phantasien umzusetzen. Es war nicht so, dass ich Gewalt unbedingt anwenden wollte, es war ein ausgedachtes Mittel, um das besser hinbekommen zu können.

Seine Wut über die Reaktion Lisas kostete sie das Leben. Niewald hatte wuchtig zugestochen: Vier Messerstiche hatten das Kind in den Brustkorb unterhalb des Schlüsselbeins getroffen, von denen drei bis zur hinteren Brustwand durchgedrungen waren. Lisa war schließlich an einer Luftembolie und äußerem Verbluten gestorben.

Die Kripo Heidelberg nahm unverzüglich die Ermittlungen auf und bildete eine 35-köpfige Sonderkommission. Zunächst wurde im persönlichen Umfeld des Opfers nachgeforscht, denn der Täter musste mit einem Schlüssel in die Wohnung eingedrungen sein. Deshalb vermutete man zunächst, es könne jemand gewesen sein, der Umgang mit der Familie hatte. Dazu passte die Aussage der Mutter, die ihren Ex-Freund verdächtigte, der habe wohl die Trennung von ihr nicht verwunden. Auch Lisas leiblicher Vater musste Rechenschaft ablegen und wurde überprüft. Letztlich kam man auf diesem Wege aber keinen Schritt weiter.

In ersten parallel durchgeführten Vernehmungen und Befragungen berichteten Nachbarn von einem Spanner, der sich in der Gegend regelmäßig herumgetrieben habe. Letztmals war er zwei Wochen vor der Tat gesehen worden, in unmittelbarer Nähe des Tatorts. Dazu passten gesicherte Blutspuren an der Terrassentür und Fußabdrücke im Garten. Die Ermittler werteten nun die Akten aller Voyeure und Sexualstraftäter der Region aus. Und dabei förderten sie Hochinteressantes zutage: Bereits im Jahr 1992 waren zwei Männer beim Spannen erwischt worden, die mit einer Videokamera ihre heimlichen Beobachtungen aufgenommen hatten, und zwar ausgerechnet im Garten Lorenzstraße 119, dem jetzigen Tatort. Das damalige Opfer war jedoch die Vorbesitzerin des Hauses gewesen. Einer der Männer war Niewald.

Er wurde vorgeladen und wirkte bei seiner Vernehmung hochgradig nervös, doch die Durchsuchungen seines Autos, des Spinds an seinem Arbeitsplatz und der Wohnung blieben folgenlos. Die Kripo fand nichts, was ihn mit der Tat in Verbindung bringen konnte. Niewald wurde acht Tage nach dem Mord noch ein zweites Mal vernommen. Er räumte zwar ein, nach wie vor

Frauen heimlich zu beobachten, jedoch nicht in der Nähe des Tatorts. Dem Verdächtigen wurde eine Speichelprobe entnommen, die Akte »Moritz N.« vorerst geschlossen: »Restverdacht nicht ausgeräumt«.

Bei der Überprüfung von insgesamt 114 polizeibekannten Sexualtätern stießen die Fahnder auch auf den Goldschmied Marian Bazany. Nachdem der 35-Jährige kein Alibi für die Tatnacht hatte vorweisen können, wurde seine Wohnung durchsucht. Und dort fanden die Ermittler brisantes Material: zahlreiche ausgeschnittene Berichte zum Mordfall Lisa aus Zeitungen und Illustrierten, zwei Musikkassetten mit der Aufschrift »Lisa Maria« (Maria war der zweite Vorname des Opfers) und unzählige pornographische Bilder von jungen Mädchen, fein säuberlich in Alben eingeklebt.

Man wähnte sich erfolgreich. Bazany legte nach anfänglichem Leugnen ein Geständnis ab: Spannen und zahlreiche Einbrüche, ja, aber Mord, nein. Als Tatwaffe hatten Rechtsmediziner unterdessen ein Butterfly-Messer favorisiert, doch der Verdächtige behauptete, eine solche Waffe nie besessen zu haben. Freunde und Bekannte Bazanys wussten es besser. Als die Kripo an einer seiner Jacken und an einer Türklinke seiner Wohnungstür schließlich auch noch »blutverdächtige Antragungen« nachweisen konnte, reichte die Beweislage für die Verkündung eines Haftbefehls aus. Doch auch diese heiße Spur erkaltete schon bald, nachdem sich herausgestellt hatte, dass es sich bei dem Blut nicht um das von Lisa handelte und auch keine weiteren Beweismittel gefunden werden konnten. Der Mordvorwurf musste nun fallen gelassen werden. Am 12. Januar 2001 wurde die Sonderkommission aufgelöst, 1.746 Spuren waren überprüft und 323 Speichelproben untersucht worden – ohne Erfolg.

Dennoch sollten auch weiterhin alle kriminalistischen Möglichkeiten ausgeschöpft werden, die Todesermittler der Kripo Heidelberg ließen nicht locker. Das Landeskriminalamt wurde deshalb beauftragt, eine operative Fallanalyse durchzuführen.

Der Fall »Lisa« sollte von externen Experten aus kriminalpsychologischer Sicht betrachtet werden, um neue Ermittlungsansätze zu bekommen. Ein Ergebnis war dann, dass der Mord an Lisa *und* der Mordversuch an Maja Konzen von demselben Täter begangen worden sein mussten. Einen Zusammenhang mit der Tötung von Angelika Kisch hielten die Kriminalpsychologen indes für wenig wahrscheinlich, Tatbegehungsweise und Opfertyp seien zu unterschiedlich.

Die Ermittlungen wurden wieder intensiviert. Insbesondere die Spuren »erledigt – Restverdacht nicht ausgeräumt« sollten nochmals kritisch überprüft werden. Auch Niewalds Akte wurde wieder aufgeschlagen, die Beamten begannen, in seinem Vorleben zu recherchieren. Dabei kam auch heraus, dass er seine Mutter bereits als 8-Jähriger mit einem *Messer* bedroht und auch sonst immer wieder aggressive Charakterzüge offenbart hatte.

Niewald hatte inzwischen seit einigen Monaten eine Freundin: Manuela Brecht, eine 39-jährige Sekretärin. Sie wurde von der Kripo vernommen. Schon am nächsten Tag wurde Niewald im Polizeipräsidium vorstellig und beschwerte sich wütend.

Da hatte ich wahnsinnige Angst, dass die Beziehung Schaden nimmt oder in die Brüche geht durch die Ermittlungen. Die Polizei hatte ja mit meiner Freundin gesprochen, da hatte sie auch erfahren, dass da andere Sachen passiert waren, mit den Mädchen und so. Ich wollte unbedingt vermeiden, dass meine Freundin mich deswegen verlässt. Da hätte ich alles dran gesetzt, dass das nicht passiert. Da hatte ich richtig Panik.

Die Verdachtsmomente verdichteten sich. Am 22. Mai 2001 wurde Niewald verhaftet, »Spur Nr. 298« sollte sich als die richtige erweisen. Sein Widerstand war nur schwach, nach und nach gestand er die Verbrechen an Angelika Kisch und Maja Konzen und Lisa Bach, auch den Überfall auf Nathalie Weskamp, dazu neun Einbrüche. Entweder hatte er Lebensmittel und Wertgegenstände oder persönliche Gegenstände und Fotografien seiner bespannten Opfer gestohlen.

Am 30. November 2001, dem ersten Todestag von Lisa Bach, wurde das Urteil gesprochen. Die 6. Strafkammer des Landgerichts Heidelberg verhängte die Höchststrafe: »Der Angeklagte Moritz Niewald ist schuldig des Mordes in zwei Fällen und des versuchten Mordes (...). Die Schuld wiegt besonders schwer. Die Unterbringung des Angeklagten in der Sicherungsverwahrung wird angeordnet.«

Ich traf Niewald am 7. Februar 2006 in einer baden-württembergischen Justizvollzugsanstalt. Wir hatten uns vorher über einige Monate hinweg geschrieben, dann einen Termin vereinbart. Dieser Mann war für mich vor allem deshalb interessant, weil Niewald in seinen Briefen ernsthafte und ehrliche Versuche unternommen hatte, sich seinen Taten, aber auch sich selbst zu nähern. Und ich wollte abermals meine Theorie überprüfen, dass *eine* Bedingung für serielles Morden in spezifischen Schlüsselerlebnissen der Täter zu suchen ist.

Der 42-Jährige wirkte äußerlich etwas jünger, machte einen gepflegten und sauberen Eindruck, mittlerweile trug er einen Vollbart. Die Kleidung entsprach seinem sonstigen Auftreten: Jeans, dunkelblaues Sweatshirt, unauffällig eben. Eine gewisse Anspannung konnte er nicht verbergen, er wiegte verhalten mit dem Oberkörper hin und her, wusste nicht recht, wo er seine Hände lassen sollte. Nach einer Weile sollte sich diese anfängliche Nervosität aber legen.

Da seine Biografie eine ganze Reihe von Auffälligkeiten offenbarte und die Vermutung nahe lag, dass hier die Ursache für sein abnormes Verhalten zu finden sei, fragte ich ihn zunächst nach dem Verhältnis zu seiner Mutter.

Es gab Momente, die waren normal, da war sie mir schon angenehm, aber es gab viele Phasen, die man einfach nur als Katastrophen bezeichnen kann. Wenn meine Mutter mit ihrem sozialen Umfeld unzufrieden war, dann ist sie ausgerastet. Am Anfang hat sie nur rumgenörgelt, irgendwann ist sie dann lauter geworden und hat alles zusammengeschrien, hat den Frust an mir oder anderen ausgelassen. Und wenn dann niemand da war, hat sie den Frust in der Nachbarschaft rausgelassen. Sie hat sich immer absolut asozial verhalten. Da war keine Zurückhaltung mehr da.

Das war auch so, als sie mit dem Frisör zusammen war. Der hat eine Zeitlang bei uns gewohnt, dann ging aber bald die Eifersucht los, seine frühere Freundin hat bei uns angerufen, meine Mutter geärgert. Dann ist der wieder ausgezogen, in die Nähe, wo die gewohnt hat. Dann hat meine Mutter wieder mit dem Stress gemacht, der kam dann trotzdem regelmäßig zu Besuch, da kam's zum Krach, er ist dann ins Auto eingestiegen, weil er es nicht mehr aushalten konnte. Sie hat ihm hinterhergebrüllt, auf der Straße. Dann hat sie wieder in der Wohnung rumgebrüllt. Wenn ich dann irgendwas gesagt hab', hat sie mit mir weitergebrüllt. Ich war dann immer der, der alles abgekriegt hat. Ich war halt immer Schuld. Ich wurde vollkommen niedergemacht, ich war dann immer total fertig.

Seine Mutter war mit der Erziehung des Sohnes überfordert, sie litt zudem unter psychischen Störungen, musste mitunter auch professionelle Hilfe in Anspruch nehmen. Aber es half wenig, Mutter und Kind fanden nie richtig zusammen. Auch in der Grundschule verlor der Junge schon bald den Anschluss.

Ich kam mit sieben Jahren in die Schule, bin etwas später eingeschult worden. Ich war relativ unaufmerksam, nicht so richtig bei der Sache. Ich hab' enorme Lernschwierigkeiten gehabt. Die Lehrerin war auch sehr streng, da habe ich mich sehr bedrückt gefühlt. Deshalb bin ich auch auf eine andere Schule gekommen. Da hab' ich oft die Schule geschwänzt, bin im näheren Schulbereich rumgelaufen, einfach so rumgelaufen, hab' die Zeit halt so vertrödelt.

Weil sich die Mutter nicht anders zu helfen wusste, gab sie den Jungen in das St.-Kilian-Heim in Walldürn, erstmals im Juli 1974, da war er zehn.

Das war schon gravierend. Am Anfang wollte ich da immer nur weg. Ich hab' da rumgebrüllt, dass, wenn ich nicht zu meiner Mutter zurückkann, ich mich umbringe. Bin halt ausgerastet. Ich hab' mich mit allen verbalen Mitteln zur Wehr gesetzt, dass ich da wieder weg komme. Irgendwann habe ich mich aber eingelebt, auch, weil ich in der Heimschule ganz gut zurechtkam. Ich war sogar einer der Klassenbesten.

Der Junge wurde stabiler und konnte schließlich nach Beendigung der fünften Klasse Mitte 1977 wieder in die Obhut seiner Mutter gegeben werden. Doch schon nach kurzer Zeit wurden Mutter und Kind abermals von Alltags- und Beziehungsproblemen eingeholt, die man überwunden glaubte. Zudem wollte Niewald den Lebensgefährten seiner Mutter partout nicht als Autorität akzeptieren. Und auch in der Schule kam er nicht mehr mit.

Da hat es wieder Probleme gegeben, weil ich nicht auf dem gleichen Stand war wie die anderen. Die konnten zum Beispiel Englisch viel besser aussprechen als ich. Wenn ich was gesagt hab', haben alle nur gelacht. Später habe ich wieder die Schule geschwänzt, da hatte ich auch einen Bekannten, der hat mich so dazu verleitet, bin auch mal ins Kino gegangen oder so. Da gab's natürlich wieder Ärger, auch zu Hause. Und dann hab' ich auch eingesehen, dass es wohl das Beste ist, wenn ich zurück ins Heim geh'.

Im Herbst 1978 kehrte er ins St.-Kilian-Heim zurück. Die Erfahrungen bei seinem zweiten Heimaufenthalt waren zwiespältig.

Das war irgendwie ganz komisch: Ich hab' mich darauf gefreut, in den Ferien nach Hause zu dürfen, aber wenn ich dann daheim war, hab' ich mich wieder gefreut, zurück ins Heim zu kommen. Was ich im Heim an Positivem hatte, hatte ich zu Hause nicht, und was ich zu Hause hatte, das hab' ich im Heim vermisst. Das waren zwei Hälften, die man eigentlich zusammen gebraucht hätte. Und da musste ich mich halt immer wieder drauf einstellen, mich eingewöhnen.

Drei Jahre blieb er im Heim, Mitte 1981 nahm ihn seine Mutter nach erfolgreichem Hauptschulabschluss wieder auf. Beide verband aber auch weiterhin eine Hassliebe. Der Sohn konnte sich von seiner Mutter nicht lösen, lebte mit ihr bis Mitte des Jahres 2000 in einer Wohnung, obwohl die Beziehung einem einzigen Zerwürfnis glich. Manchmal musste sogar die von Nachbarn alarmierte Polizei schlichten. Auch als er Geld verdiente, traute er sich immer noch nicht, bei der Mutter auszuziehen, obwohl die Streits nicht weniger wurden.

Und sein Vater?

Ich kannte meinen Vater ja gar nicht. Ich hatte lediglich einen Unterhaltstitel, wo seine Adresse drauf stand. Ich wollte halt mal wissen, wie mein Vater so ist. Meine Mutter hat mir halt nicht so viel über ihn erzählt, hat immer nur gesagt, der wär' ein Verbrecher gewesen, der wär' im Gefängnis gewesen. Ich wollte mal grundsätzlich wissen, was ich von ihm geerbt hab': äußerlich, die Eigenschaften. Ich wollte wissen, was er so im Leben erlebt hat, wo er seine Stärken und Schwächen hat. Von meiner Mutter konnte ich mir eben nichts Positives abgucken. Da gab's immer nur Probleme.

1990 bin ich dann mit dem Auto zu dieser Adresse hingefahren, um ihn zu besuchen. Er war aber nicht zu Hause. Ich habe noch eine Weile gewartet, aber niemand kam. Da habe ich an sein Auto einen Zettel gehängt: Dein Sohn war hier, würde mich freuen, wenn du dich mal meldest. Er hat sich aber nicht gemeldet.

Einige Wochen später bin ich dann noch mal hingefahren. Da war aber wieder niemand da. Ich habe wieder gewartet, und plötzlich kam da ein Pärchen an. Ich hab' den Mann gefragt, ob er der Friedrich Heinzmann ist. Ja, hat er gesagt. Dann habe ich ihm gesagt, wer ich bin und dass ich ihn gerne mal kennen lernen würde. Dann haben wir uns so eine Viertelstunde lang unterhalten. Erst hat er abgestritten, dass er überhaupt mein Vater ist, dass das nicht stimmen würde. Irgendwann hat er es aber doch zugegeben und mir gesagt, dass er mich mal besuchen kommen würde. Jetzt hätte er keine Zeit. Das habe ich auch akzeptiert und gehofft, dass er sich mal melden würde. Das war aber nicht der Fall.

Zugegeben: Niewald litt unter einer belastenden Mutterbeziehung, zudem fehlte ein väterliches Vorbild. Allerdings dürften diese ungünstigen Erziehungsbedingungen in keinem unmittelbaren Zusammenhang mit seinen schweren Verbrechen stehen. Denn er hatte über viele Jahre und bereits als Kind gelernt, mit diesen Einschränkungen umzugehen, sie nicht auszuweiten auf Beziehungen zu anderen Menschen. Auch lassen die Taten selber keinen Aspekt erkennen, der hier anknüpfen könnte.

Niewald gab sich mir gegenüber höflich, zugewandt und aufmerksam. Er blieb über drei Stunden lang durchweg konzentriert und beantwortete jede meiner Fragen, so gut er konnte. Dabei ließ er sich Zeit, seine Antworten waren selten spontan, sondern wirkten durchdacht. Er war durchaus willens und in der Lage, zu widersprechen, er biederte sich nicht an. Ich hatte zu keinem Zeitpunkt den Eindruck, als wolle er etwas beschönigen oder verbergen. Manchmal ließ er seinen Gefühlen freien Lauf und weinte – auch als er von Freundschaften in seinem Leben erzählen sollte.

Vor dem Schulbesuch in Heidelberg hatte ich gar keinen Freund, eher eine Freundin, so vom Sandkasten her. Auch in der Grundschule hatte ich niemanden, mit dem ich Freund war. In der Nachbarschaft gab es eine Clique, aber da hatte ich auch keine direkte Beziehung. Als ich erwachsen war, hab' ich mich an den Rockzipfel von einem älteren Freund gehängt. Der hat mich halt am besten angenommen, mit dem bin ich dann immer durch die Gegend gezogen.

Bis zu seinem Schulabschluss glich sein Leben einem düsteren Labyrinth, in das er hineingeboren worden war, aber aus dem er einfach keinen Ausweg gefunden hatte. Und dieser Irrweg sollte sich zunächst fortsetzen.

Ich bin wohl nach der Hauptschule mal angesprochen worden, was ich mir als Beruf vorstellen könnte, aber ich hatte ja gar kein elterliches Vorbild. Meine Mutter war Verkäuferin, aber das wollte ich nicht werden. Das Problem war, ich hab' gar nicht gewusst, warum man überhaupt eine Berufsausbildung machen soll, dass man eine Berufsausbildung machen muss, dass das dann das ganze Leben lang so gehen soll. Mir haben halt diese ganzen Eindrücke gefehlt, zum Beispiel, wenn ein Vater nach Hause kommt und von der Arbeit erzählt oder so. Das war bei mir eben nicht so. Im Heim haben wir unsere Hausaufgaben machen müssen, Müll rausbringen, Straße kehren oder so Dinge. Wir haben vom stellvertretenden Heimleiter mal so eine Broschüre bekommen, was man so werden kann. Da hab' ich aber auch nix mit anfangen können. Später habe ich auch einige Vorstellungsgespräche gehabt, bei der Bahn zum Beispiel. Aber weil ich von nichts überzeugt war, konnte ich die natürlich auch nicht überzeugen. Später hat der Freund von meiner Mutter dafür gesorgt, dass ich mich bei einem Bäcker vorstellen sollte. Das wollte ich aber nicht, ich hatte keine Lust, jeden Morgen um fünf Uhr aufzustehen.

Es schien keinen Platz für ihn in dieser Welt zu geben, sein Leben ergab keinen rechten Sinn, er litt vor allem unter seiner Beziehungs- und Perspektivlosigkeit.

Ich war einige Monate nur zu Hause, hatte überhaupt keinen Alltag, hab' irgendwann einen Waschzwang bekommen, der immer stärker geworden ist. Ich habe gemerkt, dass mein Leben überhaupt keinen Sinn mehr hat. Die einzige Person, zu der ich Kontakt hatte, war meine Mutter, bei der ich wohnte. Sonst hatte ich niemanden.

Insbesondere sein sehnlichster Wunsch, endlich eine Frau zu finden, mit der er harmonieren konnte, die auch bereit war, auf seine sexuellen Wünsche einzugehen, wollte sich nicht erfüllen.

Da war lange eine echte Kontaktunfähigkeit, vor allem bei gleichaltrigen Frauen. Es war allerdings auch nicht so, dass ich bei jedem Mädchen, das ich irgendwo sah, unweigerlich sofort sexuelle Vorstellungen entwickelte. Das war nur bei einigen nach einer gewissen Zeit der Fall. Manche strahlten eine gewisse spielerische Unbefangenheit aus. Trotzdem wagte ich es nie, eines anzusprechen.

Sexualität blieb für Niewald lange Zeit ein bunter Strauß aus Vorstellungen, Vorlieben und Vorurteilen. Und wenn sich dann einmal die Gelegenheit ergab, blieb er doch ein Gefangener seiner lähmenden Beklemmungen.

Bei den ersten Malen wollte ich halt unbedingt mit einer Frau zum Höhepunkt kommen, deshalb war ich total verkrampft, hab' mir gedacht, Mensch das kann doch nicht so schwer sein, wieso kriegst du das nicht auf die Reihe. Die Erregung hat nicht so lange angedauert, bis ich einen Orgasmus bekommen hätte. Ich war da einfach zu sehr fixiert, nicht genügend entspannt. Als es mir dann gelungen ist, war ich doch ziemlich happy, wollte es gerne noch öfters erleben, da hatte ich dann auch so Phasen, wo ich mich sexuell austoben wollte. Das hat aber nicht so gut geklappt.

Die erste ernsthafte und längere Beziehung zu einer Frau knüpfte er im Herbst 1999, da war er bereits 36. Doch auch diese Partnerschaft entpuppte sich als lose Folge von Auseinandersetzungen und Enttäuschungen.

Da war einfach nicht die Akzeptanz mir gegenüber ausreichend, deshalb gab es immer wieder Streit. Sie hatte viel mehr Erfahrung als ich, fast immer einen Freund gehabt. Und ihr vorheriger Freund war älter gewesen, auch erfahrener, ich konnte ihr halt nicht so viel bieten. Ich hatte wahnsinnige Angst, sie wieder zu verlieren. Deshalb habe ich auch oft nachgegeben, bin einfach nicht zum Zuge gekommen.

Zudem plagten ihn fortwährend ausgeprägte Verlassenheitsängste. Schon die Trennung von seiner ersten Kurzzeitfreundin hatte er nicht akzeptieren wollen.

Als die erste Beziehung zu Ende gegangen ist, bin ich total ausgeflippt. Bin halt zu ihrem Arbeitsplatz hingefahren, hab' sie dort abgepasst, auch eine Schreckschusspistole dabeigehabt. Ich wollte ihr den Eindruck vermitteln, dass ich bereit bin, mich zu erschießen. Damit wollte ich erzwingen, dass sie mir noch mal eine Chance gibt.

Was er auf herkömmlichem Wege nicht fand, suchte er bei seinen nächtlichen Streifzügen, das Spannen wuchs sich zu einer fatalen Leidenschaft aus, die ihn beseelte und ausfüllte, von der er nicht mehr lassen konnte. Ich fragte ihn, ob er sagen könne, wie es dazu gekommen sei, ob er für sein absonderliches Verhalten eine Erklärung habe.

Die erste Situation ereignete sich 1983/84 in der Schulsporthalle. Da war ich 18 Jahre alt. Das war in der Umkleidekabine, da hatte jemand ein Guckloch in die Tür gemacht, und dadurch konnte man die Mädchen beim Duschen beobachten. Ich war da nicht mehr wegzukriegen. Das Gefühl war bei mir stärker als bei den anderen. Das war einfach das erste Mal gewesen, dass ich ein Mädchen nackt gesehen hab'. Ich fand das so faszinierend, dass ich immer wieder die Gelegenheit genutzt hab'. Anfangs selten, aber dann habe ich regelmäßig geguckt.

Meine Vermutung hatte sich bestätigt. Auch in diesem Fall konnte der Täter *ein besonderes Ereignis* im Sinne des *Serienmörder-Prinzips* benennen, das sein abnormes Verlangen angestoßen hatte, überdies einen gravierenden Einschnitt in der Gesamtentwicklung darstellte. Und die von ihm verübten Gewalttaten ließen eine ausgeprägte voyeuristische Komponente erkennen. Ungefragt erzählte er mir dann von einem weiteren Erlebnis, das ihn dazu animiert hatte loszuziehen, um begierig gleichartigen sexuellen Abenteuern nachzujagen.

Da bin ich mal frühmorgens von der Disco nach Hause gekommen, hab' wohl auch was getrunken gehabt. Und dann hab' ich zufällig in der Nachbarschaft gesehen, dass da noch Licht brennt. Dann hab' ich das Stöhnen einer Frau gehört. Hab' dann mal geguckt, ob es was zu sehen gibt. Da war ein junges Pärchen, die hatten Sex miteinander. Das fand ich wahnsinnig aufregend, die heimlich zu beobachten, und deshalb war das dann auch meine erste Anlaufstelle.

Niewald betrieb den Voyeurismus so exzessiv, dass er häufig Schwierigkeiten hatte, seinen Job durchzuhalten. Nicht selten schlief er bei der Arbeit einfach ein. Während er seine häufig wechselnde Berufstätigkeit als Lagerist oder Kaufmannsgehilfe als notweniges Übel betrachtete, kultivierte er seine Perversion und entwickelte irgendwann auch Vorstellungen, die über das bloße Beobachten hinausgingen: in die Wohnung eindringen, das Opfer körperlich attackieren und missbrauchen. Es ging ihm nicht darum, eine Frau zu vergewaltigen, er wollte besitzen, in erster Linie das weibliche Geschlechtsteil ungestört betrachten können.

Das war phantastisch und faszinierend.

Der Mord an Angelika Kisch und alle sich hieran anschließenden Verbrechen waren der umgesetzte, aber letztlich gescheiterte Versuch, eine Frau oder ein Mädchen vollständig in seine Gewalt zu bringen. Die Tötung der Opfer war wohl gar nicht geplant, sondern erschien ihm erst dann notwendig, als das Tatgeschehen eskalierte und er die Kontrolle verlor. Er hätte schon wesentlich früher eine Frau überfallen wollen, aber nicht das Mitgefühl für das Opfer oder die Scheu vor einem solchen Übergriff, sondern allein die Angst vor Entdeckung und Bestrafung waren die ihn vorerst hemmenden Faktoren.

Ich hatte wahnsinnige Angst davor, dass man mich kriegt. Die hätten mich doch belasten können, und dann wäre alles vorbei gewesen. Das wollte ich einfach nicht, deshalb habe ich zugestochen.

Niewald ließ sich nicht von Stimmungen oder Drangzuständen animieren, er handelte kontrolliert, planmäßig, alle Risiken sorgsam abwägend. Es waren keine impulsiv ausgeführten Taten, vielmehr wochen- und monatelang erwogene. Niewald war ein kühl kalkulierender Täter, aber kein kaltblütiger Killer. Ein Suchender, ein Süchtiger.

Worin die Sucht bestand, lässt sich für mich heute schon beantworten: Durch Suchtverhalten versucht man bei sich eine Lücke dranghaft auszufüllen oder negative Stimmungen zu kompensieren. Bei mir war dieses Suchtverhalten der von mir extrem betriebene Voyeurismus.

Bei der Beurteilung seiner Persönlichkeit erscheint er als ein eher initiativarmer, in Maßen ehrgeiziger, aber insgesamt zu antriebsschwacher Mann mit durchaus vorhandenen sozialen Kompetenzen, der sich in Betrieben leidlich integrieren konnte, der sich aber in seinen Arbeitsverhältnissen auch immer wieder in die Position des Außenseiters und Mitläufers manövrierte, weil er Kritik nicht vertragen konnte, unbelehrbar blieb und zu cholerischen Wutreaktionen neigte. Allerdings wurde er dabei niemals handgreiflich. Ein sozial und sexuell gehemmter Mensch, eigentümlich träge, der nie gelernt hatte und nicht den Mut besaß, auf andere Menschen zuzugehen und tragfähige Beziehungen zu knüpfen. Jemand, der schnell gekränkt war und sich rasch entmutigen ließ. Ein mitunter jähzorniger Mann, der wie ein bockiger Junge blindlings auf seinem vermeintlichen Recht beharrte. Gewiss eine auffällige und janusköpfige Persönlichkeit – aber keine pathologische.

Unterm Strich bleibt ein lediglich verschrobener Mensch, der unfassbare Verbrechen begangen hat. Als ich die Anstalt verließ, fragte ich mich, wie viele Menschen wohl unter ähnlichen Umständen zu Tätern geworden wären. Ob nicht nur ein dummer Zufall über das Schicksal dieses Mannes und seiner Opfer entschieden hatte. Eine ganz und gar unbefriedigende, aber vertretbare Annahme, die manchen unter uns einer Angst machenden Vorstellung in die Arme treibt: *Der* könnte *ich* selbst sein.

KAPITEL 6

Gott und Marionetten

»Und das Ärgste ist dann, wenn man sich fragt, wie man
am nächsten Tag wieder die Kraft aufbringen soll, um wieder
zu tun, was man tagszuvor und schon seit viel zu langer Zeit
immer wieder getan hat, woher man die Entschlußkraft
zu allen diesen blödsinnigen Handlungennehmen soll,
zu diesen Plänen, die zu nichts führen, diesen vergeblichen
Versuchen, aus der ärgsten Not herauszukommen,
die einen nur davon überzeugen, daß das Schicksal
unüberwindlich ist und daß man jeden Abend wieder den Fuß
der Mauer herunterfällt und sich immer wieder
vor dem Morgen fürchtet, das immer ungewisser und
trostloser erscheint.«

Louis-Ferdinand Céline, *Reise ans Ende der Nacht*

»Auch den Sisyphos sah ich, von schrecklicher Mühe gefoltert,
Einen schweren Marmor mit großer Gewalt fortheben.
Angestemmt, arbeitet' er stark mit Händen und Füßen,
Ihn von der Au aufwälzend zum Berge.
Doch glaubt' er ihn jetzo auf den Gipfel zu drehn:
da mit einmal stürzte die Last um;
Hurtig mit Donnergepolter entrollte der tückische Marmor.
Und von vorn arbeitet' er, angestemmt,
daß der Angstschweiß seinen Gliedern entfloß,
und Staub sein Antlitz umwölkte.«

Homer, *Odyssee, 11. Gesang, 593-601*

Ich bin geprägt von einem schlimmen Kindheitserlebnis, worüber ich aus lauter Angst und Verzweiflung noch mit niemandem gesprochen habe.

Achim Kern wuchs auf in Hückelhoven, einer damals, Mitte der 60er Jahre, knapp 32.000 Einwohner zählenden Kleinstadt im Erkelenzer Land, mittig gelegen zwischen den Metropolen Düsseldorf und Aachen, etwa 25 Kilometer von der niederländischen Grenze entfernt. Schon früh musste der Junge lernen, ohne die Fürsorge seiner Eltern auszukommen.

Mein ganzes Leben, ständig hin und her zwischen Mutter und Vater, zwischen Gut und Böse. Während meine Eltern durch irgendwelche Arbeit fast immer unterwegs waren, habe ich meine ersten Lebensjahre oft bei anderen Leuten verbracht, auch bei einer Freundin meines Vaters, die ich immer »Oma« nannte. Diese Frau hat mich fast allein großgezogen, ich weiß nicht, wie oft ich als kleiner Junge von zu Hause ausgerückt bin, bin zu meiner »Oma« gelaufen, um Trost und Ruhe vor meinen Eltern zu finden. Eine Zeit lang habe ich geglaubt, meine Eltern haben mich gar nicht gewollt und ich sei nur ein Zufallsprodukt der Natur. Auch dieser Gedanke hat mich geprägt, und ich begann, meine Eltern zu hassen, da ich mich bei meinen täglichen Ängsten und Sorgen ständig alleine gelassen fühlte. Ich hatte eine sehr einsame Kindheit.

Die Familie Kern besaß nicht den besten Ruf. Einer von Achims Jugendfreunden beschrieb die Verhältnisse so: »Ich weiß, daß das immer eine sehr chaotische Familie war. Das waren so Kinder, wo es dann von den Eltern hieß: Mit denen darfst du nicht spielen! Das war alles von der Familie her schon so kaputt.« Mit seinen fünf Geschwistern verband Achim Kern lediglich dasselbe Elternhaus, er fühlte sich nicht ausreichend angenommen und akzeptiert. Er blieb außen vor, für sich allein.

Mit sieben wurde er eingeschult, doch schon nach kurzer Zeit hinkte der Junge hinterher, musste ein Jahr wiederholen. Auch später in der Hauptschule gehörte er zu jenen Schülern, die insgesamt unauffällig und blass blieben, vor allem in ihrer Leistung. Kern verpasste einen ordentlichen Schulabschluss, mit 15 ging er ab.

Ich habe angefangen, in den Minen zu arbeiten, etwa zwei Monate lang, dann bin ich auf eine Berufsfachschule gegangen. Es war ein Vorbereitungsjahr mit jeweils sechs Monaten Arbeit in der Metall- und sechs Monaten in der Holzbranche. Ich habe auch meinen Hauptschulabschluss nachgemacht. Da war ich 18 Jahre alt.

Seine Berufsausbildung brach er ab, blieb arbeitslos, hielt sich mit Gelegenheitsjobs über Wasser. Mit 19 ging er zur Handelsschule, aber auch hier hielt er nur ein Jahr lang durch, dann schmiss er hin.

Ich fing wieder damit an, auf das System der Gelegenheitsarbeit zu verfallen. Aber nicht lange, da ich zum Bund musste. Damals dauerte der ein Jahr, und ich bin nach Iserlohn gekommen. Meine Militärzeit ist nicht besonders gut verlaufen, und so habe ich beschlossen, nach einem Ausgang nicht mehr in die Kaserne zurükkzukehren. Die Militärpolizei ist mich zu Hause bei meinen Eltern holen gekommen. Sie haben mich zum Bund zurückgebracht, und ich musste zu einer psychologischen Untersuchung. So brauchte ich meine Dienstzeit nicht zu beenden.

Kern ließ sich auch weiterhin treiben, orientierungslos wandelte er durchs Leben. Anschluss fand er nur bei jenen, die ihn selbst schon verpasst hatten.

Ich hatte keinen guten Umgang, das waren alles Junkies, und ich habe mich sogar dazu verleiten lassen, einige Diebstähle zu begehen. Die Polizei hat mich geschnappt, ich bekam sechs Monate auf Bewährung. Schließlich musste ich die Strafe doch absitzen, weil ich nicht zu den Terminen mit dem Bewährungshelfer gegangen war. Ich mochte den einfach nicht leiden. Ich war im Gefängnis in Siegburg. Nach meiner Entlassung bin ich zurück zu meinen Eltern. Arbeit hatte ich keine. Dann wollte ich eine Lehre als Anstreicher machen, bin aber nur drei Tage geblieben. Danach habe ich mich mit Leuten zusammengetan und mit denen echte Einbrüche verübt, wir sind in Haushaltsartikel- und Elektrofachgeschäfte eingestiegen.

Die Bullen haben mich nicht erwischt, die Sachen kamen erst später raus, als man mich wegen anderer Dinge verhaftet hat.

Mitte des Jahres 1981 verbesserte sich seine Lebenssituation spürbar. Er fand eine Anstellung als Anstreicher in der Firma, in der auch sein ältester Bruder arbeitete. Kern konnte endlich eine eigene Wohnung finanzieren und zog von zu Hause aus. Einen Monat später lernte er Petra Schmitz kennen, die 19-Jährige arbeitete als Kassiererin in einem Supermarkt.

Das waren für mich glückliche Zeiten, mit die besten meines Lebens. Es war das erste Mal, dass ich von zu Hause fortgegangen bin. Ich arbeitete, ich habe nicht gestohlen, ich sah Petra oft. Das hat etwa neun Monate gedauert. Dann gab es Probleme. Für mich ist eine Welt zusammengebrochen. Ich hatte mir ein ruhiges und ehrliches Leben aufgebaut, und ich hatte das Gefühl, dass ich alles fallen lassen musste.

Petra beschwerte sich darüber, dass er die Wochenenden lieber mit seinen Kumpels vom Fußballverein verbrachte, Kern aber wollte nicht davon lassen. Und er wollte auch nicht darüber reden. Zudem sollte er aus seiner Wohnung ausziehen, der Vermieter meldete Eigenbedarf an. Kern wurde es zu viel. Überhaupt: Wenn es Schwierigkeiten gab, ignorierte er sie, und wenn es irgendwann überhand nahm, zog er sich einfach zurück.

Das ist mir ein paar Mal in meinem Leben passiert. Wenn es nicht läuft, schmeiße ich alles hin. Ich hätte mir auch eine andere Wohnung mieten können, um mein Leben so weiterzuleben, aber so bin ich nun mal. Wenn es nicht läuft, dann haue ich ab.

Kern trennte sich von seiner Freundin und kehrte zu seinen Eltern zurück, wieder mal. Auch in der Firma erschien er nun nicht mehr.

Das war Ende 1981. Ich war deprimiert, und meine Haltung hat meinen Eltern Probleme gemacht. Ich habe deshalb oft mit meiner Mutter gestritten. Ich betrauerte mich selber. Ich fand mich blöd, weil ich wegen so geringer Gründe mit Petra Schluss gemacht hatte.

Der damals 22-Jährige litt unter ausgeprägten Minderwertigkeitsgefühlen, den permanenten Auseinandersetzungen mit seinen Eltern, vor allem der Mutter. Unausgetragene Konflikte hemmten seine Entwicklung, er konnte nicht er selbst sein. Seine hohen Ansprüche blieben unerfüllt, weil er sich nicht genügend motivieren konnte. Enttäuschungen und Entbehrungen waren weiterhin ständige Wegbegleiter. Aggressionen würgte er herunter, nach außen war er immer nett und freundlich. Kern hatte weder den Mut noch die Kraft, sich von all dem zu befreien. Er blieb gefangen in seinem zwiespältigen Charakter.

Am 28. Juli 1982 verlor Kern erstmals vollends die Kontrolle und tötete einen Menschen.

Diese Zeit, wo ich so deprimiert war, die hat einige Monate angedauert. Ich hatte ein medizinisches Handbuch zu Hause, und beim Lesen ist mir die Idee gekommen, Medikamente zu nehmen. Ich habe meinen Vater gebeten, mir Tranxilium zu kaufen. Ich habe damit begonnen, einige Tabletten zu nehmen, aber ich war immer traurig. Deshalb habe ich angefangen, Whiskey zu trinken. Es war an diesem Abend das erste Mal, dass ich Alkohol und Medikamente vermischen wollte, aber es gab keinen Alkohol mehr in der Wohnung. Da habe ich mich daran erinnert, dass meine Mutter Schnaps im Keller hatte, und ich bin hinuntergegangen, um ihn zu holen.

Ich habe im Nachbarkeller Geräusche gehört, und ich habe Angst bekommen und eine Tür mit aller Kraft zugeschlagen. Hinter dieser Tür befand sich aber meine Nachbarin Klara Vorbeck. Ich dachte, ich hätte sie umgebracht und bin in Panik geraten. Ich wusste, dass ich es gewesen war, der das getan hatte und dass meine Mutter mir das [dass es ein Unfall war, S. H.] nie glauben würde.

Ich wollte den Körper verstecken, aber es ist mir nicht gelungen, ihn zu bewegen. Dann habe ich beschlossen, ihn mit Stricken zu umwickeln, damit ich ihn leichter transportieren konnte. Das habe ich mit den Luftkammern von Fahrradschläuchen gemacht, die habe ich festgebunden. Es ist mir gelungen, den Körper in einen Keller nebenan zu schleppen.

Danach bin ich in mein Zimmer zurückgekehrt, die Schnapsflasche meiner Mutter habe ich mitgenommen. Ich habe sie angetrunken und geweint wegen der Nachbarin, die ich umgebracht hatte. Und dann habe ich beschlossen, dass ich sie dort wegbringen müsse. Während der Nacht bin ich in den Keller runter, habe sie aus dem Haus geschleppt, in einem Einkaufswagen etwa 500 Meter weit geschoben. Den Körper habe ich dort in einen Gully gleiten lassen.

Die 58-jährige Nachbarin, mit der Kern sieben Jahre unter einem Dach gelebt hatte, wurde einige Tage später als vermisst gemeldet. Eine Sonderkommission der Kripo Heinsberg suchte neun Monate nach der Frau, die letztmals während einer Kaffeefahrt lebend gesehen worden war. Erst als im April 1983 Arbeiter einer Reinigungsfirma die Ursache eines Rückstaus im Kanalsystem ergründen wollten, stießen sie auf die verweste Leiche der Verschollenen.

Kern haderte weiter mit seinem Schicksal, zog sich vollkommen zurück, wurde von Schuldgefühlen eingeholt.

Während dieser Zeit sah ich alles schwarz, und ich habe zweimal versucht, mich umzubringen. Zuerst, indem ich versuchte, mir Luft in die Adern zu spritzen. Aber mein Bruder Jörg ist gerade noch dazugekommen und hat mich ins Krankenhaus gebracht. Einige Zeit danach habe ich wieder mit dem Alkohol angefangen. Ich habe es dann mit einer Mischung aus Alkohol und 20 Schlaftabletten probiert. Das hat aber nicht geklappt, ich bin wieder aufgewacht.

Zwei Monate nach dem Leichenfund wurde Kern festgenommen. Er gestand, die Nachbarin getötet zu haben, beharrte aber darauf, dass es ein Unfall war. Bei der Obduktion war jedoch mittlerweile herausgekommen, dass Klara Vorbeck an der Drosselung mit den Fahrradschläuchen gestorben war, und nicht, wie von Kern behauptet, durch das Zuschlagen der Kellertür.

Nicht ausgeschlossen werden konnten sexuelle Motive, denn der Leichnam war unbekleidet gefunden worden – ein ungewöhnlicher Umstand, der nicht zu dem behaupteten Unfallgeschehen passen wollte. Über die genauen Umstände schwieg sich Kern jedoch aus, in seinen Vernehmungen blieb er verschlossen und wortkarg. Auch im Zuge der Verhandlung vor dem Landgericht Mönchengladbach wurde er immer dann unkonkret, wenn nach seinem Motiv gefragt wurde. »Das weiß ich nicht«, hieß es dann, oder er zuckte nur mit den Schultern.

Kern erhielt eine 5-jährige Freiheitsstrafe wegen Totschlags, das Gericht erkannte zudem auf »verminderte Schuldfähigkeit«.

1983 war ich zuerst im Gefängnis von Mönchengladbach, nach dem Urteil bin ich nach Duisburg gekommen, wo ich 15 Wochen geblieben bin, da man bei Verurteilungen von mehr als zwei Jahren eine Anzahl von psychologischen Untersuchungen durchmachen muss. Es gibt drei Stufen: A – wenig gefährlich, B – mittlerer Gefährlichkeitsgrad und C – sehr gefährlich. Ich kam in die Kategorie B und wurde ins Gefängnis von Willich geschickt.

Während der Haft wurde mit ihm und an ihm gearbeitet. Die Anstaltspsychologen wollten ihn mit seinen tief sitzenden Aggressionen konfrontieren. Doch jedes Mal, wenn er darauf angesprochen wurde, verließ er den Raum. Kern wollte im Wohngruppenverband nur integriert und akzeptiert sein, in Gesprächen aber war er kaum aus der Reserve zu locken, er gab sich verschlossen und ängstlich. Erst nach und nach machte er Fortschritte, begann oberflächlich über seine Tat zu sprechen. Doch wenn die Therapeuten ihn in die Pflicht nehmen wollten, entpuppte er sich als »Weltmeister im Ausweichen«.

In den ersten Monaten der Haft gelang es nur dem Gefängnisseelsorger, die Tür zu seiner versperrten Seele einen Spaltbreit zu öffnen: »Er hat mir einmal gesagt: ›Die Last ist zu groß für mich, ich kann sie nicht tragen.‹ Zu dem Motiv seiner Tat erwähnte er die Möglichkeit, in der getöteten Nachbarin seine Mutter gesehen zu haben. Ich kann allerdings nicht beurteilen, ob dieser Erklärungsansatz aus ihm selber kam oder ob es eine Spiegelung dessen war, was man in einem Setting mit ihm diskutiert hat.«

Ähnliche Zusammenhänge schilderte Kern später auch seinem Einzeltherapeuten: »Zum Motiv seiner damaligen Tat ist mir in Erinnerung geblieben, daß da oft die Beziehung zu seiner Mutter angesprochen wurde. Dieses Verhältnis Mutter-Sohn war ausgesprochen schwierig. Deswegen wunderte mich auch, daß er ein solch gutes Verhältnis zu seiner Freundin hinterher fand, auch auf sexuellem Gebiet.«

Im Laufe der Jahre akzeptierte Kern das Leben hinter Gittern, fand sogar Gefallen daran. Er fühlte sich angenommen und heimisch, wie sich seine Wohngruppenleiterin erinnert: »Seine einzige Intention war, dabei zu sein, integriert zu sein, anwesend sein zu dürfen. Seine Reaktion war Dankbarkeit, weil er für kurze Zeit wieder ein Gefühl der Akzeptanz erleben durfte.«

Doch dann bahnten sich neue Probleme an.

Ich habe meinen Abschluss als Schlosser bekommen und sollte die Anstalt verlassen. Ich hatte Angst, weil sie wie eine Familie geworden war. Außerdem habe ich mich in die Sozialhelferin verliebt, und zu Anfang hat mich das darin bestärkt, meinen Abschluss zu machen. Eines Tages hat sie alle um uns versammelt und gesagt, dass sie heiraten und die Anstalt verlassen würde. Hier ist die Welt ein weiteres Mal für mich zusammengestürzt.

Die Therapeuten hingegen glaubten ihren Schützling auf einem guten Weg. Um ihn behutsam auf eine Rückkehr in die Sozialgemeinschaft vorzubereiten, gewährte man ihm Ausgang.

Der Zeitpunkt meiner Entlassung rückte näher. Ich hatte eine Ausgangsgenehmigung, und mein Bruder Klaus ist mich holen gekommen. Einige Zeit nach der Ankündigung der Sozialhelferin hatte ich wieder einen Ausgang. Ich bin allein ausgegangen, und ich war sehr traurig. Langsam hat sich meine Traurigkeit in Wut verwandelt, und ich habe eine Frau auf einem Fahrrad getroffen. Ich habe sie auf die Erde geworfen und auf eine angrenzende Wiese gezogen. Ich habe ihr gesagt: Zieh dich aus! Sie war etwa 35 Jahre alt. Sie war noch nicht fertig ausgezogen, als ich angefangen habe, zu weinen. Ich wusste auf einmal nicht mehr, was ich wollte. Ich habe ihr nichts getan, ich habe sie um Entschuldigung gebeten.

Ich habe ihr sogar gesagt, dass sie mich anzeigen sollte bei der

Polizei, aber sie hat es nicht sofort getan. Sie hat sich aufgerichtet und mich einige Meter bis zu einer Bank begleitet. Wir haben uns nebeneinander gesetzt und diskutiert. Sie hat mich gefragt, warum ich so gehandelt hätte. Ich habe es ihr erzählt, und dann hat sie mich bis zum Institutsgefängnis begleitet. Ich habe mich in mein Zimmer eingeschlossen und angefangen zu weinen. Schließlich hat die Frau mich angezeigt, und die Polizei ist gekommen, um mich zu verhören. Ich wurde sofort in ein anderes Gefängnis gebracht.

Kern war von einer kindlichen Wut getrieben worden, er wollte sich für das »schmähliche Verlassenwerden« revanchieren, die Therapeuten wohl auch bloßstellen. Gleichwohl mündete die Tat nicht in eine Tötung, die Frau konnte überleben, weil sie sich intuitiv richtig verhalten hatte.

Das Gericht hat mich später zu einem weiteren Jahr verurteilt. Ich kam ins Gefängnis von Aachen und erhielt eine therapeutische Betreuung.

Am 6. Juni 1991 kam er frei, wurde aber unter Bewährungsaufsicht gestellt.

Ich wollte nicht zurück zu meinen Eltern, der Bewährungshelfer hat mir vorgeschlagen, in ein Heim zu ziehen, etwa 150 Kilometer von Hückelhoven entfernt. Das habe ich auch gemacht. Aber da waren nur Drogenabhängige und Alkoholiker. Ich hatte den Eindruck, die einzig normale Person zu sein in dieser Gruppe. Ich habe es da aber nur anderthalb Monate ausgehalten, weil ich Angst hatte, genauso zu werden wie die.

Kern fand wieder Unterschlupf bei seinen Eltern. Anfangs traute er sich nicht vor die Tür, weil er befürchtete, beleidigt oder verprügelt zu werden.

Während der ersten sechs Monate war es schwierig, weil alle Leute des Viertels wussten, was ich gemacht hatte. Ich hatte Angst, aber in Wirklichkeit ist nichts passiert. Ich habe wieder angefangen, Fußball zu spielen und bin Trainer der A-Jugend geworden. Das klappte prima. Dann habe ich ein Mädchen kennen gelernt, die Sabine, und nach und nach habe ich mich im Hause ihrer Eltern niedergelassen. Ich hatte auch Arbeit, weil ich mit meinem Bruder Klaus in dessen Geschäftsbelieferungsunternehmen gearbeitet habe. Das lief sehr gut bis Weihnachten 1992.

Nach einer Phase, in der sich sein Lebenswandel festigte, ging es aber bald wieder bergab, beruflich und privat.

Anfang 1993 war ich wieder arbeitslos, weil mein Bruder keine Aufträge mehr bekam. Ich war also wieder ohne Arbeit und fand auch keine. Nach und nach begann ich auch, mich mit Sabine zu streiten. Ich habe dann mit ihr Schluss gemacht. Ich wollte es eigentlich nicht wirklich, aber so habe ich immer gehandelt. Im Mai 1993 bin ich bei ihr ausgezogen. Ich war zwar noch verliebt in sie, aber es ging nicht mehr.

Weder seine Eltern noch seine Freundin noch Bekannte ahnten etwas von Kerns innerer Zerrissenheit, seinen Ängsten und Aggressionen. Und nur er selbst wusste, was es mit dem »schrecklichen Kindheitserlebnis« auf sich hatte, das bleischwer auf ihm lastete. Während es in ihm brodelte, errichtete er um sich herum eine Fassade. Ein Freund sagte über sein Sozialverhalten: »Der war eigentlich immer ein Sozialfall. Er hatte aber trotzdem eine unglaubliche Ausstrahlung, wenn man mit ihm sprach, hatte man immer den Eindruck, dass er halbwegs gebildet ist. Und was noch mehr wirkte, war sein Charme, seine Hilfsbereitschaft. Er ist sein Leben lang eigentlich ein Pausenclown gewesen, machte nur Blödsinn, im Fußballverein ist er hingegangen und hat den Hennes Weißweiler [ehemaliger Fußballtrainer von Borussia Mönchengladbach, S. H.] nachgemacht, wie ein Kabarettist. Er war so ein Typ, wenn man ihn kennen lernt, dem würde man einfach seine Kinder anvertrauen. Und das haben auch viele Hückelhovener getan.«

Einen letzten Versuch, auf seine seelischen Spannungen und eine sich zuspitzende Krisensituation hinzuweisen, unternahm Kern Mitte Oktober 1993, als er seinen ehemaligen Therapeuten besuchte: »Auffallend war, daß er jetzt verstärkt sexuelle Probleme ansprach, was er vorher nicht getan hatte. Die Richtung war: Ich kann nicht genug kriegen! Mit seiner Freundin war er nicht mehr zusammen. Er erzählte, daß es keine Schwierigkeit für ihn sei, Frauen für sexuelle Beziehungen zu finden. Aber trotzdem kriegte er nicht genug. Ich hatte nicht den Eindruck, daß er damit angeben wollte. Da war mehr eine Not zu spüren, daß er mit sich und seiner Sexualität nicht klar kam. Ich gab ihm den Rat, wegen seiner Probleme eine Beratungsstelle aufzusuchen. Als wir uns verabschiedeten, drückte er mich fest an sich. Es war schon spürbar, daß er irgendwie in Schwierigkeiten war.«

Sechs Wochen später tötete Kern wieder einen Menschen. Es war Donnerstag, der 25. November 1993, als der jetzt 34-Jährige seine Wut nicht länger zurückdrängen wollte.

An diesem Tag fuhr ich spätnachmittags nach Kempen, um meine damalige Freundin Svenja zu besuchen. Sie war aber nicht da, und ich klebte einen Zettel an ihre Wohnungstür. Auf dem Rückweg bin ich durch Vorst gefahren, und da habe ich ein kleines Mädchen gesehen, das auf dem Gehweg ging. Ich habe das Mädchen auf der Höhe einer Kreuzung beobachtet, die eigentlich ein Kreisverkehr ist, und eine der Straßen führt zu einem Sportplatz. Das Mädchen führte einen Hund spazieren.

Annika Welbers wohnte in der Gemeinde Süchteln-Vorst. Die 12-Jährige war auf dem Weg zu einer Freundin. Sie wollte ihr den Dackel präsentieren, den sie unlängst zum Geburtstag geschenkt bekommen hatte.

Als ich das Mädchen so sah, hatte ich plötzlich das Gefühl, etwas tun zu müssen. Ich war unheimlich wütend und fühlte mich einsam. Ich hatte keine vorgefasste Idee, aber ich musste dieses Mädchen mitnehmen, ohne eine bestimmte Vorstellung zu haben.

Ich habe dann auf der Höhe des Mädchens angehalten, ich habe sie gepackt und mit ihrem Hund auf den Beifahrersitz geschoben. Sie saß normal auf dem Beifahrersitz, den Sicherheitsgurt hatte ich ihr angelegt. Ich habe Vorst verlassen, ich kann nicht genau sagen, wohin ich gefahren bin, aber irgendwann befand ich mich im Wald. Ich hatte kein besonderes Ziel, ich kannte keinen bestimmten

Ort. Ich fuhr nur so drauflos und nahm einen Feldweg, der in den Wald hineinführte. Ich stieg aus und wusste nicht genau, ob ich sie vergewaltigen oder töten würde.

Am nächsten Tag fand man die Leiche des Mädchens in einem Waldgebiet in Süchteln-Hagenbroich, nur sechs Kilometer von ihrem Elternhaus entfernt. Annika Welbers war offenkundig missbraucht und mit mehreren Messerstichen in den Hals getötet worden.

In seinem Freundes- und Bekanntenkreis ließ Kern sich nichts anmerken. Dass es ihm gelang, Verunsicherung und Angst zu verbergen, lag weniger an seiner Fähigkeit, sich zu verstellen, als vielmehr an der Art und Weise, wie er Beziehungen pflegte. Ein ehemaliger Fußballkumpel sagte über Kern: »Vom Typ her würde ich den Achim als eine Person einschätzen, die Äußerlichkeiten in den Vordergrund stellt. Das zeigte sich durch seine Klamotten, auf die er immer großen Wert legte. Weiterhin hatte er einen sehr großen Bekanntenkreis, und der Achim war in Fußballerkreisen ein Begriff. Ich schätze ihn so ein, dass seine Beziehungen und Freundschaften immer oberflächlich waren.«

Kern trennte sich von seiner Freundin wenige Tage nach der Tat, weil sie ihm mehrfach vorgehalten hatte, er müsse das Mädchen auf der Rückfahrt doch gesehen haben. »Ich kann mich noch genau erinnern«, erzählte sie später der Kripo, »dass ich ihn darauf angesprochen habe. Ob er von dem Verschwinden des Mädchens nichts bemerkt habe, weil er doch zu diesem Zeitpunkt dort hergefahren sei. Ich weiß auch noch die Uhrzeit, so zwischen 17 Uhr und 17.30 Uhr. Aber er hat auf meine Fragen einfach nicht geantwortet.«

Die intensiven Ermittlungen der Fahnder blieben ohne Erfolg. Obwohl Kern als Sexualstraftäter in der Region bekannt war, schien sein Persönlichkeits- und Verhaltensprofil nicht zu dem eines Kindermörders zu passen. Die ihn überführende Sonderkommission der Kripo Mönchengladbach sollte später resümierend feststellen: »Kern wirkt vorwiegend sprachlich gewandt und freundlich. Gegenüber Frauen verhält er sich meist charmant. Zu Kindern hat er ein gutes Verhältnis. In seinem Bekanntenkreis wurde er mehrfach als Babysitter eingesetzt. Sexualdelikte zum Nachteil von Kindern wurden nicht bekannt.«

Nach dem Mord an Annika Welbers brachen alle Dämme. Kern war nicht mehr willens, sich zu beherrschen. Er verging sich auch weiterhin an kleinen Mädchen und tötete sie, vorerst in seiner Phantasie. Doch das genügte ihm irgendwann nicht mehr. Überdies hatte ihn die letzte Tat nachhaltig beeindruckt: Er hatte einen anderen Menschen seinen seelischen Schmerz spüren lassen, hatte sich für selbst erlittene Qualen gerächt. Und er war damit durchgekommen.

Am 14. Januar 1994 attackierte Kern abermals ein Mädchen.

Ich war die ganze Nacht in der Gegend um Mönchengladbach herumgefahren. Ich fühlte mich nicht wohl. In der Nähe von Mönchengladbach habe ich dann frühmorgens ein kleines Mädchen gesehen, das auf dem Gehweg ging.

Kern war keineswegs pädophil. Dass er gerade Mädchen auflauerte, hatte andere Gründe.

Es mussten Kinder sein, weil die sich nicht wehren können.

Er hielt mit seinem roten Audi 80 in Höhe der 7-jährigen Carina Jahn. Sie war auf dem Weg zur Schule. Dann ging alles sehr schnell.

Ich habe sie in den Wagen gezogen und habe ihr befohlen, sich zwischen den Beifahrersitz und das Armaturenbrett zu hocken. Sie saß auf der Fußmatte. Man sollte sie nicht von außen sehen können. Irgendwann habe ich noch eine Decke genommen und sie über das Mädchen gelegt. Ich bin einfach losgefahren, ohne genaues Ziel. Dann habe ich eine Autobahn genommen. Minuten später kam ich an einen Rastplatz, mitten im Wald.

Kern missbrauchte das Kind. Danach fuhr er mit Carina eine längere Strecke bis in die Region Niederkrüchten-Brüggen, unweit der niederländischen Grenze. Hier befriedigte er sich noch einmal an seinem Opfer. Danach führte er das Kind in ein Waldgebiet, wo er es zunächst mit bloßen Händen würgte, dann mit einer Hundeleine drosselte.

Ich hatte mir gesagt, dass ich sie töten würde. Aber im Grunde wusste ich nicht, was ich eigentlich tun wollte. Es ist schwer zu erklären, aber erst als ich dabei war, sie zu erwürgen, wurde mir klar, was ich tat. Ich wurde wieder klar und entschied, dass ich mit dem, was ich tat, sofort aufhören musste. Wenn sie in diesem Augenblick deutlich am Leben gewesen wäre, hätte ich nichts mehr gemacht, aber als ich diesen blitzartigen Moment der Klarheit hatte, glaubte ich, sie sei tot. Als ich die Stelle verließ, habe ich geglaubt, es sei ein anderer gewesen, der gehandelt hatte, dass ich das nicht gewesen sein konnte.

Kern ließ das Mädchen einfach liegen und verschwand. Doch Carina kam wieder zu Bewusstsein. Sie irrte noch mehrere Stunden hilflos umher, bis sie auf ein älteres Ehepaar stieß, das sich um das vollkommen verstörte Kind kümmerte.

Tatsächlich habe ich erst später erfahren, dass sie überlebt hatte, als ich in den Zeitungen darüber gelesen habe. Meine erste Reaktion war Freude. Ich war froh, dass sie am Leben ist. Dann habe ich aber Angst bekommen, da ich dachte, dass ich verhaftet werden würde.

Eine Konsequenz aus dem Erlebten sollte sein, dass er bei seiner nächsten Tat eine Tötungsmethode anwenden würde, die ein Überleben des Opfers ausschloss. Er wollte kein Risiko mehr eingehen. Die andere war, dass sein Kindheitstrauma nach wie vor unangetastet blieb. Er lief vor etwas davon, das ihn aber immer wieder einholte. Kern hing wie eine Marionette an Fäden, hilflos und fremdbestimmt.

Ich habe ein großes Problem, dessen Gründe in meiner Kindheit liegen. Ich glaube, ich habe es in verschiedenen Therapien, die ich gemacht habe, entdeckt.

In jedem Serienmörder existiert etwas, das sich seinem mentalen Einfluss entzieht, seiner Menschlichkeit widersetzt, sich quer zu ihr stellt, sie blockiert, ausblendet – etwas läuft ohne ihn weiter.

Die Matrix der verbrecherischen Lebensführung ist die unterschwellige oder offenkundige Lust am erneuten Tabubruch. Wer erst einmal auf *diese* Weise zum Mörder geworden ist, der will nicht mehr anders, der kann nicht mehr anders, der wird nicht mehr anders sein. »Ich wünschte, ich hätte aufhören können, aber ich konnte nicht«, beschrieb der britische Serienmörder Dennis Nilsen die morbide Faszination an der eigenen Abnormität. »Ich hatte weder einen anderen Nervenkitzel, noch eine andere Art von Glück.« (zitiert nach Carlisle)

Die Phase sechs des *Serienmörder-Prinzips* wird geprägt von der Anbahnung einer neuen Tat und ihrer Vollendung. Der Täter kann nicht einfach nur sein, er muss werden, sich beweisen, vollziehen, sich wieder finden. Seine Existenz ist gekoppelt an den sich fortwährend wiederholenden Akt der Selbstwahl: Entweder ich leide – oder jemand anders. Und die sich hieraus ergebende Konsequenz ist immer mörderisch: Dein Leben für meins. Ich töte dich, damit ich leben kann.

Diese Entscheidung fällt umso leichter, da die Hemmschwelle, nicht zu töten, bereits einmal überwunden worden ist. Das Grauen hat seinen lähmenden Schrecken weitestgehend verloren. »Und wenn man diesen Punkt einmal überschritten hat, ist die nächste Schwelle um einiges niedriger, bis sie irgendwann vollkommen weg ist.« So empfand nicht nur der Krankenpfleger Matthias Carius, als er in den Wintermonaten des Jahres 1990 in einem Gütersloher Krankenhaus einem Patienten nach dem anderen Luft in die Venen spritzte. Am Ende hatte er 14 getötet.

Die ursprüngliche Grenzüberschreitung ist nun ein Markstein, ein Wegweiser. »Der erste Mord verpflichtet.« (zitiert nach Kosyra) So bündig und zutreffend beschrieb einmal der fünffache Hamburger Raubmörder Vacislav Cieplak die sich aus dem ersten Mord für viele Täter ableitende Folge. Es gibt kein Zurück mehr. Es soll weitergehen. Manchmal muss es auch weitergehen. Denn der lockende Drang, sich gewaltsam Gehör und Geltung zu verschaffen, verschwindet nicht einfach und löst sich auf wie eine Brausetablette im Wasser. Es bleibt immer etwas zurück – der seelische Bodensatz, das Unbegreifliche, das Unbewältigte.

»Da ist ein guter, lieber, hilfsbereiter Manfred. Dann ist da aber auch etwas Böses. Diese beiden Manfreds kämpfen miteinander. Da ist eine Unruhe, die ich nicht in den Griff bekomme. Es ist wie eine Welle, die unrund läuft.« Manfred Ochs war stark gehemmt, wenig selbstbewusst, emotional verschlossen, weitestgehend beziehungslos. Der gelernte Bürokaufmann litt unter gravierenden Kontaktproblemen, vor allem Frauen gegenüber konnte er sich nicht verständlich machen.

Aggressionen und Konflikte wurden in gewaltbesetzter Sexualität gebunden und verdrängt. Sexuelle Wünsche konnte er nicht äußern und ausleben, er war einfach zu gehemmt. Erst wenn er ein junges Mädchen am Straßenrand stehen sah, brach es aus ihm heraus: »Auslöser waren die Mädchen, wenn sie da standen und mitgenommen werden wollten: nicht groß, nicht häßlich, etwa mein Alter. Da war ich wie gezwungen und vorprogrammiert, mußte immer wieder an denen vorbeifahren. Da hatte ich diese innere Unruhe, zitterte, konnte aber nicht wegfahren. Dann hielt ich irgendwann an und nahm eine mit.«

Seine Opfer lockte der damals 20-jährige Industriekaufmann in den Jahren 1981 bis 1983 im Großraum Bremen in seinen Wagen, ließ sich von ihnen oral befriedigen und tötete sie anschließend mit einem Messer. »Ich habe halt Sexualität gewollt. Warum ich das gemacht habe, darüber habe ich mir gar keine Gedanken gemacht. Aber ich habe mich deswegen auch verflucht.« Allen Taten vorausgegangen waren »Schwierigkeiten«. Gemeint waren damit Probleme bei der Arbeit, aber auch Versagenserlebnisse, wenn es wieder mal mit einer Prostituierten nicht geklappt hatte. Um sich abzureagieren, fuhr er los und provozierte Situationen, die ihn in die Lage versetzten, Frauen sexuell auszubeuten und sich an ihnen mit brachialer Gewalt zu rächen.

»Am nächsten Tag konnte ich mich daran gar nicht mehr erinnern, ich wußte nur, daß da etwas Fürchterliches passiert war. Das war wie ein Traum. Ich habe mich dann wieder umgepolt, bin aus dem Bösen rausgegangen, um mich wieder zum Guten zu bringen.«

Die erste Untat dient dem Täter jedoch nicht nur als Richtschnur, an der alle folgenden Verbrechen aufgereiht werden können, in einigen Fällen verpflichtet sie ihn von vornherein, solange zu morden, bis das gesteckte Ziel endlich erreicht wird. Ausgesprochen kaltblütig und erbarmungslos verwirklichten der Kürschner Bernd Bussang und Thomas Mikoleit, ein berufs- und arbeitsloser Gelegenheitsgauner, einen solchen Plan, als sie Anfang der 90er Jahre gemeinsam drei Menschen töteten. Das Landgericht Duisburg beschrieb Motiv und Vorgehensweise der beiden 25-Jährigen so: »Gegenstand dieses Verfahrens bilden drei begangene Mordtaten, von denen diejenigen zum Nachteil der Michaela Bross und des Alfred Hochhäuser zur vorzeitigen Verwirklichung eines (Allein-)Erbes dienen sollten. Mit Hilfe des so erhofften Millionenvermögens sollte der gemeinsame Traum von der Auswanderung in ein fernes, sonnenverwöhntes Land am Meer ermöglicht werden, um der täglichen Unbill und Mühsal sowie den befürchteten Katastrophen mitteleuropäischer Zivilisation zu entkommen. Wer hierbei, wie das dritte Mordopfer Antonia Moresco, durch das Wissen um andere Straftaten der Angeklagten und deren befürchteter Preisgabe zum Hindernis werden konnte, wurde gleichfalls ausgelöscht.«

Um »forciert erben« zu können, war abgesprochen worden, die Pflegefamilie Bussangs zu töten. Nach und nach sollten Stiefmutter, Stiefvater und Stiefschwester umgebracht werden, und zwar so, dass kein Verdacht gegen die Täter selbst aufkam. Michaela Bross, die Stiefschwester von Bussang, wurde im November 1990 in der Nähe von Karlsruhe in einen Hinterhalt gelockt und erdrosselt. Den Leichnam der 30-Jährigen entkleidete man, um einen Sexualmord vorzutäuschen. Es gelang. Ein Jahr später traf es Alfred

Hochhäuser, den Stiefvater, einen vermögenden FDP-Ratsherrn aus Alpen am Niederrhein. Auch der 64-Jährige wurde in eine tödliche Falle gelockt, diesmal in der Nähe von Duisburg. Er sollte bei einer angeblichen Autopanne behilflich sein. Das Opfer wurde an Ort und Stelle mit zwei Schüssen in die Brust niedergestreckt, die Leiche konnte nie gefunden werden. Anschließend erstattete Bussang bei der Kripo in Duisburg eine Vermisstenanzeige. Doch dabei verwickelte er sich mehrfach in Widersprüche. Als er von den Ermittlern zu einem Geständnis bewegt werden konnte, kam heraus, dass das Mordduo auch noch die ehemalige Freundin von Bussang ermordet hatte. Antonia Moresco war nur drei Tage vor dem Mord an Alfred Hochhäuser erdrosselt worden, die 26-Jährige war zu einem »unkalkulierbaren Sicherheitsrisiko« geworden. Weil die Täter nicht gänzlich hatten ausschließen können, dass die Frau »Lunte gerochen« hatte, war sie kurzerhand ermordet worden. Auch die Stiefmutter Bussangs hatten die Täter heimtückisch töten wollen, doch die war kurz zuvor an Krebs gestorben.

Schon der erste Mord hatte die Täter in Zugzwang gebracht, einen perfiden Plan in Gang gesetzt, der die Tötung von drei Menschen vorsah. Mindestens. »Wir hätten jeden umgelegt, der uns in die Quere gekommen wäre«, bekundete Bussang vollkommen emotionslos kurz nach seiner Festnahme.

Søren Kierkegaard schrieb im Jahre 1843 Bedeutsames: »Wiederholung und Erinnerung sind die gleiche Bewegung, nur in entgegengesetzter Richtung; denn dasjenige, woran man sich erinnert, ist gewesen, wird rückwärts wiederholt, während die eigentliche Wiederholung eine Erinnerung in vorwärtiger Richtung ist. Deshalb macht die Wiederholung, wenn sie möglich ist, einen Menschen glücklich, während die Erinnerung ihn unglücklich macht.« (Die Wiederholung)

Ähnlich liegen die Dinge bei vielen Serienmördern: Die Rückbesinnung auf das Erlebte, das Gewesene, den erstmalig vollbrachten Mord, führt nach erster Euphorie unweigerlich in eine Phase der Frustration. Denn was einmal überwunden oder befriedigt wurde, kehrt zurück – ein Verlangen, das nicht mehr allein in der Erinnerung gebunden und entschärft werden kann. Unbefriedigt bedrängt es den Täter abermals, sich seiner anzunehmen. Eine neue Tat zu begehen verheißt also seelische Erleichterung, aber auch die Wiederherstellung von Sicherheit und Zufriedenheit, vielleicht sogar von Glück. Mord macht potent.

Allerdings ist es unzutreffend, von schlichten Tat*wieder*holungen zu sprechen. Denn die zweite Tat ist kein einfaches Echo der ersten, keine Spiegelung, der es an Lebendigkeit und Eigenständigkeit fehlt. Allein die erste Tat wäre als Wiederholung zu werten – des bereits zuvor gedanklich vielfach ausgeführten Verbrechens. Hier besteht tatsächlich Identität.

Zwischen erster und zweiter Tat indes klafft in *jedem* Fall eine Art »ökonomischer« Differenz. Nur der Hauptdarsteller bleibt in diesem Drama derselbe, der Rest der Besetzung wechselt. Es wird also nicht wiederholt, sondern fortgesetzt, an die Ursprungstat angeknüpft. Das neuerliche Verbrechen ist demnach eher ein *Remake,* die Neufassung einer bekannten Geschichte. Und der Reiz dieser Fortsetzung liegt nicht in ihr selbst, sondern in dem, was der Täter daraus macht, im Nutzen, der sich für ihn aus ihr ergibt.

Die ökonomische Differenz offenbart sich jedoch nicht nur bei der Betrachtung der handelnden Personen, wesentlich aufschlussreicher ist die Art und Weise, wie ein Verbrechen verübt wird. Denn hier kann der Nachweis unmittelbar geführt werden, dass die Täter sich grundsätzlich an der Vortat orientieren, daran anknüpfen, aus ihren Erfahrungen lernen – und sich mitunter deswegen anders verhalten.

So verfuhr auch Mirko Sattler, Berufsunteroffizier einer Nachrichteneinheit im brandenburgischen Cölpin, als er Mitte der 80er Jahre fünf männliche Opfer tötete und ein weiteres lebensgefährlich verletzte. Zunächst überfiel er einen jungen Mann, würgte ihn, stach mehrere Male auf sein Opfer ein. Doch Sattler war nach der Tat »enttäuscht«. Er hatte sein Ziel nicht erreicht – das Beobachten des »Übergangs in den Tod«. Der damals 21-Jährige bewertete seine Vorgehensweise kritisch und legte sich schließlich eine neue Strategie zurecht. Das Opfer sollte nicht wieder ein Erwachsener sein, der sich wehren würde, der nicht ohne weiteres zu kontrollieren wäre. Sattler dachte jetzt an Jungen im Alter zwischen zehn und zwölf. Den Grund für das sich verändernde Opferprofil nannte das ihn verurteilende Militärobergericht Berlin: »Er entschloss sich deshalb, künftig auch Knaben für seine sexuellen Handlungen zu missbrauchen, da sie körperlich unterlegen sind.« Eine pragmatische Entscheidung. Die Ziele: Risikominimierung, Gewährleistung einer ungestörten Tatausführung »in diesem Sinne«. Er hatte also dazugelernt.

Sein zweiter Mord entsprach dann auch schon »fast« seinen Vorstellungen. Diesmal hatte er sein Opfer nicht überfallartig attackiert und sofort zugestochen, sondern zunächst »sanfte Gewalt« angewandt, um den Kleinen an den späteren Tatort zu führen. Die Gegenwehr des Jungen beim Würgen aber hatte ihn irritiert, gestört. Wieder war der »Übergang in den Tod« nicht genau zu beobachten gewesen. Bei der üblichen Reflexion der Tat kam ihm nun die Idee, das nächste Opfer besser zu fesseln. Die zweite Tat offenbarte noch einen weiteren Lerneffekt. Er hatte den Tod des Jungen – ähnlich wie bei dem Mord an dem 19-Jährigen – für »nicht sicher« gehalten. Die Lösung: ein Herzstich.

Auch die dritte Tat, der Doppelmord an zwei Brüdern, lässt wiederum eine veränderte Vorgehensweise erkennen: Diesmal fesselte er die Opfer an Händen *und* Füßen. Sie sollten sich in keiner Weise wehren können, uneingeschränkt verfügbar sein. Deshalb mussten die Kinder besonders lange leiden, bis die Tortur ein Ende hatte. 75 Minuten vergingen: ausfragen, fotografieren, streicheln, schlagen, würgen, stechen. »Endlich« hatte er den Würgevorgang, den er mehrmals bewusst unterbrach, um wenig später weiterzumachen, »auskosten« können. Sein »schönster« Mord.

Diese Tat offenbart zudem eine fortwährende Zunahme von Gewalt. Sattler stach immer wieder mit dem Messer auf seine Opfer ein, setzte zusätzlich einen Kehlschnitt. Das hatte es vorher nicht gegeben.

Sein fünftes Opfer suchte er nicht mehr in öffentlichen Parks oder Waldgebieten, dies war ihm »zu gefährlich« geworden. Vielmehr lockte er einen 7-Jährigen in den Keller eines Mehrfamilienhauses, missbrauchte und tötete ihn dort. Sattler versuchte, seine Vorgehensweise von Mal zu Mal zu perfektionieren und den Gegebenheiten anzupassen. Aus *jedem* Mord zog er Lehren und Konsequenzen, die er bei der Folgetat zielstrebig umsetzte.

Masche und Mantra der mehrfachen Mörder sind im Wesentlichen gekoppelt an den Taterfolg. Während Täter wie Sattler fortwährend an einer Erfolgsmethode feilen, kopieren andere Serienmörder lediglich ihre Vorgehensweise – wenn sie sich schon beim ersten Mal als erfolgreich erwiesen hat.

Ein Beispiel: Mitte der achtziger Jahre plagten Johannes Strehlau ernsthafte Sorgen: kein Job, kein Vermögen, aber hohe Schulden. Und seine Frau beklagte sich, er solle doch endlich eine Arbeit annehmen. Als der 22-Jährige wieder einmal ziellos durch die Berliner Innenstadt schlenderte und darüber grübelte, wie möglichst schnell und möglichst leicht an möglichst viel Geld zu kommen sei, hatte er eine Idee. »Eine Frau bis zu ihrer Wohnung verfolgen, sie dort überwältigen, berauben und umbringen«, erklärte er später vor der Kripo. Wen es treffen sollte, hatte er kühl kalkuliert: »Erstens, eine junge Frau, die hat sowieso nichts gespart; zweitens, eine junge Frau hat Kinder und Familie und einen Mann; und drittens, erschien mir die Sache viel leichter, eine ältere Frau zu überfallen.« So hielt er gezielt Ausschau nach älteren Damen, die »nach Geld aussahen«. Binnen 18 Tagen ermordete der »Klingelmörder« im Frühjahr 1984 drei Rentnerinnen, 74, 83 und 87 Jahre alt, denen er bis zu ihren Wohnungen gefolgt war. Die betagten Damen waren ihm zufällig begegnet, »reine Glückssache«, und entsprachen seinem Opferprofil: »Es sollte eine einfache Sache sein, also eine schwächere Frau.« Und er hätte genau auf diese Weise weitergemordet: »Ja, wenn ich nicht festgenommen worden wäre.«

Auch in diesen Fällen wird kein Faktum wiederholt, sondern ein einmal beschrittener Weg konsequent fortgesetzt. Allerdings gibt es auch Täter, die weder eine bestimmte Methode anwenden, noch sich darum bemühen, eine solche zu entwickeln. Dieser Typ Serienmörder gerät vielmehr in Situationen, die ihn spontan zu einer Tat animieren.

Achim Kern ist so jemand.

21. August 1994, Naujac sur mer/Frankreich, in der Nähe des dortigen Campingplatzes »Pin Sec«, gegen 21.15 Uhr sollte Kern abermals einen Menschen in seine Gewalt bringen und töten.

Ich verließ meinen Bekannten, um zu telefonieren. Es war noch nicht Nacht, ich konnte meine Freundin nicht erreichen, und ich ging in Richtung der nächsten Kneipe gegenüber der Telefonzelle. Ich trank ein großes Bier, nach einiger Zeit ging ich zurück, um noch mal anzurufen. Ich konnte meine Freundin aber wieder nicht erreichen und ging zu meinem Zelt, um eine Flasche Wein zu holen. Danach ging ich eine Runde am Strand spazieren in der Nähe des Bunkers. Da setzte ich mich hin und trank Wein. Ich trinke nur gelegentlich, aber ich machte mir Sorgen, weil ich meine Freundin schon seit Tagen nicht erreichen konnte. Nachdem ich die Flasche leergetrunken hatte, ging ich zu Fuß zurück zur Kneipe. In der Nähe dieser Kneipe habe ich das kleine Mädchen zum ersten Mal gesehen. Sie stand in der Nähe eines Zauns am Rande des Campingplatzes.

Jasmin Tabary war vor drei Tagen mit ihren Eltern aus München angereist. Die 8-Jährige hielt ein Schälchen in der Hand, sie suchte nach Brombeeren.

Sie befand sich einfach auf meinem Weg. Sie hätte auch ganz anders sein können. Erst als ich sie sah, dachte ich daran, etwas mit ihr anzustellen, aber ich habe mir nicht das schreckliche Ende vorgestellt, das ich ihr zugefügt habe.

Kern holten die Schatten der Vergangenheit auch während seines Urlaubs ein. Obwohl vollkommen unvorbereitet, wollte er die sich ihm unvermittelt bietende Gelegenheit nicht auslassen.

Ich ging nicht sofort auf sie zu und habe einen Umweg gemacht, bevor ich an sie herantrat. Das kleine Mädchen schien etwas zu suchen. Es waren wohl Brombeeren. Ich sprach mit ihr und schlug vor, sie solle mit mir kommen. Ich bot ihr an, etwas mehr nördlich des Campingplatzes zu den Büschen zu gehen, um dort nach Brombeeren zu suchen. Als ich sie bat, mir zu folgen, wusste ich nicht, was ich eigentlich vorhatte, das war nicht ganz klar in meinem Kopf.

Sie folgte mir in den Wald. Wir gingen zusammen und diskutierten. Sie sagte mir ihren Namen und dass sie in München wohnte. Nach etwa 15 Minuten kamen wir an den Ort, wo es geschah. Es war im Wald, am Rand der Düne.

Hier vergewaltigte Kern das Mädchen.

Ich habe ihr dann gesagt, sie soll sich wieder anziehen. Sie tat es und bat mich, sie wieder zu ihrer Mutter zurückzubringen.

Jasmin kehrte an diesem Abend nicht mehr zu ihren Eltern zurück. Am nächsten Morgen fanden Beamte der Hundestaffel der Polizei von Bordeaux gegen 8.35 Uhr Jasmins Leichnam. Das Mädchen war erdrosselt worden.

Kern rückte in den Fokus der Ermittlungen, als sich sein Bekannter bei der Polizei meldete und mitteilte, dass er an seinem Freund ein stark verändertes Verhalten bemerkt habe und er sein Taschenmesser vermisse. Ein gleichartiges Messer war in unmittelbarer Nähe des Tatortes gefunden worden, die Polizei hatte es in der Zwischenzeit unter den Urlaubern herumgezeigt. Offenbar hatte der Täter das Messer in der Dunkelheit verloren. Der Freund, mit dem Kern seit rund zwei Wochen auf dem Campingplatz an der Atlantikküste Urlaub machte, erkannte das Messer wieder, als es ihm von den Ermittlern vorgelegt wurde: Es gehörte zur Ausstattung des Wohnwagens, in dem sie ihre Ferien verbrachten.

Die Gendarmen stellten Kern bald zur Rede. Der unternahm erst gar nicht den Versuch, die Tat zu leugnen. Wie viele andere Täter auch, bemühte er sich aber, das Opfer indirekt für die Tötung verantwortlich zu machen.

Ich hatte ihr gesagt, dass ich sie zurückbringen würde, und ich hatte die feste Absicht, auch zum Campingplatz zu gehen. Ich ging leicht zur Düne hoch, um wieder auf den Weg zu gelangen, der zum Campingplatz führte. Trotz meines guten Willens habe ich diesen Weg nicht wieder gefunden. Das Mädchen drohte damit, mich an ihre Eltern zu verraten, und danach fing sie an zu schreien. Ich geriet in Panik und bekam Angst. Da habe ich beschlossen, sie zu töten.

Kern erkannte, dass es keinen Ausweg mehr gab, dass er mit einer hohen Haftstrafe rechnen musste, dass er wahrscheinlich den größten Teil seines künftigen Lebens hinter Gittern würde verbringen müssen. Deshalb gestand er nicht nur den Mord an Jasmin, sondern auch die Angriffe auf Annika Welbers und Carina Jahn. Erstmals sprach der 41-Jährige jetzt auch über seine janusköpfige Persönlichkeit.

Ich bin bis heute ohne Selbstbewusstsein und voller Ängste und ständig im Kampf mit mir selbst. Ich glaube fest, dass ich eine schwere Persönlichkeitsspaltung habe, da ich ständig zwischen meinen Gefühlen hin- und hergerissen werde. Ich hatte immer Angst, darüber zu sprechen, weil ich dachte, dann komme ich in eine Anstalt. Trotzdem denke ich, dass es einen zweiten in mir gibt, der der böse Verbrecher ist und mich sogar in meinen Träumen verfolgt. Ich glaube, dass jeder Mensch gute und böse Teile in sich trägt und niemand auf der Welt als Verbrecher geboren wird. Ich denke, dass jeder Straftäter irgendwie ein unglücklich kranker Mensch ist und Straftaten durch verschiedene Dinge ausgelöst werden.

Bei Kern waren es vordergründig depressive Verstimmungszustände, die seelische Konflikte an die Oberfläche seines Bewusstseins schwemmten, denen er sich nicht gewachsen sah, gegen die er sich nicht ausreichend wehren konnte.

Wenn es mir nicht gut ging, zum Beispiel, wenn ich mit einer Freundin Ärger hatte oder nicht mehr mit ihr zusammen sein konnte, dann wurde ich allmählich wütend, und schließlich explo-

dierte ich. In einer solchen Verfassung habe ich die Kinder angegriffen. Ich erinnere mich an eine tiefe Traurigkeit in dem Augenblick, wo ich zu handeln begann. Und dann wurde ich Kindern gegenüber aggressiv.

Hintergründig wirksam war indes auch ein unverarbeitetes Kindheitstrauma, über das Kern nun endlich zu sprechen begann.

Ich war das erste Opfer meines Bruders Jochen. Er war älter als ich, und ich war das jüngste von sechs Kindern. Er hat mich zum ersten Mal missbraucht, da war ich sechs Jahre alt. Das ist dann einige Jahre so weitergegangen, bis ich etwa 13 war. Während dieser Zeit geschah es nicht unbedingt regelmäßig, aber immer zu Hause, wenn er da war. Es war eine katastrophale Atmosphäre, und es war für mich schwierig, mich auszudrücken. Der einzige Moment in meinem Leben, wo ich versucht habe, darüber zu sprechen, war im Gefängnis in Düren während der Therapie. Ich habe versucht, es den Ärzten zu erzählen, aber ich brach immer nur in Tränen aus und schaffte es nicht, mich auszudrücken. Wenn ich es getan hätte, wäre das alles nicht passiert.

Kern war acht Jahre lang von seinem Bruder nachweislich sexuell missbraucht oder vergewaltigt worden. Ihm war durch die beengenden und beklemmenden Verhältnisse innerhalb der Familie von vornherein die Möglichkeit genommen, sich einer Vertrauensperson zu offenbaren. Denn die gab es nicht. Die Mutter kümmerte sich nicht um ihn, der Vater auch nicht. Und von den Geschwistern, die er in erster Linie als Konkurrenten erlebte, durfte er sowieso keine Hilfe erwarten.

Auch gelang es ihm nicht, außerhalb der Familie eine tragfähige Beziehung aufzubauen, die so intim und vertrauensvoll war, dass er sich auch von seiner verletzlichen oder verletzten Seite zeigen konnte. Kern versteckte sich lieber hinter einer glatten Fassade. Er ließ nichts heraus und niemanden an sich heran. »Wenn wir gemeinsam unterwegs waren«, berichtete ein Jugendfreund der Kripo, »ist mir am Achim nie irgendwas besonders aufgefallen, daß er mal auffällig oder anders war. Ich würde Achim eher als ruhig bezeichnen. Er hatte auch einen unheimlich großen Bekanntenkreis. Aber ich würde sagen, obwohl er so viele Freunde und Bekannte hatte, blieb er trotzdem alleine.«

Zwischen den sexuellen Misshandlungen, die Kern widerfuhren, und jenen, denen seine Opfer ausgesetzt waren, gab es große Ähnlichkeiten. Vermutlich wiederholte er jene als erniedrigend und beängstigend erlebten Handlungsmuster, die er Jahre zuvor selbst über sich hatte ergehen lassen müssen.

Ich musste unschuldige Mädchen kaputt machen, weil man mich kaputt gemacht hat.

Zudem quälte ihn die ablehnende Haltung seiner Mutter. Irgendwann begann er, sie dafür zu hassen. Vermutlich resultierte aus dieser gestörten Mutter-Kind-Beziehung ein generelles Misstrauen Frauen gegenüber, die er immer dann mit einer abrupten Trennung bestrafte, wenn »es mal nicht so lief«. Seine minderjährigen Opfer mussten stellvertretend für erwachsene Frauen herhalten, gegen die er nicht ankam, denen er nicht vertrauen konnte und denen er sich nicht gewachsen glaubte – selbst dann nicht, wenn er sie gewaltsam hätte gefügig machen können. Die eigenen Missbrauchserfahrungen verstärkten zudem das Gefühl der eigenen Minderwertigkeit und Beliebigkeit. Nur sexualisierte Gewalt bot ihm die Gelegenheit, sich von diesen Zwängen zu befreien, zumindest für den Augenblick der Tat. Kern hätte zweifelsohne auch künftig neue Opfer attackiert, um sich an ihnen schadlos zu halten und sie zu töten.

»In der Serie glaubt der Konsument, sich an der Neuheit der Geschichte zu erfreuen, während er faktisch die Wiederkehr eines konstanten narrativen Schemas genießt und sich freut, bekannte Personen wiederzufinden, mit ihren charakteristischen Ticks, ihren feststehenden Redeweisen, ihren immer gleichen Techniken zur Lösung der Probleme ... In diesem Sinne entspricht die Serie dem infantilen, aber darum nicht krankhaften Bedürfnis, immer wieder dieselbe Geschichte zu hören, Trost zu finden an der (oberflächlich markierten) *Wiederkehr des Immergleichen.«* (zitiert nach Eco)

Jene Elemente, die Umberto Eco als Struktur und Wesen einer Fernsehserie skizziert, finden sich auch beim Mord in Serie: Der Täter schreibt mit seiner nächsten Tat lediglich ein neues Kapitel derselben Geschichte, er genießt die Vertrautheit des Mordens, und er wird angetrieben von der Lust am verbrecherischen Rückfall.

Das Abgleiten in die *Serialität* (Phase sieben des *Serienmörder-Prinzips*) ist die zwangsläufige Folge einer fortschreitenden Werteverschiebung und eines schleichenden Realitätsverlustes. Eigene Bedürfnisse werden überbewertet, Rechte anderer Menschen gering geschätzt. Vor jeder neuen Tat absolviert der Täter abermals bestimmte Phasen: *Reflexion – Identifikation – Antizipation.* Begünstigt wird jeder neue Tatentschluss durch ein fortschreitendes Maß an Tötungsgewöhnung.

»Ein Schema, das durchgängig ist, das haben wir nicht gefunden. Weder in der zeitlichen Abfolge noch in der Auswahl der Opfer. Eklatant ist, daß der Angeklagte zum Schluß hin immer mehr Leute getötet hat. Insbesondere ab dem 28. März 2004 hat er jeden Patienten, der im Krankenhaus in der inneren Station verstorben ist, getötet.«

Was der ermittelnde Oberstaatsanwalt im Zuge der mehrmonatigen Verhandlung vor dem Landgericht Kempten (Allgäu) über den Krankenpfleger Stefan Ludwig sagte, trifft auf viele Serienmörder zu: Der zeitliche Abstand zwischen den Taten verkürzt sich. Der damals 26-Jährige wurde aber auch von Mal zu Mal selbstbewusster, vor allem jedoch kaltblütiger und gleichgültiger.

23. Juni 2004, Klinik Sonthofen, Station 1, gegen 22.30 Uhr. Heidemarie Vogel war besorgt, ihre Mutter litt unter gravierenden Magenproblemen, die aber nicht lebensbedrohend waren. Die 47-Jährige glaubte ihre Mutter in guten Händen, sie

schätzte Ludwig als kompetenten und fürsorglichen Pfleger. Als sie die Station aufsuchte, um noch einmal nach dem Rechten zu sehen, zeigte Ludwig sich erstmals von seiner uncharmanten Seite. »Sie können hier nicht so lange bleiben, es sind noch mehr Kranke hier«, beschied er Heidemarie Vogel kurz und bündig. Sie blieb dennoch.

Gegen Mitternacht bat sie Ludwig um ein Schmerzmittel für ihre Mutter, die bei vollem Bewusstsein war, aber über Bauchschmerzen klagte. Ludwig zitierte Heidemarie Vogel hinaus auf den Gang, er wolle die Patientin »erst noch mal umbetten und frisch machen«. Doch Ludwig tat weit mehr als das: Der 145-Kilo-Mann spritzte Valentina Vogel kein Mittel gegen die Schmerzen, sondern das Medikament Esmeron. Die Muskeln der 71-Jährigen erschlafften bald, sie verlor schnell das Bewusstsein.

Kurze Zeit später trat Heidemarie Vogel wieder an das Bett ihrer Mutter. »Sie sah plötzlich entspannt und gelöst aus. Das war ein beruhigender Anblick. Die hat geschlafen, sie sah richtig schön aus.« Doch ihre Mutter schlief nicht, sie war bereits tot. Ludwig hatte die alte Dame ermordet – obwohl die Tochter nur einige Schritte entfernt gewartet hatte. Sein angebliches Motiv: »Ich habe mein Empfinden über die Ausweglosigkeit des Zustandes an die Stelle einer von den Patienten zu treffenden Entscheidung gesetzt.« Mit anderen Worten: Er hatte sich zum Herrscher über Leben und Tod aufgeschwungen, mindestens 29 Menschenleben ausgelöscht.

Überhaupt verlieren Serienmörder in diesem Stadium jeglichen Respekt vor ihren Opfern. So war beispielsweise für den Berliner Malergehilfen Thomas Rung Opfer Nummer drei, eine 58-Jährige, die er für ein paar Mark beraubte und tötete, nur noch »ein schneller Biss«. Wurden Opfer bis hierhin in einer konkreten Tatsituation entmachtet, so werden sie nunmehr generell entrechtet. So bekannte beispielsweise der Mafia-Killer Georgio Basile: »90 Prozent der Opfer habe ich in die Augen gesehen, in dem Moment fühlt man nichts, das geht so schnell.

Hinterher fühlt man einen kleinen Gewissensbiss, bei einigen aber auch Befriedigung. Es war das Beste, was man tun konnte, wenn man ihnen den Gnadenschuss gibt.« (zitiert nach Dake) Es bedarf jetzt keinerlei Rechtfertigung mehr, um weiterhin zu morden, es genügt schon ein Bedürfnis, gleich welcher Art. Und Gefühle wie Reue oder Scham verkümmern bis zur Bedeutungslosigkeit, es wird vornehmlich in Opfer- und Nichtopfer-Kategorien gedacht und gelebt. Irgendwann geht jedes Maß verloren: Die Gewalt nimmt zu, die Taten werden grausamer, die Zahl der Opfer steigt.

Allerdings bleibt das Gefühl der Befriedigung im Wesentlichen beschränkt auf die Flüchtigkeit des Augenblicks. Die Tat, egal wie oft sie unternommen wird, ist lediglich eine Momentaufnahme, ein schüchterner Sonnenstrahl, der sich nur für kurze Zeit durch die Wolkendecke verirrt. Dann schließt sich wieder der Kreis. Denn das Spannungsverhältnis zwischen dem So-sein-Müssen und dem Anders-sein-Wollen ist nicht aufzulösen, Mord bleibt ein untaugliches Mittel. Auch wenn der Täter sich durch seine Taten immer wieder über alle und alles hinwegsetzt, kann er sich doch seiner eigenen Pathologie und Absurdität nicht entziehen. Er müsste seinen Empfindungstod überleben und den archimedischen Punkt erreichen, aus sich selbst heraustreten und entweder ein unendliches Bewusstsein entwickeln oder gar keins – Gott oder Marionette. Er aber bleibt ein Mörder.

Anhang

Synopse Serienmörder-Prinzip

PHASE 1: Genese

- Zunächst wird der spätere Täter mit einem Schlüsselerlebnis konfrontiert. Es handelt sich um ein sich punktuell oder phasenweise vollziehendes, ereignisgebundenes Erleben, das gleichzeitig einen gravierenden Einschnitt in der Gesamtentwicklung darstellt. Zudem muss dieses Ereignis ein abnormes Bewusstsein und Erleben (un)mittelbar anstoßen oder die Entwicklung antisozialer Bedürfnisse begünstigen. Während Qualität und Quantität dieser Schlüsselerlebnisse variieren, ist die unmittelbare Folge immer dieselbe: Das Ereignis kennzeichnet einen dramatischen biographischen Wendepunkt, und die späteren Tötungsakte spiegeln das wesentliche Element dieser Initialreize wider.
- Das Schlüsselerlebnis wird entweder als emotional belebend oder seelisch belastend empfunden. Unmittelbare Folge kann auch eine Traumatisierung sein. Häufig resultieren aus diesen familiären, psychischen, sexuellen, sozialen, beruflichen oder finanziellen Mangel- oder Belastungssituationen Konflikte, denen die künftigen Täter hilflos gegenüberstehen, keinen Ausweg sehen, darunter leiden, sich schließlich von gewaltbesetzten Verhaltensmustern leiten lassen. Diese Prägungserlebnisse können indes nur dann ihre fatale Wirkung entfalten, wenn sie mit einer von der Norm abweichenden Be- oder Empfindlichkeit des Betroffenen korrespondieren.
- Unabhängig davon, ob die künftigen Täter sich nach Schlüsselerlebnissen in eine Trugwelt flüchten oder solche Ereignisse zunächst scheinbar folgenlos verdrängen, entwickelt

sich generell eine akzentuierte Affektivität. Mit anderen Worten: Eine neue Erlebensweise und Erlebnisrichtung wird angestoßen – Betonung, Intensität und Dauer von Emotionen unterliegen einem grundlegenden Wandel. Das subjektive Befinden verändert sich mitunter dramatisch.

- Es entwickelt sich ein von der Norm abweichendes Gefühls- und Gemütsleben. Eine typische Reaktion auf solche beginnenden seelischen Konflikte ist das Verdrängen. Allerdings soll die mentale Unterdrückung nicht grundsätzlich als pathologischer Prozess verstanden werden, sondern auch als allgemein menschliche Verarbeitungsmöglichkeit. Geistiges Nicht-hochkommen-Lassen und seelische Abspaltung dienen als probate Mittel, um das poröse Selbstbild aufzupolieren und zu glätten.
- In der Phase der Entbehrung oder der Erniedrigung werden mitunter auch gewaltbesetzte Phantasien ausgebildet. Gewalt spielt in dieser phantasierten Parallelwelt eine dominierende Rolle, sie wird benutzt, um die angestauten Aggressionen in opulente Obsessionen überführen zu können. Gewaltphantasien haben per se eine lediglich temporäre Konstanz, sie sind dynamisch, formbar. Charakteristisch sind stufenweise fortschreitende Entwicklungs- und Verlaufsformen, Inhaltsreichtum und Intensität nehmen zu. In ihrem Endstadium können sie schließlich auch die Tötung von Menschen umfassen.
- Durch die Flucht in die Traumwelt wird die brüchige Persönlichkeit stabilisiert. In der von der Realität abweichenden Vorstellung werden aggressive und destruktive Impulse gebündelt und gebunden, weitgehend entschärft, teilweise befriedigt und entladen. Allerdings werden gewaltbesetzte Vorstellungen in diesem Stadium durchweg (noch) als wesensfremd und bedrohlich empfunden. Denn das innere Erleben wird von der begründeten Angst gedämpft, sich tatsächlich irgendwann nicht mehr beherrschen zu können – mit allen sich hieraus ergebenden Konsequenzen.

- Ein schwaches Selbstbewusstsein und eine schwankende Selbsteinschätzung fördern die Tendenz zur Selbstentfremdung. Widersprüchliche Erfahrungen, Enttäuschungen, Zurücksetzungen oder Versagenserlebnisse können nur bedingt in das Selbstbild integriert werden. Es mangelt an einem gewachsenen und wehrhaften Selbstkonzept, die Präsentation der eigenen Person und Persönlichkeit misslingt. Die Konsequenzen sind eine widersprüchliche Existenz, eine ausgeprägte Identitätsunsicherheit und soziale Desorientierung.
- In vielen Fällen wird diese abnorme Entwicklung zudem durch erzieherisches Fehlverhalten begünstigt. Überwiegend ist das Verhältnis zu beiden Erziehungsberechtigten erheblich belastet, ein weiteres Konfliktfeld tut sich auf. Emotionale Zurückweisung durch Mutter und/oder Vater, allgemeine Vernachlässigung des Kindes und Prügelpädagogik sind die häufigsten Fehlerziehungsformen. Die späteren Täter werden so schon früh in eine Außenseiterposition gedrängt, ihre Existenz wird geprägt von Misstrauen und Misserfolgen, das Vertrauen in Menschen und Beziehungen geht weitestgehend verloren. Dafür jedoch müssen sie hautnah erfahren, dass sich *ein* Mittel besonders eignet, um Probleme zu lösen und sich durchzusetzen: Gewalt.
- Die mitunter verschrobenen Vorstellungen und handfesten Erfahrungen der eigenen Unzulänglichkeit bedingen ein sozial abweichendes Verhalten. Wer sich als anders oder gar abartig empfindet, scheut die Gemeinschaft. Denn dort drohen (vermeintliche) Entlarvung, Entmachtung, Enttäuschung, Erniedrigung – eine von vielen Tätern gemachte leidvolle Lebenserfahrung. Nicht wenige Täter sind ausgesprochene Einzelgänger. Ihr Sozialverhalten wird dominiert von Orientierungslosigkeit, Bindungsschwäche, geringem Durchsetzungsvermögen, fehlender Konfliktbereitschaft und einer passiven, manchmal auch feindlichen Grundeinstellung. Prinzipiell dürfen zwei Formen abweichenden Sozialverhaltens unter-

schieden werden: Überangepasstheit und Dissozialität. Unabhängig von der Qualität des sozial abnormen Verhaltens bleibt die Konsequenz dieselbe: Menschen verhalten sich gezwungenermaßen, geraten unter seelischen und sozialen Druck.

- Wenn das eigene Selbstkonzept sich als unzureichend erweist, wird nach Leitbildern gesucht. Häufig sind es dann Personen im sozialen Umfeld, die als besonders beeindruckend erlebt werden, weil sie vor allem eins sind: durchsetzungsstark und machtvoll. Die Identifikation erfolgt allerdings lediglich mit ausgesuchten Persönlichkeits- und Verhaltensmerkmalen, die den eigenen Charakter komplettieren können. Und es spielt eine nur untergeordnete Rolle, ob dieses Vorbild sympathisch erscheint oder sogar abgelehnt wird. Entscheidend ist, dass der Leitfigur bestimmte Fähigkeiten zugeschrieben werden können, die man an sich selbst vermisst.
- Die gedankliche Verschmelzung mit der Identifikationsfigur passiert häufig auch unbewusst; und zwar insbesondere dann, wenn die Leitfigur nicht positiv besetzt ist. Der Transfer fremder Anschauungen, Eigenschaften oder Motive in das eigene Selbstkonzept ist in diesem Fall ein unbewusster Prozess der Verinnerlichung. Unterschwellig werden Handlungskonzepte akzeptiert und verinnerlicht, die bei objektiver Betrachtung abgelehnt werden. Denn sie sind negativ etikettiert und deshalb formal unattraktiv.
- Das emotionale Sichgleichsetzen mit dem Vorbild ist jedoch nicht unbedingt personengebunden. Mitunter gleicht dieser Vorgang auch einer ideellen Konstruktion, die aus verschiedenen Versatzstücken montiert wird. Eine ideale Vorlage sind Verhaltensmuster, wie sie einseitig und unkritisch durch die Medien dargestellt werden, und gewöhnlich nur in der Fiktion toleriert und ausgelebt werden. Diese schlichten Phantasieprodukte erscheinen deshalb so sympathisch, weil sie aus der vertrauten Underdog-Position heraus Vergeltungsschläge und Strafaktionen ausführen dürfen.

- Den Endpunkt der Genese zum Serienmörder kennzeichnet in etwa neun von zehn Fällen eine gravierende Persönlichkeitsstörung. Entweder ist das Beziehungserleben oder das Sozialverhalten oder beides erheblich gestört. Bei Sexualmördern liegt zudem regelmäßig auch mindestens eine Perversion vor. Die Psychopathie ist gerade bei diesem Tätertyp ein überaus vielschichtiges und vielgesichtiges Krankheitsbild. Das Charakterprofil der späteren Täter ist bunt gemischt und lässt keine generalisierende Aussage zu. Die hervorstechendsten und häufigsten Charakterzüge sind Empathieunfähigkeit, emotionale Labilität, Gemütsarmut, egoistisch-egozentrische Grundhaltungen, geringe Frustrationstoleranz, eingeschränkte Impulskontrolle und Minderwertigkeitsgefühle. Man begegnet in diesem Stadium indes auch Menschen, die keine pathologische Persönlichkeit aufweisen, aber auch nicht als psychisch gesund gelten dürfen. Hier spricht man von so genannten akzentuierten Persönlichkeitszügen; also solchen, die nicht im Normbereich liegen, aber auch keinen Krankheitswert im Sinne klinischer Diagnostik haben.

PHASE 2: Identifikation

- Zunächst misslingt die vollkommene Verdrängung von Bedürfnissen, die individuell abgelehnt oder gesellschaftlich tabuisiert werden. Die pathologische Persönlichkeit zwingt die späteren Täter jedoch dazu, zumindest eine innere Rechtfertigung zu erhalten. Deshalb werden abnorme Vorstellungen und Bedürfnisse in einem schleichenden Prozess idealisiert. Bevorzugte Bewusstseinsinhalte werden nicht weiter abgelehnt, sondern akzeptiert und gebilligt. Dadurch büßen sie ihre ursprüngliche Fremdartigkeit und Bedrohlichkeit ein. Zugleich wird die Möglichkeit eröffnet, in der eigenen Vorstellungswelt unbefriedigte Bedürfnisse zuzulassen und auszuleben. Die Idealisierung erfüllt überdies eine Schutzfunktion: Die eigene Hilf- und Machtlosigkeit wird

kaschiert, eine existenzbedrohende Konfrontation wird vermieden.
- Es gründet sich eine Bedürfnishierarchie, die ausschließlich von einer ausgeprägten Mangelsituation gespeist wird. In erster Linie werden Bedürfnisbefriedigung und Statussicherung angestrebt, daneben geht es auch um Selbstwerterhöhung und Stabilisierung der abnormen Persönlichkeit. Der Aufforderungscharakter der Mangelsituation kann durch die imaginäre Befriedigung bestimmter Bedürfnisse nicht mehr aufgefangen werden, die Idealisierung drängt nun auf Realisierung. Es gründet sich bei den überwiegenden Fällen ein Motivbündel. Motivbildend sind bis dahin unbefriedigte Bedürfnisse, gleichwohl spielen Gewöhnungen, fixierte Einstellungen und Werthaltungen ebenfalls eine bedeutsame Rolle.

PHASE 3: Antizipation

- Es erfolgt die gedankliche Annäherung an eine reale Tat, allerdings ohne einen konkreten Plan zu fassen. Später werden schon Teile eines Tatentwurfs durchdacht. Doch neben Gedankenhandlungen, die realisierbar erscheinen, stehen immer auch Abschnitte, die für undurchführbar gehalten werden. Die nun einsetzende Verdrängung der Hemmung vor dem Verbrechen, insbesondere vor dem Tötungsakt, ist die allmähliche, schleichende Außerkraftsetzung des Gewissens, ohne die eine Tat überhaupt nicht durchführbar erscheint.
- Sofern sich Gewalt- und Tötungsphantasien manifestiert haben, wird dem angehenden Täter ein bestimmtes Rollenverhalten vorgegeben. Er wird sich genauso verhalten müssen, wie es der imaginäre Tatentwurf vorsieht, um das gewünschte Erregungsniveau erreichen zu können. Der fortwährende Verzicht auf die Befriedigung spezifischer Bedürfnisse generiert letztlich eine latente Tatbereitschaft. Die psychischen Abwehrkräfte erlahmen allmählich, der Anreiz, eine Tat zu verüben, wird attraktiver denn je.

- In diese Phase der Entschlussfassung fallen auch erste ernsthafte Bemühungen, sich mit einer solchen Tat vertraut zu machen, sich heranzutasten, ein Gefühl für eine derartige Extremsituation zu entwickeln. Geeignete Örtlichkeiten werden ausgespäht, Mitmenschen werden als potenzielle Opfer taxiert und verfolgt, Waffen werden ausprobiert, oder die eigenen manipulativen Fähigkeiten werden spielerisch getestet. Nicht selten passieren sogar erste Übergriffe, allerdings werden die Attacken zu diesem Zeitpunkt durchweg halbherzig ausgeführt. Den Tätern fehlt es noch an Kaltblütigkeit, Entschlusskraft, Durchsetzungsvermögen und Erfahrung. Während der Ablauf solcher Ereignisse grundverschieden sein kann, ist das Ergebnis immer dasselbe: Eine Tötung des Opfers unterbleibt.
- Wie lange ein Mensch braucht, um sich für den verbrecherischen Ernstfall ausreichend zu wappnen, hängt von vielen Faktoren ab. Berufliche Misserfolge und zwischenmenschliche Versagenserlebnisse können diesen Prozess beschleunigen, sich positiv verändernde Lebensumstände eine Verlangsamung zur Folge haben. Irgendwann jedoch reift ein Tatentschluss, dessen Realisierung nur noch von einer sich bietenden Gelegenheit abhängig ist. Überwiegend existiert kein minutiös festgelegter Tatplan, sondern lediglich ein Tatentwurf, der bestimmte Rahmenbedingungen setzt.

PHASE 4: Performance
- Erstmals wird die Tötungshemmung überwunden. Den Tötungsakt begünstigen im Wesentlichen vier Faktoren, die bei jedem Täter unterschiedlich stark ausgeprägt sind und wechselweise vorliegen können: fehlende Empathie, die Unfähigkeit, sich in einen anderen Menschen hineinzuversetzen, seine Gefühle zu teilen und nachzuvollziehen; ein latentes Aggressionspotenzial, das in Konfliktsituationen aktualisiert wird und ein affektiv eingefärbtes Tatgeschehen in Gang

setzt; rahmengebundene Tötungen, die von einem bestimmten Setting abhängig sind oder spezifische Opferdispositionen oder Verhaltensweisen, die den Täter animieren.
- Während die Täter unterschiedliche Motive verfolgen und ihre Verbrechen ein individuelles Gepräge haben, verfolgen sie doch alle dasselbe Ziel: rechenschaftslose Handlungsherrschaft. Allerdings ist die Verfügungsgewalt auf den Augenblick der Tat beschränkt. Denn die soziale Identität und Autorität ist ausschließlich die des Mörders. Entweder wird der Moment der Macht missbraucht, um ferner liegende Bedürfnisse zu befriedigen oder aber die Tathandlung selber stillt das eigene Machtverlangen unmittelbar, nämlich das Opfer körperlich oder seelisch zu demütigen und über Leben und Tod eines anderen Menschen selbstherrlich entscheiden zu können.
- Der Täter agiert und hinterlässt dabei unterschiedliche Spuren und Spurenbilder, die seinen *Modus operandi* abbilden. Grundsätzlich kann man zwei Typen von Serienmördern unterscheiden: jene, die konkret planen, sich vorbereiten, organisiert und strategisch agieren, und solche, die sich spontan zu einem Verbrechen anregen oder hinreißen lassen. Viele Serienmörder planen ihre Taten nicht akribisch, es wird vielmehr ein grober Rahmen gesteckt, sie bevorzugen lediglich bestimmte Regionen oder Stadtgebiete und suchen dort nach Tatgelegenheiten. Auch das Opferprofil wird überwiegend von pragmatischen Voraussetzungen bestimmt: Verfügbarkeit, Manipulierbarkeit, körperliche Unterlegenheit.
- Struktur und Qualität der Tatbegehung werden im Wesentlichen von den Vorstellungen und Fähigkeiten des Verbrechers bestimmt. Allerdings bleiben die Täter in diesem Prozess nicht immer unbeeinflusst. Manchmal werden durch Opferprofil und Motiv bestimmte Rahmenbedingungen und Leitbilder vorgegeben, von denen sich der Täter nicht lösen kann. Dies gilt vornehmlich dann, wenn die Tat in eine persönliche oder berufliche Beziehung eingebettet ist und

das Motiv (un)mittelbar aus ihr folgt. Selbst die Wahl der Tatmittel ist in solchen Fällen eingeschränkt.
- In vergleichsweise seltenen Fällen lässt der Täter charakteristische Handlungen erkennen, die als *Personifizierung* zu deuten sind. Hierunter sollten unverwechselbare Handlungssequenzen verstanden werden, die die speziellen Bedürfnisse *eines* Täters abbilden und keinen strategischen oder rationalen Charakter aufweisen. Darin unterscheidet sich die *Personifizierung* vom *Modus operandi,* der lediglich die verstandesmäßig gesteuerten Tathandlungen beschreibt, die innere, psychopathologisch bedingte und hochsignifikante Struktur der Tat, ihre charakteristische Ausprägung hingegen weitestgehend unberücksichtigt lässt.
- Die Tat gleicht einem Befreiungsschlag, der Täter wird nicht länger beherrscht von gesellschaftlicher Frigidität und emotionaler Verklemmung. Von dem Augenblick an, in dem er über Leben und Tod entscheidet, schlüpft er in eine neue Rolle: Mörder. Auf diese Weise katapultiert er sich schlagartig in den Fokus des allgemeinen Interesses. Und jetzt hat er auch eine Identität. Man *muss* von ihm Notiz nehmen.
- Die erste Tat eines Serienmörders schafft nicht nur eine personale oder soziale Identität, sondern stabilisiert auch die brüchige Persönlichkeit. Und dabei spielt es keine Rolle, ob der Nutzen sexueller, emotionaler, sozialer oder finanzieller Natur ist. Allerdings ist dieser Profit im Wesentlichen begrenzt auf den Moment der Tat, in manchen Fällen wirkt er noch nach, vielleicht einige Tage, manchmal auch Wochen oder Monate. Doch der positive Effekt kann die nach wie vor nachhaltig krankende Lebenssituation des Täters nur lindern, nicht aber kurieren. Und gerade hierin offenbart sich die Widersprüchlichkeit des Verbrechens: Die gewonnene Identität bleibt nutzlos, weil es in der sozialen Realität keinen positiven Widerhall geben kann, und die mühsam gewonnene Stabilität erweist sich als Muster ohne Wert, sie

zerbröselt im neu aufflammenden Abwehrkampf mit überwunden geglaubten Problemen und Entbehrungen.

PHASE 5: Reflexion

- Die rückblickende Bewertung der Tat und des eigenen Verhaltens wird im Wesentlichen von zwei Aspekten geprägt. Zunächst die Widersprüchlichkeit des Erlebten: Einerseits verleiht die Tat dem Täter Autonomie und Autorität, andererseits bewertet er das eigene Verhalten auch als abgründig und abstoßend. Gefühle der Erleichterung oder Begeisterung über das Vollbrachte ringen mit Betroffenheit, Schockierung und Verängstigung. Diese sich widersprechenden und überlagernden Empfindungen werden getragen von der zugleich imponierenden und grüblerischen Reflexion eigener Abnormität und Gefährlichkeit und zwingen den Täter vorerst zur Untätigkeit. Schließlich irritiert und verunsichert ihn das aus dem Tabubruch erwachsende Gefühl der allgegenwärtigen Bedrohung: die existenzielle Angst, dass alles herauskommt, dass alles ein Ende hat.
- Die beschriebenen psychologischen Mechanismen greifen indes nicht bei solchen Tätern, die dranghaft und impulsiv getötet haben und ihre eigene Verantwortung konsequent ablehnen. Die Tat wird nicht der eigenen Persönlichkeit und Verantwortung zugerechnet, sondern als fremdartig zurückgewiesen und abgespalten.
- Unabhängig davon, wie die Bewertung oder Einordnung der Tat erfolgt, tritt der Täter danach in der Regel in eine Phase der inneren wie äußeren Zurücknahme ein. Er zehrt vom Ertrag seiner Tat. Häufig sind es auch sich positiv verändernde Lebensumstände, die eine zweite Tat zunächst verhindern.
- Der Täter identifiziert sich im Laufe der Zeit mit dem Geschehen. Genauer gesagt: Nicht die Tat selbst fasziniert, sondern die Möglichkeiten, die sich aus ihr ergeben. Diese mörderischen Gedankenspiele drängen sich immer dann

auf, wenn sich der Nutzen der Tat verbraucht hat, das Verbrechen nur noch als entwertete Erinnerung existiert. Denn genau zu diesem Zeitpunkt wird dem Täter allmählich bewusst, dass der Genuss nicht von Dauer ist.

- Eine erneute Tatbereitschaft kann sich nur deshalb ihren Weg bahnen, weil die zur Tat führende Grundproblematik nur vorübergehend gemildert wird und letztlich ungelöst bleibt, aber endlich Mittel und Methoden gefunden worden sind, diesem Manko abzuhelfen. Die Matrix erneut aufflammender mörderischer Absichten wird bestimmt von drei Komponenten, die situativen, psychopathologischen oder rationalen Ursprungs sind:

<u>Wiederholungsreiz:</u> In einigen Fällen resultiert ein neuer Tatentschluss nicht aus einer besonderen emotionalen Gestimmtheit oder einem sich immer mehr aufdrängenden Bedürfnis, sondern einer Situation, einer Begebenheit, die den Täter spontan inspiriert oder animiert.

<u>Wiederholungsdrang:</u> Der Täter reagiert auf ein bestimmtes psycho-sexuelles Stimulans, das sich zunächst überwiegend körperlich bemerkbar macht. Während die Ursache in den meisten Fällen gefunden oder näher eingegrenzt werden kann, bleiben die auslösenden Faktoren unverständlich und undurchschaubar. Vermutlich greifen hier tiefenpsychologische Mechanismen, die vom Täter nicht bewusst gesteuert werden können und zunächst über eine physische Reaktion ins Bewusstsein transformiert werden.

<u>Wiederholungszwang:</u> Der Täter wähnt sich gefangen in einem Netz aus eigenen Wünschen, fremden Erwartungen und Fragmenten dessen, was man Gewissen nennt. Es geht um Zwänge und um Freiheit und um die Frage, ob der Mensch einen freien Willen haben kann oder ob er in seinem Verhalten durch materielle Prozesse zwanghaft gebunden ist. Im Gegensatz zu anderen Fallkonstellationen drohen hier tatsächlich Verluste oder Sanktionen, die über die Gefühls-

ebene hinausragen und eine faktische Bedrohung darstellen. Die Lebenssituation spitzt sich nach der ersten Tat erneut zu, das Lebensgefühl wird abermals eingeklemmt. Das Universum des Täters erscheint in zwei Gegensätzen: Ich und Welt. In erster Linie geht es dem Täter darum, diesen Gegensatz zu überwinden und Dinge zu vermeiden, die ihn bedrohen oder lähmen. Ansätze von Chaos, Willkür und Fremdbestimmtheit sollen in einer radikalen Ordnung gebunden und gebändigt werden. Die hierauf abzielenden mörderischen Absichten können sich jedoch nur deshalb durchsetzen, weil der erste Tabubruch den Täter von der Verantwortung für andere und vor den anderen befreit hat. Gleichwohl bleibt er in seinen Entscheidungen und in seinem Handeln unfrei. Denn sein Vermeidungsverhalten wird geprägt und beherrscht von materiellen Prozessen, auf die er erst Einfluss nehmen will.

- Schon nach der ersten Tat wird die eigene Destruktivität überwiegend nicht mehr als Hemmschuh erlebt, sie wird vielmehr als Handlungsmaxime akzeptiert und weckt ungeahnte, vor allem psychologisch wirksame Kräfte. Die Gleichung ist simpel: Mord = Macht = Erfolg = Glück. Die unheilvolle Allianz von Destruktivität und Gesetzlosigkeit mündet schließlich in das Verlangen und die Akzeptanz von rechenschaftsloser Handlungsfreiheit, mit der sich bisher unerreichte Ziele verwirklichen lassen, vor allem verbotene. Die generelle Tötungsbereitschaft wird zu einem zentralen Bestandteil des eigenen Lebensentwurfs, sie ist jetzt nicht mehr das äußerste, sondern das erste Mittel, um eigene Bedürfnisse selbstsüchtig und skrupellos zu befriedigen.

- Viele Täter entwickeln in diesem Stadium eine regelrechte Tötungsmoral, die begangene Gräuel rechtfertigen und den Täter rehabilitieren soll: Das Opfer ist schuld, weil es den Täter (angeblich) provoziert, beleidigt oder gereizt hat, oder es hat den Tod verdient, weil es sich ihm verweigerte. Die Täter gefallen sich in der machtvollen Rolle des gerechten Vollstreckers eigener radikaler Ansprüche. Im Endstadium dieser Entwicklung werden Mitmenschen in eine Schablone gepresst, sie werden entrechtet und typisiert – in Opfer und Nichtopfer.

PHASE 6: Remake

- Diese Phase wird geprägt von der Anbahnung einer neuen Tat und ihrer Vollendung. Der Täter kann nicht mehr einfach nur sein, er muss werden, sich beweisen, vollziehen, sich wiederfinden. Diese Entscheidung fällt umso leichter, da die Hemmschwelle, nicht zu töten, bereits einmal überwunden worden ist. Die ursprüngliche Grenzüberschreitung ist nun ein Markstein, ein Wegweiser.
- Die erste Tat dient dem Täter jedoch nicht nur als Richtschnur, an der alle folgenden Verbrechen aufgereiht werden können, in einigen Fällen verpflichtet sie ihn von vornherein, solange zu morden, bis das gesteckte Ziel endlich erreicht wird.
- Die Rückbesinnung auf das Erlebte, das Gewesene, den erstmalig vollbrachen Mord, führt nach erster Euphorie unweigerlich in eine Phase der Frustration. Denn was einmal überwunden oder befriedigt wurde, kehrt zurück – ein Verlangen, ein Bedürfnis, das nicht mehr allein in der Erinnerung gebunden und entschärft werden kann. Unbefriedigt bedrängt es den Täter abermals, sich seiner anzunehmen. Eine neue Tat zu begehen, verheißt also seelische Erleichterung, aber auch die Wiederherstellung von Sicherheit und Zufriedenheit, vielleicht sogar von Glück.
- Zwischen erster und zweiter Tat klafft eine ökonomische Differenz. Nur der Hauptdarsteller bleibt in diesem Drama derselbe, der Rest der Besetzung wechselt. Es wird also nicht wiederholt, sondern fortgesetzt, an die Ursprungstat angeknüpft. Das neuerliche Verbrechen ist demnach ein Remake,

die Neufassung einer bekannten Geschichte. Und der Reiz dieser Fortsetzung ist nicht sie selbst, sondern das, was der Täter daraus macht, der Nutzen, der sich für ihn aus ihr ergibt.

PHASE 7: Serialität

- Das Abgleiten in die Serialität ist die zwangsläufige Folge einer fortschreitenden Werteverschiebung und eines schleichenden Realitätsverlustes. Eigene Bedürfnisse werden überbewertet, Rechte anderer Menschen gering geschätzt oder ausgeblendet. Vor jeder neuen Tat absolviert der Täter abermals bestimmte Phasen: Reflexion – Identifikation – Antizipation. Begünstigt wird jeder neue Tatentschluss zudem durch ein fortschreitendes Maß an Tötungsgewöhnung.
- Serienmörder verlieren in diesem Stadium jeglichen Respekt vor ihren Opfern und gesellschaftlichen Konventionen. Wurden Opfer bis hierhin lediglich in einer konkreten Tatsituation entmachtet, so werden sie nunmehr generell entrechtet. Es bedarf jetzt keinerlei Rechtfertigung mehr, um auch weiterhin zu morden, es genügt schon ein Bedürfnis, gleich welcher Art. Und Gefühle wie Reue oder Scham verkümmern bis zur Bedeutungslosigkeit, es wird vornehmlich in Opfer- und Nichtopfer-Kategorien gedacht und gelebt. Irgendwann geht jedes Maß verloren: Die Gewalt nimmt zu, die Taten werden grausamer, die Zahl der Opfer steigt.

Bibliografie

Benutzte und empfohlene Literatur

Abbott, A.: *Into the mind of a killer.* Nature Bd. 410, S. 296-298.

Adorno, T. W.: *Minima Moralia. Reflexionen aus dem beschädigten Leben.* Suhrkamp: Frankfurt/M., 1969.

Alff, W. (Hrsg.): *Beccaria über Verbrechen und Strafen.* Insel: Frankfurt/M. und Leipzig, 1998.

Anonymus: *Classifying sexual homicide crime scenes.* FBI Law Enforcement Bulletin 1985 (Heft 8), S. 12-17.

Anonymus: *Der »Verhaltensfingerabdruck«.* Bayerns Polizei 1997 (Heft 3), S. 6-7.

Aring, T.: *Der Serienmörder Dennis Nilsen.* Polizei-Digest 1985 (Heft 3), S. 143-145.

Arrigo, B. / Purcell, C.: *Explaining paraphilias and lust murder: Toward an integrated model.* Journal of Offender Therapy and Comparative Criminology 2001, S. 6-31.

Bartels, K.: *Serial Killers: »Erhabenheit in Fortsetzung«.* Kriminologisches Journal 1997 (6. Beiheft), S. 160-182.

Bartels, K.: *Serial killers: Sublimity to be continued. Aesthetics and criminal history.* American Studies 1998, S. 497-516.

Bauer, G.: *Die Problematik der Triebverbrechen aus kriminalistischer Sicht.* Der Kriminalist 1972, S. 15-20.

Bauer, G.: *Gewalttätige Triebverbrecher.* Münchener Medizinische Wochenschrift 1971, S. 1089-1096.

Bauer, G.: *Jürgen Bartsch.* Archiv für Kriminologie Bd. 144, S. 61-91.

Bauer, G.: *Kindermorde, die vermeidbar waren.* Der Kriminalist 1979, S. 320-326.

Bauer, G.: *Serien- und Wiederholungsmörder – Probleme der Ermittlung und Verhütung,* in: Göppinger, H. / Bresser P. (Hrsg.): Tötungsdelikte, Enke: Stuttgart, 1980, S. 211-221.

Baurmann, M.: *Monster und Supermänner? Mythen und Realitäten über Tatverdächtige, Straftäter und polizeiliche Ermittlungsarbeit,* in: Walter, M. et al. (Hrsg.): *Alltagsvorstellungen von Kriminalität. Individuelle und gesellschaftliche Bedeutung von Kriminalitätsbildern für die Lebensgestaltung.* Kölner Schriften zur Kriminologie und Kriminalpolitik Band 5, 2004, S. 435-455.

Beauregard, E. / Proulx, J.: *Profiles in the offending process of nonserial sexual murderers.* International Journal of Offender Therapy and Comparative Criminology 2002, S. 386-399.

Beine, K.: *Krankentötungen in Kliniken und Heimen.* Fortschritte der Neurologie und Psychiatrie 1999, S. 493-501.

Beine, K.-H.: *Sehen, Hören, Schweigen: Patiententötungen und aktive Sterbehilfe.* Lambertus: Freiburg i. Br., 1998.

Berg, S.: *Das Sexualverbrechen.* Kriminalistik: Hamburg, 1963.

Berner, E. / Karlick-Bolten, E.: *Verlaufsformen der Sexualkriminalität.* Enke: Stuttgart, 1986.

Böhme, H.: *Von Affen und Menschen: Zur Urgeschichte des Mordes,* in: Matejovski, D. et al. (Hrsg.): *Mythos Neanderthal.* Ursprung und Zeitenwende. Campus: Franfurt/M. und New York, 2001, S. 69-86.

Bradford, J.: *The neurobiology, neuropharmacology, and pharmacological treatment of the paraphilias and compulsive sexual behaviour.* Canadian Journal of Psychiatry 2001, S. 26-34.

Brandstetter, A. (Hrsg.): *Friedrich Schiller. Werke in vier Bänden. Band 4: Dramen und Unterhaltungsschriften.* EMA: Hamburg, 1983.

Braun, G.: *Die Bestie im freundlichen Nachbarn.* Polizei-Digest 1983 (Heft 5), S. 56-64.

Bresser, P.: *Die Behandlungsmöglichkeiten bei Triebtätern.* Deutsches Ärzteblatt 1970, S. 1373-1377.

Briken, P. et al.: *Sexualdelikte mit Todesfolge – Eine Erhebung aus Gutachten.* Fortschritte der Neurologie und Psychiatrie 1999, S. 189-199.

Brittain, R.: *The sadistic murderer.* Medicine Science and the Law 1970, S. 198-207.

Brown, J.: *The psychopathology of serial sexual homicide: A review of the possibilities.* American Journal of Forensic Psychiatry 1991, S. 13-21.

Brühmann, H.: *Metapsychologie und Standespolitik. Die Freud/Klein-Kontroverse.* Zeitschrift zur Geschichte der Psychoanalyse 1996, S. 49-112.

Brüning, A.: *Drei Giftmorde mit Arsenik.* Archiv für Kriminologie Bd. 102, S. 215-220.

Burghard, W. et al. (Hrsg.): *Kriminalistik Lexikon.* Kriminalistik: Heidelberg, 1996 (3. Aufl.)

Burns, T.: *Serial killer.* Investigative 2002 (Heft 1), S. 68-73.

Buss, D.: *The murderer next door: Why the mind is designed to kill.* Pengiun: New York, 2005.

Byloff, F.: *Fünffacher Giftmord.* Archiv für Kriminologie Bd. 79, S. 220-226.

Camus, A.: *Der Fremde.* Rowohlt: Reinbek, 1994.

Camus, A.: *Der Mythos des Sisyphos.* Rowohlt: Reinbek, 1999.

Canetti, E.: *Masse und Macht.* Fischer: Frankfurt/M., 1994.

Canter, D.: *Criminal shadows: Inside the mind of the serial killer.* Hutchinson: London, 1994.

Canter, D.: *Offender profiles.* The Psychologist 1989, S. 12-16.

Canter, D.: *Offender profiling and criminal differentiation.* Legal and Criminological Psychology 2000, S. 23-46.

Canter, D.: *Psychology of offender profiling,* in: Bull, R. / Carson, D. (Hrsg.): *Handbook of psychology in legal contexts,* John Wiley: London, 1995, S. 343-355.

Capote, T.: *Kaltblütig. Wahrheitsgemäßer Bericht über einen mehrfachen Mord und seine Folgen.* Volk und Welt: Berlin, 1977 (3. Aufl.)

Carlisle, A.: *Die Entstehung der dunklen Seite des Serienmörders,* in: Robertz, F. / Thomas, A. (Hrsg.): *Serienmord. Kriminologische und kulturwissenschaftliche Skizzierungen eines ungeheuerlichen Phänomens.* Belleville: München, 2003, S. 47-62.

Castle, T. / Hensley, C.: *Serial killers with military experience: Applying learning theory to serial murder.* International Journal of Offender Therapy and Comparative Criminology 2002, S. 453-465.

Cater, J.: *The social construction of the serial killer.* RCMP Gazette 1997 (Heft 2), S. 2-21.

Céline, L. F.: *Reise bis ans Ende der Nacht.* Rowohlt: Reinbek, 2004 (2. Aufl.)

Cluff, J. et al.: *Feminist perspectives on serial murder.* Homicide Studies 1997, S. 291-308.

Copeland, A.: *Multiple homicides.* The American Journal of Forensic Medicine and Pathology 1989, S. 206-208.

Dahncke, W.: *Vierfache Kindestötung.* Kriminalistik 1959, S. 246-249.

Dake, S.: »*Ich würde nie ein Tier töten, einen Menschen schon.* »Ex-Mafioso im Chat. Spiegel Online, www.spiegel.de/panorama/0,1518,385503,00.html (Abrufdatum: 10.04.2006).

Dickel, L.-P.: *Lebenslang für Serienmörder Frank Gust.* Die Streife 2001 (Heft 4), S. 18-21.

Diessenbacher, H. et al.: *Helfen und töten.* Neue Praxis 1985, S. 215-223.

Diessenbacher, H. / Schüller, B.: *Gewalt im Altenheim.* Lambertus: Freiburg i. Br., 1993.

Diessenbacher, H. / Ueberschär, E.: *Zum Fall des Massenmörders Arnfin Nesset.* Psychologie und Gesellschaftskritik 1988, S. 149-164.

Dietz, P. et al.: *The sexually sadistic criminal and his offenses.* Bulletin of the American Academy of Psychiatry and the Law 1990, S. 163-178.

Dilling, H. et al. (Hrsg.): *Internationale Klassifikation psychischer Störungen. ICD-10 Kapitel V (F). Klinisch-diagnostische Leitlinien.* Hans Huber: Bern, Göttingen, Toronto, Seattle, 1993 (5. Aufl.)

Dörner, K.: *Helfen und Töten.* Die Schwester/Der Pfleger 1991, S. 920-922.

Dotzauer, G. / Jarosch, K.: *Tötungsdelikte.* Bundeskriminalamt: Wiesbaden, 1971.

Douglas, J. / Munn, C.: *Violent crime scene analysis: Modus operandi, signature and staging.* FBI Law Enforcement Bulletin 1992 (Heft 2), S. 1-10.

Drießen, B.: *Vergewaltigung und sexuelle Nötigung – Entwicklungen und Trends im 10-Jahres-Rückblick.* Der Kriminalist 2003, S. 415-419.

Dülmen, R. van: *Frauen vor Gericht. Kindsmord in der frühen Neuzeit.* Fischer: Frankfurt/M., 1991.

Dürwald, W.: *Tötungsdelikte in Krankenhäusern.* Versicherungsmedizin 1993, S. 3-6.

Dürwald, W.: *Vier Giftmorde an Patienten, die nach Operationen im Krankenhaus lagen.* Archiv für Kriminologie Bd. 119, S. 121-126.

Eco, U.: *Über Spiegel und andere Phänomene.* dtv: München, 1991 (2. Aufl.).

Egg, R. (Hrsg.): »*Gefährliche Straftäter*« *– eine Problemgruppe der Kriminalpolitik?* Kriminologische Zentralestelle: Wiesbaden, 2005.

Egg, R. (Hrsg.): *Tötungsdelikte – mediale Wahrnehmung, kriminologische*

Erkenntnisse, juristische Aufarbeitung. Kriminologische Zentralstelle: Wiesbaden, 2002.

Egger, S.: *A working definition of serial murder and the reduction of linkage blindness.* Journal of Police Science Administration 1984, S. 348-357.

Egger, S.: (Hrsg.): *Serial murder: An elusive phenomenon.* Westport, 1990.

Eisenberg, U.: *Serientötungen alter Patienten auf der Intensiv- oder Pflegestation durch Krankenschwestern bzw. -pflegerinnen.* Monatsschrift für Kriminologie 1997, S. 239-254.

Engler, K. / Ensink, H.: *Der »Rhein-Ruhr-Ripper«. Bericht über Highlights, Frust, Zufälle und erzwungenes Glück in 17 Monaten Ermittlungsarbeit bis zur Überführung des Serientäters Frank Gust.* Der Kriminalist 2000, S. 491-498, 2001, S. 17-22, 67-71.

Faulhaber, G.: *Erbschleicherei über drei getarnte Morde.* Kriminalistik 1957, S. 56-60.

Fisher, J.: *Killer among us: Public reactions to serial murder.* Praeger: Westport, CT und London, 1997.

Foucault, M.: *Die Ordnung der Dinge. Eine Archäologie der Humanwissenschaften.* Suhrkamp: Frankfurt/M., 1971.

Foucault, M.: *Überwachen und Strafen. Die Geburt des Gefängnisses.* Suhrkamp: Frankfurt/M., 1976.

Fox, J. / Levin, J.: *Extreme killing: Understanding serial and mass murder.* Sage Publications: Thousand Oaks, 2005.

Franck, D.: *Menschen töten.* Patmos: Düsseldorf, 2006.

Friedrichsen, G.: *Ist das zu verantworten?* Der Spiegel 2005 (Heft 16), S. 60-63.

Friedrichsen, G.: *Je mehr Gewalt, desto besser.* Der Spiegel 1992 (Heft 31), S. 61-68.

Friedrichsen, G.: *»Patientin bereits verstorben«.* Der Spiegel 1992 (Heft 44), S. 87-98.

Fromm, E.: *Anatomie der menschlichen Destruktivität.* Rowohlt: Reinbek, 1977.

Gallwitz, A. / Paulus, M.: *Kinderfreunde – Kindermörder. Authentische Kriminalfälle. Fallanalysen. Vorbeugung.* Verlag Deutsche Polizeiliteratur: Hilden/Rhld., 2001 (2. Aufl.).

Gay, P.: *Kultur der Gewalt. Aggression im bürgerlichen Zeitalter.* Siedler: München, 2000.

Geberth, V.: *The signature aspect in criminal investigation.* Law and Order 1995, S. 45-49.

Geberth, V. / Turco, R.: *Antisocial personality disorder, sexual sadism, malignant narcissism, and serial murder.* Journal of Forensic Sciences 1997, S. 49-60.

Gee, D.: *A pathologist's view of multiple murder.* Forensic Science International 1988, S. 53-65.

Geilen, G.: *Mitleid von (und mit) »Todesengeln«,* in: Seebode, M. (Hrsg.): *Festschrift für Günter Spendel.* de Gruyter: Berlin und New York, 1992, S. 519-536.

Gerster, E.: *Tödliche Spritzen als radikale Form der Abwehr von Angst und Bedrohung.* Altenpflege 1989, S. 571-575.

Geserick, G. et al.: *Zeitzeuge Tod. Spektakuläre Fälle der Berliner Gerichtsmedizin.* Militzke: Leipzig, 2001.

Giannangelo, S.: *The Psychopathology of Serial Murder. A Theory of Violence.* Praeger: Westport, CT, 1996.

Gibiec, C.: *Tatort Krankenhaus – der Fall Michaela Roeder.* Dietz: Bonn, 1990.

Gierowski, J. et al.: *Die Sexualmörder – Psychopathologie, Persönlichkeit und Motivation.* Forensische Psychiatrie und Psychotherapie 1994, S. 105-118.

Gierowski, J. / Zyss, T.: *Der Einfluss des Aggressionstypus und -niveaus auf das homizidale Verhalten,* in: Häßler, F. (Hrsg.): *Forensische Kinder-, Jugend- und Erwachsenenpsychiatrie. Aspekte der forensischen Begutachtung.* Enke: Stuttgart, 2003, S. 103-111.

Giese, H.: *Psychopathologie der Sexualität.* Enke: Stuttgart, 1962.

Glucksmann, A.: Hass. *Die Rückkehr einer elementaren Gewalt.* Nagel & Kimche: München, Wien, 2005.

Goetting, A.: *Child victims of homicide: a portrait of their killers and the circumstances of their deaths.* Violence and Victims 1990, S. 287-296.

Göbel, O.: *Todbringende Phantasien: Sexualmord aufgrund massiver Männlichkeitsprobleme.* Kriminalistik 1993, S. 795-799.

Göbel, O.: Sexualmord: *Taten eines psychisch kranken Sexualmörders.* Kriminalistik 1996, S. 279-282.

Göppinger, H. / Bresser, P. (Hrsg.): *Tötungsdelikte: Bericht über die XX. Tagung der Gesellschaft für die gesamte Kriminologie vom 4. bis 6. Okt. 1979 in Köln.* Enke: Stuttgart, 1980.

Goos, H.: *Ein nützlicher Mörder.* Der Spiegel 2005 (Heft 34), S. 90-93.

Gratzer, T. / Bradford, J.: *Offender and offense characteristics of sexual sadists: a comparative study.* Journal of Forensic Science 1995, S. 450-455.

Gräter, H.: *Wie gefährlich sind Spanner? Der Fall »Vanja Elena«.* Der Kriminalist 2002, S. 50-54.

Gray, N. et al.: *Violence viewed by psychopathic murderers. Adapting a revealing test may expose those psychopaths who are most likely to kill.* Nature Bd. 423, S. 497-498.

Gresswell, D. / Hollin, C.: *Multiple murder.* The British Journal of Criminology 1994, S. 1-14.

Grieschat, H.: *Die Leitung der kriminalistischen Untersuchung zur Aufklärung komplizierter Tötungsverbrechen.* Forum der Kriminalistik 1973, S. 84-87.

Grubin, D.: *Sexual murder.* British Journal of Psychiatry 1994, S. 624-629.

Gustafsson, L.: *Die Sache mit dem Hund.* Carl Hanser: München, 1994.

Hacker, F.: *Aggression. Die Brutalisierung der modernen Welt.* Molden: Wien, 1971.

Häcker, H. / Stapf, K. (Hrsg.): *Dorsch Psychologisches Wörterbuch.* Hans Huber: Bern, 1994 (12. Aufl.).

Hale, R.: *The application of learning theory to serial murder, or you too can be a serial killer.* American Journal of Criminal Justice 1993, S. 37-46.

Haller, R.: *Maligner Narzissmus: dargestellt am Beispiel Jack Unterweger.* Archiv für Kriminologie 1999, S. 1-11.

Haller, R.: *Die Seele des Verbrechers.* Verlag Niederösterreichisches Pressehaus: St. Pölten, 2002.

Harbort, S.: *Das Hannibal-Syndrom.* CD Sicherheits-Management 2001 (Heft 2), S. 20-37, (Heft 3), S. 137-146.

Harbort, S.: *Das Hannibal-Syndrom. Phänomen Serienmord.* Militzke: Leipzig 2001.

Harbort, S.: *Der Liebespaar-Mörder.* Droste: Düsseldorf, 2005.

Harbort, S.: *Die Vorstellungs- und Erlebniswelt sadistischer Serienmörder,* in: Robertz, F. / Thomas, A. (Hrsg.): *Serienmord. Kriminologische und kulturwissenschaftliche Skizzierungen eines ungeheuerlichen Phänomens.* Belleville: München 2003, S. 61-77.

Harbort, S.: *Ein Täterprofil für multiple Raubmörder.* Kriminalistik 1998, S. 481-485.

Harbort, S.: *Empirische Täterprofile.* Kriminalistik 1997, S. 569-572.

Harbort, S.: *»Ich musste sie kaputt machen«. Anatomie eines Jahrhundert-Mörders.* Droste: Düsseldorf, 2004.

Harbort, S.: *Kannibalen und die Medien.* CD Sicherheits-Management 2004 (Heft 4), S. 10-33.

Harbort, S.: *Kriminologie des Serienmörders.* Kriminalistik 1999, S. 642-650, 713-721.

Harbort, S.: *Mörderisches Profil. Phänomen Serientäter.* Militzke: Leipzig, 2002.

Harbort, S. et al.: *Serial murderers' spatial decisions: factors that influence crime location choice.* Journal of Investigative Psychology and Offender Profiling 2005, S. 147-164.

Harbort, S.: *Signaturen des Serienmörders.* Die Kriminalpolizei 2004, S. 76-81.

Harbort, S. / Mokros, A.: *Serial murderers in Germany from 1945 to 1995.* Homicide Studies 2001, S. 311-334.

Harbort, S.: *Viktimologische Betrachtungen bei Serientötungen.* Magazin für die Polizei 2005 (Heft 345/346), S. 14-18.

Hare, R.: *The Hare Psychopathy Checklist – Revised.* Multi-Health-Systems: Toronto, 1991.

Hazelwood, R. / Warren, J.: *The sexually violent offender: Impulsive or ritualistic?* Aggression and Violent Behavior 2000, S. 267-279.

Herren, R.: *Gibt es Morde ohne Motiv?* Kriminalistik 1960, S. 509-511.

Herrmann, H.: *Die Beweggründe des Mörders Hößl.* Kriminalistik 1963, S. 174-178.

Hickey, E.: *Serial murderers and their victims.* Belmont, 1996 (2. Aufl.).

Hill, A. / Berner, W.: *Sexuell motivierte Tötungsdelikte,* in: Egg, R. (Hrsg.): *Tötungsdelikte – mediale Wahrnehmung, kriminologische Erkenntnisse, juristische Aufarbeitung.* Kriminologische Zentralstelle: Wiesbaden, 2002, S. 165-191.

Hinterhuber, H. et al.: *Lehrbuch der Psychiatrie.* Thieme: Stuttgart und New York, 1997.

Hochgartz, P.: *Zur Perseveranz bei Sexualmorden.* Kriminalistik 2000, S. 322-327.

Holmes, R. et al.: *Inside the mind of the serial murderer.* American Journal of Criminal Justice 1990, S. 1-9.

Holmes, R. / Holmes, S. (Hrsg.): *Contemporary perspectives on serial murder.* Sage Publications: Thousand Oaks, CA, London, New Delhi, 1998.

Homer: *Odyssee, Ilias.* Hrsg. von J. H. Voss. Patmos: Düsseldorf, 2003.

Jäger, A.: *Massenmord oder Sterbehilfe.* Der Kriminalist 1983, S. 281-282.

Jähnig, H.-U.: *Die Tötungssituation – Modell für sexuell motivierte Tötungsdelikte?*, in: Leygraf, N. et al. (Hrsg.): *Die Sprache des Verbrechens – Wege zu einer klinischen Kriminologie. Festschrift für Wilfried Rasch.* Kohlhammer: Stuttgart, S. 27-31.

Jenkins, P.: *Using murder: The social construction of serial murder.* Penguin: New York, 1994.

Johnson, B. / Becker, J.: *Natural born killers? The development of the sexually sadistic serial killer.* Journal of the American Academy of Psychiatry and the Law 1997, S. 335-348.

Käferstein, H. et al.: *Todesfälle während ambulanter Altenpflege,* in: Oehmichen, M. (Hrsg.): *Lebensverkürzung, Tötung und Serientötung – eine interdisziplinäre Analyse der »Euthanasie«.* Schmidt-Römhild: Lübeck, 1996, S. 205-216.

Kemper, M.: *Oma gestand neun Morde!* Polizei-Digest 1985 (Heft 1), S. 129-132.

Keppel, R.: *HITS: Catching criminals in the northwest.* FBI Law Enforcement Bulletin 1993 (Heft 4), S. 14-19.

Keppel, R.: *Serial murder: Future implications for police investigations.* Authorlink Press: Irving, 2000.

Keppel, R.: *Signature murders: A report of the 1984 Cranbrook, British Columbia cases.* Journal of Forensic Sciences 2000, S. 508-511.

Keppel, R.: *Signature murders: A report of several related cases.* Journal of Forensic Sciences 1995, S. 670-674.

Keppel, R. / Birnes, W.: *Signature Killers.* Penguin: New York, 1997.

Kerner, H.-J. (Hrsg.): *Kriminologie Lexikon.* Kriminalistik: Heidelberg, 1991 (4. Aufl.).

Kierkegaard, S.: *Die Wiederholung.* Hrsg. von H. Rochol. Meiner: Hamburg, 2000.

Kinnell, H.: *Serial homicide by doctors: Shipman in perspective*. British Medical Journal 2000, S. 1594-1597.

Kinzig, J.: *Die Praxis der Sicherungsverwahrung*. Zeitschrift für die gesamte Strafrechtswissenschaft 1997, S. 109-161.

Klee, E.: *Christa Lehmann. Das Geständnis der Giftmörderin.* W. Krüger: Frankfurt/M., 1982.

Kleist, H. v.: *Werke in zwei Bänden. Zweiter Band.* Hrsg. von H. Sembdner. Carl Hanser: München, 1977.

Köhler, D.: *Die Persönlichkeit von Serienmördern*. Kriminalistik 2002, S. 92-95.

Köhn, K.: *Die Minus-Frau – ein Beitrag zu den Kindstötungen in Brieskow-Finkenheerd*. Der Kriminalist 2005, S. 403-404.

Kolodkin, L.: *Fehler im Ermittlungsverfahren*. Kriminalistik 1994, S. 471-473.

Kosyra, H.: *Das aktuelle Problem – die Todesstrafe*. Kriminalistik 1959, S. 124-126.

Kosyra, H.: *Die Hamburger Taxifahrermorde*. Kriminalistik 1953, S. 129-134.

Kosyra, H.: *Ein fünffacher Raubmörder*. Kriminalistik 1963, S. 434-438.

Krafft-Ebing, R. von: *Psychopathia sexualis*. Matthes & Seitz: München, 1997.

Krieg, B.: *Kriminologie des Triebmörders. Phänomenologie – Motivationspsychologie – ätiologische Forschungsmodelle*. Peter Lang: Frankfurt/M., 1996.

Kröber, H.-L.: *Persönlichkeit, konstellative Faktoren und die Bereitschaft zum »Affektdelikt«*, in: Saß, H. (Hrsg.): *Affektdelikte*. Springer: Berlin, Heidelberg, New York, 1993, S. 77-94.

Kröber, H.-L. / Steller, M.: *Psychologische Begutachtung im Strafverfahren. Indikationen, Methoden und Qualitätsstandards*. Steinkopff: Darmstadt, 2005 (2. Aufl.).

Kronfeld, A.: *Bemerkungen zum Prozeß gegen Karl Großmann*. Zeitschrift für Sexualwissenschaft 1922, S. 137-149.

Kütemeyer, W.: *Der Massenmörder Haarmann. Aufklärung über den größten Mörder des Jahrhunderts*. Loosen: Hannover, 1924.

Lack, S. / Brandt, U.: *Interpretationen eines Mordes*. Der Kriminalist 1998, S. 110-114.

Langevin, R. et al.: *Sexual sadism: Brain, blood, and behavior*. Annals of the New York Academy of Sciences 1988, S. 163-171.

Laplanche, J. / Pontalis, J.-B.: *Das Vokabular der Psychoanalyse.*
Suhrkamp: Frankfurt/M., 1996.

Lewis, D. et al.: *Objective documentation of child abuse and dissociation in 12 murderers with dissociative identity disorder.* American Journal of Psychiatry 1997, S. 1703-1710.

Lewis, D. et al.: *Psychiatric, neurological, and psychoeducational characteristics of 15 death row inmates in the United States.* American Journal of Psychiatry 1986, S. 838-845.

Leygraf, N.: *Psychisch kranke Rechtsbrecher.* Springer: Berlin, Heidelberg, New York, 1988.

Lorenz, K.: *Das sogenannte Böse.* Zur Naturgeschichte der Aggression. dtv: München, 1974.

Lösch, P. / Beranek, S.: *Der »Würger« Prigan.* Kriminalistik 1955, S. 201-205, 242-246, 294-297.

Lowenstein, L.: *The psychology of the obsessed compulsive killer.* The Criminologist 1992, S. 26-38.

Lüdtke, W. / Heuser, G.: *Die Berliner S-Bahn-Morde.* Kriminalistik 1942, S. 49-52, 66-70.

Lullies, S.: *Das Problem der Tötungshemmung beim Mörder: zur Psychologie des Mordes.* Duncker und Humblot: Berlin, 1971.

MacCulloch, M. et al.: *Sadistic fantasy, sadistic behaviour and offending.* British Journal of Psychiatry 1983, S. 20-29.

Maeda, H. et al.: *A case of serial homicide by injection of Succinylcholine.* Medicine Science and the Law 2000, S. 169-174.

Mailer, N.: *Gnadenlos. Das Lied vom Henker.* Moewig: Rastatt, 1979.

Maisch, H · *Patiententötungen – dem Sterben nachgeholfen.* Kindler: München, 1997.

Maisch, H.: *Phänomenologie der Serientötung von schwerstkranken älteren Patienten durch Angehörige des Pflegepersonals.* Zeitschrift für Gerontologie und Geriatrie 1996, S. 201-205.

Marneros, A.: *Sexualmörder: eine erklärende Erzählung.* Edition Das Narrenschiff: Bonn 1997.

Marneros, A. et al.: *Was unterscheidet psychiatrisch begutachtete von psychiatrisch nicht begutachteten Angeklagten?* Recht und Psychiatrie 1999, S. 117-119.

Mauz, G.: *Die Justiz vor Gericht. Macht und Ohnmacht der Richter.*
Goldmann: München, 1993.

Mauz, G.: »*Viele möchten mich tot sehen*«. Der Spiegel 1992 (Heft 48),
S. 129-134.

McKenzie, C.: *A study of serial murder.* International Journal of Offender
Therapy and Comparative Criminology 1995, S. 3-10.

Middendorff, W.: *Kriminologie der Tötungsdelikte.*
Boorberg: Stuttgart, 1984.

Milgram, S.: *A behavioural study of obedience.* Journal of Abnormal and Social
Psychology 1967, S. 371-378.

Miller, A.: *Am Anfang war Erziehung.* Suhrkamp: Frankfurt/M., 1980.

Missliwetz, J.: *Die Mordserie im Krankenhaus Wien-Lainz.* Archiv für Kriminologie Bd. 194, S. 1-7.

Mommsen, A.: *Um ein Glas Menschenblut?* Kriminalistik 1949, S. 199-202.

Moor, P.: *Das Selbstporträt des Jürgen Bartsch.* Fischer: Frankfurt/M., 1972.

Morrison, H. / Goldberg, H.: *Mein Leben unter Serienmördern. Eine Profilerin erzählt.* Goldmann: München, 2006.

Müller, H.: *Tötung von Inzest-Kindern als Serienverbrechen.* Kriminalistik
1958, S. 492-495.

Myers, W. et al: *Malignant sex and aggression: An overview of serial sexual homicide.* Bulletin of the American Academy of Psychiatry and the Law
1993, S. 435-451.

Nedopil, N.: *Begutachtung zwischen öffentlichem Druck und wissenschaftlicher Erkenntnis.* Recht und Psychiatrie 1999, S. 120-126.

Nedopil, N.: *Forensische Psychiatrie. Klinik, Begutachtung und Behandlung zwischen Psychiatrie und Recht.* Thieme: Stuttgart und New York, 1996.

Neubacher, F.: *Serienmörder. Überblick über den wissenschaftlichen Erkenntnisstand.* Kriminalistik 2003, S. 43-48.

Niggl, P.: *Blutspur durch Europa. Wie viele Opfer hat Frank Thäder auf dem Gewissen?* CD Sicherheits-Management 2004 (Heft 4), S. 156-162.

Niggl, P.: *Ich bin ein Untier – die Geständnisse des Thomas Rung.* Das Neue
Berlin: Berlin, 1999.

Nietzsche, F.: *Menschliches, Allzumenschliches. Band 1.* Hrsg. von R. Toman.
Könemann: Köln, 1994.

Noack, P. / Naumann, B.: *Wer waren sie wirklich? Ein Blick hinter die Kulissen der elf interessantesten Prozesse der Nachkriegszeit.* Hermann Gentner: Bad Homburg, 1961.

Oates, J. C.: *Zombie.* DVA: Stuttgart, München, 2000.

Oberlies, D.: *Tötungsdelikte zwischen Männern und Frauen – Eine Untersuchung geschlechtsspezifischer Unterschiede anhand von 174 Gerichtsurteilen.* Monatsschrift für Kriminologie und Strafrechtsreform 1997, S. 133-147.

Oehmichen, M. (Hrsg.): *Lebensverkürzung, Tötung und Serientötung – eine interdisziplinäre Analyse der »Euthanasie«.* Schmidt-Römhild: Lübeck, 1996.

Oevermann, U. / Simm, A.: *Zum Problem der Perseveranz in Delikttyp und Modus operandi,* in: Oevermann, U. et al. (Hrsg.): *Zum Problem der Perseveranz in Delikttyp und Modus operandi.* Bundeskriminalamt: Wiesbaden, 1985, S. 129-437

Pándi, C.: *Lainz – Pavillion V: Hintergründe und Motive eines Kriminalfalls.* Ueberreuter: Wien, 1989.

Palmen, C.: *Idole und ihre Mörder.* Diogenes: Zürich, 2005.

Parker, N.: *Murderers: A personal series.* Medical Journal of Australia 1979, S. 36-39.

Paulus, C.: *Die ESCHER-Treppe der menschlichen Seele – wie entwickelt sich extreme Aggression bei Serienmördern?,* in: Lorei, C. (Hrsg.): *Polizei und Psychologie. Kongressband der Tagung »Polizei & Psychologie« am 18. u. 19.3.2003 in Frankfurt.* Verlag für Polizei & Wissenschaft: Frankfurt/M., 2003, S. 581-600.

Paulus, C.: *Gewaltfantasien und verdrängte Gefühle: Wie erklärt sich das Denken von Serienmördern?* Polizei und Wissenschaft 2001 (Heft 3), S. 60-66.

Paulus, J.: *Gewissenlos.* Bild der Wissenschaft 2001 (Heft 8), S. 32-37.

Pfäfflin, F.: *Angst und Lust. Zur Diskussion über gefährliche Sexualtäter.* Recht und Psychiatrie 1997, S. 59-67.

Pfreimbter, R.: *Das Rätsel des Seefeld-Prozesses.* Archiv für Kriminologie Bd. 99, S. 1-10.

Pincus, J.: *What makes killers kill?* W. Norton: New York, 2001.

Poe, E. A.: *Erzählungen.* Patmos: Düsseldorf, 2000.

Polke, F.: *Der Massenmörder Denke und der Fall Trautmann.* Archiv für Kriminologie Bd. 95, S. 8-30.

Pollähne, H.: *Der Fall Gerhard M. Börner. Lebenslange Freitheitsstrafe nach 17 Jahren Maßregelvollzug?* Recht und Psychiatrie 1990, S. 81-87.

Promish, D. / Lester, D.: *Classifying serial killers.* Forensic Science International 1999, S. 155-159.

Purcell, C. / Arrigo, B.: *The psychology of lust murder: Paraphilia, sexual killing, and serial homicide.* Academic Press: Boston, MA, 2006.

Raine, A.: *Violence and psychopathy.* Kluwer Academic: New York, 2001.

Rasch, W. / Konrad, N.: *Forensische Psychiatrie.* Kohlhammer: Stuttgart, 2004.

Regener, S.: *Das Phänomen Serienkiller und die Kultur der Wunde,* in: Bohunovsky-Bärnthaler, I. (Hrsg.): *Von der Lust am Zerstören und dem Glück der Wiederholung.* Ritter: Wien, Klagenfurt, 2003, S. 75-95.

Regener, S.: *»Eine Bestie in Menschengestalt«. Serienmörder zwischen Wissenschaft und populären Medien: Der Fall Bruno Lüdke.* Kriminologisches Journal 2001, S. 7-27.

Rehberg, K.: *Die Raubmorde des Einbrechers Gerhard Popp.* Kriminalistik 1961, S. 380-385, 424-431, 486-492.

Reisner, A. et al.: *The impatient evaluation and treatment of a self-professed budding serial killer.* International Journal of Offender Therapy and Comparative Criminology 2003, S. 58-70.

Remy, K.-H.: *Der Lustmörder Tripp.* Archiv für Kriminologie 1933, S. 78-83.

Richter, H.-E.: *Umgang mit Angst.* Hoffmann und Campe: Hamburg, 1994.

Ritter, J. et al. (Hrsg.): *Historisches Wörterbuch der Philosophie. Bd. 12: W-Z.* Schwabe: Basel, 2004.

Rückert, S.: *Tote haben keine Lobby: die Dunkelziffer der vertuschten Morde.* Hoffmann und Campe: Hamburg, 2000.

Rußler, H.: *Sittlichkeitsverbrecher Dittrich.* Kriminalistik 1949, S. 174-180.

Safranski, R.: *Das Böse oder Das Drama der Freiheit.* Hanser: München, Wien, 1997.

Salfati, G.: *The nature of expressiveness and instrumentality in homicide.* Homicide Studies 2000, S. 265-293.

Salfati, G. / Canter, D.: *Differentiating stranger murders: Profiling offender characteristics from behavioural styles.* Behavioural Sciences and the Law 1999, S. 391-406.

Salter, A.: *Dunkle Triebe. Wie Sexualtäter denken und ihre Taten planen.* Goldmann: München, 2006.

Sannemüller, U. et al.: *Tötungsdelikte: soziodemographischer Hintergrund der Täter und tatspezifische Merkmale.* Archiv für Kriminologie Bd. 204, S. 65-74.

Sartre, J.-P.: *Die schmutzigen Hände.* Rowohlt: Reinbek, 1990.

Sartre, J.-P.: *Entwürfe einer Moralphilosophie.* Rowohlt: Reinbek, 2005.

Sartre, J.-P.: *Saint Genet, Komödiant und Märtyrer.* Rowohlt: Reinbek, 1982.

Sartre, J.-P.: *Wider das Unrecht. Die Affäre Henri Martin.* Rowohlt: Reinbek, 1983.

Saß, H.: *Affektdelikte.* Der Nervenarzt 1983, S. 554-572.

Schall, H. / Schreibauer, M.: *Prognose und Rückfall bei Sexualstraftätern.* Neue Juristische Wochenschrift 1997, S. 2412-2420.

Schneider, H. J.: *Kriminologie der Gewalt.* Hirzel: Stuttgart und Leipzig, 1994.

Schorsch, E.: *Perversion, Liebe, Gewalt.* Enke: Stuttgart, 1993.

Schorsch, E.: *Sexuelle Deviationen: Ideologie, Klinik, Kritik,* in: Schorsch, E. / Schmidt, G. (Hrsg.): *Ergebnisse zur Sexualforschung. Arbeiten aus dem Hamburger Institut für Sexualforschung.* Ullstein: Frankfurt/M., Berlin, Wien, 1976, S. 48-92.

Schorsch, E. / Becker, N.: *Angst, Lust, Zerstörung. Sadismus als soziales und kriminelles Handeln. Zur Psychodynamik sexueller Tötungen.* Psychosozial: Gießen, 2000 (2. Aufl.).

Schorsch, E. et al.: *Perversion als Straftat. Dynamik und Psychotherapie.* Enke: Stuttgart, 1996 (2. Aufl.).

Schorsch, E. / Pfäfflin, F.: *Die sexuellen Deviationen und sexuell motivierte Straftaten,* in: Venzlaff, U. / Förster, K. (Hrsg.): *Psychiatrische Begutachtung.* Gustav Fischer: Stuttgart, Jena, New York, 1994, S. 323-368.

Schraepel, W.: *Der Fall Opitz. 3 Raubmorde, 54 Raubüberfälle und 64 Eisenbahnattentate ausschließlich durch naturwissenschaftliche Beweismethoden ermittelt.* Archiv für Kriminologie 1938, S. 1-18, 124-163, 181-186, 1939, S. 31-52.

Schumacher, W.: *Zur Typologie und Dynamik delinquenter Sexualabweichungen. Klinische Aspekte und psychodynamische Modellvorstellungen,* in: Wille, R. et al. (Hrsg.): *Zur Therapie von sexuell Delinquenten.* Diesbach: Berlin, 1990, S. 1-8.

Schümer, D.: *Die Kinderfänger – ein belgisches Drama von europäischer Dimension*. Siedler: Berlin, 1997.

Schütz, A. / Zetzsche, W.: *Ein vielfacher Lustmörder und seine Entlarvung durch medizinische Indizienbeweise*. Archiv für Kriminologie Bd. 74, S. 201-210.

Schrapel, W.: *Der Fall Opitz*. Archiv für Kriminologie Bd. 103, S. 1-18, 125-163, 181-186, Bd. 104, S. 31-52.

Scott, J.: *Serial homicide*. British Medical Journal 1996, S. 2-3.

Scott, H.: *The female serial murderer: A sociological study of homicide and the »gentler sex«*. Edwin Mellen Press: Lewiston, NY, 2005.

Seges, I.: *Eine ungewöhnliche Spielart des Sexualmordes*. Kriminalistik 1998, S. 478-480.

Seltzer, M.: *Serial killers: Death and life in America's wound culture*. Taylor and Francis: New York, 1998.

Siebenpfeiffer, H.: *»Böse Lust«. Gewaltverbrechen in Diskursen der Weimarer Republik*. Böhlau: Köln, Weimar, Wien, 2005.

Snyman, H. F.: *Serial murder*. Acta Criminologica 1992 (Heft 2), S. 35-41.

Sofsky, W.: *Das Prinzip Sicherheit*. S. Fischer: Frankfurt/M., 2005.

Sofsky, W.: *Traktat über die Gewalt*. S. Fischer: Frankfurt/M., 2000.

Sofsky, W.: *Zeiten des Schreckens. Amok, Terror, Krieg*. S. Fischer: Frankfurt/M., 2002.

Steck, P.: *Merkmalscluster bei Mordhandlungen: Ergebnisse einer clusteranalytischen Studie*. Monatsschrift für Kriminologie und Strafrechtsreform 1990, S. 384-398.

Strasser, P.: *Verbrechermenschen. Zur kriminalwissenschaftlichen Erzeugung des Bösen*. Campus: Frankfurt/M., New York, 2005 (2. Aufl.).

Stratton, J.: *Serial killing and the transformation of the social*. Theory Culture & Society 1996, S. 77-98.

Tatar, M.: *Lustmord: Sexual murder in Weimar Germany*. Princeton University Press: Princeton, NJ, 1995.

Thies, H.: *Ronny Rieken. Porträt eines Kindermörders*. Zu Klampen: Springe, 2005.

Tölle, R. / Lempp, R.: *Psychiatrie*. Springer: Berlin, Heidelberg, New York, 1991 (9. Aufl.).

Trube-Becker, E.: *Frauen als Mörder.* Goldmann: München, 1974.

Ullers, W.: *Der Triebverbrecher und Raubmörder Pommerenke.* Polizei-Digest 1983 (Heft 3), S. 10-15.

Ulrich, A.: *Das Engelsgesicht. Die Geschichte eines Mafia-Killers aus Deutschland.* DVA: München, 2005.

Ullrich, W.: *Das »größte Verbrechen dieses Jahrhunderts«.* Kriminalistik 1957, S. 439-440.

Ullrich, W.: *Der Fall Rudolf Pleil und Genossen.* Archiv für Kriminologie Bd. 123, S. 36-44, 101-110.

Ustinov, P.: *Achtung! Vorurteile.* Rowohlt: Reinbek, 2005 (6. Aufl.).

Vitt-Mugg, V.: *Sexuell sadistische Serientäter. Analyse der Sozialisations- und Entwicklungsgeschichte von Tötungsdelinquenten.* Pabst: Lengerich, Berlin, 2003.

Volbert, R.: *Tötungsdelikte im Rahmen von Bereicherungstaten. Lebensgeschichtliche und situative Entstehungsbedingungen.* Wilhelm Fink: München, 1992.

Warren, J. et al.: *The sexually sadistic serial killer.* Journal of Forensic Sciences 1996, S. 970-974.

Wehner, B.: *Die Latenz der Straftaten.* Bundeskriminalamt: Wiesbaden, 1957.

Weiler, I.: *Die Sensationsberichterstattung der Illustrierten in den fünfziger und sechziger Jahren: Der Fall Christa Lehmann,* in: Linder, J. et al. (Hrsg.): *Verbrechen – Justiz – Medien. Konstellationen in Deutschland von 1900 bis zur Gegenwart.* Niemeyer: Tübingen, 1999, S. 193-214.

Weiler, I.: *Giftmordwissen und Giftmörderinnen: eine diskursgeschichtliche Studie.* Niemeyer: Tübingen, 1998.

Weimann, W.: *Zur Psychologie des Lustmordes.* Ärztliche Sachverständigen-Zeitung 1922, S. 191-194.

Wertham, F.: *The Show of Violence.* Eton Books: New York, 1949.

Weschke, E.: *Modus operandi und Perseveranz.* Kriminalistik 1984, S. 264-269.

Wetzel, E.: *Über Massenmörder. Ein Beitrag zu den persönlichen Verbrechensursachen und zu den Methoden ihrer Erforschung.* Springer: Berlin, 1920.

Wiese, A.: *Mütter, die töten: psychoanalytische Erkenntnis und forensische Wahrheit.* Fink: München, 1993.

Wilczynski, A.: *Images of woman who kill their infants: the mad and the bad.* Women & Criminal Justice 1991, S. 71-88.

Wimmer, W.: *Triebverbrecher – Tiger im Schafspelz*. Kriminalistik 1976, S. 241-248.

Wirth, I. / Strauch, H.-J.: *Mord an der Ehefrau nach zwei Probetötungen*. Archiv für Kriminologie Bd. 200, S. 143-153.

Wittneben, H.: *Anhaltermorde,* in: Schäfer, H. (Hrsg.): *Gewalttätige Sexualtäter und Verbalerotiker.* Schriftenreihe der Kriminalistischen Studiengemeinschaft Bremen Bd. 5 (1): Bremen, 1992, S. 90-99.

Wright, J. / Hensley, C.: *From animal cruelty to serial murder: Applying the graduation hypothesis.* International Journal of Offender Therapy and Comparative Criminology 2003, S. 71-88.

Wuketits, F.: *Warum uns das Böse fasziniert. Die Natur des Bösen und die Illusionen der Moral.* Hirzel: Stuttgart, Leipzig, 2000.

Wulffen, E.: *Der Sexualverbrecher.* Langenscheidt: Berlin, 1910.

Wulffen, E.: *Die Sexualverbrecherin.* Langenscheidt: Berlin, 1925.

Wuss, P.: *Faszination Serienkiller.* Medien praktisch 2000 (Heft 2), S. 18-23.

Zimmer, K.: *Das einsame Kind.* Kösel: München, 1979.

Zizmann, O. / Gut, R.: *Der Triebverbrecher und Raubmörder Pommerenke.* Kriminalistik 1961, S. 56-58, 89-92, 150-153, 185-189.

Alle Zitate von Matthias Carius stammen aus der Fernsehdokumentation *Die Todesengel. Wenn Pfleger morden.*
Ausgestrahlt am 9.2.2006 in der ARD.

Danksagung

Ein Buch ist so gut wie nie allein das Werk des Autors, viele helfende Hände greifen ineinander und tragen zum Entstehen bei. *Das Serienmörder-Prinzip* ist da keine Ausnahme. Meinen herzlichsten Dank sage ich meiner Frau. Ilona hat alle meine Entwürfe gelesen, mich gescholten, inspiriert, gelobt, vor allem aber hat sie mir überaus wertvolle Hilfestellungen gegeben. Sie hat sich Zeit genommen, obwohl unser gerade geborener Sohn David Elias besondere Pflege und Aufmerksamkeit nötig hatte. Das war nicht einfach, das verdient Respekt. Dieses Buch ist auch dein Werk!

Bedanken möchte ich mich auch bei meinem Lektor. Stefan Höltgen wusste immer Rat, wenn ich ratlos war. Er hat wesentlich zum Gelingen dieses Buches beigetragen, seine Ideen waren besser als meine, seine Vorschläge haben mich überzeugt. Besser geht es nicht.

Dank schulde ich ebenfalls verschiedenen Staatsanwälten, die mir Gelegenheit gegeben haben, Gerichtsakten einzusehen. Das ist nicht selbstverständlich. Gleiches gilt für eine Reihe von Gefängnisdirektoren, Klinikleitern, Ärzten und Therapeuten, die Interviews mit ihren Insassen oder Patienten zugelassen und unterstützt haben. Namen und Örtlichkeiten möchte ich an dieser Stelle nicht nennen, sie könnten im Nachhinein eine Identifizierung einzelner Verurteilter ermöglichen.

Mein besonderer Dank gilt all jenen Verurteilten, die mir in Interviews Rede und Antwort gestanden, die über intimste Dinge mit mir gesprochen haben. Das war emotionale Schwerstarbeit, für beide Seiten. Aber es hat sich gelohnt. Und manchmal hat es auch geholfen.

Bedanken möchte ich mich auch bei Monika Ganzauge, Britta Maler, Horst Nickel, Angelika Pfeiffer, Hans-Joachim Schneider und Bertram Welter. Die Genannten haben mich bei meinen Recherchen in Pressearchiven uneigennützig unterstützt. Ohne sie würde uns ein Stück unserer Vergangenheit fehlen.

Sachregister

Affektivität 40, 44
Anpassungsdruck 83
Assimilation 44

Bedürfnishierarchie 85
Beziehungsmord 162 ff., 285 ff.
Böse, das 29 ff.

Deliktsperseveranz 46
Dissozialität 45 ff., 95 ff., 240 ff.

Empathie 52, 158 ff., 241
Erziehungsfehler 42, 86, 240

Frustrationstoleranz 51, 83

Gemütsarmut 51
Gewaltphantasien 38 ff., 84 ff., 128 ff., 182 ff., 210 ff., 221 ff., 235 ff.

Handlungsfreiheit 240
Handlungsherrschaft 187

Idealisierung 84 ff.
Identifikation, mit Tat 235
Identität, soziale 187, 215 ff.

Identitätsunsicherheit 42, 183, 215 ff.
Impulskontrolle 51, 180
Intelligenz 45

Labilität, emotionale 51
Leitbilder 47 ff.

Macht 33, 40, 87, 159, 187, 240
– Allmacht 39, 86, 182
– Täter-Opfer-Beziehung 39
– Übermacht 97, 183, 211
Massenmedien 9 ff.
Minderwertigkeitsgefühle 42 ff., 51
Mitgefühl, fehlendes 52, 158 ff., 241
Modus operandi 203 ff., 210, 288 ff.
Mord 65
Mordimpulse 97
Mordlust 96 ff.
Motivation 86 ff., 187, 212 ff., 235
Motivbündel 87

Neonatizid 173 ff.

ökonomische Differenz 287 ff.
Opferauswahl 179, 288
Opferdispositionen 179 ff., 208, 296
Opfersuche 132, 208
Opferverhalten 176 ff., 242

Patiententötungen 159 ff., 181 ff.
Perseveranz 46
Personifizierung 211 ff.
Persönlichkeitsstörungen 51 ff., 53
Phantasien (s. Gewaltphantasien)
Psychopathen-Checkliste 12
Psychopathie 51

Raubmörder 74 ff., 289 ff.
Realitätsverlust 295

Sadismus 33 ff., 40, 159, 177, 180, 195 ff., 211 ff., 324
Schlüsselerlebnisse 32 ff., 288 ff.
Selbstbild 38, 41 ff., 83
Selbsterhöhung 86
Selbstkonzept 42, 44, 47
Selbstwertgefühl 41 ff., 45
Serienmörder
– Affektivität 40, 44
– Bedürfnisse, abnorme 83 ff.
– Belastungssituationen 37, 221 ff.
– Charakterprofil 51 ff., 84
– Checkliste 12
– Deliktsperseveranz 46
– Dissozialität 45 ff., 95 ff., 240 ff.
– Entwicklung 37 ff.
– Erziehungsfehler 42, 86
– Gewaltphantasien 38 ff., 85 ff., 128 ff., 182 ff., 210 ff., 221 ff.
– Identitätsunsicherheit 42
– Intelligenz 45
– Leitbilder 47 ff.
– Massenmedien, Darstellung in 9 ff.
– Minderwertigkeitsgefühle 42 f., 51
– Modus operandi 203 ff., 210, 288 ff.
– Motivation 30 ff., 86 ff., 187
– Opferauswahl 179, 208 ff., 288
– Persönlichkeit 30, 212, 235
– Persönlichkeitsstörungen 51 ff., 53
– Personifizierung 211 ff.
– Phänomen, Täter als 30 ff.
– Schlüsselerlebnisse 32 ff., 288 ff.
– Schnelltest 12
– Selbstbild 38, 41 ff., 83
– Selbstkonzept 42, 44, 47
– Selbstwertgefühl 41 ff., 45
– Sozialkompetenz 11
– Sozialverhalten 43, 45
– Tatplanung 209
– Tötungsentschluss 131 ff.
– Tötungsgewöhnung 283, 295
– Tötungsmoral 241 ff.
– Typisierung 30, 40, 203

- Unmenschlichkeit 12
- Verurteilung, juristisch-moralische 11
- Wiederholungsdrang 237 ff.
- Wiederholungsreiz 236 ff.
- Wiederholungszwang 238 ff.

Serienmörder-Prinzip 12, 104
- Antizipation 126 ff.
- Genese 32 ff.
- Identifikation 83 ff.
- Performance 156 ff., 203 ff.
- Remake 282 ff.
- Reflexion 232 ff.
- Serialität 295 ff.

Serienmord
- Beziehungstaten 162 ff., 285 ff.
- chiffrierter 179 ff., 199 ff.
- Neonatizid 173 ff.
- rahmengebunden 159 ff.
- Ursachen 31, 37, 175
- Wissenschaft 12, 31

Sexualmörder 17 ff., 33 ff., 39 ff., 46, 70, 114 ff., 132, 237 ff., 270 ff., 284 ff.

Sozialkompetenz 11
Sozialverhalten 43, 45
Steuerungsfähigkeit 158

Täter-Opfer-Beziehung 33, 39, 160 ff., 176
Täter-Opfer-Interaktion 157
Tatanreiz 235, 283
Tatbegehungsweise
  (s. Modus operandi)

Tatbereitschaft 129 ff., 241
Tatentschluss 236 ff.
Tatplanung 209
Tierschlachtungen 33
Todesstrafe 10
Tötungsdynamik 158
Tötungsentschluss 131 ff.
Tötungsgewöhnung 283, 295
Tötungshemmung 154 ff., 179, 283 ff.
Tötungsmoral 241 ff.
Tötungsphantasien
  (s. Gewaltphantasien)
Tötungstabu 159

Unmenschlichkeit 12

Verdrängung, psychische 38, 233
Vergewaltigung 17 ff., 46 ff., 66 ff., 85
Verlassenheitsängste 86, 265
Viktimologie 12, 33
- Opferauswahl 179, 208 ff., 288
- Opferdispositionen 179 ff., 208, 296
- Opfersuche 132, 208
- Opferverhalten 176 ff., 242
Voyeurismus 129, 224 ff., 242 ff.

Weltgesundheitsorganisation 45
Wiederholungsdrang 237 ff.
Wiederholungsreiz 236 ff.
Wiederholungszwang 238 ff.

DEM SERIENMÖRDER AUF DER SPUR

Stephan Harbort

BEGEGNUNG MIT DEM SERIENMÖRDER
JETZT SPRECHEN DIE OPFER

Droste

336 Seiten, gebunden
ISBN 978-3-7700-1263-3

335 Seiten, gebunden
ISBN 978-3-7700-1221-3

384 Seiten, gebunden
ISBN 978-3-7700-1174-2

351 Seiten, gebunden
ISBN 978-3-7700-1190-2

255 Seiten, gebunden
ISBN 978-3-7700-1281-7

BEGEGNUNG MIT DEM SERIENMÖRDER

Erstmals kommen die überlebenden Opfer von Serientätern zu Wort und schildern ihr schreckliches Martyrium.

Informationen auch unter: www.drosteverlag.de